부처님이 설하신 **율
장**

율을
으뜸으로 호지하신 분
우빨리 존자에게

대를 이은
그분의 제자 비구들에게

그리고
바른 삶을
추구하는
현재와 미래의
모든 구법자에게

여시아독

부처님이 설하신 율장

비구편

율은 선정의 조건이며 율의 목적은 선정의 성취이다.
이것이 율이다.

비구 범일

머리말

2500여 년 전 세존께서 꾸시나라의 살라 숲속 한 쌍의 살라나무 사이에서 반열반에 드셨다. 첫 7일간 세존의 존체에 예배하였고 둘째 7일간 화장하였으며 셋째 7일간 사리에 예배하였다. 그리고 5일 뒤 사리를 분배하는 날 각지에서 운집한 비구들이 한곳에 모여 승가 회의인 백이갈마를 개최하였다. 회의 진행자인 갈마사는 깟사빠 존자였다. 회의 안건은 세존의 법과 율을 합송하기 위하여 갈마에서 선출한 오백 명의 장로비구들이 40일 후 마가다국의 수도 라자가하에 모여서 안거하며 그 외 비구들은 라자가하에 머물지 않는 것이다. 결의대로 라자가하에 모인 오백 명의 아라한 장로비구들은 안거 첫날[1] 포살 후 합의하여 이같이 이행하였다. 라자가하에는 큰 승원이 열여덟 곳 있었는데 세존의 반열반 이후 비어 있는 곳이 많았으며 일부는 외도들이 사용하기도 하였다. 안거의 첫 달 동안 왕실의 도움으로 라자가하에 있는 승원 가운데 부서지고 무너진 곳을 수리하였다. 둘째 달의 첫날 국왕에게 합송을 위한 장소로 웨바라(Vebhāra) 산비탈 칠엽굴(七葉窟, Sattapaṇṇi-guhā)[2]이 적절하다고 알렸다. 국왕은 이 일에 적당한 책임자를 보내어 적절하게 천막을 치고 양탄자를 깔고 필요한 가구와 장식과 시설을 갖추게 하였다.

---

1 안거 첫날이 여느 안거처럼 음력 4월 15일이라면 부처님 열반일은, 본문처럼 디가 니까야 주석서 서문의 날짜 기록에 따르면, 음력 2월 15일이 아니다.

2 일곱 개의 잎으로 되어 있는 나무가 동굴 입구 근처에 있어 칠엽굴로 명명하였다. 라자가하의 남쪽 산맥에는 여러 개의 작은 동굴이 있으나 오백 명을 수용할 수 있는 큰 동굴은 없다. 현재 인도 지도에 표시된 칠엽굴은 잘못되었다. 라자가하 왕궁을 둘러싸고 있는 산 정상 능선의 다섯 봉오리는 빤다와(Paṇḍava), 독수리봉(Gijjhakūṭa), 웨바라, 이시길리(Isigili), 웨뿔라(Vepulla)이다. 다섯 봉오리 가운데 세존께서 가장 많이 머물고 설법하신 곳은 독수리봉이다. 세존께서 오백 명의 아라한 비구들과 이시길리 산에서 머물고 설법하셨던 기록이 경장에 있고MN116, 웨바라 산비탈 칠엽굴에 머무셨던 기록도DN16 있다. 세존께서 설법하셨던 독수리봉과 이시길리 두 곳을 일차대합송 장소로 정하지 않은 것은 세존의 반열반 후 이 두 곳을 외도들이 점유하고 있었던 것으로 추정한다.

둘째 달의 다섯째 날³ 그들은 걸식을 마치고 모두 준비된 장소로 모였다. 깟사빠 존자는 장로비구들에게 말하였다. "존자들이여, 우리는 무엇을 먼저 합송하여야 합니까? 법(法)입니까 율(律)입니까?" "깟사빠 존자여, 율은 법의 생명(生命, āyu)입니다. 율이 확립될 때 법도 확립되며, 율이 존속할 때 법도 존속하며, 율이 사라질 때 법도 사라집니다. 그러므로 율을 먼저 합송하여야 합니다." "존자들이여, 율의 합송은 누구를 지주(支柱)로 삼아야 합니까?" "우빨리 존자입니다." 그러자 깟사빠 존자는 우빨리 존자에게 율에 대하여 질문을 시작하였다. "도반 우빨리여, 함께 살 수 없는 죄의 첫 조항은 어디서 제정하셨습니까?" 이렇게 차례대로 질문하고 질문에 대하여 풀이하였다. 더 이상 질문이 없자 우빨리 존자는 함께 살 수 없는 죄의 첫 조항을 암송하였고 이를 따라 나머지 장로비구들이 합송하여 함께 살 수 없는 죄의 첫 조항을 확정하였다. 이같이 차례대로 진행하여 마침내 비구 의무율과 비구니 의무율을 합송하여 확정하였고 이를 상권과 하권으로 나누어 상권을 마하위방가(Mahāvibhaṅga, 大分別) 하권을 비구니위방가(Bhikhunivibhaṅga, 比丘尼分別)라고 선포하였다. 이와 같은 전통적인 편집 방식에서는 마하위방가를 중심에 두고 비구니위방가는 그에 종속되어 있었다. 그것은 비구니위방가에서 비구와 비구니에게 공통으로 적용되는 조항들을 모두 생략하였기 때문이다. 여기서 이러한 생략 없이 비구에게 적용되는 의무율과 비구니에게 적용되는 의무율을 독립적으로 편집하여 각각 비구위방가(Bhikhuvibhaṅga, 比丘分別)와 비구니위방가라고 분류하기도 한다. 본서에서는 후자를 선택하였다. 편집 방식에 상관없이 이 두 권을 합쳐서 쏫따위방가(Suttavibhaṅga, 經分別)라고 한다.

오백 명의 장로비구들은 의무율을 마친 후 똑같은 방법으로 의무율을

---

3 안거 첫날이 음력 4월 15일이라면 일차대합송 시작일은 음력 5월 20일이다. 이들은 이날부터 일차대합송이 끝날 때까지 라자가하에 있는 승원 열여덟 곳에 흩어져 머물면서 걸식하고 칠엽굴에 모여서 합송하였다. 칠엽굴에서 가장 가까운 승원인 죽림정사까지는 약 6km이고 웨바라 산의 고도는 죽림정사보다 약 230m 더 높다.

제외한 나머지 율에 대하여 질문하고 대답하였다. 마침내 의무율 이외의 나머지 율을 합송하여 확정하였고 이를 마찬가지로 두 권으로 나누어 마하박가(Mahavagga, 大品)와 쭐라박가(Cullavagga, 小品)라고 선포하였다. 대품과 소품은 각각 대체로 갈마율과 소소율을 담고 있는데 이 두 가지를 합쳐서 깐다까(Khandhaka, 犍度)라고 한다. 이것은 율의 조항을 하나씩 합송하는 쑷따위방가와 달리 여러 조항을 하나의 묶음[Khandha]으로 합송하기 때문이다. 한편 쑷따위방가와 깐다까를 각각 분별부(分別部)와 건도부(犍度部)라고도 한다. 이 두 부를 요약 정리하고 보충한 것을 빠리와라(Parivāra, 附隨)라고 한다. 이것은 부록에 해당한다. 분별부와 건도부를 합치고 부록으로 첨부한 부수를 포함하여 '이것이 율장(律藏, Vinayapiṭaka)입니다.'라고 확정하였다. 이렇게 확정된 율장은 우빨리 존자와 그의 제자들에게 전승하도록 하였다. 이렇게 전승된 율장을 바탕으로 정리한 것이 본서《율장》이다. 여기서 비구니위방가를 제외하고 비구에게 적용되는 갈마율과 소소율을 담은 것이 본서의《율장 비구편》이다.

　　율이란 무엇인가? 율이란 일탈(逸脫)한 상태를 제거하는 규율(規律)이다. 일탈에는 계(戒, sīla)의 일탈, 행위(行爲, ācāra)의 일탈, 견해(見解, diṭṭhi)의 일탈, 생활(生活, ājīva)의 일탈 이 네 가지가 있다.**PV6.4** 계의 일탈에서 계란 일곱 가지 선법계(善法戒)를 말하며 계의 일탈은 일곱 가지 선법계를 범하는 것이다. 행위의 일탈에서 행위는 몸의 행위[身行]와 말의 행위[口行]를 말하며 행위의 일탈은 바른 신구행(身口行)을 벗어나 그릇된 신구행을 하는 것이다. 견해의 일탈에서 견해란 바른 견해인 정견을 말하며 견해의 일탈은 정견을 벗어나 그릇된 견해인 사견을 갖는 것이다. 여기서 사견을 제거하는 율이란 사견을 가진 자가 사견을 스스로 버릴 때까지 일상생활의 권리를 제한하고 규제하는 것이다. 생활의 일탈에서 생활은 바른 생활을 말하며 생활의 일탈은 바른 생활을 벗어나 그릇된 생활을 하는 것이다. 여기서 생활은 개인 생활과 단체 생활 두 가지를 포괄한다.

　　율을 지켜 일탈한 상태를 제거하면 바른길[正道]에 합류할 수 있는 적합한 상태가 된다. 정도는 인간이 삼계를 벗어나 열반에 이르는 길로서 포괄적으로 표현하면 법이며 구체적으로 표현하면 팔정도(八正道)이다. 욕계에서 네 가지 일탈하는 삶의 위험을 보고 출가하여 율을 차례대로 배워 지키면 네 가지 일탈을 벗어나고 계를 지키게 된다. 만약 출가하여 더욱 수승한 법을 성취하지 못하고 오직 율을 지키는 것[持律]만 성취하고 목숨이 다하여 죽더라도 그는 욕계를 벗어난다. 이것은 인간이 욕계를 벗어나는 바른길이 지율이기 때문이다. 팔정도의 바른 선정인 정념(正念)을 닦으려는 자는 반드시 네 가지 일탈의 상태를 벗어나 율을 지켜야 한다. 율을 지키지 못한 채 바른 선정을 성취하는 일은 일어나지 않는다.[4] 비록 그가 뼈가 가루가 되도록 닦더라도, 목숨을 초개(草芥)처럼 버리고 닦더라도 그런 일은 일어나지 않는다. 따라서 모름지기 선정을 닦으려는 자는 반드시 율을 굳건하게 지켜야 한다. 율을 지키는 것이 쉽지 않고 어려운 삶을 버리고 출가하면 누구든지 어렵지 않고 쉽게 율을 지킬 수 있다. 이렇게 지율을 성취하면 욕계를 벗어나고 나아가 바른 선정을 닦아 과위를 성취할 수 있으니 율은 세존께서 범부(凡夫)로 머무는 인간에게 베푸신 최상이자 최고의 가피(加被)이자 공덕(功德)이다. 정성과 치성이나 기도와 염불이나 혹은 봉사와 헌신으로 얻을 수 있는 가피는 감히 비교할 수 없다. 역사적으로 계를 지킴으로 얻게 되는 유익함을 안 카필라밧투의 재가자들은 꼬살라국이 쳐들어왔을 때 국가와 가족 그리고 목숨까지 버리고 계를 지켰다. 율을 지킴으로 생기는 유익함을 널리 알려 출가자는 율을 굳건히 지켜

---

4 여기 어떤 비구는 스승의 가르침에서 율을 완전하게 실천하지 못함에도 그는 '내가 참으로 나무 아래나 숲속이나 산이나 협곡이나 밀림이나 동굴이나 묘지나 움막 같은 외딴 처소를 의지하면 나는 인간의 법을 초월하고 성자들에게 적합한 지와 견의 특별함을 실현할 수 있을 것이다.'라고 생각하여 자기의 생각대로 실천한다. 그가 그곳에서 혼자 은둔하여 머물 때 스승도 그를 경책하고, 지혜로운 동료 비구들도 그를 검증한 후에 경책하고, 신들도 경책하고, 자기 자신도 자기를 경책한다. 그는 스승의 경책을 받고 지혜로운 동료 비구들의 경책을 받고 신들의 경책을 받고 자기 자신의 경책도 받았으나, 그는 인간의 법을 초월하지 못했고 성자들에게 적합한 지와 견의 특별함이나 선정을 실현하지 못한다. 그것은 무슨 까닭인가? 그는 스승의 가르침에서 율을 완전하게 실천하지 못하면서 그같이 하였기 때문이다. MN65

선정을 닦고 재가자는 율을 지킬 수 있는 곳으로 나아가 출가하는 것이 본
서가 기대하는 첫 번째이다.

계란 무엇인가? 계를 지키기 위하여 율을 지킨다는 것은 무슨 의미인
가? 계와 율의 차이는 무엇인가? 계란 인간이 욕계를 벗어나기 위하여 계
발하는 것이다. 여기에는 일곱 가지가 있으며 이것을 차례대로 계발하면
인간을 욕계에 묶어 두는 감각적 욕망에 대한 열기는 점차 차가워지고 냉
각된다. 세존의 가르침을 엄밀하게 나누면 열 가지이고 간략하게 나누면
두 가지이다. 간략하게 나눈 두 가지가 법과 율이다. 계는 법이고 법에 속
하며 율이 아니고 율에 속하지 않는다. 율은 율이고 율에 속하며 법이 아
니고 법에 속하지 않는다. 오백 명 장로비구들의 대화에서 볼 수 있듯이
그들은 법과 율을 분별하였다. 그래서 그들은 율은 율장에 법은 경장(經
藏, Suttapiṭaka)에 담아 전승하였다. 따라서 경장에 포함된 율은 후대의
잘못이다. 율을 후대에 추가한 자들은 율을 계라고 이름하여 추가하였고,
계와 율을 섞어서 한 묶음으로 만들어 계라고 이름하여 추가하였다. 이것
은 이들이 계와 율을 분별하지 못하여 일어났거나 저열한 저의(底意)를 가
지고 의도적으로 일으킨 것이다. 예를 들어 오계(五戒)와 팔관제계(八關齊
戒)[5]는 계와 율을 한 묶음으로 만들어 계라고 이름하여 경장에 담은 것이
고, 율을 법이라고 이름하여 경장에 담은 것이 팔경법(八敬法)[6]이다. 여덟
가지 율을 법이라고 이름한 팔경법을 경장에 담으면 내용이 옳지 않고 율
장에 담으면 이름이 옳지 않다. 이것들은 분명 오백 명 아라한 장로비구들

---

5 포살일에 재가자를 위하여 시설한 여덟 가지 계이다. AN8.41~5
6 비구니 팔경계(八敬戒)라고도 하는 이것은 똑같은 내용으로 경장과 율장에 동시에 나타난다. 경장
과 율장에 똑같은 내용이 동시에 나타나는 것은 매우 드물고 이례적이다. 법과 율에서 공통분모가 없
듯이 경장과 율장에서도 공통분모가 없다. 그러므로 경장과 율장에 공통으로 나타나는 팔경법은 이
같은 모순을 피할 수 없다. 즉 경장과 율장에서도 공통분모가 없으므로 경장의 팔경법과 율장의 팔경
법이 동시에 옳을 수 없다. 동시에 옳을 수 없다면 하나만 옳아야 한다. (또는 논리적으로 둘 다 옳지
않아야 한다.) 경장의 팔경법이 옳으면 율장의 팔경법이 옳지 않아야 하고, 율장의 팔경법이 옳으면
경장의 팔경법이 옳지 않아야 한다. 그런데 한가지로 옳지 않은 것과 옳은 것을 동시에 실행한 자는
최상의 지혜를 갖춘 자가 아니다. 따라서 이 자는 아라한이 아니며 팔경법은 세존의 율이 아니다.

이 경장에 담은 것이 아니며 세존의 율이 아니다. 경장에 담지는 않았으나 통상적으로 사미계(沙彌戒)라고 하는 십계(十戒)도 계와 율을 한 묶음으로 만들어 계라고 이름한 것으로 세존의 율이 아니다. 또한 계와 율을 분별하지 못하는 자들이 '비구계(比丘戒), 비구니계(比丘尼戒), 사미계, 사미니계(沙彌尼戒), 수계식(授戒式), 구족계(具足戒)'와 같은 잘못된 단어와 표현을 사용하여 세존의 법과 율을 어지럽히고 사라지게 한다. 일차대합송에서는 분명히 경장에 계를 담고 율을 담지 않았으며, 율장에 율을 담고 계를 담지 않았다. 율장에 계를 담은 사례나 계를 율이라고 이름하여 담은 사례는 없다. 경장에 율을 담은 사례나 율을 계 또는 법이라고 이름하여 담은 사례는 모두 후대의 잘못이다.

그렇다면 경장에 율이 전혀 없는가? 그렇지는 않다. 율장에 해당하는 모든 율은 경장에 없는 것은 당연하나 율장에 없는 '성자(聖者)의 율'과 '선서(善逝)의 율'이 경장에는 있다. 선법계, 바른 신구행, 정견, 바른 생활은 초선정 이상을 성취한 성자의 일탈은 더 이상 제거하지 못한다. 성자가 바른길을 벗어나 일탈의 상태에 있다면 성자의 일탈을 제거하는 것은 바른 길이다. 따라서 성자의 율은 법이며 율장이 아니라 경장에 담아야 하는 것이다. 선서의 율에서 선서란 석가모니 부처님을 의미하는 이인칭이 아니고 석가모니 부처님과 과거의 모든 부처님을 포함한 삼인칭이다.[7] 율과 계를 분별하여 율과 계에 대한 잘못을 모두 바로잡아 율이 바르게 지켜지고 법이 오래 유지되는 것이 본서가 기대하는 두 번째이다.

율장에 문외한이었던 필자가 율장을 만난 것은 행운이었다. 이러한 행운은 율장에 익숙한 수좌를 만난 것에서 비롯되었다. 천중선원에서 만난 성종스님의 계와 율을 분별하는 깨끗한 통찰력에 필자는 깊은 감사를 드리지 않을 수 없다. 가능한 범위 내에서 율을 지키려는 원적선원 수좌들과 생활하면서 율장의 진입 문턱이 점차 낮아졌다. 필자는 누구든지 율을

---

7 필자의 저서 '부처님의 삶과 가르침(가제, 근간)'을 참고.

손쉽게 이해하고 지켜나갈 수 있도록 체계적으로 정리하였다. 이때 세존께서 정하신 차례는 지키되 장로비구들이 정한 차례는 율을 이해하고 지키는 데 효율적으로 정리하였다. 후대에 끼워 넣은 내용들은 기존의 율과 반드시 모순을 일으킨다. 모든 율이 서로서로 모순을 일으키지 않도록 교정할 것은 교정하였고 삭제할 것은 삭제하였다. 이러한 과정에서 경장과 비교하고 검증하였다.

이렇게 만들어진 본서는 포살의 개최로 시작한다. 보름마다 포살 갈마에서 의무적으로 송출해야 하는 의무율을 누구든지 편리하게 송출할 수 있도록 최대한 정형구의 반복을 줄였다. 한편 의무율은 소소율이 아니므로 비록 승가가 합의하더라도 포살에서 의무율의 어떤 조항도 생략하여 송출할 수 없다. 의무율, 갈마율, 소소율을 차례대로 정리하면서 앞에서 말한 두 가지 기대가 오랜 가뭄 끝에 내리는 봄비처럼 구석구석 세밀하게 충족되길 거듭 기대해 본다.

세존께서 죽림정사와 기원정사에 계실 때처럼 세존의 율을 온전히 지키고 세존의 법에 따라 열반으로 나아가는 좋은 도반이 있는 적절한 범행처의 복원에 동참하여 주시는 분들께 깊이 감사드리며, 세계의 모든 출가자와 재가자가 본서를 통하여 세존의 율을 바르게 이해하고 지킬 수 있도록 번역과 출판에 도움 주신 분들에게 깊이 감사드린다. 그리고 율장을 우리말로 번역한 한국빠알리성전협회의 전재성 박사께 깊이 감사드린다. 이분이 율장을 번역하지 않았더라면 필자는 율장을 배울 수 없었을 뿐만 아니라 본서는 세상에 나올 수도 없었다. 독자분들께 청정의 안락을 기원하며, 혜안을 지닌 분들께 기탄없는 질책을 기대한다.

오직

위없는 법이

오래 유지되도록

법의 생명인 율을 시설하신

위없는 스승이신

세존께

예경 올리나이다.

2024년 봄

비구 범일 삼가 씀

차례

머리말 04

포살의 개최 ·· 17

제1장 의무율 ·· 47

  1 **함께 살 수 없는 죄** 60

    1.1 제1조 살인 행위 60

    1.2 제2조 절도 행위 68

    1.3 제3조 성행위 76

    1.4 제4조 높이는 거짓말 85

  2 **승가의 처벌을 받는 죄** 93

    2.1 제1조~제5조 성에 관한 조항들 94

    2.2 제6조~제7조 개인 정사에 관한 조항들 105

    2.3 제8조~제11조 승가에 관한 조항들 115

    2.4 제12조~제13조 비율에 관한 조항들 127

  3 **판정받는 죄** 133

  4 **반납하고 참회하는 죄** 136

    4.1 제1조~제18조 옷에 관한 조항들 136

    4.2 제19조~제25조 깔개에 관한 조항들 151

    4.3 제26조~제28조 발우와 약에 관한 조항들 156

    4.4 제29조~제30조 금전에 관한 조항들 159

  5 **참회하는 죄** 160

    5.1 제1조~제6조 살생에 관한 조항들 161

    5.2 제7조~제8조 절도에 관한 조항들 163

    5.3 제9조~제16조 이성에 관한 조항들 164

    5.4 제17조~제20조 구행에 관한 조항들 171

    5.5 제21조~제23조 군대에 관한 조항들 175

5.6 제24조~제27조 재가자에 관한 조항들 176

5.7 제28조~제39조 식사와 음식에 관한 조항들 179

5.8 제40조~제47조 일상생활에 관한 조항들 188

5.9 제48조~제53조 비구니에 관한 조항들 193

5.10 제54조~제69조 비구에 관한 조항들 200

5.11 제70조~제73조 비법에 관한 조항들 208

5.12 제74조~제86조 비율에 관한 조항들 211

5.13 제87조~제92조 보칙에 관한 조항들 219

6 자백하는 죄 221

7 습득하는 죄 224

8 쟁사를 소멸하는 죄 227

9 형벌과 출죄 237

제2장 갈마율 246

1 갈마의 외형 247

1.1 갈마의 구성 247

1.2 갈마의 형식 249

1.3 쟁사의 발생과 소멸 250

2 승가의 조치를 받는 갈마 253

2.1 견책 갈마 253

2.2 의지 갈마 257

2.3 퇴거 갈마 258

2.4 사죄 갈마 261

2.5 권리정지 갈마 265

3 승가의 처벌을 받는 갈마 268

3.1 격리 갈마 268

3.2 참회 갈마 273

3.3 출죄 갈마 275

4 승가의 운영에 관한 갈마 277

4.1 포살 갈마 277

4.2 안거 갈마 290

4.3 자자 갈마 293

4.4 출가에 관한 갈마 298

    4.4.1 사미 만들기 306

    4.4.2 수습 갈마 307

    4.4.3 비구 갈마 309

    4.4.4 제자의 처벌 317

    4.4.5 의지의 상실과 아사리 319

4.5 복발 갈마 320

제3장 소소율 ·· 323

1 청정한 삶의 의무 324

1.1 처소에 관한 의무 324

1.2 비구의 예절 328

1.3 비구의 의무 330

1.4 음식에 관한 의무 333

1.5 약과 간병에 관한 의무 336

1.6 생활용품에 관한 의무 339

1.7 일상생활에 관한 의무 344

1.8 미제정 율에 관한 의무 346

2 비구니승가와의 관계 347

2.1 비구니율의 전수 347

2.2 비구니승가와의 관계 정립 354

깊이 공부하기 357

맺음말 366

참고문헌 377

찾아보기 378

정형구 목록

두 번 이상 반복되는 정형구의 반복을 줄이기 위하여 꺾쇠괄호에 굵은 활자로 정형구의 이름을 정하였습니다. 이 이름으로 반복되는 정형구를 대신하였습니다. 다음은 정형구의 이름이 만들어진 쪽수입니다.

[네 가지 쟁사] 251

[네 가지 현전] 228

[마흔세 가지 의무] 267

[삼법귀의] 53

[열 가지 개인의 특징] 172

[열 가지 위험] 271

[열여덟 가지 원칙] 121

[열여덟 가지 의무] 236

[율을 제정하는 바른 시기] 51

[율을 제정하는 열 가지 이유] 63

[율의 제정과 송출] 94

[쟁사를 소멸하는 일곱 가지] 252

약어

BV Bhikkhuvibhaṅga/비구비방가(比丘分別)

NV Bhikkhunīvibhaṅga/비구니비방가(比丘尼分別)

MV Mahāvagga/마하박가(大品)

CV Cūḷavagga/쭐라박가(小品)

PV Parivāra/빠리와라(附隨)

DN Dīgha Nikāya/장부경전(長部經典)

MN Majjhima Nikāya/중부경전(中部經典)

SN Saṁyutta Nikāya/상응부경전(相應部經典)

AN Aṅguttara Nikāya/증지부경전(增支部經典)

일러두기

* 이 책은 비구 범일이 세존께서 설하신 〈율장〉을 이해하고 지키는 데
  효율적으로 《율장 비구편》과 《율장 비구니편》으로 결집한 것 중에서
  비구편입니다.

* 이 책의 외래어표기법은 국립국어원 표기법을 기준으로 하되,
  팔리어 발음을 참고하여 확정하였습니다.

포살의 개최

존자들이여, 승가는 제 말에 귀를 기울이십시오. 오늘은 보름(또는 그믐) 날의 포살일입니다. 만약 승가에 옳은 일이라면, 승가는 포살을 진행하여 의무율을 송출해야 합니다. 승가가 먼저 해야 할 일은 무엇입니까? 존자들께서 출석을 확인하여 참석할 분은 지금 모두 이곳에 모였으며, 이곳에 참석하지 못한 분의 청정권리를 위임받아 지금 승가에 전달하였으며, 이곳에 참석한 분 가운데 청정한 분은 침묵하고 청정하지 않은 분은 지금 죄를 알려 주십시오. 이제 저는 의무율을 송출할 것입니다. 여기에 모인 존자들께서는 제가 송출하는 여덟 조목의 의무율을 잘 듣고 마음을 기울여 주십시오. 각 조목의 송출이 끝날 때마다 저는 세 번까지 존자들의 청정을 여쭐 것입니다. 죄가 없어 청정한 분은 여덟 조목의 송출이 끝날 때까지 침묵하십시오. 침묵하는 존자는 청정하다고 인정할 것입니다. 그러나 죄가 있는 분은 여덟 조목의 송출이 끝날 때까지 죄를 알려 주십시오. 만약 죄가 있음에도 알리지 않는다면 의도적인 거짓말을 추가로 범하게 되는 것입니다. 그러므로 청정하여 안락하기를 바란다면 이때 기억나는 죄를 드러내어 밝혀 주십시오. 존자들이여, 이제 제가 존자들께 여쭙겠습니다. 여기 모인 모든 분은 청정하십니까? 두 번째 여쭙겠습니다. 여기 모인 모든 분은 청정하십니까? 세 번째 여쭙겠습니다. 여기 모인 모든 분은 청정하십니까? 청정하면 침묵하고, 청정하지 않으면 지금 말씀하십시오. 존자들이여, 존자들께서는 청정하여 침묵하였고, 침묵하여 청정을 인정하였습니다. 따라서 저는 그와 같이 알겠습니다. 이제 모여야 할 모든 분이 참석하였고 모인 모든 분이 청정하니 의무율을 송출할 준비를 마쳤습니다. 송출하는 동안 기억하지 못하였던 죄를 기억하거나 죄인지 의심하던 것에서 의심이 사라지면 그 죄를 드러내어 청정을 회복하십시오. 존자들이여, 저는 이제 첫째 조목을 송출하겠습니다.

1 함께 살 수 없는 죄

제1조 살인 행위

【1.1】 어떤 비구라도 율을 학습하여 받고 적절한 퇴전 없이, 의도적으로 살인하거나 청부 살인하거나 죽음을 권유하여 죽음에 이르게 하는 행위를 한다면 함께 살 수 없는 죄를 범하는 것이다.

제2조 절도 행위

【1.2】 어떤 비구라도 율을 학습하여 받고 적절한 퇴전 없이, 마을이나 숲이나 어디에서든지 구속에 이르는 절도를 한다면 함께 살 수 없는 죄를 범하는 것이다.

제3조 성행위

【1.3】 어떤 비구라도 율을 학습하여 받고 적절한 퇴전 없이, 심지어 대상이 축생이라 할지라도, 성행위를 한다면 함께 살 수 없는 죄를 범하는 것이다.

제4조 높이는 거짓말

【1.4】 어떤 비구라도 율을 학습하여 받고 적절한 퇴전 없이, 과도한 착각을 제외하고 성취하지 못한 성자의 상태를 성취하였다고 높이는 거짓말을 하면 함께 살 수 없는 죄를 범하는 것이다.

존자들이여, 이제 제가 존자들께 여쭙겠습니다. 여기 모인 모든 분은 네가지 함께 살 수 없는 죄에 청정하십니까? 두 번째 여쭙겠습니다. 여기 모인 모든 분은 네 가지 함께 살 수 없는 죄에 청정하십니까? 세 번째 여쭙겠습니다. 여기 모인 모든 분은 네 가지 함께 살 수 없는 죄에 청정하십니까? 청정하면 침묵하고, 청정하지 않으면 지금 말씀하십시오. 존자들이여, 존자들께서는 청정하여 침묵하였고, 침묵하여 청정을 인정하였습니다. 따라서 저는 그와 같이 알겠습니다. 첫째 조목의 송출을 마쳤습니다. 존자들이여, 저는 이제 둘째 조목을 송출하겠습니다. 여기서부터 각 조항에 '어떤 비구라도 율을 학습하여 받고 적절한 퇴전 없이'라는 정형구를 생략합니다.

2 승가의 처벌을 받는 죄

제1조 정액의 사정

【2.1】 몽정을 제외하고 의도적으로 정액을 사정한다면 승가의 처벌을 받는 죄를 범하는 것이다.

제2조 여인의 몸과 접촉

【2.2】 욕정으로 여인의 몸을 어디든지 접촉하면 승가의 처벌을 받는 죄를 범하는 것이다.

제3조 여인과의 음담패설

【2.3】 욕정으로 여인과 음담패설을 하면 승가의 처벌을 받는 죄를 범하는 것이다.

제4조 성상납의 찬탄

【2.4】 욕정으로 여인 앞에서 성상납을 찬탄하면 승가의 처벌을 받는 죄를 범하는 것이다.

제5조 혼인이나 성행위의 중매

【2.5】 승가나 아픈 비구를 위한 심부름을 제외하고 혼인을 위한 중매 같은 심부름꾼 노릇을 하면 승가의 처벌을 받는 죄를 범하는 것이다.

제6조 개인 정사의 건축

【2.6】 비구가 후원자 없이 비구 개인을 위한 정사를 지을 때 정사 부지에 대해 승가의 인정을 받고, 정사 규격을 지키고, 위해가 없는 곳이고, 접근할 수 있는 곳이어야 한다. 만약 정사 부지에 대해 승가의 인정을 받지 않거나 정사 규격을 지키지 않으면 승가의 처벌을 받는 죄를 범하는 것이다.

제7조 큰 개인 정사의 건축

【2.7】 비구가 후원자의 지지로 비구 개인을 위한 큰 정사를 지을 때 정사 부지에 대해 승가의 인정을 받고, 위해가 없는 곳이고, 접근할 수 있는 곳이어야 한다. 만약 정사 부지에 대해 승가의 인정을 받지 않으면 승가의 처벌을 받는 죄를 범하는 것이다.

제8조 승가의 분열

【2.8】 승가를 분열시키려는 비구에게 승가가 세 번까지 그만두도록 충고하여도 분열을 포기하지 않으면 승가의 처벌을 받는 죄를 범하는 것이다.

제9조 승가의 분열을 지지하기

【2.9】 승가를 분열시키려는 비구를 지지하는 비구들에게 승가가 세 번까지 그만두도록 충고하여도 지지를 포기하지 않으면 승가의 처벌을 받는 죄를 범하는 것이다.

제10조 승가의 충고 거부

【2.10】 원칙에 맞는 충고를 거부하는 비구에게 승가가 세 번까지 그만두도록 충고하여도 거부를 포기하지 않으면 승가의 처벌을 받는 죄를 범하는 것이다.

제11조 승가의 퇴거 충고 거부

【2.11】 원칙에 맞는 퇴거 충고를 거부하는 비구에게 승가가 세 번까지 그만두도록 충고하여도 거부를 포기하지 않으면 승가의 처벌을 받는 죄를 범하는 것이다.

제12조 함께 살 수 없는 죄를 무고하기

【2.12】 추방하려고 근거 없이 함께 살 수 없는 죄를 범하였다고 비난하면 승가의 처벌을 받는 죄를 범하는 것이다.

제13조 함께 살 수 없는 죄를 빗대어 무고하기

【2.13】 추방하려고 유사한 것에 빗대어 함께 살 수 없는 죄를 범하였다고 비난하면 승가의 처벌을 받는 죄를 범하는 것이다.

존자들이여, 이제 제가 존자들께 여쭙겠습니다. 여기 모인 모든 분은 열세 가지 승가의 처벌을 받는 죄에 청정하십니까? 두 번째 여쭙겠습니다. 여기 모인 모든 분은 열세 가지 승가의 처벌을 받는 죄에 청정하십니까? 세 번째 여쭙겠습니다. 여기 모인 모든 분은 열세 가지 승가의 처벌을 받는 죄에 청정하십니까? 청정하면 침묵하고, 청정하지 않으면 지금 말씀하십시오. 존자들이여, 존자들께서는 청정하여 침묵하였고, 침묵하여 청정을 인정하였습니다. 따라서 저는 그와 같이 알겠습니다. 둘째 조목의 송출을 마쳤습니다. 존자들이여, 저는 이제 셋째 조목을 송출하겠습니다.

3 판정받는 죄

제1조 성행위가 가능한 장소

【3.1】 비구가 성행위가 가능한 장소에 여인과 둘이 있으면 세 가지 죄 가운데 하나를 범하는 것이다.

제2조 음담이 가능한 장소

【3.2】비구가 음담이 가능한 장소에 여인과 둘이 있으면 두 가지 죄 가운데 하나를 범하는 것이다.

존자들이여, 이제 제가 존자들께 여쭙겠습니다. 여기 모인 모든 분은 두 가지 판정받는 죄에 청정하십니까? 두 번째 여쭙겠습니다. 여기 모인 모든 분은 두 가지 판정받는 죄에 청정하십니까? 세 번째 여쭙겠습니다. 여기 모인 모든 분은 두 가지 판정받는 죄에 청정하십니까? 청정하면 침묵하고, 청정하지 않으면 지금 말씀하십시오. 존자들이여, 존자들께서는 청정하여 침묵하였고, 침묵하여 청정을 인정하였습니다. 따라서 저는 그와 같이 알겠습니다. 셋째 조목의 송출을 마쳤습니다. 존자들이여, 저는 이제 넷째 조목을 송출하겠습니다.

4 반납하고 참회하는 죄

제1조 여분의 옷

【4.1】여분의 옷을 열흘이 넘도록 지니면 반납하고 참회하는 죄를 범하는 것이다.

제2조 여분의 옷감 보관하기

【4.2】옷 만드는 시기가 아닌 때 얻은 옷감은 옷을 완성할 때까지 최대한 30일간 둘 수 있으나 그 기간이 지나서 두면 반납하고 참회하는 죄를 범하는 것이다.

제3조 특별히 보시한 옷

【4.3】특별히 보시한 옷은 받아서 보관하여 안거가 끝나는 마지막 열흘 기

간 안에 처리하되 이 기간을 넘어서 보관하면 반납하고 참회하는 죄를 범하는 것이다.

제4조 세 벌 옷을 갖추지 않고 지내기

【4.4】 승가의 동의를 받은 아픈 비구를 제외하고 세 벌 옷을 지니지 않고 하룻밤이라도 지내면 떨어져 지낸 옷을 반납하고 참회하는 죄를 범하는 것이다.

제5조 비옷의 사용

【4.5】 우기 시작 한 달 전에 비옷을 구하기 시작하고 반달 전에 비옷을 착용하기 시작하되 그것보다 일찍 구하거나 착용하면 반납하고 참회하는 죄를 범하는 것이다.

제6조 미리 관여하여 얻은 옷

【4.6】 친척 아닌 자가 옷을 주려고 생각 중인데 비구가 옷에 대하여 미리 관여하여 얻으면 반납하고 참회하는 죄를 범하는 것이다.

제7조 미리 관여하여 합쳐 얻은 옷

【4.7】 친척 아닌 자로 두 명 이상이 각각 한 비구에게 옷을 주려고 생각 중인데 비구가 그들에게 합쳐서 하나의 옷으로 달라고 관여하여 얻으면 반납하고 참회하는 죄를 범하는 것이다.

제8조 실로 직조한 옷감

【4.8】 얻은 실로 직조소에서 옷감을 직조하면 반납하고 참회하는 죄를 범하는 것이다.

제9조 직조에 관여하여 얻은 옷

【4.9】 친척 아닌 자가 옷을 주려고 직조사에게 옷감을 직조할 때 비구가 직조에 미리 관여하여 얻으면 반납하고 참회하는 죄를 범하는 것이다.

제10조 요구하여 얻은 옷

【4.10】 옷을 빼앗기거나 소실한 때를 제외하고 친척 아닌 자에게 요구하여 옷을 얻으면 반납하고 참회하는 죄를 범하는 것이다.

제11조 비구니에게 받은 옷

【4.11】 친척인 비구니를 제외하고 비구니가 주는 옷을 받으면, 물물교환을 제외하고, 반납하고 참회하는 죄를 범하는 것이다.

제12조 하의와 상의만 수용

【4.12】 옷을 빼앗기거나 소실한 비구에게 친척 아닌 자들이 많은 옷을 주더라도 최대 하의와 상의까지만 수용하되 그 이상 수용하면 반납하고 참회하는 죄를 범하는 것이다.

제13조 옷 대신 받은 금전

【4.13】 옷을 주려는 자가 옷 대신 금전을 보내왔을 때 비구는 재가자 한 명을 지정하여 금전을 관리하고 필요한 옷을 준비토록 한다. 이때 비구는 그에게 말로써 세 번까지만 상기시켜야 한다. 그때까지 옷을 얻으면 좋으나 얻지 못하면 세 번까지 침묵으로 그의 앞에 서 있을 수 있다. 그때까지 옷을 얻으면 좋으나 얻지 못하여 더 이상 노력하여 얻으면 반납하고 참회하는 죄를 범하는 것이다.

제14조 마을에 옷 보관하기

【4.14】 안거를 끝내고 거처하려는 숲속의 처소가 도적으로 위험하면 세 벌 옷 가운데 한 벌은 가까운 마을의 집에 맡겨 둘 수 있다. 이때 비구는 이 옷

을 떠나 최대한 6일까지 지낼 수 있되 6일이 지나면, 승가의 동의를 제외하고, 반납하고 참회하는 죄를 범하는 것이다.

제15조 비구니에게 옷 세탁시키기
【4.15】 친척인 비구니를 제외하고 비구가 사용하였던 옷을 비구니에게 세탁이나 염색이나 다듬질시키면 반납하고 참회하는 죄를 범하는 것이다.

제16조 주고 빼앗은 옷
【4.16】 비구에게 주었거나 교환한 옷을 빼앗거나 빼앗게 하면 반납하고 참회하는 죄를 범하는 것이다.

제17조 이교도와 물물교환
【4.17】 비구, 비구니, 식차마나, 사미, 사미니를 제외하고 물물교환하면 물물교환한 옷이나 물건을 반납하고 참회하는 죄를 범하는 것이다.

제18조 승가 몫을 자기 몫으로 만들기
【4.18】 승가나 특정 비구들의 몫으로 보시하려거나 보시한 옷이나 보시물을 알고서도 개인의 몫으로 만들면 옷이나 보시물을 반납하고 참회하는 죄를 범하는 것이다.

제19조 깔개의 6년 사용
【4.19】 승가의 동의를 받은 아픈 비구를 제외하고 깔개는 6년 이상 지녀야 하되 만약 6년 이내에 새로운 깔개를 만들거나 만들게 하면 반납하고 참회하는 죄를 범하는 것이다.

제20조 비단실로 만든 깔개
【4.20】 비단실이 섞인 깔개를 만들거나 만들게 하면 반납하고 참회하는 죄

를 범하는 것이다.

제21조 순흑색 양모로 만든 깔개

【4.21】 순흑색 양모로 깔개를 만들거나 만들게 하면 반납하고 참회하는 죄를 범하는 것이다.

제22조 양모로 만든 깔개

【4.22】 양모로 새로운 깔개를 만들거나 만들게 할 때 백색 양모는 깔개의 $\frac{1}{4}$ 이상, 갈색 양모는 깔개의 $\frac{1}{4}$ 이상, 순흑색 양모는 깔개의 $\frac{1}{2}$ 이하로 만들되 만약 순흑색 양모가 깔개의 $\frac{1}{2}$을 초과하면 반납하고 참회하는 죄를 범하는 것이다.

제23조 펼치는 깔개

【4.23】 펼치는 깔개를 새로이 만들거나 만들게 할 때 묵은 깔개의 둘레를 한 뼘 이상 취하여 만들되 그렇지 않고 만들면 반납하고 참회하는 죄를 범하는 것이다.

제24조 양모의 운반

【4.24】 양모를 3요자나까지 직접 운반하되 그 이상 운반하면 반납하고 참회하는 죄를 범하는 것이다.

제25조 비구니에게 양모 세탁시키기

【4.25】 친척인 비구니를 제외하고 비구니에게 양모를 세탁이나 염색이나 손질시키면 양모를 반납하고 참회하는 죄를 범하는 것이다.

제26조 여분의 발우

【4.26】 여분의 발우를 열흘이 넘도록 지니면 반납하고 참회하는 죄를 범하

는 것이다.

제27조 발우의 요청

【4.27】 사용할 수 없을 만큼 깨어졌거나 잃어버렸으면 새 발우를 요청하여 구하되 작게 수리한 곳이 다섯 곳이 안 되었는데 새 발우를 요청하여 구하면 반납하고 참회하는 죄를 범하는 것이다.

제28조 약의 보관

【4.28】 버터기름, 신선한 버터, 기름, 꿀, 당밀의 다섯 가지 약은 7일까지 보관하여 사용하되 7일을 넘어서 보관하면 반납하고 참회하는 죄를 범하는 것이다.

제29조 금전의 소유

【4.29】 금전을 자신을 위해 가지거나 갖게 하면 금전을 반납하고 참회하는 죄를 범하는 것이다.

제30조 금전으로 매입하기

【4.30】 금전으로 매입하거나 교환하면 매입하거나 교환한 물건을 반납하고 참회하는 죄를 범하는 것이다.

존자들이여, 이제 제가 존자들께 여쭙겠습니다. 여기 모인 모든 분은 서른 가지 반납하고 참회하는 죄에 청정하십니까? 두 번째 여쭙겠습니다. 여기 모인 모든 분은 서른 가지 반납하고 참회하는 죄에 청정하십니까? 세 번째 여쭙겠습니다. 여기 모인 모든 분은 서른 가지 반납하고 참회하는 죄에 청정하십니까? 청정하면 침묵하고, 청정하지 않으면 지금 말씀하십시오. 존자들이여, 존자들께서는 청정하여 침묵하였고, 침묵하여 청정을 인정하였습니다. 따라서 저는 그와 같이 알겠습니다. 넷째 조목의 송출을 마쳤습니다. 존자들이여, 저는 이제 다섯째 조목을 송출하겠습니다.

5 참회하는 죄

제1조~제2조 축생과 초목의 살생
【5.1~2】 의도적으로 [1]축생이나 [2]초목의 목숨을 빼앗는다면 참회하는 죄를 범하는 것이다.

제3조~제4조 벌레 있는 물의 사용
【5.3~4】 알면서 벌레 있는 물을 퍼서 [3]공사장이나 [4]일상생활에 사용하여 벌레가 죽거나 해가 되면 참회하는 죄를 범하는 것이다.

제5조 땅 파기
【5.5】 땅을 파거나 파게 하면, 땅속의 생명을 해치거나 해치지 않거나 간에, 참회하는 죄를 범하는 것이다.

제6조 노지에 불 지피기
【5.6】 타당한 이유가 있는 경우나 아픈 비구를 제외하고 단지 몸을 데우기 위하여 노지에 불을 지피거나 지피게 하면 참회하는 죄를 범하는 것이다.

제7조 습득한 재물의 처리
【5.7】 승원이나 재가자의 거처에서 재물을 습득하거나 습득하게 하여 주인이 찾아가도록 맡겨 두는 것을 제외하고 재물을 습득하거나 습득하게 하면 참회하는 죄를 범하는 것이다.

제8조 불법 대상(隊商)과 동행하기

【5.8】 세금을 포탈하는 불법 대상과 약속하고 동행하면, 마을과 마을 사이 거리만큼 갈 때마다, 참회하는 죄를 범하는 것이다.

제9조 여인과 동숙하기
【5.9】 여인과 동숙하면 참회하는 죄를 범하는 것이다.

제10조~제11조 여인과 홀로 앉기
【5.10~11】 여인과 함께 [10]밀폐된 곳이나 [11]은밀한 곳에 앉으면 참회하는 죄를 범하는 것이다.

제12조 비구니와 홀로 앉기
【5.12】 비구니와 단둘이 은밀한 곳에 앉으면 참회하는 죄를 범하는 것이다.

제13조 여인을 홀로 교화하기
【5.13】 양식 있는 남자의 동석을 제외하고 여인을 홀로 교화하면 참회하는 죄를 범하는 것이다.

제14조 여인과 동행하기
【5.14】 여인과 약속하고 동행하면, 마을과 마을 사이 거리만큼 갈 때마다, 참회하는 죄를 범하는 것이다.

제15조 비구니와 동행하기
【5.15】 위험한 지역을 제외하고 비구니와 약속하고 동행하면, 마을과 마을 사이 거리만큼 갈 때마다, 참회하는 죄를 범하는 것이다.

제16조 비구니와 배 타기

【5.16】 강을 가로질러 건너는 경우를 제외하고 비구니와 미리 약속하고 상류나 하류로 가는 배를 타면, 마을과 마을 사이 거리만큼 갈 때마다, 참회하는 죄를 범하는 것이다.

제17조 거짓말

【5.17】 알고서 거짓말하거나 거짓으로 동의하면 참회하는 죄를 범하는 것이다.

제18조 이간하는 말

【5.18】 이간하는 말을 하면 참회하는 죄를 범하는 것이다.

제19조 나쁜 말

【5.19】 매도하는 말이나 저주하는 말이나 나쁜 말을 하면 참회하는 죄를 범하는 것이다.

제20조 때아닌 때 마을에서 하는 잡담

【5.20】 위급하거나 위험한 경우를 제외하고 비구들의 허락을 구하지 않고 때아닌 때에 마을에 들어가서 잡담하면 참회하는 죄를 범하는 것이다.

제21조 출정하는 군대 구경하기

【5.21】 충분히 타당한 이유가 있는 경우를 제외하고 출정하는 군대를 구경하러 가서 보면 참회하는 죄를 범하는 것이다.

제22조 군사훈련 구경하기

【5.22】 군사훈련이나 군대 열병 등을 구경하러 가서 보면 참회하는 죄를 범하는 것이다.

제23조 군대에 머물기

【5.23】 군대에 머물 이유가 있는 경우 사흘까지 머물되 초과하면 참회하는 죄를 범하는 것이다.

제24조 약품의 수용

【5.24】 아픈 비구를 제외하고 약품의 초대를 4개월 초과하여 받거나 필요하지 않은 약품을 요청하면 참회하는 죄를 범하는 것이다.

제25조 거듭된 공사 요구

【5.25】 후원자의 지지로 개인을 위한 큰 정사를 지을 때 지붕을 세 겹까지 덮을 수 있되 세 번을 초과하여 요청하면 참회하는 죄를 범하는 것이다.

제26조 허락 없이 가정집에 앉기

【5.26】 부부의 동의 없이 가정집에 들어가 자리에 앉거나 누우면 참회하는 죄를 범하는 것이다.

제27조 선약 없이 궁(宮) 방문하기

【5.27】 사전 예고 없이 궁의 문턱을 넘어서면 참회하는 죄를 범하는 것이다.

제28조 때아닌 때의 식사

【5.28】 약을 제외하고 때아닌 때에 음식을 먹으면 참회하는 죄를 범하는 것이다.

제29조 두 번 하는 식사

【5.29】 병들었을 때, 옷을 받을 때, 요청된 식사를 양도받을 때를 제외하고 요청된 식사와 다른 식사를 연이어 두 번 하면 참회하는 죄를 범하는 것이다.

제30조 무료 급식소의 음식

【5.30】병든 비구를 제외하고 무료 급식소의 음식을 한 번만 먹되 초과하여 먹으면 참회하는 죄를 범하는 것이다.

제31조 식사 전후에 가정집 방문하기

【5.31】환자를 위한 약을 구할 때, 옷을 받을 때, 옷 만드는 기간일 때를 제외하고 요청된 음식의 전후에 동행한 비구들의 허락 없이 가정집을 방문하면 참회하는 죄를 범하는 것이다.

제32조 요청된 식사에서 남겨지지 않은 음식

【5.32】다른 비구가 남긴 음식을 제외하고 요청된 식사 후 요청된 식사에서 남겨지지 않은 음식을 씹거나 삼킨다면 참회하는 죄를 범하는 것이다.

제33조 요청된 식사에서 남겨지지 않은 음식 먹이기

【5.33】남겨지지 않은 음식 먹기 죄를 범하기를 기대하면서 식사 후 어떤 비구에게 남겨지지 않은 음식을 고의로 제공하여 그가 먹으면 음식을 제공한 비구는 참회하는 죄를 범하는 것이다.

제34조 간식

【5.34】받은 간식은 비구들과 나누어야 하며 간식을 세 그릇까지 채워서 받을 수 있되 초과해서 받으면 참회하는 죄를 범하는 것이다.

제35조 저장한 음식

【5.35】약을 제외하고 저장한 음식을 먹으면 참회하는 죄를 범하는 것이다.

제36조 맛있는 음식의 부탁

【5.36】아픈 비구를 제외하고 자신을 위하여 맛있는 음식을 부탁하여 먹으면 참회하는 죄를 범하는 것이다.

제37조 주지 않은 음식

【5.37】양치질을 위한 물과 버들가지를 제외하고 주지 않은 음식을 입에 넣으면 참회하는 죄를 범하는 것이다.

제38조 술

【5.38】곡주나 과일주나 술을 마시면 참회하는 죄를 범하는 것이다.

제39조 외도 출가자나 재가자에게 음식 주기

【5.39】외도 출가자나 재가자에게 음식이나 옷을 손수 주면 참회하는 죄를 범하는 것이다.

제40조 방사의 청소

【5.40】머물던 방사나 처소를 떠날 때 잠자리를 펼쳐 두거나 정리 정돈하지 않거나 청소하지 않으면 참회하는 죄를 범하는 것이다.

제41조 승가물의 노천 방치

【5.41】승원을 떠날 때 승가 소유의 침상, 의자, 매트, 깔개 등을 노천에 펼쳐 두고 거두지 않으면 참회하는 죄를 범하는 것이다.

제42조 솜 씌운 침상과 의자

【5.42】솜을 씌운 침상이나 의자 또는 소파를 사용하면, 솜을 뜯어내야 하고, 참회하는 죄를 범하는 것이다.

제43조 옷의 괴색 처리

【5.43】 청색, 진흙색, 흑갈색 가운데 한 가지 색으로 괴색 처리하지 않고 옷을 착용하면 참회하는 죄를 범하는 것이다.

제44조 상아 바늘집

【5.44】 상아나 뿔이나 뼈로 만든 바늘집을 만들거나 만들게 하여 가지면, 그것을 부수어 버려야 하고, 참회하는 죄를 범하는 것이다.

제45조 비구 아닌 남자와의 동숙

【5.45】 비구 아닌 남자와 이어서 사흘까지 동숙하되 사흘을 지나서 동숙하면 참회하는 죄를 범하는 것이다.

제46조 목욕하기

【5.46】 예외의 경우를 제외하고 보름마다 목욕하되 보름을 채우기 전에 목욕하면 참회하는 죄를 범하는 것이다. 예외의 경우는 여름의 첫 한 달과 마지막 한 달 반의 경우, 아픈 경우, 일한 경우, 유행하는 경우, 흙먼지가 일고 빗방울이 떨어지는 경우, 변방에 사는 경우이다.

제47조 물놀이하기

【5.47】 물놀이하면 참회하는 죄를 범하는 것이다.

제48조 비구니승가 교계

【5.48】 원칙에 입각한 승가의 선임을 받지 않고 비구니승가를 교계하면 참회하는 죄를 범하는 것이다.

제49조 일몰 후의 교계

【5.49】 원칙에 입각한 승가의 선임을 받고 비구니승가를 교계하되 일몰 후 밤늦게까지 교계하여 비구니가 거처로 돌아가지 못하면 참회하는 죄를 범

하는 것이다.

제50조 비구니 처소에서의 교계

【5.50】 병든 비구니의 경우를 제외하고 비구니 처소에 찾아가 비구니를 교계하면 참회하는 죄를 범하는 것이다.

제51조 비구니에게 옷 주기

【5.51】 물물교환을 제외하고 친척 아닌 비구니에게 옷을 주면 참회하는 죄를 범하는 것이다.

제52조 비구니 옷 바느질하기

【5.52】 친척 아닌 비구니의 옷을 바느질하거나 하게 하면 참회하는 죄를 범하는 것이다.

제53조 비구니가 알선한 식사

【5.53】 재가자가 비구를 위해 미리 준비한 음식을 제외하고 알면서 비구니가 알선한 정식 음식을 먹으면 참회하는 죄를 범하는 것이다.

제54조 성자의 과위 공개하기

【5.54】 비구와 비구니를 제외한 사람에게 성취한 성자의 과위를 알리면 참회하는 죄를 범하는 것이다.

제55조 교계사 폄하하기

【5.55】 원칙에 입각한 승가의 선임을 받은 교계사를 폄하하거나 이득을 얻기 위하여 교계한다고 말하면 참회하는 죄를 범하는 것이다.

제56조 경멸하기

【5.56】 충고하는 비구를 경멸하거나 경멸하는 태도를 보이면 또는 오해하거나 의도적으로 비구를 경멸하거나 폐를 끼치면 참회하는 죄를 범하는 것이다.

제57조 말 엿듣기

【5.57】 다투거나 싸우는 상대 비구의 말을 엿들으면 참회하는 죄를 범하는 것이다.

제58조 비구 떼어 내기

【5.58】 걸식하러 동행한 비구를 정당한 이유 없이 떼어 버리면 참회하는 죄를 범하는 것이다.

제59조 승가 몫의 음식을 개인 몫으로 만들기

【5.59】 승가 몫으로 보시하려거나 보시한 음식을 알고서도 개인 몫으로 만들면 참회하는 죄를 범하는 것이다.

제60조 잠자리 차지하기

【5.60】 먼저 도착한 비구를 밀치고 들어가 잠자리를 차지하면 참회하는 죄를 범하는 것이다.

제61조 양심의 가책 일으키기

【5.61】 비구에게 고의로 양심의 가책을 일으키면 참회하는 죄를 범하는 것이다.

제62조 옷 도로 가져오기

【5.62】 여유분의 옷을 다른 이에게 배당한 후 자신이 도로 가져와 착용하면 참회하는 죄를 범하는 것이다.

제63조 소지품 감추기

【5.63】 장난일지라도 비구의 옷이나 발우 등의 소지품을 감추거나 감추게 하면 참회하는 죄를 범하는 것이다.

제64조 간지럽히기

【5.64】 손가락으로 간질이려고 비구의 몸에 닿으면 참회하는 죄를 범하는 것이다.

제65조 무섭게 놀리기

【5.65】 비구를 무섭게 놀리면 참회하는 죄를 범하는 것이다.

제66조 위협하기

【5.66】 비구를 무기로 위협하면 참회하는 죄를 범하는 것이다.

제67조 과실 상해

【5.67】 위층에 머물면서 부주의로 아래층 비구를 다치게 하면 참회하는 죄를 범하는 것이다.

제68조 구타

【5.68】 비구나 비구니를 구타하면 참회하는 죄를 범하는 것이다.

제69조 강제 퇴거

【5.69】 승가에 속한 정사나 승원 또는 방사에서 비구를 강제 퇴거시키거나 시키게 하면 참회하는 죄를 범하는 것이다.

제70조 그릇되게 주장하는 비구

【5.70】 어떤 비구가 세존의 가르침을 그릇되게 주장하면, 세 번까지 이어

서 충고하여 잘못된 주장을 버리면 좋은 일이지만 버리지 못하면, 참회하는 죄를 범하는 것이다.

제71조 그릇되게 주장하는 비구와 어울리기

【5.71】세존의 가르침을 그릇되게 주장하여 참회하는 죄를 범하고도 그릇된 주장을 버리지 않는 비구임을 알면서도 함께 먹고 자거나 어울리고 따르면 참회하는 죄를 범하는 것이다.

제72조 그릇되게 주장하는 사미

【5.72】세존의 가르침을 그릇되게 주장하고 그릇된 주장을 버리지 않는 사미는 그가 누구이든지 영구 퇴출하되 만약 알면서도 그를 위로하거나 시중들게 하거나 함께 숙식하면 참회하는 죄를 범하는 것이다.

제73조 재가자 이간시키기

【5.73】비구 아닌 자들을 이간시키려고 가르치면 참회하는 죄를 범하는 것이다.

제74조 별도 승가의 식사

【5.74】예외의 경우를 제외하고 별도의 승가를 형성하여 식사하면 참회하는 죄를 범하는 것이다. 예외의 경우는 병든 비구와 함께 초대받았을 때, 옷을 보시하는 가정에서 함께 초대받았을 때, 옷을 만드는 시기에 함께 초대받았을 때, 함께 유행하는 비구들이 초대받았을 때, 함께 배를 타는 비구들이 초대받았을 때, 많은 비구가 운집하는 큰 집회가 있을 때, 외도 수행자가 법답게 초대하였을 때이다.

제75조 소임자 원망하기

【5.75】승가가 선임한 소임자 비구를 원망하거나 매도하면 참회하는 죄를

범하는 것이다.

제76조 옷 분배 불평하기

【5.76】 승가에서 결정한 대로 옷이나 필수품 분배한 것을 불평하면 참회하는 죄를 범하는 것이다.

제77조 승가의 처벌을 받는 죄를 무고하기

【5.77】 승가의 처벌을 받는 죄를 지었다고 근거 없이 비난하면 참회하는 죄를 범하는 것이다.

제78조 추중죄 공개하기

【5.78】 비구와 비구니를 제외한 사람에게 비구의 추중죄를 알리면, 승가의 승인을 제외하고, 참회하는 죄를 범하는 것이다.

제79조 추중죄 은폐하기

【5.79】 알면서 어떤 비구의 추중죄를 다른 비구들에게 은폐하면 참회하는 죄를 범하는 것이다.

제80조 갈마 장소 이탈하기

【5.80】 원칙에 따른 갈마에 자신의 청정권리를 위임하지 않고 갈마 장소를 떠나면 참회하는 죄를 범하는 것이다.

제81조 갈마 결정 불평하기

【5.81】 원칙에 따른 갈마에 자신의 청정권리를 위임하고서 나중에 갈마 결정에 불평하면 참회하는 죄를 범하는 것이다.

제82조 핑계와 침묵

【5.82】 잘못에 대한 승가의 조사에 핑계를 대거나 침묵하면 참회하는 죄를 범하는 것이다.

제83조 승가의 결정 거부하기

【5.83】 원칙에 따라서 승가가 결정한 것을 거부하면 참회하는 죄를 범하는 것이다.

제84조 율 조항을 몰랐다고 발뺌하기

【5.84】 율 조항을 어겨 죄를 짓고, 세 번 넘게 포살에 참석하였음에도, 율 조항을 몰랐었다고 발뺌하면 승가의 질책을 받아야 하고 참회하는 죄를 범하는 것이다.

제85조 율 조항의 수지 유보하기

【5.85】 율 조항들에 대하여 모르는 것은 배워서 알아야 하고, 의문점은 질문해서 해결해야 하고, 미흡한 점은 점검해서 해소하여 율 조항들을 수지하되 만약 어떤 율 조항의 수지를 유보하면 참회하는 죄를 범하는 것이다.

제86조 율 조항 비방하기

【5.86】 율 조항을 비방하면 참회하는 죄를 범하는 것이다.

제87조 비구 나이 제한

【5.87】 나이가 스무 우기를 채우지 않은 자를 알면서 비구로 받아들이면, 비구로 받아들인 것은 무효가 되며, 갈마비구로 받아들인 비구들은 질책받아야 하고 귀의비구로 받아들인 비구는 참회하는 죄를 범하는 것이다.

제88조 침상 높이 규격

【5.88】 침상 다리의 바닥에서 하부 밑까지 높이가 여덟 손가락마디이며 그

보다 높으면, 초과한 높이를 잘라 내야 하고, 참회하는 죄를 범하는 것이다.

제89조 대의 규격

【5.89】 대의(大衣) 규격은 길이가 아홉 뼘이고 폭이 여섯 뼘이며 그보다 크면, 초과한 부분을 잘라 내야 하고, 참회하는 죄를 범하는 것이다.

제90조 비옷 규격

【5.90】 비옷 규격은 길이가 여섯 뼘이고 폭이 두 뼘 반이며 그보다 크면, 초과한 부분을 잘라 내야 하고, 참회하는 죄를 범하는 것이다.

제91조 환부 가리개 규격

【5.91】 환부 가리개 규격은 길이가 네 뼘이고 폭이 두 뼘이며 그보다 크면, 초과한 부분을 잘라 내야 하고, 참회하는 죄를 범하는 것이다.

제92조 깔개 규격

【5.92】 깔개 규격은 길이가 두 뼘이고 폭이 한 뼘 반이며 원하면 길이와 폭을 최대 한 뼘씩 추가하되 그보다 크면, 초과한 부분을 잘라 내야 하고, 참회하는 죄를 범하는 것이다.

존자들이여, 이제 제가 존자들께 여쭙겠습니다. 여기 모인 모든 분은 아흔두 가지 참회하는 죄에 청정하십니까? 두 번째 여쭙겠습니다. 여기 모인 모든 분은 아흔두 가지 참회하는 죄에 청정하십니까? 세 번째 여쭙겠습니다. 여기 모인 모든 분은 아흔두 가지 참회하는 죄에 청정하십니까? 청정하면 침묵하고, 청정하지 않으면 지금 말씀하십시오. 존자들이여, 존자들께서는 청정하여 침묵하였고, 침묵하여 청정을 인정하였습니다. 따라서 저는 그와 같이 알겠습니다. 다섯째 조목의 송출을 마쳤습니다. 존자들이여, 저는 이제 여섯째 조목을 송출하겠습니다.

6 자백하는 죄

제1조 친척 아닌 비구니에게 음식 받기

【6.1】 친척 아닌 비구니에게 손수 걸식 음식을 받아먹으면 자백하는 죄를 범하는 것이다.

제2조 비구니에게 음식 수발 받기

【6.2】 가정집에서 요청된 식사를 할 때 어떤 비구니가 비구들의 식사 수발을 손수 하거나 지시한다면 비구들은 비구니의 식사 수발을 통제하고 비구니를 식사 장소에서 물러나도록 말해야 하며 만약 그렇게 하지 않으면 자백하는 죄를 범하는 것이다.

제3조 방문자제 가정에서 음식 얻기

【6.3】 미리 초대받거나 걸식하러 다니지 못할 정도로 아픈 비구의 경우는 제외하고 방문자제 가정에서 음식을 얻어먹으면 자백하는 죄를 범하는 것이다.

제4조 숲속의 위험을 알리지 않은 채 음식 얻기

【6.4】 아픈 비구를 제외하고 비구들이 머무는 숲속에 위험이 있음에도 위험을 재가자들에게 알리지 않은 채 비구들이 머무는 숲속 처소로 재가자가 가지고 온 음식을 받아먹으면 자백하는 죄를 범하는 것이다.

존자들이여, 이제 제가 존자들께 여쭙겠습니다. 여기 모인 모든 분은 네 가지 자백하는 죄에 청정하십니까? 두 번째 여쭙겠습니다. 여기 모인 모든 분은 네 가지 자백하는 죄에 청정하십니까? 세 번째 여쭙겠습니다. 여기 모인 모든 분은 네 가지 자백하는 죄에 청정하십니까? 청정하면 침묵하고, 청정하지 않으면 지금 말씀하십시오. 존자들이여, 존자들께서는 청정하여 침묵하였고, 침묵하여 청정을 인정하였습니다. 따라서 저는 그와 같이 알겠습니다. 여섯째 조목의 송출을 마쳤습니다. 존자들이여, 저는 이제 일곱째 조목을 송출하겠습니다.

7 습득하는 죄

제1조~제29조 옷차림과 몸가짐

【7.1~29】 어디에서나 [1]상의나 [2]하의를 완전히 둘러서 몸이 드러나지 않도록 입으며, 마을에서 걷거나 앉을 때 [3,4]옷을 단정히 입고, [5,6]위의를 갖추고, [7,8]시선을 전방 아래로 두고, [9,10]옷을 걷어 올리지 않고, [11,12]옷으로 머리를 덮지 않고, [13,14]크게 웃지 않고, [15,16]크게 말하지 않고, [17,18]몸을 건들거리지 않고, [19,20]팔을 흔들지 않고, [21,22]머리를 까딱거리지 않고, [23,24]허리에 손을 대고 팔꿈치를 펼치지 않는다. 또한 마을에서 [25]몸을 웅크려 걷거나 [26]다리를 늘어지게 앉지 않는다. 그리고 몸에 병이 없는데 [27]풀이나 [28]물에 대소변 보거나 침 뱉지 않고, [29]정해진 장소 이외에서 대소변을 보지 않는다. 그렇지 않으면 습득하는 죄를 범하는 것이다.

제30조~제59조 음식 받기와 먹기

【7.30~59】 발우에 걸식 음식을 받을 때 적당량의 [30]카레와 [31]밥을 받고, [32]받기 싫어하는 마음 다스리고 [33]음식이 넘치지 않도록 발우를 보고, [34]먹기 싫어하는 마음 다스리고 [35]다른 음식 찾지 않고 발우를 보고, [36]맛있는 음식 고르지 않고 순차적으로 [37]적절한 양을 받고, [38]맛있는 음식을 더 받으려고 밥으로 맛있는 음식 가리지 않고, [39]환자가 아니면 맛있는 음식을 부탁하지 않는다. 발우에 받은 걸식 음식을 먹을 때 [40]불만스러운 표정으로 남의 발우를 바라보지 않고, [41]음식 꼭대기부터 짓이겨 먹지 않고, [42]한 입에 큰 덩어리 음식을 먹지 않고, [43]한 입에 기다란 덩어리 음식을 먹지 않고, [44]큰 음

식 덩어리를 입으로 갉아 먹지 않고, [45]음식을 던져 올려서 입으로 받아먹지 않고, [46]두 볼에 음식을 가득 채우지 않고, [47]음식보다 먼저 입을 크게 벌리지 않고, [48]음식을 흘려 떨어뜨리지 않고, [49]입안에 음식이 남아 있는데 말을 하지 않고, [50]쩝쩝거리는 소리 내지 않고, [51]후룩거리는 소리 내지 않고, [52]손가락을 통째로 입에 넣지 않고, [53]손가락을 핥지 않고, [54]그릇을 핥지 않고, [55]입술을 핥지 않고, [56]음식 묻은 손을 털지 않고, [57]혀를 내밀지 않고, [58]음식이 묻은 손으로 물병을 만지지 않는다. 그리고 [59]식사 후 발우를 씻어 음식 찌꺼기 있는 물을 함부로 버리지 않는다. 그렇지 않으면 습득하는 죄를 범하는 것이다.

제60조~제75조 법을 교시하지 않아야 하는 자들

【7.60~75】 비구가 법을 교시하지 않아야 하는 자는, 환자는 제외하고, 손에 [60]칼이나 [61]무기나 [62]지팡이나 [63]일산을 든 자이며, [64]끌신이나 [65]신발을 신은 자, [66]복면이나 [67]터번을 두른 자, [68]늘어지게 앉거나 [69]침상 위에 누워 있는 자, [70]가마나 수레와 같은 탈것에 탄 자이다. 또한 [71]법을 교시하는 비구가 맨바닥에 앉을 때 의자나 자리에 앉은 자, [72]비구가 낮은 자리에 앉을 때 높은 자리에 앉은 자, [73]비구가 서 있을 때 자리에 앉은 자, [74]비구가 뒤에 갈 때 앞에 가는 자, [75]비구가 갓길로 갈 때 가운데 길로 가는 자에게 법을 교시하지 않아야 한다. 그렇지 않으면 습득하여야 하는 죄를 범하는 것이다.

존자들이여, 이제 제가 존자들께 여쭙겠습니다. 여기 모인 모든 분은 일흔다섯 가지 습득하는 죄에 청정하십니까? 두 번째 여쭙겠습니다. 여기 모인 모든 분은 일흔다섯 가지 습득하는 죄에 청정하십니까? 세 번째 여쭙겠습니다. 여기 모인 모든 분은 일흔다섯 가지 습득하는 죄에 청정하십니까? 청정하면 침묵하고, 청정하지 않으면 지금 말씀하십시오. 존자들이여, 존자들께서는 청정하여 침묵하였고, 침묵하여 청정을 인정하였습니다. 따라서 저는 그와 같이 알겠습니다. 일곱째 조목의 송출을 마쳤습니다. 존자들이여, 저는 이제 여덟째 조목을 송출하겠습니다.

8 쟁사를 소멸하는 죄

제1조~제7조 쟁사를 소멸하는 방법

【8.1~7】 쟁사를 소멸하기 위하여 개최된 갈마에서 [1]분쟁의 당사자가 현전하여 해결하거나, [2]죄 없는 청정한 자를 비방하는 경우 청정한 자가 완전한 기억에 도달하였을 때 그의 기억으로 해결하거나, [3]심신미약의 상태에서 죄를 범하였다면 심신미약에 입각한 무죄로 해결하거나, [4]당사자의 자인으로 해결하거나, [5]가라앉힐 수 없는 쟁사는 다수결로 해결하거나, [6]죄를 지어 부정한 자가 처벌받아야 함에도 부끄러움을 모르고 진술을 번복하거나 거짓말하면 심문으로 해결하거나, [7]승가가 양분되어 분쟁이 분열로 치달으면 대리인이 대신 범죄를 인정하고 참회하여 잘못을 덮어서 해결한다. 만약 그렇지 못하면 쟁사를 소멸하는 죄를 범하는 것이다.

존자들이여, 이제 제가 존자들께 여쭙겠습니다. 여기 모인 모든 분은 일곱 가지 쟁사를 소멸하는 죄에 청정하십니까? 두 번째 여쭙겠습니다. 여기 모인 모든 분은 일곱 가지 쟁사를 소멸하는 죄에 청정하십니까? 세 번째 여쭙겠습니다. 여기 모인 모든 분은 일곱 가지 쟁사를 소멸하는 죄에 청정하십니까? 청정하면 침묵하고, 청정하지 않으면 지금 말씀하십시오. 존자들이여, 존자들께서는 청정하여 침묵하였고, 침묵하여 청정을 인정하였습니다. 따라서 저는 그와 같이 알겠습니다. 여덟째 조목의 송출을 마쳤습니다.

존자들이여, 오늘 포살일에 ①네 가지 함께 살 수 없는 죄를 송출하였습니다. ②열세 가지 승가의 처벌을 받는 죄를 송출하였습니다. ③두 가지 판정받는 죄를 송출하였습니다. ④서른 가지 반납하고 참회하는 죄를 송출하였습니다. ⑤아흔두 가지 참회하는 죄를 송출하였습니다. ⑥네 가지 자백하는 죄를 송출하였습니다. ⑦일흔다섯 가지 습득하는 죄를 송출하였습니다. ⑧일곱 가지 쟁사를 소멸하는 죄를 송출하였습니다. 이렇게 하여 여덟 조목의 의무율을 마쳤습니다. 존자들이여, 의무율을 송출하여 청정을 유지하는 비구는 안락합니다. 그는 초선정의 이생희락을 얻는 데 안락하고, 제2선정의 정생희락을 얻는 데 안락하고, 제3선정의 이희묘락을 얻는 데 안락하고, 제4선정의 사념청정을 얻는 데 안락합니다. 선정뿐만 아니라 삼매와 해탈을 얻는 데도 그는 안락합니다. 그러므로 선정과 삼매와 해탈을 얻어 향상하려는 승가는 보름마다 여덟 조목 의무율의 송출을 면면히 이어 가야 할 것입니다. 의무율의 송출이 끝났습니다.

제1장
의무율

세존께서 정각을 성취하여 정각법을 발견하고 직접 설하신 지 12년이 되던 해에 웨살리의 중각강당에서 의무율을 제정하기 시작하셨다. 그리하여 세존의 가르침인 법과 율을 갖추어 갔다. 율을 세 가지로 나누면 의무율, 갈마율, 소소율로 나눌 수 있다. 비구가 보름마다 의무적으로 송출하는 율이 비구의 의무율이다. 각각의 개별 항목을 조항(條項, sikkhāpada)이라고 하며, 죄의 경중에 따라 의무율의 조항을 모두 여덟 가지 묶음으로 나누었는데 이 묶음을 조목(條目, pāṭimokkha)이라 한다.[1] 따라서 의무율은 여덟 가지 조목으로 되어 있다. 율을 어기면 죄가 되므로 조목을 죄명으로 명명한다. 율을 어겨 죄를 지으면 청정성을 잃어버려 청정하지 못한 비구가 된다. 지은 죄의 경중에 따라 형벌이 다르며 출죄하여 청정을 회복하는 절차도 각각 다르다. 죄를 지은 비구가 청정을 회복하는 절차에 청정한 비구는 간여하는 경우가 있더라도 청정하지 못한 비구는 간여할 수 없다. 세존께서 율을 제정하는 계기부터 살펴본다.

---

1 식카빠다(sikkhāpada, 學處)를 율의 개별 조항(條項) 또는 조(條)라고 하며, 이러한 율의 개별 조항을 여러 개 묶은 것을 조목(條目) 즉 빠띠목카(pāṭimokkha, 婆羅提木叉)라 한다.

제정의 계기 웨란자에서 열두 번째 안거를 보낼 무렵 걸식으로 연명하기가 어려워지자 목갈라나(Moggallāna)는 신통으로 음식을 구하거나 결계를 벗어나 기근이 들지 않은 북쪽 지역으로 비구들이 함께 유행하여 음식을 구할 것을 말씀드렸으나 세존께서는 허락하지 않으셨다. 아난다(Ānanda)는 말의 사료를 얻어 맷돌에 곱게 갈아 물에 불려 세존께 드렸다. 이러한 모습을 보던 사리뿟따(Sāriputta)는 어느 날 홀로 앉아 있다가 '이렇게 걸식으로 연명하기 어려운 시기가 닥치면 어떻게 세존의 청정한 법을 오랫동안 유지할 수 있을 것인가? 과거 세존들께서는 어떻게 청정한 법을 유지하셨는가? 어떤 세존들께서는 청정한 법을 오래 유지하지 못하셨는가? 어떤 세존들께서는 청정한 법을 오래 유지하셨는가?'라고 사유하였다. 사리뿟따는 저녁 무렵 홀로 앉음에서 일어나 세존께 다가가 여쭈었다. "세존이시여, 어떤 세존들께서는 청정한 법을 오래 유지하지 못하셨습니까? 어떤 세존들께서는 청정한 법을 오래 유지하셨습니까?" 사리뿟따여, 비빠신(Vipassin, 毘婆尸) 세존과 시킨(Sikhin, 尸棄) 세존과 베싸부(Vessabhū, 毘舍浮) 세존께서는 청정한 법을 오래 유지하지 않으셨다. 사리뿟따여, 까꾸산다(Kakusandha, 俱留孫) 세존과 꼬나가마나(Konāgamana, 拘那含) 세존과 깟사빠(Kassapa, 迦葉) 세존께서는 청정한 법을 오래 유지하셨다.

"세존이시여, 비빠신 세존과 시킨 세존과 베싸부 세존께서 청정한 법을 오래 유지하지 못하신 데는 어떠한 연과 인이 있습니까?" 사리뿟따여, 비빠신 세존과 시킨 세존과 베싸부 세존께서는 청정한 법을 상세하게 설하는데 피곤을 모르셨다. 그렇지만 그분들의 법에는 아홉 가지의 구성[分, aṅga]이 충분하지 않았다. 무엇이 그 아홉 가지 구성의 가르침[九分敎]인가? 경(經, sutta), 응송(應頌, geyya), 상세한 설명[記別, 授記, veyyākaraṇa], 게송(偈頌, gāthā), 감흥어(感興語, udāna), 여시어(如是語, itivuttaka), 본생담(本生譚, jātaka), 미증유법(未曾有法, abbhutadhamma), 문답(問答, 方等, vedalla)이 그것이다.[2] 또한 그분들은 출가제자들에게 율을 설하지 않으셨다. 율의 개별 조항이 시설되지 않았으므로 율의 개별 조항을 묶은 조목도 제시하지 않았다. 그분들 세존과 그분들 아래서 정각을 성취한 출가제자들이 모두 멸한 뒤에 출가한 제자들이 있었다. 다양한 족성(族姓), 다양한 계층, 다양한 가문, 다양한 국가에서 출가한 그들이 그 청정한 법을 사라지게 하였다. 마치 여러 가지 꽃잎들을 나무판 위에 실로 묶지 않고 놓아두면 바람에 흩어지고 부서지고 해체되는 것과 같다. 그것은 무슨 까닭이냐? 그것은 실로 묶여 있지 않았기 때문이다.

"세존이시여, 그렇다면 까꾸산다 세존과 꼬나가마나 세존과 깟사빠 세존께서 청정한 법을 오래 유지한 데는 어떠한 연과 인이 있습니까?" 사리뿟따여, 까꾸산다 세존과 꼬나가마나 세존과 깟사빠 세존께서는 청정한 법을 상세하게 설하는데 피곤을 모르셨다. 그분들의 법에는 아홉 가지의 구성 다시 말해 경, 응송, 상세한 설명, 게송, 감흥어, 여시어, 본생담, 미증유법, 문답이 충분하게 많았다. 또한 그분들은 출가제자들에게 율을 설하셨다. 율의 개별 조항을 시설하였으므로 율의 개별 조항을 묶은 조목들도 제시하였다. 세존들과 그분들 아래서 정각을 성취한 출가제자들이 모두 멸한 뒤에 출가한 제자들이 있었다. 다양한 족성, 다양한 계층, 다양한 가문, 다양한 국가에서 출가한 그들이 그 청정한 법을 유지하게 하였다. 마치 여러 가지 꽃잎들을 나무판 위에 실로 잘 묶어서 놓아두면 바람에 흩어지지 않고 부서지지 않고 해체되지 않는 것과 같다. 그것은 무슨 까닭이냐? 그것은 실로 잘 묶여 있기 때문이다.

---

2 세존의 법을 구분하는 아홉 가지로 ①경은 경이라고 이름 붙여진 가르침이다. ②응송은 상대의 게송에 응대하는 가르침으로 주로 게송을 하지만 아래의 게송과 구별하며 상대의 게송에 질문이 있으면 답변으로 응대하더라도 아래의 문답과 구별한다. ③상세한 설명은 법에 대한 상세한 설명의 가르침이다. ④게송은 게송으로 간략하게 설하거나 게송으로 요약하는 가르침이다. ⑤감흥어는 감흥의 기쁨으로 설하는 가르침이다. ⑥여시어는 세존의 가르침을 들은 제자가 들은 대로 전하는 세존의 가르침이다. ⑦본생담은 세존의 정각 이전 현생이나 전생의 기억에 의한 가르침이다. ⑧미증유법은 놀랍고 경이로운 것들에 대한 가르침이다. ⑨문답은 질의응답으로 설한 가르침이다. 여기 아홉 가지 법의 구성에 율을 포함하면 세존의 가르침은 모두 열 가지로 구성된다. 법의 아홉 가지 구성을 모두 모아 결집한 것이 경장(經藏)이며 율을 모두 모아 결집한 것이 율장(律藏)이다. (따라서 논장(論藏)은 세존께서 말씀하시는 세존의 열 가지 가르침에 포함되지 않거나 여시어에 포함된다. 경장에는 상당한 분량의 여시어가 이미 포함되어 있다.)

제정의 시기 그러자 사리뿟따는 자리에서 일어나 위의를 갖추어 기워 만든 대의를 입고 세존을 향하여 합장한 채 절을 올리고 세존께 이같이 말했다. "세존이시여, 세존께서 청정한 법이 오래 유지되도록 율을 설하셔서 율의 개별 조항이 시설되고 율의 개별 조항을 묶은 조목들이 제시되어야 한다면, 세존이시여, 지금이 참으로 시기적절하옵니다. 세존이시여, 지금이 참으로 시기적절하옵니다." 사리뿟따여, 기다려라. 사리뿟따여, 기다려라. 여래는 그것의 적절한 때를 안다. 여래는 이같이 그것의 적절한 때를 안다.

　'①여기 어떤 번뇌를 일으키는 조건들이 승가 안에 나타날 때까지 스승은 제자들에게 율의 조항을 시설하지 않고 율의 조목을 제시하지 않는다. 여기 어떤 번뇌를 일으키는 조건들이 승가 안에 나타날 때 그때가 적절한 시기로 스승은 번뇌를 일으키는 조건들을 몰아내기 위해 제자들에게 율의 조항을 시설하고 조목을 제시한다.

　②여기 승가가 세월의 어떤 연륜에 도달하기 전까지 승가 안에 번뇌의 뿌리가 일어나지 않아 스승은 제자들에게 율의 조항을 시설하지 않고 조목을 제시하지 않는다. 그러나 승가가 세월의 어떤 연륜에 도달할 때 그때가 적절한 시기로 승가 안에 번뇌의 뿌리가 일어나 스승은 번뇌의 뿌리를 몰아내기 위해 제자들에게 율의 조항을 시설하고 조목을 제시한다.

　③여기 승가가 어떤 규모에 도달하기 전까지 승가 안에 번뇌의 뿌리가 일어나지 않아 스승은 제자들에게 율의 조항을 시설하지 않고 조목을 제시하지 않는다. 그러나 승가가 어떤 규모에 도달할 때 그때가 적절한 시기로 승가 안에 번뇌의 뿌리가 일어나 스승은 번뇌의 뿌리를 몰아내기 위해 제자들에게 율의 조항을 시설하고 조목을 제시한다.

　④여기 승가의 이득이나 존경이나 명성이 어떤 수준에 도달하기 전까지 승가 안에 번뇌의 뿌리가 일어나지 않아 스승은 제자들에게 율의 조항을 시설하지 않고 조목을 제시하지 않는다. 그러나 승가의 이득이나 존경이나 명성이 어떤 수준에 도달할 때 그때가 적절한 시기로 승가 안에 번뇌

의 뿌리가 일어나 스승은 번뇌의 뿌리를 몰아내기 위해 제자들에게 율의 조항을 시설하고 조목을 제시한다.

⑤여기 승가의 배움이 어떤 수준에 이르기 전까지 승가 안에 번뇌의 뿌리가 일어나지 않는다면 스승은 제자들에게 율의 조항을 시설하지 않고 조목을 제시하지 않는다. 그러나 승가의 배움이 어떤 수준에 도달할 때 그때가 적절한 시기로 승가 안에 번뇌의 뿌리가 일어나 스승은 번뇌의 뿌리를 몰아내기 위해 제자들에게 율의 조항을 시설하고 조목을 제시한다.'[**율을 제정하는 바른 시기**]

사리뿟따여, 여기 비구승가는 더러움을 여의었고, 위험을 여의었고, 티끌을 여의었고, 청정하고, 진리에 입각해 있어서 승가 안에 번뇌의 뿌리가 일어나지 않았으며 번뇌를 일으키는 조건들이 나타나지 않았다. 그러므로 스승은 제자들에게 율의 조항을 시설하지 않고 조목을 제시하지 않는다. 여기 오백 명의 비구들 가운데 가장 열등한 자도 예류자로서 그들은 퇴락하지 않았다. 그들은 모두 올바른 깨달음을 궁극의 목표로 삼는다.

비구의 성립 어떤 범부가 집을 떠나 세존의 출가제자인 비구가 되려면 어떻게 해야 하며 세존께서는 범부를 어떻게 비구로 만드셨는가? 어떤 사문이나 외도 수행자가 세존의 출가제자인 비구가 되려면 어떻게 해야 하며 세존께서는 그런 사문이나 외도 수행자를 어떻게 비구로 만드셨는가? 다섯 사문 가운데 최초의 비구제자가 되었던 꼰단냐는 세존의 법을 이해하여 법을 보는 안목과 바른 견해가 생기고 법을 확신하여 "저는 이제 존자께 귀의하옵고 존자의 법과 율에 귀의합니다. 존자시여, 저는 이제 존자의 곁으로 출가하여 제자가 되고자 하오니 받아 주소서."라고 청하였다. 이에 세존께서는 오라[ehi], 비구여! 법과 율은 잘 갖추어졌으니 그대는 괴로움의 종식을 위하여 청정한 삶을 살아라, 하시면서 그를 비구제자로 받아 주셨다. 나머지 네 사문도 꼰단냐 비구와 마찬가지로 차례대로 법을 이해하여 법을 보는 안목과 바른 견해가 생기고 법을 확신하여 비구제자가 되었다. 이같이 세존의 '오라, 비구여!'라는 말씀으로 비구가 된 비구를 선래비구(善來比丘)라고 한다. 두 번째 무리의 선래비구는 세존의 사성제 설법을 듣고 출가한 야사와 그의 4명의 절친과 50명의 친구이다. 이들은 재가자들로서 출가하여 선래비구가 된 첫 사례이다. 세 번째와 네 번째 무리의 선래비구는 지체 높은 30명의 재가자와 우루웰라 깟사빠를 상수로 하는 일천 명의 외도 수행자이다. 그들은 세존의 신통에 조복하여 출가하였다. 세존께서 라자가하에 입성하여 죽림정사에 머무셨을 때 많은 출가자가 선래비구가 되었으며 세존께서 정각 후 처음 카필라밧투를 방문하셨을 때 출가하였던 석가족의 무리도 선래비구였다. 한편 오비구와 55명의 비구를 필두로 비구들은 세존의 전법령에 따라 세존의 법을 펼쳤다. 비구들이 전하는 세존의 법을 듣고 출가하려는 자들은 세존의 곁으로 안내되어 선래비구가 되었다. 이러한 대표적인 사례는 앗사지에게 세존의 가르침을 전해 들은 사리뿟따, 사리뿟따로부터 가르침을 전해 들은 목갈라나 그리고 사리뿟따와 목갈라나의 법에 대한 확신을 따라 함께 출가한 250명의 비구이다.

　이렇게 비구들의 숫자가 점차 늘어나자 비구들이 전하는 세존의 법을 듣고 출가하려는 자들 가운데 세존의 곁으로 다가가지 못하는 경우가 생기기 시작하였다. 이들 가운데 세존께서 머무는 곳과 멀리 떨어진 변방에 거주하는 자들은 세존을 뵙기 전에 먼저 세존의 법을 가르쳐 주는 비구를 스승으로 삼아 세존의 법을 배우고 범행을 닦고자 하였다. 또한 멀리 유행을 떠나는 세존의 곁으로 다가가는 것이 현실적으로 쉽지 않을 수도 있었다. 더욱 근본적으로 선래비구의 방식으로 감당하기에 출가하려는 이들이 너무 많았다. 이러한 문제를 해결하기 위해 세존께서는 비구들도 출가하려는 자를 비구로 만들 수 있도록 허락하였다. 출가하려는 자는 먼저 머리와 수염을 깎고 기워 만든 대의를 입고 비구의 양발에 머리를 조아리게 한 뒤 웅크리고 앉아 합장하며 '거룩한 석가모니 부처님께서 무상정등정각으로 발견하고 증득한 정각법(正覺法)에 귀의하고, 위없는 스승인 세존께서 정각법을 직접 해설하고 설명한 불설법(佛說法)에 귀의하고, 불설법을 배우고 익힌 청정한 승가가 배우고 익힌 대로 호지하여 전승하는 전승법(傳承法)에 귀의'[삼법귀의]하면 비구가 되었다.MV1.12 이렇게 비구가 된 비구를 삼법귀의비구(三法歸依比丘) 또는 간략히 귀의비구(歸依比丘)라고 한다. 대표적인 사례가 꼰단냐가 뿐나 만따니뿟따를 귀의비구로 만들었으며, 뿐나 만따니뿟따는 오백 명의 사람들을 귀의비구로 만들었다. 깟짜나(Kaccāna)에게 출가하여 귀의비구가 된 소나 꾸띠깐나는 잘 배우고 닦은 후 세존을 뵙고 세존으로부터 칭송받았다. 잘 배우고 잘 닦은 귀의비구와 함께 세존을 뵙는 스승비구는 인정받았으나 그렇지 못한 스승비구는 세존으로부터 경책받기도 하였다.³

　　귀의비구의 방식이 정착되면서 비구의 숫자는 더욱 늘어났고 일부 승원을 중심으로 한 승가의 경우 최대 수용 인원이 채워지면서 승가가 더욱 안정적으로 발전하였다. 더불어 승가의 존경과 명성이 어떤 수준 이상으로 유지 향상되었고 세존의 법은 특정 비구를 의존하지 않더라도 사람들 사이에 널리 퍼지게 되었다. 항간에 퍼져 있던 세존의 법을 듣고, 승가의 존경과 명성을 보고 들은 어떤 사람이 출가하려고 승원이나 승가를 방문하는 경우가 생기기 시작하였다. 그런데 승가의 어떤 비구도 이 사람을 잘 알지 못하여 이 사람을 귀의비구로 만들려고 하지 않는 경우도 생겨났다. 이러한 문제를 해소하기 위하여 세존께서는 백사갈마(白四羯磨)를 통하여 출가하려는 자를 비구로 만들 수 있도록 허락하였다. 출가하려는 자는 백사갈마를 통하여 비구가 되었으며 이렇게 비구가 된 비구를 백사갈마비구(白四羯磨比丘) 또는 간략히 갈마비구(羯磨比丘)라고 한다.

　　이같이 비구가 되는 세 가지 방식이 차례대로 성립된 후에는 세 가지 방식이 혼재되어 서로 영향을 주었다. 세존의 곁에서 출가하려는 자도 세존의 곁에서 [삼법귀의]하므로 선래비구의 방식은 귀의비구의 방식을 포함

---

3 이후 비구를 받을 수 있는 비구의 자격을 비구 승랍 10년 이상으로 제한하였다.

하였고, 백사갈마에서 출가하려는 자는 열 명(변방에서는 다섯 명)의 비구 곁에서 [삼법귀의]하므로 갈마비구의 방식 또한 귀의비구의 방식을 포함하게 되었다. 귀의비구의 방식과 갈마비구의 방식의 차이는 전자는 한 명의 비구가 오랫동안 출가하려는 자를 점검하였고 후자는 열 명(변방에서는 다섯 명)의 비구가 짧은 시간 동안 출가하려는 자를 점검하는 것이다. 선래비구의 방식으로 비구가 된 마지막 사례는 세존께서 반열반 직전에 받아들인 비구 수닷다(Subdhadda)였다.**DN16** 세존께서 허락하고 실행되었던 귀의비구 방식과 갈마비구 방식이 많은 세월이 지난 후대에는 귀의비구의 방식은 잊히고 사라졌으며 갈마비구의 방식은 변형되었다.**4** 세존의 법과 율을 따르는 비구는 누구든지 귀의비구의 방식으로 비구를 만들 수 있으며,**5** 왜곡된 갈마비구의 방식 또한 세존의 가르침대로 복원해야 한다. 의무율을 전혀 모르는 자가 이와 같은 세 가지 방식으로 비구가 되더라도 비구가 된 후 급하게 공부해야 하는 것이 의무율이다.

승가의 형성 이렇게 만들어진 비구가 홀로 머물면 1인 비구 또는 비구개인이라고 하고, 2~3인 함께 모이면 비구무리 또는 비구모임이라고 하며, 4명 이상 모이면 비구승가(比丘僧伽, bhikkhusaṅgha)라고 한다. 승가(僧伽, saṅgha)가 형성되면 결계(結界)를 정한다. 결계는 승가의 구성원들이

---

4 BV1.1에 13유형의 비구들 가운데 오직 두 유형의 비구만 인정하는 모순은 후대에 변형된 것이다.

5 여기에 해당하는 좋은 사례가 있다. 세존께서 기원정사에 머무셨을 때 사리뿟따의 둘째 남동생 우빠세나(Upasena)가 자신의 회중과 함께 향실에서 세존을 뵙고 나눈 대화이다. 우빠세나여, 그대는 회중을 어떻게 이끄는가? "세존이시여, 저에게 출가를 요청하는 자가 있으면 저는 그에게 '벗이여, 나는 숲속에 거주하는 자이고, 걸식하는 자이고, 분소의를 입는 자이다. 그대도 숲속에 거주하는 자이고, 걸식하는 자이고, 분소의를 입는 자가 된다면 내가 그대의 출가를 허락하겠다.'라고 말합니다. 제 말을 들으면 출가를 허락하고 제 말을 듣지 않으면 출가를 허락하지 않습니다. 그리고 저에게 의지를 요청하는 자가 있으면 저는 그에게 '벗이여, 나는 숲속에 거주하는 자이고, 걸식하는 자이고, 분소의를 입는 자이다. 그대도 숲속에 거주하는 자이고, 걸식하는 자이고, 분소의를 입는 자가 된다면 내가 그대의 의지를 허락하겠다.'라고 말합니다. 제 말을 들으면 의지를 허락하고 제 말을 듣지 않으면 의지를 허락하지 않습니다. 세존이시여, 저는 이같이 회중을 이끕니다." 우빠세나여, 훌륭하다. 우빠세나여, 훌륭하다. 그대가 회중을 이끄는 것은 훌륭하다.**BV4.2.5**

힘들이지 않게 걸식할 수 있는 공간의 범위를 한정하는 것으로 강이나 산 또는 큰 바위나 인공적인 표지석 등으로 경계를 삼는다. 안거 중에는 결계 밖으로 나가지 않으며 안거가 끝나면 다음 안거까지 결계 밖으로 유행할 수 있다. 승가의 구성원들이 함께 산다는 율장의 의미는 결계 내에서 포살과 자자 그리고 갈마를 함께 공유한다는 것이다. 승가의 구성원들이 함께 사는 것은 마치 실이 나무판 위의 꽃잎들을 잘 묶는 것처럼 율의 조항과 조목이 결계 내 승가의 구성원을 잘 묶어 승가가 흩어지지 않고 부서지지 않고 해체되지 않는다. 그러므로 비구승가란 세존께서 제정한 비구승가를 위한 율이 적용되는 비구들의 모임이다. 재가제자는 비구승가 또는 비구니승가에 포함되지 않으며 세존께서 재가제자를 위한 율은 제정하지 않았으므로 재가제자승가는 이룰 수 없다.

이렇게 함께 사는 비구승가를 현전승가(現前僧伽, sammukhīsaṅgha)라고 한다. 어떤 현전승가에 소속된 비구가 충분히 머문 후 다른 현전승가로 옮길 때는 그곳의 방이나 거처를 배정하는 소임자 비구에게 방이나 처소를 배정받아 머문다. 방이나 거처를 배정하는 소임자 비구는 방문승이 도착하는 차례대로 방이나 거처를 배정하되 예약된 방이나 거처는 배정에서 제외할 수 있다. 현전승가를 옮길 때 비구의 권리나 권한이 제약되거나 제한되지 않는다. 이전의 현전승가에서 제약되거나 제한된 권리나 권한이 있다면 새로 옮기는 현전승가에서도 제약되거나 제한된 권리나 권한이 그대로 승계된다. 함께 사는 비구들이 질서 있게 출입하고 앉고 서고 걷고 먹는 차례를 좌차(座次)라고 하는데 좌차의 기준은 오직 비구 승랍으로 정한다. 정각을 성취한 아라한이라 할지라도 좌차를 지켜야 하며 어떠한 소임자라고 하더라도 좌차를 지켜야 한다. 현전승가의 비구들 가운데 어떤 비구도 예를 들어 최상의 좌차인 비구나 승왕이나 종정이라고 하더라도 현전승가를 통솔하거나 통제하거나 지배할 수 없다. 현전승가는 어떤 개별 비구에게 좌지우지되거나 의존하거나 의지하지 않는다. 이것이 세존의 율이다.[6] 현전승가는 세존의 율을 따르며 세존의 율에 따른 포살과 자자 그리고 갈마를 공유하는 화합 공동체다. 이렇게 세존의 율을 지키는 현전 승가가 모두 모여 사방승가(四方僧伽, cattudisasaṅgha)를 이룬다. 사방승 가의 결계는 정하지 않는다. 정족수 부족으로 현전승가를 이루지 못한 세 명이나 두 명 또는 한 명의 비구는 사방승가에 속하여 세존의 율을 지키면 서 살아가되 포살과 자자 그리고 갈마는 개인의 몫이 된다. 이때 사방승가 는 비구로 이루어진 사방승가와 비구니로 이루어진 사방승가의 양 사방승 가가 있다.

적절한 퇴전 만약 어떤 비구가 비구를 그만두고 물러나려면[退轉, 退俗, 還 俗] 어떻게 해야 하는가? 만약 어떤 비구가 율에 따라 퇴전하면 그는 원할 때 다시 출가할 수 있다. 최대한 일곱 번 퇴전할 수 있으며 일곱 번 퇴전 후 다시 출가한다면 그것이 그에게 허락된 현생의 마지막 출가가 된다. 여덟 번 퇴전한 자는 다시 출가하여도 허락되지 않기 때문이다. 그런데 어떤 비 구가 율에 따라 퇴전하지 않고서 본인은 퇴전하였다고 착각하고 세속으로 돌아가 세속인처럼 감각적 욕망을 누렸다면 그는 비구로서 비구승가와 함 께 살 수 없는 죄를 지을 수 있다. 이런 경우 그는 원하여도 다시 출가할 수 없다. 그러므로 비구가 율에 따른 퇴전을 바르게 알아야 한다.

　　여기 어떤 비구가 비구의 삶을 만족스러워하지 않고 즐거움을 발견 하지 못하여 비구의 삶이 곤혹스럽고 꺼려지고 싫어져 재가자의 삶을 동 경하거나, 재가제자의 삶을 동경하거나, 승원을 돌보는 정인(淨人)의 삶을 동경하거나, 외도 수행자의 삶을 동경하거나, 외도의 재가제자의 삶을 동

6　세존의 율에 따르면 좌차는 무소불위를 위한 권력이 아니라 화합을 위한 질서이다. 따라서 승가는 군주주의를 지향하지 않아 왕과 같은 비구[僧王]를 두지 않으며 민주주의를 지향하지 않아 비구들의 투표로 대통령 또는 총리와 같은 비구[宗正, 總務院長, 住持]를 선출하지 않는다. 비구가 따라야 하는 것은 오직 세존의 법과 율이며 승가의 운영은 세존의 법과 율에 따른 포살과 자자 그리고 갈마로 한 다. 세존의 법과 율을 따르는 비구는 누구라도 세존의 법과 율에 어긋나는 승가의 운영이나 세존의 법 과 율에 어긋나는 법과 율을 따르지 않고 거부하여야 한다.

경하거나, 비구가 아닌 자의 삶을 동경하여 비구의 삶을 떠나면서 "나는 부처님을 버렸다."라고 분명히 말하고 선언한다. 이같이 선언하는 비구는 비구의 삶을 지속시키는 데 자신의 유약(幼弱)함과 취약(脆弱)함을 드러내어 알리고 비구의 삶을 전적으로 부인하는 것이다. 이것이 율에 따른 퇴전이며 적절한 퇴전이다. "나는 부처님을 버렸다." 대신 "나는 부처님에 지쳤다."라거나 "나는 부처님에게서 잘 벗어났다."라거나 "나에게 부처님은 무엇이란 말인가? 나에게 부처님은 더 이상 아무 의미가 없다."라고 분명히 말하고 선언하여도 적절한 퇴전이다. 이때 '부처님' 대신 '가르침, 비구승가, 율, 율의 조항들, 율의 조목들, 율에 대한 서언, 출가스승[恩師], 아사리(阿闍梨, ācariya)[7], 출가스승 아래의 사형사제(師兄師弟)들, 아사리 아래의 학인들, 동료 비구들' 가운데 하나를 선택하여 선언하여도 적절한 퇴전이 된다.

여기 어떤 비구가 비구의 삶을 만족스러워하지 않고 즐거움을 발견하지 못하여 비구의 삶이 곤혹스럽고 꺼려지고 싫어져 비구의 삶을 떠나면서 "나를 재가자로 받아 주시오."라고 분명히 말하고 선언하여도 적절한 퇴전이다. 이때 '재가자' 대신 '재가제자, 정인, 외도 수행자, 외도의 재가제자, 비구가 아닌 자' 가운데 하나를 선택하여 선언하여도 적절한 퇴전이 된다.

그런데 '부처님, 가르침, 비구승가, 율, 율의 조항들, 율의 조목들, 율에 대한 서언, 출가스승, 아사리, 출가스승 아래의 사형사제들, 아사리 아래의 학인들, 동료 비구들'과 '재가자, 재가제자, 정인, 외도 수행자, 외도의 재가제자, 비구가 아닌 자' 가운데 하나를 선택하여 그것의 특성, 특징, 인상, 형태를 취하여 위와 같이 말하고 선언하여도 적절한 퇴전이 된다.

적절한 퇴전을 알리되 누구에게 드러내고 알려야 하는가? 적어도 한

---

7 신참비구가 출가스승과 떨어져 있을 때 출가스승을 대신하여 스승 역할을 하는 장로비구로서 율과 갈마에 능하다. 한편 신참비구는 비구가 된 지 4년까지의 비구이며 장로비구 또는 구참비구는 비구가 된 지 10년 이상이 되는 비구이며 그 사이의 비구는 중참비구 또는 중진비구라고 한다.

명의 사람 앞에서 드러내고 알린다. 이때 한 명의 사람은 누구든지 상관이 없다. 한 명의 사람이 비구이든 외도 수행자든 세존의 재가제자든 외도의 재가제자이든 재가자든 자신의 배우자나 자식이나 부모이든 상관없다. 그리고 한 명의 사람이 비구의 적절한 퇴전을 비구승가나 다른 비구나 다른 사람에게 전언(傳言)하든 말든 상관없다. 이렇게 비구의 적절한 퇴전은 성취된다.

그러나 이렇게 성취된 적절한 퇴전에 예외의 경우가 있다. 비구의 삶을 전적으로 부인하는 것이 인정되지 않을 때 예외가 된다. 여기 비구와 퇴전을 들은 한 명의 사람 중 한쪽이라도 심신미약자(心神微弱者) 내지는 심신박약자(心神薄弱者)로 규정되는 경우이다. 세존의 율에서 '마음이 심란하거나 정신착란이 있거나 고통으로 애통한 자'를 심신미약자 또는 심신박약자로 규정한다.[8] 물론 인간이 아닌 천신이나 축생 앞에서 말하는 경우도 예외가 된다. 한 명의 사람이 비구의 말을 인지하지 못하는 경우도 예외가 된다. 이 경우는 그 사람이 비구의 말을 언어적인 문제로 알아듣지 못하거나 청각장애인이거나 다른 문제로 비구의 말을 알아듣지 못하는 경우이다. 또한 비구가 농담이나 재미로 말하는 경우도 예외이며, 비구가 자신의 의도와 다르게 타인의 강압으로 말을 한 경우도 예외가 된다.

부적절한 퇴전 그러나 "나는 부처님을 버렸다." 대신 "나는 부처님을 버리면 어떨까?"라거나 "만약 내가 부처님을 버렸다면 좋았을 것이다."라거나 "나도 부처님을 버릴까?"라거나 "이제 내가 부처님을 버려야지."라거나 "내 안에 부처님이 있으니 바깥의 부처님은 버렸다."라고 말하는 것은 적절한 퇴전이 아니다. 이때 '부처님' 대신 '가르침, 비구승가, 율, 율의 조항들, 율의 조목들, 율에 대한 서언, 출가승, 아사리, 출가승 아래의

---

8 마음이 심란한 자는 접신(接神)이나 정신 분열되어 사리 분별하지 못하는 자이며, 정신착란인 자는 신체적 이상으로 간질이나 기질적 정신이 이상한 자이며, 고통으로 애통한 자는 극심한 심신(心身)의 고통으로 사리를 분별하지 못하는 자이다.

사형사제들, 아사리 아래의 학인들, 동료 비구들' 가운데 하나를 선택하여 말하여도 적절한 퇴전이 아니다. 그것은 비구의 삶을 지속시키는 데 자신의 유약함과 취약함을 드러내어 알리지만 비구의 삶을 전적으로 부인하는 것이 아니기 때문이다.

마찬가지로 "나를 재가자로 받아 주시오." 대신 "내가 지금 재가자가 된다면 어떨까?"라거나 "만약 내가 재가자가 되었다면 좋았을 것이다."라거나 "나도 재가자가 되어 볼까?"라거나 "이제 내가 재가자가 되어야지."라거나 "내 안의 모습은 그대로이니 바깥의 모습만 재가자가 되었다."라고 말하는 것은 적절한 퇴전이 아니다. 이때 '재가자' 대신 '재가제자, 정인, 외도 수행자, 외도의 재가제자, 비구가 아닌 자' 가운데 하나를 선택하여 말해도 적절한 퇴전이 아니다. 그것은 비구의 삶을 지속시키는 데 자신의 유약함과 취약함을 드러내어 알리지만 비구의 삶을 전적으로 부인하는 것이 아니기 때문이다.

그리고 "나는 어머니를 기억하고 그리워한다."라거나 "이제 나는 어머니를 부양하겠다."라거나 "이제 어머니가 나를 부양할 것이다."라고 말하는 것은 적절한 퇴전이 아니다. 이때 '어머니' 대신 '아버지, 형제, 자매, 아들, 딸, 배우자, 친족, 친구' 가운데 하나를 선택하여 말해도 적절한 퇴전이 아니다. 또한 "나는 나의 고향을 기억하고 그리워한다."라거나 "나는 나의 고향을 통하여 살아갈 것이다."라고 말하는 것은 적절한 퇴전이 아니다. 이때 '고향' 대신 '전답(田畓), 토지, 금은보화, 기술, 속세의 기억과 추억' 가운데 하나를 선택하여 말해도 적절한 퇴전이 아니다. 그것은 비구의 삶을 지속시키는 데 자신의 유약함과 취약함을 드러내어 알리지만 비구의 삶을 전적으로 부인하는 것이 아니기 때문이다.

여기 어떤 비구가 비구의 삶을 만족스러워하지 않고 즐거움을 발견하지 못하여 비구의 삶이 곤혹스럽고 꺼려지고 싫어져 비구의 삶을 떠나면서 "비구의 삶은 어렵다, 쉽지 않다, 행하기 어렵다, 행하기 쉽지 않다, 불가능하다 또는 참을 수 없다."라거나 "비구의 삶에는 즐거움이 또는 기쁨

이 없다.”라고 말하여도 적절한 퇴전이 아니다. 그것은 비구의 삶을 지속시키는 데 자신의 유약함과 취약함을 드러내어 알리지만 비구의 삶을 전적으로 부인하는 것이 아니기 때문이다.

1 함께 살 수 없는 죄

비구가 범하면 더 이상 승가와 함께 살 수 없는 죄를 빠라지까(pārājika)라고 하며 바라이(波羅夷)로 음역하고 단두죄(斷頭罪)라고 의역한다. 이 죄에는 네 가지가 있다. 네 가지 조항들의 묶음이 첫 번째 조목으로 비구가 되면 승가의 일원으로 가장 먼저 급히 의무적으로 학습하여 지켜야 하는 율의 목록이다.

1.1 제1조 살인 행위

제정의 계기 1. 몸의 부정 웨살리의 중각강당에 머물던 세존께서는 ‘발바닥에서 머리털까지 위로 올라가면서 그리고 머리털에서 발바닥까지 아래로 내려가면서 이 몸은 머리카락·몸털·손발톱·이빨·피부, 살·근육·뼈·골수, 신장·심장·간장·늑막·비장·폐, 큰창자·작은창자·위장·배설물, 뇌수·담즙·가래·고름·피·땀·지방, 눈물·유액·침물·콧물·관절액·오줌으로 구성되어 있고 여러 가지 부정한 것이 가득 차 있음을 선명하게 직시한다. 또한 이 몸은 지수화풍(地水火風)의 네 가지 물질[四大]로 이루어진 것이며, 부모에게서 생겨났고, 밥과 음식으로 집적(集積)되었으며, 무상하고 파괴되고 분쇄되고 해체되고 분해되기 마련인 것이다. 몸에 있는 아홉 개의 구멍에서 새거나 흘러나오는 것은 무엇이든지 마치 오래된 종기에서 새거나 흘러나오는 것처럼 더럽고 악취 나고 혐오스럽다. 이처럼 이 몸이 부정하다고 관찰하여 혐오하면서 머물러야 한다.’라는 몸의 부정에 관한 말씀을 여러 가지 방법으로 하셨다.**AN9.15, AN10.60** 그리고 몸의 부정에 인식이 머무는 것을 칭송하였고 몸의 부정을 닦는 것을 칭송하셨다.

그러던 어느 날 세존께서는 말씀하셨다. 비구들이여, 나는 보름 동안 홀로 앉고자 한다. 하루 한 끼 음식을 가져다주는 사람을 제외하고는 아무도 가까이 와서는 아니 된다. "그렇게 하겠습니다, 세존이시여." 비구들은 하루 한 끼 음식을 가져다주는 사람을 제외하고는 아무도 가까이 가지 않았으며 갖가지 방법으로 몸의 부정에 인식이 머물고 몸의 부정을 닦아 머물렀다. 그러자 세존의 가르침을 잘못 이해하고 치우치게 이해한 일부 비구들은 마치 머리를 깨끗이 씻고 예쁜 장식으로 머리 꾸미는 것을 좋아하는 젊은 여인이 자기의 머리나 목에 뱀이나 개 또는 사람의 시체가 걸려 있으면 수치스러워하듯 그들의 몸을 수치스러워하고 혐오하고 전율을 느끼면서 스스로 목숨을 끊거나 서로 목숨을 끊어 주었다. 어느 날에는 열 명의 비구들이 칼로 자살하고 다른 날에는 스무 명의 비구들이 칼로 자살하고 또 다른 날에는 서른 명의 비구들이 칼로 자살하였다. 또한 그들은 미갈란디까(Migalaṇḍika)[9]를 찾아가 "벗이여, 우리의 목숨을 끊어 주면 고맙겠소. 이 발우와 옷들은 그대의 것이 될 것이오."라고 말하였다. 미갈란디까는 발우와 옷을 받고 비구들의 목숨을 끊었다. 그는 피 묻은 칼을 들고 정사와 개인 거처를 다니면서 하루에 한 명의 비구 목숨을 빼앗았고, 하루에 두 명의 비구 목숨을 빼앗았고, 하루에 세 명의 비구 목숨을 빼앗았고, 하루에 네 명의 비구 목숨을 빼앗았고, 하루에 다섯 명의 비구 목숨을 빼앗았고, 하루에 열 명의 비구 목숨을 빼앗았고, 하루에 스무 명의 비구 목숨을 빼앗았고, 하루에 서른 명의 비구 목숨을 빼앗았고, 하루에 마흔 명의 비구 목숨을 빼앗았고, 하루에 쉰 명의 비구 목숨을 빼앗았고, 하루에 예순 명의 비구 목숨을 빼앗았다.

이렇게 보름이 지나자 세존께서는 홀로 앉음으로부터 일어나서 아난다를 불러서 말씀하셨다. 아난다여, 그런데 왜 비구승가가 줄어들었는가?

---

9 그는 비구가 아니면서 비구들이 남긴 음식을 얻어먹고 사는 외도 수행자였다.

자초지종을 아뢰고 아난다는 이렇게 청하였다. "세존이시여, 세존께서는 비구들이 구경의 지혜를 성취할 수 있는 다른 방법을 설하여 주십시오." 아난다여, 그렇다면 웨살리를 의지하여 머무르고 있는 비구들을 모두 집회소로 모이게 하라. "그렇게 하겠습니다, 세존이시여." 이렇게 하여 비구들이 모두 모이자 세존께서 말씀하셨다. 비구들이여, 들숨 날숨에 대한 사띠를 많이 닦으면 고요하고 수승하고 순수하고 행복하게 머물며 나쁘고 해로운 법들이 일어나는 족족 즉시 사라지게 하고 가라앉게 한다. 예를 들면 무더운 여름의 마지막 달에 뜨거운 먼지들이 메마른 대지에 소용돌이치고 있을 때 갑자기 큰 먹구름이 몰려들어 소나기를 내리면 대지의 소용돌이치던 먼지들은 그 자리에서 사라지고 가라앉는 것과 같다. 이렇게 설법하신 세존께서는 비구들에게 물었다. 비구들이여, 비구들이 스스로 목숨을 끊고 서로 목숨을 끊고 미갈란디까에게 '벗이여, 우리의 목숨을 끊어 주면 고맙겠소. 이 발우와 옷들은 그대의 것이 될 것이오.'라고 말한 것이 사실인가? "세존이시여, 사실입니다."

세존께서 이같이 견책하셨다. 어리석은 자여, 그대들은 적절하지 않고 자연스럽지 않고 알맞지 않고 비구의 삶이 아니고 부당하고 해서는 안 될 일을 행한 것이다. 어리석은 자여, 어찌 그대들이 스스로 목숨을 끊고 서로 목숨을 끊고 미갈란디까에게 '벗이여, 우리의 목숨을 끊어 주면 고맙겠소. 이 발우와 옷들은 그대의 것이 될 것이오.'라고 말할 수 있단 말인가? 어리석은 자여, 그것은 아직 청정한 믿음이 없는 자를 청정한 믿음으로 이끌고 이미 청정한 믿음이 있는 자를 더욱더 청정한 믿음으로 이끄는 것이 아니다. 그것은 오히려 아직 청정한 믿음이 없는 자를 불신으로 이끌고 이미 청정한 믿음이 있는 자 가운데 어떤 자들을 타락시키는 것이다.

세존께서는 여러 가지 방편으로 비구들을 질책하고 경책하고 견책하였으며 여러 가지 설법으로 탐욕을 여의어 만족한 일상생활을 칭송하고 오염원을 없애 악을 제거하는 삶을 칭송하고 청정한 믿음과 용맹정진의 삶을 칭송하셨다. 그리고 이렇게 말씀하셨다.

비구들이여, 그러므로 여기 열 가지 이유에 기초하여 율을 제정하니 그대들은 율을 학습하여야 하며 학습한 율을 송출하여야 한다. 무엇이 그 열 가지 이유인가? '①~②승가의 수승함을 지키고 승가의 안락을 유지하기 위함이며 ③~④율을 지키지 않는 비구를 제어하고 율을 잘 지키는 비구가 평안하게 머물기 위함이며 ⑤~⑥현재에 비구에게 일어나는 번뇌, 허물, 불선법을 차단하고 미래에 비구에게 일어날 번뇌, 허물, 불선법을 물리치기 위함이며 ⑦~⑧믿음이 없는 자에게 청정한 믿음을 일으키고 청정한 믿음이 있는 자에게 믿음을 더욱 굳건하게 하기 위함이며 ⑨~⑩여래의 정법을 오랫동안 지속시키고 여래의 율을 호지하기 위함이다.'[**율을 제정하는 열 가지 이유**]

비구들이여, 이와 같은 열 가지 이유로 율을 제정하니 그대들은 율을 학습하여야 하며 학습한 율을 송출하여 지켜야 한다. 이러한 계기로 세존께서 살인 행위에 대한 율의 조항을 제정하여 송출하셨다.

2. 죽음의 권유 아름답고 매혹적이고 단정한 아내를 가진 청신사가 병들었다. 그의 아내를 흠모하고 애착하던 어떤 비구[10]가 '저 청신사가 살아 있으면 그의 아내를 얻을 수 없다. 그를 스스로 죽도록 죽음을 찬미하면 어떨까?'라고 생각하고 그에게 다가가 "훌륭한 청신사여, 그대는 선한 일을 행하되 악한 일을 하지 않았고, 착하고 건전한 일을 행하되 잔혹한 일을 하지 않았고, 확실한 귀의처를 구하였고 염려할 죄를 짓지 않았습니다. 이런 병들고 괴로운 삶이 그대에게 무슨 의미가 있겠습니까? 그대는 이렇게 사는 것보다 죽는 것이 낫습니다. 여기서 그대가 죽으면 좋은 곳 천상계에 태어나 그곳에서 다섯 가지 감각적 쾌락의 욕망을 갖추어 즐길 것입니다."라고 말하였다. 청신사는 이 말에 동의하였다. 그는 병이 악화하여 죽었다.

---

10 율장에는 육군비구로 서술되었다. 그러나 육군비구는 살인 행위뿐만 아니라 절도 행위로 함께 살수 없는 죄를 범하였다. 승가와 함께 살면서 함께 살 수 없는 죄를 두 번 범하는 것은 가능하지 않다. 본 사례에서는 한 명의 비구가 적절하다고 본다.

남편이 죽자 그의 아내는 "저 비구가 나의 남편을 죽였다. 그는 남편에게 죽음을 찬미하여 남편이 죽도록 만들었다."라고 분개하고 비난하였고 다른 사람들도 분개하고 비난하였다. 비구들도 분개하고 비난하였으며 세존께 그 사실을 알렸다. 그러자 세존께서는 비구승가를 불러 모으게 하고 그에게 물었다. 비구여, 그대가 청신사에게 죽음을 찬미한 것이 사실인가? "세존이시여, 사실입니다." 세존께서 비구를 견책하고 [율을 제정하는 열 가지 이유]를 설하셨다. 이러한 계기로 세존께서 살인 행위에 대한 율의 조항을 최종적으로 제정하여 송출하셨다.

【1.1】 어떤 비구라도 율을 학습하여 받고 적절한 퇴전 없이, 의도적으로 살인하거나 청부 살인하거나 죽음을 권유하여 죽음에 이르게 하는 행위를 한다면 함께 살 수 없는 죄를 범하는 것이다.

조문의 해설 '어떤 비구라도'라는 것은 선래비구, 귀의비구, 갈마비구를 모두 포함하는 모든 비구를 의미한다. 여기서 '율'이란 함께 살 수 없는 죄의 제1조를 말한다. '학습하여 받고'란 해당하는 율의 조항을 상세하게 배우고 학습하여 비구의 삶에 생활 규범으로 적용할 수 있는 상태를 의미한다. 즉 여기 비구가 율을 학습하여 받았다면 그는 일상생활에서 그 율을 지키는 것과 범하는 것을 분별할 수 있는 것이다. '적절한 퇴전'은 상술한 대로 비구가 비구의 삶을 지속시키는 데 자신의 유약함과 취약함을 드러내어 알리고 비구의 삶을 전적으로 부인하는 것이다. '살인'이란 어머니의 자궁에서 첫 번째 마음이나 의식이 생겨나고 나타난 태아부터 목숨이 붙어 있는 사람을 죽이는 것이다. '청부 살인'이란 사람을 죽일 수 있는 무기, 도구, 독약, 기술, 방법 등을 가진 자를 구하여 사람을 죽이는 것이다. '죽음을 권유하는 것'은 여러 가지 방법으로 죽음을 찬탄하거나 찬미하여 사람을 부추겨 죽음에 이르게 하거나 여러 가지 무기, 도구, 독약, 기술, 방법 등으로 사람을 부추겨 죽음에 이르게 하는 것이다. 자살은 내가 자신을 죽이는 것을 뜻하고 타살은 내가 남을 죽이는 것을 말한다. 여기서 살인은 타살을 의미한다. '함께 살 수 없는' 것은 현전승가와 포살, 자자, 갈마를 공유할 수 없는 것을 의미한다. 함께 살 수 없는 자는 현전승가에서 함께 살 수 없으며 함께 살지 않는 까닭에 함께 살 수 없다고 한다.

조문의 사례 1. (살인 행위) 죽이려는 사람을 특정하거나 하지 않거나 간에 '이곳에 떨어지면 죽을 것이다.' 생각하여 판 함정, 독약을 탄 약이나 음식, 독을 바른 발우나 옷이나 침상이나 의자, 독침이나 칼과 같은 무기나 도구를 설치한 침상이나 의자 등을 만들면 실수죄(失手罪, dukkaṭa)이고 그것으로 사람에게 괴로운 느낌이 생기면 미수죄(未遂罪, thullaccaya)이고 사람이 죽으면 함께 살 수 없는 죄를 범하는 것이다. 그런데 그것으로 짐승에게 괴로운 느낌이 생기면 실수죄이고 짐승이 죽으면 참회하는 죄를 범하는 것이다. 또한 죽이려는 사람에게 '이것으로 놀라서 죽거나 매료되어 죽을 것이다.' 생각하고 죽음에 이르는 공포를 일으키거나 매혹에 빠지게 만드는 형상, 소리, 냄새, 맛, 감촉, 이야기를 제공하면 실수죄이고 놀라거나 매료되면 미수죄이고 죽으면 함께 살 수 없는 죄를 범하는 것이다. 여기서 죄를 범하려다가 미수에 그친 죄를 미수죄라고 하며, 부주의나 실수로 저지르는 잘못된 행동을 실수죄라고 한다.

　2. (청부 살인) "이런저런 사람을 죽여라." 지시하면 실수죄이고 그 사람을 죽인다면 지시자와 공범 모두 함께 살 수 없는 죄를 범하는 것이며, 지시자가 지시하지 않은 다른 사람을 죽이면 지시자는 무죄이고 공범은 함께 살 수 없는 죄를 범하는 것이다. 그러나 지시 전이나 한참 후에 그 사람을 죽인다면 죽인 자만 함께 살 수 없는 죄를 범하는 것이나, 지시 직후 공범이 "나는 그 사람을 죽일 수 없다."라고 되돌아왔는데 "그러면 가능할 때 그 사람을 죽여라."라고 말하여 한참 후에 그 사람을 죽이면 지시자와 공범 모두 함께 살 수 없는 죄를 범하는 것이다. 세 명 이상 무리가 연루되고 그들 가운데 한 명이 사람을 죽여 함께 살 수 없는 죄를 범하면 무

리의 나머지도 함께 살 수 없는 죄를 범하는 것이다. 그런데 살인 지시 후 지시자가 후회하여 "죽이지 말라."라고 말하고 다른 공범들이 동의하고 그만두면 모두 무죄이나, "나는 그 말을 듣지 않겠다."라고 말하고 사람을 죽이면 지시자는 무죄이고 죽인 자는 함께 살 수 없는 죄를 범하는 것이다.

3. (죽음의 권유) "이같이 죽으면 재산을 얻고 명성을 얻고 죽은 후 좋은 곳 천상에 태어나 그곳에서 다섯 가지 감각적 쾌락의 욕망을 갖추어 즐길 것입니다."라고 죽음을 부추기는 말이나 글이나 몸짓이나 사람을 시켜서 표현하면 실수죄이고 그가 "나는 죽어야겠다."라고 괴로운 느낌을 일으키면 미수죄이고 죽으면 함께 살 수 없는 죄를 범하는 것이다. 이때 죽음을 부추기는 글은 음절마다 실수죄를 범하는 것이며, 죽음을 부추기는 표현은 상대가 먼저 질문하거나 하지 않거나 간에 상관없이 적용된다.

【1.1 예외】 비구가 율을 알지 못한 경우, 비구가 율을 학습하지 않아 받지 않은 경우, 살의가 없는 경우, 비구가 심신박약인 경우, 비구가 최초로 범한 경우는 예외로 무죄이다.

예외의 해설 여기서 '율'이란 함께 살 수 없는 죄의 제1조를 의미한다. '알지 못한 경우'는 예를 들어 세존께서 처음 율을 제정하였을 때 변방에 있던 비구들이 그 사실을 알지 못한 채 본 조항을 범하였다면 예외로 인정하는 것이다. '학습하지 않아 받지 않은 경우'는 비록 비구가 적법하게 비구가 되었으나 어떤 상황에서 율을 상세하게 배우지 못하고 학습하지 못하여 비구의 삶에 생활 규범으로 적용할 수 없는 상태를 의미한다. 즉 비구가 율을 학습하지 않아 받지 않았다면 그는 일상생활에서 그 율을 지키는 것과 범하는 것을 세세하게 분별할 수 없거나 범하였을 때 받는 처벌이 무엇인지 알지 못하는 것이다. 이것은 본 율의 전제 조건이 성립되지 않는 것이어서 예외로 인정하는 것이다. '살의가 없는 경우'는 본 율의 전제 조건이 성립되지 않는 것이어서 예외로 인정하여 무죄이다.

예외의 판례 1. 동료 비구들의 요청을 받고 동료 비구를 죽이거나 미갈란디까에게 청부 살인을 한 비구들은 예외 조항에 적용되므로 무죄이나, 죽음을 권유하여 청신사를 죽음에 이르게 한 비구는 유죄여서 함께 살 수 없다.

2. 병들어 고통받는 비구를 연민하여 그를 고통에서 벗어나게 하는 것은 죽음뿐이라고 생각하고 죽음을 찬미하고 그것으로 병든 비구가 죽었다면 유죄여서 함께 살 수 없다. 병든 비구를 치료하거나 간호하고자 찜질하거나 관비(灌鼻)[11]하거나 안마하거나 목욕시키거나 몸에 기름을 바르거나 누워 있는 자를 일으켜 세우거나 침상에 눕히거나 음식 또는 물을 주었을 때 그가 죽었다. 만약 살의가 없었다면 무죄이고, 살의가 있었다면 유죄여서 함께 살 수 없다. 그런데 죽지 않았다면 미수죄이다.

3. 공용 의자에 놓여 있던 포에 싸인 유아를 털썩 앉아 죽였거나 절구를 넘어뜨려 어린아이가 죽었거나 늙은 비구를 밀어 넘어져 죽였거나 식사 중에 목에 육고기가 걸린 자의 목을 쳐 죽였거나 돌이나 벽돌이나 도끼나 서까래와 같은 것들을 떨어뜨려 사람을 죽였을 때와 같이 실수로 죽였다면 무죄이고, 살의를 가졌다면 유죄여서 함께 살 수 없다. 그런데 죽지 않았다면 미수죄이다. 나누어 준 독이 든 음식을 먹고 비구들이 죽었는데 살의가 없었다면 무죄이고, 실험할 의도였다면 미수죄이다. 자살하려고 절벽에서 투신하였는데 절벽 아래 사람을 덮쳐 죽였거나 산 위에서 장난으로 돌을 던졌는데 산 아래 사람이 맞아서 죽었다면 함께 살 수 없는 죄에 관련하여 무죄이다.

4. 임신을 원하는 여인의 요청으로 임신할 수 있는 약을 주었는데 그 약을 먹고 여인이 죽었거나 임신하지 않은 상태에서 임신을 거부하는 여

---

11 코안으로 물을 넣어 씻는 것.

인의 요청으로 임신할 수 없는 약을 주었는데 그 약을 먹고 여인이 죽었다면 실수죄이다. 비구가 임신한 여인의 요청으로 낙태하는 음식이나 약물이나 방법을 가르쳐 주었는데 그것으로 낙태하여 아이가 죽었다면 유죄여서 함께 살 수 없다. 비구가 임신하지 않은 어떤 여인의 요청으로 낙태하는 방법을 가르쳐 주었는데 그 여인이 그 방법으로 임신한 여인을 낙태시켜 아이가 죽었거나 아이와 산모가 함께 죽었다면 유죄여서 함께 살 수 없으나, 산모만 죽었거나 산모와 아기 모두 죽지 않았다면 미수죄이다.

5. 비구가 다른 비구를 맹수나 도적이 출몰하는 지역이나 포악한 맹수나 야차가 사는 곳에 보냈는데 그곳에서 그 비구가 죽었다. 비인간에게 빙의된 비구가 다른 비구를 때려서 죽였다. 비구들이 숲에 불을 질러 사람들이 죽었다. 천상에 대한 설법을 들은 사람이 그것을 믿고 죽었거나 지옥에 대한 설법을 들은 사람이 그것에 경악하여 죽었다. 비구가 다른 비구에게 지붕이나 높은 곳에 올라가서 일하라고 시켰는데 그곳에서 떨어져 죽었다. 이러한 모든 경우에서 살의가 없었으면 무죄이고, 살의가 있었다면 유죄여서 함께 살 수 없다. 그런데 죽지 않았다면 미수죄이다.

1.2 제2조 절도 행위

제정의 계기 1. 다니야의 목재 절도 옹기장이 아들 다니야(Dhaniyo)는 동료 비구들과 함께 라자가하 독수리봉 인근에 움막을 만들어 안거를 지냈다. 안거 후 동료 비구들은 움막을 부수고 풀과 나무를 정리하고 유행을 떠났으나 그는 그곳에서 계속 머물고자 하였다. 그가 라자가하로 걸식을 간 사이 풀과 나무를 수집하는 사람이 그의 움막이 버려진 것으로 알고 부수어 풀과 나무를 가지고 가 버렸다. 그는 풀과 나무를 구하여 움막을 다시 지었으나 걸식하는 사이 두 번째, 세 번째 움막이 부서지고 풀과 나무를 잃어버렸다. 그는 풀과 나무로 만든 움막을 포기하고 진흙을 이겨서 순전히 흙집을 만들어 도자기 굽듯 구워 버렸다. 흙집은 무당벌레처럼 예쁘게 생겼으며 붉은색을 띠었고 작은 종처럼 울렸다.

어느 날 세존께서 많은 비구와 함께 독수리봉에서 내려오다가 흙집을 보고 비구들한테서 흙집의 내력을 듣게 되자 말씀하셨다. 비구들이여, 가서 저 흙집을 부수어라. 그리하여 후학들이 뭇 생명들을 해하지 않도록 하라. 비구들이여, 순전한 흙집을 짓지 말라. 그것은 실수죄를 범하는 것이다. 비구들은 다가가 다니야의 동의를 얻고 흙집을 부수었다. 그 후 그는 남이 부수지 못하는 나무 오두막을 짓기 위하여 라자가하의 목재 관리소를 찾아갔다. 자신을 잘 아는 관리소장에게 목재를 요청하였다. "벗이여, 나에게 나무를 좀 주시오. 나무 오두막을 짓고자 합니다." "존자여, 모든 목재에는 주인이 있어 제가 존자에게 줄 목재가 없습니다. 다만 왕립 목재로 비축해 놓은 성곽 수리용 목재가 있습니다. 대왕께서 주시는 것이면 그 목재를 가지고 가십시오." 그러자 그는 그 목재를 가져다 오두막을 지었다.

그즈음 왓싸까라(Vassakāra) 대신은 라자가하에서 국사를 감찰하면서 목재 관리소를 방문하였다. "이보시오. 왕립 목재로 비축해 놓은 성곽 수리용 목재 일부가 어찌 비어 있소?" "대신이여, 그 목재는 대왕께서 존자 다니야에게 주셨습니다." 대신은 왕궁으로 돌아가 왕에게 여쭈었다. "폐하, 왕립 목재로 비축해 놓은 성곽 수리용 목재를 존자 다니야에게 주셨습니까?" "누가 그러던가?" "폐하, 목재 관리소의 관리인입니다." "그를 잡아 오너라." 목재 관리인이 묶여서 끌려가는 것을 보고 다니야가 말하였다. "벗이여, 그대는 왜 묶여서 끌려가는가?" "왕립 목재 관리에 대한 저의 의무 때문입니다." "벗이여, 먼저 가십시오. 나도 곧 따라서 갈 것입니다." "존자여, 제가 처형되기 전에 오셔야 합니다."

다니야가 왕궁의 내전에 마련된 자리에 앉자 빔비사라 왕이 다가와 그에게 인사를 하고 한쪽에 앉아서 말하였다. "존자여, 내가 왕립 목재로 비축해 놓은 성곽 수리용 목재를 존자에게 주었다는 것이 사실입니까?" "폐하, 그렇습니다." "존자여, 우리 왕들은 다사다망(多事多忙)하여 주었다고 하나 기억하지 못합니다. 존자여, 부디 그것을 상기시켜 주시오."

"폐하, 최초로 왕위에 즉위할 때 '출가 수행자들에게 풀과 나무와 물이 주어져 있으니 사용하십시오.'라고 말씀하셨습니다." "존자여, 나는 그것을 기억합니다. 존자여, 부끄러움을 알고 창피함을 알고 법과 율을 지키고자 하는 출가 수행자들을 위하여 그리 말한 것입니다. 그러나 그것은 숲속에 있는 풀과 나무와 물로서 타인이 소유하지 않은 것들입니다. 존자여, 그대는 그것을 구실로 주지 않은 목재를 훔쳤습니다. 어떻게 나 같은 사람이 이 왕국에 사는 출가 수행자들을 죽이거나 구속하거나 추방하겠습니까? 존자여, 가십시오. 그대는 기워 만든 대의를 입었기 때문에 방면하는 것입니다. 다시는 이런 짓을 하지 마십시오."

라자가하 사람들은 분개하고 비난하였다. 비구들도 분개하고 비난하였으며 세존께 그 사실을 알렸다. 그러자 세존께서는 비구승가를 불러 모으게 하고 다니야에게 물었다. 다니야여, 그대가 왕립 목재를 훔친 것이 사실인가? "세존이시여, 사실입니다." 세존께서 이같이 견책하셨다. 어리석은 자여, 그대는 적절하지 않고 자연스럽지 않고 알맞지 않고 비구의 삶이 아니고 부당하고 해서는 안 될 일을 행한 것이다. 어리석은 자여, 어찌 그대가 왕립 목재를 훔칠 수 있단 말인가? 어리석은 자여, 그것은 아직 청정한 믿음이 없는 자를 청정한 믿음으로 이끌고 이미 청정한 믿음이 있는 자를 더욱더 청정한 믿음으로 이끄는 것이 아니다. 그것은 오히려 아직 청정한 믿음이 없는 자를 불신으로 이끌고 이미 청정한 믿음이 있는 자 가운데 어떤 자들을 타락시키는 것이다.

그런데 출가 전에 법무 대신이었던 비구가 멀지 않은 곳에 있었다. 세존께서 그 비구에게 말하였다. 비구여, 마가다 빔비사라 국왕은 얼마나 많은 재물을 훔쳤을 때 그 도둑을 붙잡아 처형하거나 구속하거나 추방하는가? "세존이시여, 빠다(pāda) 동전 하나에 해당하는 재물이나 그 이상을 훔칠 때입니다. 세존이시여, 지금 라자가하에서는 황소 한 마리는 12까하빠나(kahāpaṇa)이며, 1까하바나는 4빠다이며, 1빠다는 5마싸까(māsaka)입니다."

세존께서는 여러 가지 방편으로 다니야를 질책하고 경책하고 견책하였으며 여러 가지 설법으로 탐욕을 여의어 만족한 일상생활을 칭송하고 오염원을 없애 악을 제거하는 삶을 칭송하고 청정한 믿음과 용맹정진의 삶을 칭송하셨다. 그리고 [율을 제정하는 열 가지 이유]를 말씀하셨다. 비구들이여, 이와 같은 열 가지 이유로 율을 제정하니 그대들은 율을 학습하여야 하며 학습한 율을 송출하여 지켜야 한다. 이러한 계기로 세존께서 절도(竊盜) 행위에 대한 율의 조항을 제정하여 송출하셨다.

2. 육군비구의 옷 절도 다니야의 일이 있고 난 후 육군비구(六群比丘)**12**가 숲속의 개울가 빨래하는 곳에서 옷을 훔쳐 승원에 돌아와 비구들에게 나누어 주었다. 비구들은 옷을 받고 말하였다. "벗들이여, 그대들은 큰 복이 있어 많은 옷이 생겼습니다." "벗들이여, 어찌 우리에게 복이 있었겠습니까? 우리는 숲속의 빨래터에서 옷을 훔친 것입니다." "벗들이여, 세존께서 절도 행위에 대한 율을 제정하지 않으셨습니까? 어찌 옷을 훔친단 말입니까?" "벗들이여, 세존께서 절도 행위에 대한 율을 시설하신 것은 사실입니다. 그러나 그것은 마을의 경우이지 숲속의 경우에는 해당하지 않습니다." "벗들이여, 그것은 그렇습니다만 그렇다고 숲속에서 옷을 훔친 행위가 적절한 것은 아닙니다." 동료 비구들은 그들을 여러 가지 방편으로 훈계하고 꾸짖고 세존께 그 사실을 알렸다. 그러자 세존께서는 비구승가를 불러 모으게 하고 그들에게 물었다. 비구들이여, 그대들이 숲속의 빨래터에서 옷을 훔친 것이 사실인가? "세존이시여, 사실입니다." 세존께서 다니야의 경우처럼 육군비구들을 견책하고 [율을 제정하는 열 가지 이유]를 설하셨다. 이러한 계기로 세존께서 절도 행위에 대한 율의 조항을 최종적으로 제정하여 송출하셨다.

【1.2】어떤 비구라도 율을 학습하여 받고 적절한 퇴전 없이, 마을이나 숲이

---

12 여섯 비구로 앗사지(Assaji), 뿌납바쑤(Punabbasu), 빤두까(Paṇḍuka), 로히따까(Lohitaka), 멧띠야(Mettiya), 붐마자까(Bhummajaka)이다.

나 어디에서든지 구속에 이르는 절도를 한다면 함께 살 수 없는 죄를 범하는 것이다.

조문의 해설 여기서 '율'이란 함께 살 수 없는 죄의 제2조를 말한다. '구속에 이르는 절도'란 빠다 동전 하나에 해당하는 재물이나 그 이상을 훔친 도둑을 왕들이 붙잡아 처형하거나 구속하거나 추방하면 그 도둑은 구속에 이르는 절도범이다. 처형하거나 추방하려면 구류(拘留) 또는 구금(拘禁)하여야 하며, 그러기 위하여 먼저 일시적이라도 구속(拘束)하여야 하기 때문이다. 그러므로 처형이나 추방에 이르는 절도도 구속에 이르는 절도로 취급한다. 당시 라자가하에서는 튼실한 황소 한 마리가 48빠다였으며, 지금 황소 한 마리를 500만 원으로 취급하면 현재 가치로 1빠다는 약 10만 원에 해당한다. 당시의 절도죄에 해당하는 재물의 가치 기준과 지금의 절도죄에 해당하는 재물의 가치 기준이 다르므로 본 조항에서 훔친 재물의 가치로 기준을 삼지 않고 구속에 이르는 절도죄의 성립으로 기준을 선택한다. 이것이 '구속에 이르는 절도'의 의미이다.

조문의 사례 1. (절도 행위의 조건) 만약 비구가 다섯 가지 조건 즉 ①타인의 소유물이고 ②타인의 소유물이라고 인지하며 ③훔칠 의도를 가지고 ④소중한 것으로 ⑤구속에 이르는 가치의 재물로 1빠다 이상의 가치를 가진 재물을 만지면 실수죄이고 움직이면 미수죄이고 장소를 옮기면 함께 살 수 없는 죄를 범하는 것이다. 만약 ⑥소중하지 않은 것으로 ⑦구속에 이르지 않는 재물로 1빠다 미만 1마싸까 이상의 가치를 가진 재물을 만지거나 움직이면 실수죄이고 장소를 옮기면 미수죄이고, ⑧1마싸까 미만의 가치를 가진 재물을 만지거나 움직이거나 장소를 옮기면 실수죄이다. 여기서 자신의 소유물을 타인의 소유물이라고 착각한 경우는 훔치는 재물의 가치에 상관없이 재물을 만지거나 움직이거나 장소를 옮겨도 실수죄이다.

2. (직접적 절도 행위) 만약 비구가 상기 다섯 가지 조건을 갖추어 재

물을 훔치려고 연장이나 도구 또는 공범을 구하여 재물을 향하여 가면 실수죄이고, 재물을 움직이면 미수죄이며, 장소를 옮기면 함께 살 수 없는 죄를 범하는 것이다. 여기서 훔치려는 재물이 꿀이나 당밀 같은 음식으로 1빠다 이상 마시거나 섭취하면 함께 살 수 없는 죄를 범하는 것이며, 사람이나 새와 같은 두 발 달린 생명을 스스로 걷게 하여 훔칠 때 그 생명이 첫 번째 걸음을 옮기면 미수죄이고 두 번째 걸음을 옮기면 함께 살 수 없는 죄를 범하는 것이며, 소와 말과 같이 네 발 달린 가축을 스스로 걷게 하여 훔칠 때 그 가축이 첫 번째 걸음에서 세 번째 걸음을 옮기면 미수죄이고 네 번째 걸음을 옮기면 함께 살 수 없는 죄를 범하는 것이며, 나무를 훔칠 때 톱이나 도끼로 한번 톱질이나 도끼질할 때마다 미수죄이고 최후의 톱질이나 도끼질이 이루어지면 함께 살 수 없는 죄를 범하는 것이며, 담수지나 저수지같이 물을 가둔 곳에서 물을 훔칠 때 두둑을 자르거나 수문을 열면 실수죄이고 1빠다 이상의 물을 흘려보내면 함께 살 수 없는 죄를 범하는 것이다.

　　3. (소송과 관련된 절도 행위) 만약 비구가 자신에게 맡겨진 물건을 빼앗으려고 원소유자가 "나의 물건을 돌려 달라."라고 말할 때 "나는 받지 않았다."라고 말하면 실수죄이고, 원소유자가 "내가 물건을 맡기지 않았는가?"라고 의심을 일으키면 미수죄이고, 원소유자가 "내가 물건을 맡기지 않았나 보다."라고 자신의 소유권을 포기하면 함께 살 수 없는 죄를 범하는 것이다. 그렇지 않고 만약 소송이 제기되어 소송에서 비구가 원소유자에게 지면 미수죄이고, 이기면 함께 살 수 없는 죄를 범하는 것이다. 또한 비구가 전답이나 토지를 빼앗으려고 전답이나 토지의 울타리나 줄이나 기둥이나 경계를 침입하면 실수죄이고, 전답이나 토지에 자신의 울타리나 줄이나 기둥을 설치할 때마다 미수죄이고, 자신의 울타리나 줄이나 기둥을 완성하면 함께 살 수 없는 죄를 범하는 것이다. 만약 비구가 정사(精舍), 승원, 전답, 또는 토지를 빼앗으려고 자기 소유라고 주장하면 실수죄이고, 정사, 승원, 전답, 토지의 관리자가 "정사, 승원, 전답, 토지가 저 비구의

주장대로 저 비구의 소유일까?"라고 의심을 일으키면 미수죄이고, 관리자가 "정사, 승원, 전답, 토지가 저 비구의 소유이다."라고 관리 소임을 버리면 함께 살 수 없는 죄를 범하는 것이다. 그렇지 않고 만약 소송이 제기되어 소송에서 비구가 관리자에게 지면 미수죄이고, 이기면 함께 살 수 없는 죄를 범하는 것이다.

　　4. (모의한 절도 행위) 절도 모의를 통하여 "이런저런 물건을 훔쳐라." 또는 "이런저런 수신호나 몸 신호하면 그 신호에 따라서 이런저런 물건을 훔쳐라."라고 말하면 주모자는 실수죄이고 그 물건을 훔친다면 주모자와 공범 모두 함께 살 수 없는 죄를 범하는 것이며, 주모자가 지시하지 않은 다른 물건을 훔치면 주모자는 무죄이고 공범은 함께 살 수 없는 죄를 범하는 것이다. 그러나 모의 전이나 한참 후에 그 물건을 훔친다면 훔친 자만 함께 살 수 없는 죄를 범하는 것이나, 모의 직후 공범이 "나는 그 물건을 훔칠 수 없다."라고 되돌아와서 "그러면 가능할 때 그 물건을 훔쳐오라."라고 말하여 한참 후에 그 물건을 훔치면 주모자와 공범 모두 함께 살 수 없는 죄를 범하는 것이다. 세 명 이상 무리가 연루되고 그들 가운데 한 명이 물건을 훔쳐 함께 살 수 없는 죄를 범하면 무리의 나머지도 함께 살 수 없는 죄를 범하는 것이다. 그런데 절도 모의 후 주모자가 후회하여 "훔치지 말라." 말하고 다른 공범들이 동의하고 그만두면 모두 무죄이나, "나는 그 말을 듣지 않겠다."라고 말하고 그 물건을 훔치면 주모자는 무죄이고 훔친 자는 함께 살 수 없는 죄를 범하는 것이다.

【1.2 예외】 비구가 율을 알지 못한 경우, 비구가 율을 학습하지 않아 받지 않은 경우, 남의 소유물을 자신의 소유물로 또는 자신의 소유물을 남의 소유물로 착각하여 훔쳤을 경우, 신뢰를 바탕으로 취한 경우, 잠시 빌린 경우, 버려진 쓰레기 더미로 인지한 경우, 비구가 심신박약자인 경우, 비구가 최초로 범한 경우는 예외로 무죄이다.

예외의 해설 여기서 '율'이란 함께 살 수 없는 죄의 제2조를 의미한다. 비구가 남의 소유물을 자신의 소유물로 착각하여 취하였거나 자신의 소유물을 남의 소유물로 착각하여 훔친 경우, "벗이여, 나의 물건들은 언제든지 그대가 필요할 때 가져다 쓰시오." 하는 서로의 신뢰를 바탕으로 취한 경우, "잠시 쓰고 갖다주리라."라고 생각하고 잠시 빌린 경우, 버려진 쓰레기 더미로 인지하여 취한 경우는 예외로 인정하여 무죄이다.

예외의 판례 1. 다니야는 예외 조항에 적용되므로 무죄이나 육군비구는 유죄여서 함께 살 수 없다.

2. 노지나 울타리나 공용 의자 같은 곳에 옷, 발우, 깔개 같은 물건을 놔뒀을 때 비구가 '이 물건을 잃어버리게 해서는 안 된다.' 생각하고 그 물건을 거두어 장소를 옮겨 보관하거나, 회오리바람에 날리거나 빨래터에서 물에 떠내려오는 마을 사람의 옷이나 두건을 '주인에게 갖다주어야지.' 생각하고 그 물건을 거두어 장소를 옮겨 보관하였다면 그 비구는 무죄이다.

3. 비구가 욕실에서 다른 비구의 하의를 자신의 것으로 착각하여 취하였거나 다른 비구의 몫인 음식을 자신의 것으로 착각하여 취하였다면 그는 무죄이다.

4. 비구가 밧줄에 묶여 있거나 그물에 묶인 멧돼지, 사슴, 물고기 같은 축생을 연민하여 풀어 주었다면 그는 무죄이나, '주인이 오기 전에 훔치리라.' 생각하고 풀어 주었다면 그는 유죄여서 함께 살 수 없다. 비구가 주인이 없는 야생 사자, 호랑이, 표범, 여우, 늑대와 같은 맹수들이 사냥하여 먹다가 남은 음식을 가져다 요리해서 먹었다면 그는 무죄이다.

5. 비구가 승가에 속한 과실을 훔칠 생각으로 1빠다 이상의 과실을 집어 들었다면 그는 유죄여서 함께 살 수 없으나, 방문하는 비구들이 승가에 속하는 과실을 단지 먹기 위하여 먹었다면 그들은 무죄이다. 과실 농원 주인이 아닌 과실 농원 관리자가 주는 과실을 받는 것은 무죄이다. 도둑들이 과실나무의 과실을 서리하여 주인에게 쫓기다가 노지에 과실 더미를 버리

고 도망갔을 때 비구가 버려진 과실을 쓰레기 더미인 줄 알고 집어서 먹었다면 무죄이나, '주인들이 보기 전에 먹어 치우자.' 생각하고 1빠다 이상의 과실을 먹었다면 그는 유죄여서 함께 살 수 없다.

6. 비구 무리가 공모하여 물건을 훔친 후 똑같이 배분하였고 각자의 몫이 1빠다에 미치지 않았더라도 배분하기 전 훔친 물건이 1빠다 이상이면 그들 모두 유죄여서 함께 살 수 없다.

7. 비구가 어떤 사람이 1빠다 이상의 세금을 포탈하도록 모르고 이용 당하였다면 그는 무죄이나, 동의하고 도왔다면 그는 유죄여서 함께 살 수 없다.

8. 신통을 지닌 비구가 자신을 후원하는 가정에 도적이 들어 그 가정을 약탈하고 두 아이를 납치하자 그는 신통으로 두 아이를 데리고 왔다. 그는 무죄이다.

9. 비구가 상인의 두건을 훔친 후 자신은 유죄여서 함께 살 수 없다고 생각하고 출가승에게 "저는 함께 살 수 없으니 퇴전할 것입니다."라고 말하였다. 출가승은 그가 훔친 두건의 가치를 가늠하였고 1빠다에 미치지 못하였다. "그대는 함께 살 수 없는 죄를 범한 것이 아니다."라고 하자 그는 기뻐하였다.

1.3 제3조 성행위

제정의 계기 1. 수딘나의 성행위 세존께서 라자가하에서 네 번째 안거를 마치고 웨살리의 중각강당에 머무셨다. 어느 날 웨살리에서 멀지 않은 깔란다까(Kalandaka) 마을의 부호 외아들인 수딘나(Sudinna)가 웨살리를 방문하였다. 그는 중각강당에서 세존의 설법을 듣고 출가하려고 세존께 다가갔다. 세존께 출가를 요청한 그는 부모의 허락을 받은 후 출가할 수 있다는 세존의 말씀을 들었다. 그가 집으로 돌아가 부모의 허락을 받는 과정은 랏타빨라의 출가 과정과 같다. 그는 마침내 출가하여 웨살리에서 멀리 떨어진 숲속에서 두타행을 실천하면서 8년을 지냈다. 그런데 그가 머물던

지역에 기근이 들어 걸식으로 연명하기가 어려워지자 비구들과 함께 중
각강당으로 돌아왔다. 때마침 세존께서 열두 번째 안거를 마치고 웨란자
를 떠나서 무역로를 따라 차례대로 유행하여 웨살리의 중각강당에 도착하
셨다.

수딘나는 출가할 때 부모님과의 약속을 생각하고 고향 집을 방문하였
다. 그는 고향 집에서 랏타빨라와 같은 우여곡절 끝에 식사를 마쳤다. 그
러자 그의 어머니가 퇴전을 두 번 권하였고 이를 거절하자 세 번째 말하였
다. "사랑하는 아들아, 이 집안은 부유하고 대부호이고 대자산가이고 금은
이 많고 재물이 많고 돈과 곡식이 많다. 사랑하는 아들아, 퇴전하지 못하
겠다면 자식을 만들어다오. 릿차비 왕이 후사가 없는 우리의 재산을 몰수
하지 않게 해다오." "어머니, 저에게 그것은 가능합니다." 이렇게 어머니
와 약조를 한 그는 인근의 숲에 머물렀고 어머니는 며느리가 월경하고 가
임기가 되자 며느리를 데리고 아들을 찾아갔다. 그는 아내의 팔을 잡고 숲
속으로 들어가 세 번 성행위를 하였다.

그녀는 잉태하여 아들을 낳았다. 수딘나의 고향 친구들이 그 아이에
게 비자까(Bījaka, 續種)라는 이름을 지어 주었다. 훗날 그녀와 비자까는
출가하여 모두 아라한이 되었다. 그런데 이 일로 수딘나에게 회한과 후회
가 생겨났고 그것으로 인하여 그는 수척해지고 우울해지고 침울해지고 고
통스러워하고 슬퍼하고 낙담하였다. 그러자 그의 동료 비구들이 말하였
다. "수딘나여, 그대는 예전에 용모가 단정하고 감관이 풍요하고 안색이
청정하고 피부가 맑았습니다. 그런 그대가 지금은 수척하고 우울하고 침
울하고 고통스러워하고 슬퍼하고 후회하고 낙담하고 있습니다. 벗 수딘
나여, 어찌 그대는 예전처럼 청정한 삶을 영위하는 것을 기뻐하지 않습니
까?" "벗들이여, 내가 청정한 삶을 영위하는 것을 기뻐하지 않는 것은 아
닙니다. 나는 악한 행위를 저질렀습니다. 출가 전의 아내와 성행위를 했습
니다. 벗들이여, 그것이 나에게 회한이 되고 후회됩니다. 그것은 참으로
나에게 이익이 되지 않았으며 유익하지 않았습니다. 이같이 잘 설해진 가

르침에 출가하여 평생 완전무결하고 청정무구한 거룩한 삶을 영위하는 것이 어렵고 불가능해졌습니다."

동료 비구들은 그를 여러 가지 방편으로 훈계하고 꾸짖고 세존께 그 사실을 알렸다. 그러자 세존께서는 비구승가를 불러 모으게 하고 수딘나에게 물었다. 수딘나여, 그대가 출가 전의 아내와 성행위를 한 것이 사실인가? "세존이시여, 사실입니다." 세존께서 이같이 견책하셨다. 어리석은 자여, 그대는 적절하지 않고 자연스럽지 않고 알맞지 않고 비구의 삶이 아니고 부당하고 해서는 안 될 일을 행하였다. 어리석은 자여, 이같이 잘 설해진 가르침에 출가하였으나 평생 완전무결하고 청정무구한 거룩한 삶을 영위하는 것이 불가능하다면 그대는 어찌할 셈인가?

어리석은 자여, 내가 여러 가지 교계로 가르침을 설한 것은 탐욕의 여읨이지 탐욕의 갖춤은 아니지 않는가? 결박의 여읨이지 결박의 갖춤은 아니지 않는가? 집착의 여읨이지 집착의 갖춤은 아니지 않는가? 어리석은 자여, 그런데 어찌 그대는 내가 탐욕의 여읨을 설할 때 탐욕의 갖춤을 위해 애쓸 수 있는가? 결박의 여읨을 설할 때 결박의 갖춤을 위해 애쓸 수 있는가? 집착의 여읨을 설할 때 집착의 갖춤을 위해 애쓸 수 있는가?

어리석은 자여, 내가 여러 가지 방편으로 탐욕의 여읨을 위하여, 갈증을 제거하기 위하여, 감각적 욕망을 버리기 위하여, 갈애를 부수기 위하여, 윤회를 끊기 위하여, 열반에 들기 위하여 가르침을 설하지 않았던가? 어리석은 자여, 내가 여러 가지 방편으로 감각적 쾌락에 대한 욕망을 어떻게 끊는지, 감각적 쾌락에 대한 욕망을 어떻게 알아차리는지, 감각적 쾌락에 대한 갈증을 어떻게 제어하는지, 감각적 쾌락에 대한 사유를 어떻게 제거하는지, 감각적 쾌락에 대한 열뇌를 어떻게 그치고 소멸하는지 설명하지 않았던가?

어리석은 자여, 오히려 맹독을 지닌 독사의 입에 그대의 성기를 집어넣을지언정 결코 여인의 성기에 집어넣지 말라. 어리석은 자여, 오히려 검은 뱀의 입에 그대의 성기를 집어넣을지언정 결코 여인의 성기에 집어넣

지 말라. 어리석은 자여, 오히려 뜨겁게 불타고 작열하는 숯불 화로에 그
대의 성기를 집어넣을지언정 결코 여인의 성기에 집어넣지 말라. 그것은
무슨 까닭인가? 어리석은 자여, 그것을 인연으로 그대는 몸이 무너지고 죽
은 뒤에 괴로운 곳, 나쁜 곳, 타락한 곳, 지옥에 태어나 오랜 세월 죽음에
이르거나 죽음에 이르는 고통을 겪게 되기 때문이다.

어리석은 자여, 성행위로 그대는 부정한 짓, 비속한 짓, 저열한 짓, 추
악한 짓, 밑물하는 짓, 은밀한 짓, 짝짓기하는 짓을 저질렀다. 어리석은 자
여, 그대는 갖가지 악하고 불건전한 것들을 실천하는 최초의 비구이자 선
구자가 되었다. 어리석은 자여, 그것은 아직 청정한 믿음이 없는 자를 청
정한 믿음으로 이끌고 이미 청정한 믿음이 있는 자를 더욱더 청정한 믿음
으로 이끄는 것이 아니다. 그것은 오히려 아직 청정한 믿음이 없는 자를
불신으로 이끌고 이미 청정한 믿음이 있는 자 가운데 어떤 자들을 타락시
키는 것이다.

그리고 세존께서는 여러 가지 방편으로 수딘나를 질책하고 경책하고
견책하였으며 여러 가지 설법으로 탐욕을 여의어 만족한 일상생활을 칭송
하고 오염원을 없애 악을 제거하는 삶을 칭송하고 청정한 믿음과 용맹정
진의 삶을 칭송하셨다. 그리고 [율을 제정하는 열 가지 이유]를 말씀하셨다. 비
구들이여, 이와 같은 열 가지 이유로 율을 제정하니 그대들은 율을 학습하
여야 하며 학습한 율을 송출하여 지켜야 한다. 이러한 계기로 세존께서 성
행위에 대한 율의 조항을 제정하여 송출하셨다.

2. 암원숭이와 성행위 수딘나의 일이 있고 난 후 웨살리의 중각강당
인근 숲속에 머물던 어떤 비구는 여인과의 성행위에 대한 율이 제정되자
음식으로 숲속의 암원숭이를 유혹하여 성행위를 저질렀다. 그리고 그는
아침 일찍 걸식하러 웨살리로 떠났다. 그때 동료 비구들이 그의 거처로 다
가가자 그 암원숭이가 비구들에게 다가와 꼬리를 흔들고 엉덩이를 흔들고
벌리면서 성기를 드러냈다. 비구들은 '이 비구는 이 암원숭이와 성행위를
저질렀음이 틀림없다.'라고 생각하였다. 그는 걸식하고 남긴 음식을 가지

고 거처로 돌아와 음식 일부는 자신이 먹고 일부는 그 암원숭이에게 주었다. 암원숭이는 음식을 받아먹고 엉덩이를 벌렸다. 그는 암원숭이와 성행위를 저질렀다. 그 광경을 목격한 동료 비구들이 그에게 말했다. "벗이여, 세존께서는 성행위에 대한 율을 시설하지 않았습니까? 벗이여, 어찌 그대는 암원숭이와 성행위를 할 수 있단 말입니까?" "벗들이여, 세존께서 성행위에 대한 율을 시설한 것은 사실입니다. 그런데 그것은 여인과의 경우이지 축생의 경우에는 해당하지 않습니다." "벗이여, 그렇다고 암원숭이와의 성행위가 적절한 것은 아닙니다." 동료 비구들은 그를 여러 가지 방편으로 훈계하고 꾸짖고 세존께 그 사실을 알렸다. 그러자 세존께서는 비구승가를 불러 모으게 하고 그에게 물었다. 비구여, 그대가 암원숭이와 성행위를 한 것이 사실인가? "세존이시여, 사실입니다." 세존께서 수딘나의 경우와 똑같되 단지 '여인의 성기'를 '암원숭이의 성기'로 바꾸어 견책하고 [율을 제정하는 열 가지 이유]를 설하셨다. 이러한 계기로 세존께서 성행위에 대한 율의 조항을 개정(改定)하여 송출하셨다.

3. 왓지 비구들의 성행위 성행위에 관한 율의 조항이 제정되었으나 웨살리에 거주하는 왓지 출신의 많은 비구는 무리 지어 원하는 만큼 먹고 원하는 만큼 자고 원하는 만큼 목욕을 즐기고, 가르침에 맞지 않는 사유를 하고, 적절한 퇴전을 하지 않은 채 성행위를 저질렀다. 그들은 악행의 과보로 친척과 지인에게 일어나는 불행과 재산의 상실 그리고 질병에 충격을 받고 아난다를 찾아가서 말했다. "존자 아난다여, 우리는 부처님을 비방하는 자가 아니고 가르침을 비방하는 자가 아니고 비구승가를 비방하는 자가 아닙니다. 존자 아난다여, 우리는 자신을 비방하는 자이지 결코 타인을 비방하는 자가 아닙니다. 우리는 이같이 잘 설해진 가르침에 출가하여 평생 완전무결하고 청정무구한 거룩한 삶을 영위하는 것이 어렵고 불가능해졌으니 우리는 실로 행운이 없고 박복합니다. 존자 아난다여, 지금이라도 우리는 세존의 앞에서 우리의 악행을 참회하고 승가와 함께 살 수 있도록 허락받을 수 있다면 우리는 착하고 건전한 것을 수지하고 세존의 가르

침에 따라 청정범행에 전념하며 지닐 것입니다. 존자 아난다여, 세존께 이 사실을 알려 주시면 감사하겠습니다." "벗들이여, 알겠습니다." 아난다는 그들에게 대답하고 세존께 다가가 자초지종을 말씀드리자 세존께서는 비구승가를 불러 모으게 하고 이렇게 말씀하셨다. 아난다여, 여래가 왓지 사람들이나 왓지 아들들 때문에 이미 제정된 함께 살 수 없는 죄에 해당하는 율의 조항을 폐기하는 것은 도리가 아니고 가능하지 않다. 비구들이여, 어떤 비구라도 적절한 퇴전 없이 성행위를 저질렀다면 그가 다시 출가하려고 하더라도 그는 여전히 함께 살 수 없어 그의 출가는 허락되지 않는다. 비구들이여, 어떤 비구라도 적절한 퇴전 후 성행위를 저질렀다면 그가 다시 출가하려고 할 때 그의 출가는 허락된다. 이러한 계기로 세존께서 한번 개정한 성행위에 대한 율의 조항을 최종적으로 제정하여 송출하셨다.

【1.3】어떤 비구라도 율을 학습하여 받고 적절한 퇴전 없이, 심지어 대상이 축생이라 할지라도, 성행위를 한다면 함께 살 수 없는 죄를 범하는 것이다.

조문의 해설 여기서 '율'이란 함께 살 수 없는 죄의 제3조를 말한다. '성행위'란 부정한 짓, 비속한 짓, 저열한 짓, 추악한 짓, 밑물하는 짓, 은밀한 짓, 짝짓기하는 짓을 말한다. 비구의 성행위 상대가 여성이나 양성인 경우 비구의 성기(性器)가 성행위 상대의 성기나 항문이나 구강에 서로 깨알만큼이라도 집어넣는 것으로 성행위를 규정하며, 비구의 성행위 상대가 남성이나 빤다까(paṇḍaka)인 경우 비구의 성기가 성행위 상대의 구강이나 항문에 서로 깨알만큼이라도 집어넣는 것으로 성행위를 규정한다. 성적으로 분류하는 성행위 상대는 여성, 양성, 남성, 빤다까로 나뉘며 이들에는 각각 인간, 비인간, 축생의 세 부류가 있다. 예를 들면 여성인 인간, 여성인 비인간, 여성인 축생으로 세 종류의 여성이 있으며, 인간인 여성, 인간인 양성, 인간인 남성, 인간인 빤다까로 네 종류의 인간이 있다. 성적인 분류에 있어서 양성이란 여성의 성기를 가지면서 여성이자 동시에 남성인 경

우이며, 빤다까는 여성의 성기를 가지지 않으면서 남성도 여성도 아닌 변
태성욕자, 성기능 장애자 등을 말한다. 비인간(非人間)이란 신(神, deva),
야차(夜叉, rakkhasa), 다나바(dānava), 긴나라(kinnara), 마호라가(mahor-
aga) 등으로 인간도 아니고 축생도 아니면서 인간과 성행위할 수 있는 중
생을 말한다. 성행위 상대의 상태가 깨어 있거나 잠들어 있거나 술 취하였
거나 심신박약의 상태이거나 불가항력의 상태이거나 죽었거나 상관없이
성행위의 규정이 적용된다.

조문의 사례 1. (자발적 성행위) 만약 비구가 성적 욕구를 일으켜 성기를
인간의 여성 성기나 항문이나 구강에 서로 깨알만큼이라도 집어넣으면 함
께 살 수 없는 죄를 범하는 것이다.

　　2. (강제적 성행위) 비구의 적대자들이 왕이라고 할지라도 혹은 도적
들, 흉악 범죄인들, 폭력배들이 인간의 여성을 데리고 와서 비구의 성기를
인간의 여성 성기나 항문이나 구강에 강제 또는 협박으로 집어넣도록 할
때 비구가 동의하거나 강압적으로 당하더라도 삽입할 때 유지할 때 인출
할 때 한순간이라도 즐거움을 느끼면 함께 살 수 없는 죄를 범하는 것이며
한순간이라도 즐거움을 느끼지 않으면 무죄이다.

　　3. (잠들었을 때) 상기 1항과 2항의 경우에 비구의 성기가 감싸였거나
[有隔] 노출되었거나[無隔] 상대의 성기가 감싸였거나 노출되었거나 상관
없다. 여기서 인간의 여성과 마찬가지로 비인간의 여성과 축생의 여성에
도 똑같이 적용되며, 여성과 마찬가지로 양성에도 똑같이 적용된다. 남성
이나 빤다까의 경우에는 성기를 제외한 나머지는 똑같이 적용된다. 또한
인간의 여성이 깨어 있을 때와 마찬가지로 잠들어 있거나 술 취하였거나
심신박약의 상태이거나 불가항력의 상태이거나 이미 죽은 상태이거나 상
관없이 똑같이 적용되며, 이것은 인간의 여성처럼 다른 성행위 상대에도
똑같이 적용된다.

　　4. (시신과의 성행위) 인간의 여성이 죽었으나 시신(屍身)이 아직 파

괴되지 않은 상태와 대체로 파괴되지 않은 상태는 살아 있는 경우와 똑같이 적용한다. 이때 시신의 성기나 항문이나 구강 주변의 상처를 통하여 비구의 성기를 삽입하더라도 비구의 성기가 시신의 성기나 항문이나 구강을 경유하거나 도달하면 함께 살 수 없는 죄를 범한 것이며, 비구의 성기가 시신의 성기나 항문이나 구강을 경유하지 않고 도달하지 않으면 미수죄를 범한 것이다. 시신이 거의 파괴된 경우는 비구가 성기를 시신의 성기나 항문이나 구강에 삽입할 때 유지할 때 인출할 때 한순간이라도 즐거움을 느끼면 미수죄를 범하는 것이며, 한순간이라도 즐거움을 느끼지 않으면 무죄이다. 여기서 인간의 여성과 마찬가지로 비인간의 여성과 축생의 여성에도 똑같이 적용되며, 여성과 마찬가지로 양성에도 똑같이 적용된다. 남성이나 빤다까의 경우에는 성기를 제외한 나머지는 똑같이 적용된다.

5. (성행위 피해자) 깨어 있거나 잠자는 비구가 성행위 당할 때 그 비구가 한순간이라도 즐거움을 느끼면 함께 살 수 없는 죄를 범하는 것이며, 한순간이라도 즐거움을 느끼지 않으면 무죄이다. 이때 비구를 성행위한 자가 승원에서 함께 거주하는 사미나 출가수습생 또는 정인이면 그는 승원에서 함께 거주할 수 없다. 그런데 승원에서 함께 거주하는 사미나 출가수습생 또는 정인이 비구로부터 성행위 당하여 한순간이라도 즐거움을 느끼면 함께 살 수 없는 죄를 범하는 것이며, 한순간이라도 즐거움을 느끼지 않으면 무죄이다. 그가 함께 살 수 없는 죄를 범하면 승원에서 함께 거주할 수 없다.[13]

【1.3 예외】 비구가 율을 알지 못한 경우, 비구가 율을 학습하지 않아 받지 않은 경우, 비구가 심신박약자인 경우, 비구가 최초로 범한 경우는 예외로 무죄이다.

---

[13] 승원에서 함께 거주하는 사미나 출가수습생 또는 정인이 다른 사미나 출가수습생 또는 정인과 성행위하면 비구와 똑같이 적용한다. 만약 함께 살 수 없는 죄를 범하면 그는 승원에서 거주할 수 없다. 따라서 부부 관계를 하는 부부는 승원에서 거주할 수 없다.

예외의 해설 여기서 '율'이란 함께 살 수 없는 죄의 제3조를 의미한다.

예외의 판례 1. 수딘나는 예외 조항에 적용되므로 무죄이다. 암원숭이와 성행위를 한 비구와 인간의 여성과 성행위를 한 왓지 비구들은 유죄여서 함께 살 수 없다.

　2. 비구가 재가자의 모습을 하거나 갖가지 종류의 옷 예를 들면 나무 껍질 옷이나 목판 옷을 입고 '이렇게 하면 나에게 죄가 되지 않을 것이다.' 라고 생각하면서 성행위를 하였다. 그는 유죄여서 함께 살 수 없다.

　3. 비구가 '이렇게 하면 나에게 죄가 되지 않을 것이다.'라고 생각하면서 어머니, 딸, 자매, 또는 출가 전의 아내와 성행위를 하였다. 그는 유죄여서 함께 살 수 없다.

　4. 유연한 허리를 갖고 있던 비구가 성기를 자기의 입에 넣거나, 성기가 유난히 길었던 비구가 성기를 자기의 항문에 넣었다. 그는 유죄여서 함께 살 수 없다.

　5. 비구가 인형이나 조각상의 성기에 자기의 성기를 접촉하였다. 그는 실수죄를 범한 것이다.

　6. 비구가 목이 잘린 시신 머리의 입안으로 자기의 성기를 넣고 비볐으면 그는 유죄여서 함께 살 수 없다. 그런데 목이 잘린 시신 머리의 입안으로 성기를 넣되 성기를 건드리지 않으면 실수죄를 범한 것이다. 어떤 비구가 흠모하던 여인이 죽어서 묘지에 버려졌다. 시간이 지나자 그 여인의 시신은 흩어지고 뼈만 남게 되었을 때 그는 뼈를 둥글게 모아 성기를 삽입하였다. 그는 유죄여서 함께 살 수 없다.

　7. 어떤 비구의 성기가 망가져[敗根] 어떤 느낌도 느낄 수 없게 되었다. 그는 '나의 성기는 즐거움이나 괴로움을 느끼지 못한다. 그러므로 나에게 죄가 되지 않을 것이다.'라고 생각하고 성행위를 하였다. 그는 느끼거나 느끼지 않거나 유죄여서 함께 살 수 없다.

　8. 어떤 비구가 '여인과 성행위를 해야지.' 생각하고 성기를 접촉하기

직전에 중단하고 멈추었다. 그는 함께 살 수 없는 죄를 범하지 않았으나 승가의 처벌을 받는 죄를 범하였다.

9. 비구가 꿈속에서 출가 전의 아내와 성행위를 하였다. 그는 무죄이다.

10. 비구가 중각강당의 개인 거처에서 대낮을 보내려고 문을 열고 누워 있었다. 바람에 의해서 그의 성기가 요동하고 있었다. 그때 많은 여인이 향과 화환을 가지고 승원의 이곳저곳을 둘러보다가 그 비구를 보고 그의 성기 위에 올라앉아 하고 싶은 대로 한 뒤 "참으로 대장부이다." 말하고 향과 화환을 주고는 떠났다. 동료 비구들이 누정된 것을 보고 세존께 그 사실을 알렸다. 세존께서 말씀하셨다. 비구들이여, 다섯 가지 요인에 의해서 성기가 발기된다. 탐욕에 의해서, 대변에 의해서, 소변에 의해서, 바람에 의해서, 웃짜링가(uccāliṅga)라는 일종의 쐐기벌레의 물림에 의해서이다. 비구들이여, 그 비구는 아라한이어서 탐욕에 의해서 성기가 발기하는 것은 가능한 경우가 아니고 도리가 아니다. 그는 무죄이다. 비구들이여, 대낮에 선정에 드는 자는 문을 닫고 선정에 드는 것을 허용한다.

11. 숲속에 사는 비구가 소변을 볼 때 어린 사슴이 다가와 그의 성기를 핥았고 그는 즐거움을 느꼈다. 그는 유죄여서 함께 살 수 없다.

12. 어떤 비구에게 여성의 특징이 드러났다. 비구들은 그 사실을 알렸고 세존께서 말씀하셨다. 비구들이여, 그 비구는 이제 자신의 비구 승랍을 계승한 비구니로서 그 승랍에 해당하는 의무율에 따라 비구니 아사리를 모시고 비구니와 함께 머무는 것을 허용한다. 비구와 비구니가 공통되는 죄는 그 비구니에게도 죄이지만, 비구에게만 죄가 되는 것은 더 이상 그 비구니에게는 죄가 되지 않는다. 물론 비구니에게 죄가 되는 것은 그 비구니에게도 죄가 된다. 이같이 그 비구니에게 비구니의 율이 적용되며 비구의 율은 더 이상 적용되지 않는다.

1.4 제4조 높이는 거짓말

제정의 계기 세존께서 웨살리 중각강당에 머물던 무렵 왓지국에 기근이 들어 걸식이 어렵고 연명하기도 어려웠다. 박구무다 강변에서 안거를 보내던 많은 비구는 궁리 끝에 걸식 걱정 없이 평안하게 안거를 보내고자 재가자들에게 "저 비구는 초선정, 2선정, 3선정 또는 4선정을 성취한 자이며, 저 비구는 예류과, 일래과, 불환과 또는 아라한을 성취한 자이며, 저 비구는 신족통, 천이통, 천안통, 타심통, 숙명통 또는 누진통을 성취한 자입니다."라고 말하여 자신들이 범부(凡夫)를 뛰어넘는 특별함을 성취한 성자(聖者)라고 서로서로 거짓으로 인정하여 찬탄하였다.[14] 그러자 사람들은 기근에도 불구하고 자신들은 먹지 않고 부모와 가족들에게도 주지 않는 귀하고 맛있는 음식과 음료들을 정성껏 준비하여 비구들에게 보시하였다. 3개월의 안거 동안 그 비구들은 안색이 좋아지고 피부가 윤택해지고 살이 올라 풍채가 좋아졌다.

　　각 지역에서 안거를 마친 비구들은 웨살리 중각강당으로 찾아가 세존을 뵙고 인사드렸다. 그런데 박구무다 강변 이외의 지역에서 온 비구들은 모두 마르고 수척하고 초췌하였다. 세존께서는 박구무다 강변에서 온 비구들에게 말씀하셨다. 비구들이여, 그대들은 안거 동안 참을 만하였는가? 견딜 만하였는가? 그대들은 서로 화합하고 단합하여 싸우지 않고 평안하게 안거를 보냈는가? 그대들은 걸식으로 걱정하지 않았는가? "세존이시여, 저희는 참을 만하였고 견딜 만하였습니다. 저희는 서로 화합하고 단합하여 싸우지 않고 평안하게 안거를 보냈으며 걸식으로 걱정하지 않았습니다." 비구들이여, 어떻게 해서 그대들은 그처럼 참을 만하였고 견딜 만하였으며, 서로 화합하고 단합하여 싸우지 않고 평안하게 안거를 보냈으며, 걸식으로 걱정하지 않았는가? "세존이시여, 저희는 서로 화합하고 단합하여 의논하고 합의하였습니다. 그래서 저희는 박구무다 강변의 재가자들에게 '저 비구는 초선정, 2선정, 3선정 또는 4선정을 성취한 자이며, 저 비구는 예류과, 일래과, 불환과 또는 아라한을 성취한 자이며, 저 비구는 신족

---

14 욕계에 머무는 자를 범부라고 하며 사향사과의 과위를 성취하여 욕계를 벗어난 자를 성자라고 한다. 범부 가운데 성자로 나아가려고 세존의 법을 공부하는 자를 진인(眞人)이라고 한다.

통, 천이통, 천안통, 타심통, 숙명통 또는 누진통을 성취한 자입니다.'라고 말하였습니다. 그래서 걸식으로 걱정 없이 평안하게 안거를 보냈습니다." 비구들이여, 그대들에게 범부를 뛰어넘는 그러한 특별함이 있는가? "세존이시여, 없습니다."

세존께서 이같이 그들을 견책하셨다. 어리석은 자들이여, 그대들은 적절하지 않고 자연스럽지 않고 알맞지 않고 비구의 삶이 아니고 부당하고 해서는 안 될 일을 행한 것이다. 어리석은 자들이여, 어찌 그대들은 배를 채우기 위하여 재가자들에게 범부를 뛰어넘는 특별함을 성취하였다고 서로서로 거짓으로 찬탄할 수 있단 말인가? 어리석은 자들이여, 그대들은 예리한 소 잡는 칼로 배를 가를지언정 결코 배를 채우기 위하여 재가자들에게 범부를 뛰어넘는 상태를 성취하였다고 거짓말[妄語]하지 말라. 그것은 무슨 까닭인가? 어리석은 자들이여, 그것을 인연으로 그대들은 몸이 무너지고 죽은 뒤에 괴로운 곳, 나쁜 곳, 타락한 곳, 지옥에 태어나 오랜 세월 죽음에 이르거나 죽음에 이르는 고통을 겪게 되기 때문이다. 어리석은 자들이여, 그것은 아직 청정한 믿음이 없는 자를 청정한 믿음으로 이끌고 이미 청정한 믿음이 있는 자를 더욱더 청정한 믿음으로 이끄는 것이 아니다. 그것은 오히려 아직 청정한 믿음이 없는 자를 불신으로 이끌고 이미 청정한 믿음이 있는 자 가운데 어떤 자들을 타락시키는 것이다.

그리고 세존께서는 여러 가지 방편으로 그들을 질책하고 경책하고 견책하였으며 여러 가지 설법으로 탐욕을 여의어 만족한 일상생활을 칭송하고 오염원을 없애 악을 제거하는 삶을 칭송하고 청정한 믿음과 용맹정진의 삶을 칭송하셨다. 그리고 이렇게 말씀하셨다.

다섯 종류의 큰 도둑 비구들이여, 세상에는 다섯 종류의 큰 도둑들이 있다. 무엇이 그 다섯인가? 비구들이여, 세상에 어떤 큰 도둑은 "나는 실로 도둑의 왕이다."라고 말하고 수백 또는 수천의 부하들로 둘러싸여 사람들을 죽이고 다치게 하고 괴롭히며 원하는 것은 무엇이든 약탈하면서 마을과 도시를 돌아다닌다. 이처럼 세상에 어떤 악한 비구는 "나는 실로 세상의 생불, 승왕, 최상인(最上人)이다."라고 말하고 수백 또는 수천의 제자들로 둘러싸여 사람들에게 존경받고 공경받고 숭배받으며 원하는 것은 무엇이든 얻으면서 마을과 도시를 돌아다닌다. 비구들이여, 이같이 큰 무리를 지어 세상의 으뜸이라고 헛되이 말하는 그러한 비구가 세상에 존재하는 첫 번째 큰 도둑이다.

비구들이여, 세상에 어떤 큰 도둑은 "나는 실로 원하는 마을이나 도시를 소유하고 지배한다."라고 말하고 수십 또는 수백의 부하들로 둘러싸여 사람들을 죽이고 다치게 하고 괴롭히며 원하는 것은 무엇이든 약탈하면서 마을과 도시를 돌아다닌다. 이처럼 세상에 어떤 악한 비구는 "나는 실로 깨달았다, 깨달음을 보고 안다, 깨달음에 이르는 법과 율을 지녔다."라고 말하고 수십 또는 수백의 제자들로 둘러싸여 사람들에게 존경받고 공경받고 숭배받으며 원하는 것은 무엇이든 얻으면서 마을과 도시를 돌아다닌다. 비구들이여, 이같이 여래의 법과 율을 배워 자기의 법과 율이라고 헛되이 말하는 그러한 비구가 세상에 존재하는 두 번째 큰 도둑이다.

비구들이여, 세상에 어떤 큰 도둑은 "저들은 정의롭지 못한 진짜 도둑들이다."라고 말하고 수 명 또는 수십의 부하들로 둘러싸여 특정한 사람들을 죽이고 다치게 하고 괴롭히며 원하는 것은 무엇이든 약탈하면서 마을과 도시를 돌아다닌다. 이처럼 세상에 어떤 악한 비구는 "저들은 오염된 자들이다."라고 말하고 수 명 또는 수십의 제자들로 둘러싸여 근거 없이 청정한 삶을 사는 자를 특정하여 오염된 자라고 비난하면서 그것으로 사람들에게 존경받고 공경받고 숭배받으며 원하는 것은 무엇이든 얻으면서 마을과 도시를 돌아다닌다. 비구들이여, 이같이 청정한 비구를 근거 없이 헛되이 비난하는 이러한 비구가 세상에 존재하는 세 번째 큰 도둑이다.

비구들이여, 세상에 어떤 큰 도둑은 "나는 실로 사람들에게 이익을 베푸는 자이다."라고 말하고 다른 사람들에게 훔치고 빼앗은 물건이나 재물들을 나누어 주어 사람들을 현혹하여 원하는 것은 무엇이든 취하면서 마을과 도시를 돌아다닌다. 이처럼 세상에 어떤 악한 비구는 "나는 실로 그대들에게 이익을 베푸는 자이다."라고 말하고 비구승가에 속한 승원이나 토지 또는 물건이나 음식을 베풀어 사람들을 현혹하고 감언이설로 속여 원하는 것은 무엇이든 얻으면서 마을과 도시를 돌아다닌다. 비구들이여, 이같이 비구승가에 속한 것을 베풀어서 사람들을 현혹하고 감언이설로 속이는 이러한 비구가 세상에 존재하는 네 번째 큰 도둑이다.

비구들이여, 세상에 어떤 큰 도둑은 "나는 실로 의적(義賊)이다."라고 말하여 사람들을 현혹해 원하는 것은 무엇이든 취하면서 마을과 도시를 돌아다닌다. 이처럼 어떤 악한 비구는 "나는 실로 과위를 성취한 성자이다."라고 말하여 사람들을 현혹하고 속여 원하는 것은 무엇이든 얻으면서 마을과 도시를 돌아다닌다. 비구들이여, 이같이 성자라고 선언하여 사람들을 현혹하고 속여 나라의 음식을 축내는 이러한 비구가 세상에 존재하는 다섯 번째 큰 도둑이다. 이렇게 말씀하시고 게송을 읊으셨다.

자신의 현존과 달리
자신을 선언하는 자는
사기와 도둑으로
먹을 것을 얻는 것이어라.

출가하여 가사를 걸쳤더라도
자제하지 못하고 악한 법을 따르면
참으로 그들은 악한 자가 되어
자기의 악한 행위로 지옥에 끌려가리니.

자제하지 못하고 율을 어기는 자는
나라의 음식을 축내는 것보다
뜨거운 철환을 삼키는 것이
오히려 나으리라.

그리고 세존께서 [율을 제정하는 열 가지 이유]를 말씀하셨다. 비구들이여, 이와 같은 열 가지 이유로 율을 제정하니 그대들은 율을 학습하여야 하며 학습한 율을 송출하여 지켜야 한다. 이러한 계기로 세존께서 높이는 거짓말에 대한 율의 조항을 제정하여 송출하셨다.

　　그런데 어느 때 많은 비구가 과도한 착각으로 보지 못한 것을 보았다고 알고, 도달하지 못한 것을 도달하였다고 알고, 통달하지 못한 것을 통달하였다고 알고, 실현하지 못한 것을 실현하였다고 알아 타인에게 그것을 설하였다. 그들은 후회하였고 '함께 살 수 없는 죄를 범한 것은 아닐까?' 의심하여 아난다에게 알렸다. 아난다는 세존께 말씀드렸고 세존께서는 '과도한 착각'은 예외로 인정하셨다. 이러한 계기로 세존께서 높이는 거짓말에 대한 율의 조항을 최종적으로 제정하여 송출하셨다.

【1.4】 어떤 비구라도 율을 학습하여 받고 적절한 퇴전 없이, 과도한 착각을 제외하고 성취하지 못한 성자의 상태를 성취하였다고 높이는 거짓말을 하면 함께 살 수 없는 죄를 범하는 것이다.

조문의 해설 여기서 '율'이란 함께 살 수 없는 죄의 제4조를 말한다. '과도한 착각을 제외하고'라는 것은 과도한 착각에 의한 거짓말은 예외로 인정하여 무죄라는 것이다. '성취하지 못한 성자의 상태를 성취하였다고 거짓말'하는 것은 욕계에 속한 범부가 욕계를 벗어난 성자라고 거짓말하거나 낮은 단계의 성자가 높은 단계의 성자라고 거짓말하는 것으로 '높이는 거짓말'이라고 정의한다. '성자의 상태를 성취하였다.'라는 것은 '나는 성자의 상태를 알고 보며, 성자의 상태가 나에게 있고, 나는 성자의 상태에 있다.'라는 의미이다. 여기서 '거짓말'이란 '나에게 있지 않고 보이지 않고 생겨나지 않고 발견되지 않은 성자의 상태가 나에게 있고 보이고 생겨났고 발견된다.'라고 허황한 말, 거짓된 말, 진실이 아닌 말을 하는 것이다. 이와 같은 거짓말을 한 자가, 이후 타인에 의하여 그 거짓말이 규명되건 규명되지 않건 상관없이, 자신의 거짓말을 고백하고 번복하더라도 여전히 그는 함께 살 수 없는 죄를 범한 것이다.

조문의 사례 (성자의 상태) 어떤 비구가 자신이나 타인이 성취하지 못한 성자의 상태들 예를 들어 선정의 상태인 초선정·2선정·3선정·4선정, 과위의 상태인 예류과·일래과·불환과·아라한, 신통의 상태인 신족통·천이통·천안통·타심통·숙명통·누진통, 해탈의 상태들과 같이 성자의 특징을 드러내는 상태들 가운데 어떤 한 상태라도 그 상태를 얻었다거나 그 상태를 얻은 자라거나 그 상태의 주인이라거나 그 상태를 실현하였다고 거짓으로 말하거나 그와 유사한 거짓말을 하되 ①거짓말하기 전에 '나는 거짓말할 것이다.'라고 알고, ②거짓말하면서 '나는 거짓말하고 있다.'라고 알고, ③ 거짓말한 후에 '나는 거짓말을 했다.'라고 알면 그는 유죄여서 함께 살 수 없으나, 알지 못하면 미수죄이다. 여기서 자신이나 타인의 상태를 표명할 때와 마찬가지로 자신이나 타인의 견해나 동의나 취향이나 의도를 잘못 대변할 때도 똑같이 적용한다.

【1.4 예외】 비구가 율을 알지 못한 경우, 비구가 율을 학습하지 않아 받지 않은 경우, 과도한 착각의 경우, 거짓말을 알지 못하는 경우, 비구가 심신박약자인 경우, 비구가 최초로 범한 경우는 예외로 무죄이다.

예외의 해설 여기서 '율'이란 함께 살 수 없는 죄의 제4조를 의미한다. '거짓말을 알지 못하는 경우'는 거짓말하는 것을 거짓말이라고 인지하지 못하는 것으로 예외로 인정하여 무죄이다.

예외의 판례 1. 성취하지 못한 성자의 상태를 성취하였다고 서로서로 거짓으로 칭송한 박구무다 강변에서 온 비구들과 과도한 착각으로 성취하지 못한 성자의 상태를 타인에게 설한 비구들은 예외 조항에 적용되므로 무죄이다.

    2. 어떤 비구가 동료 비구에게 범부를 뛰어넘는 상태를 성취하였다고 주장하자 동료 비구는 "벗이여, 나에게도 그러한 상태가 있다."라고 하거나 "벗이여, 나에게도 그러한 상태가 나타난다."라고 하거나 "나도 또한 범부를 벗어났다."라고 거짓된 말을 하였다면 그는 유죄여서 함께 살 수 없다.

    3. 어떤 비구가 "내가 이같이 하면 나를 지금의 나보다 더 높은 성자처럼 존경할 것이다."라는 원(願)을 가지고 숲속에 살거나 걸식하거나 걷거나 서거나 앉거나 누웠는데 실로 사람들이 그를 지금의 그보다 더 높은 성자처럼 존경하였다면 과도한 착각으로 무죄이나, 그릇된 원을 가지는 것은 실수죄이다.

    4. 병든 비구를 방문하여 위로하는 비구들이 "존자는 범부를 뛰어넘는 상태에 도달하였습니다."라고 말하자 병든 비구가 "그 상태를 얻는 것은 어렵지 않습니다." 하거나 "그 상태는 용맹정진을, 올바른 정진을 또는 범행의 정착을 통해서 성취됩니다."라고 말하였는데 속이려고 하였다면 유죄로 함께 살 수 없으나, 단지 주장하려는 의도였다면 미수죄이며, 주장하려는 의도 없이 습관적 답변이라면 무죄이다. 병든 비구를 방문하여 위로하는 비구들이 "벗이여, 두려워하지 마시오."라고 말하자 병든 비구가 "나는 죽음을 두려워하지 않습니다." 하거나 "오염된 자라면 두려워할 것입니다."라고 말하는 것도 똑같이 적용한다. 또한 병든 비구를 방문하여 위로하는 비구들이 "벗이여, 그대는 참을 만했는가, 견딜 만했는가?"라고 묻자 병든 비구가 "어떤 자도 참아 낼 수 없습니다."라거나 "배우지 못한 사람들은 참아 낼 수 없습니다."라고 대답하는 것도 똑같이 적용한다.

    5. 출가하기 전의 가족이나 친척 또는 친구들이 와서 비구에게 "존자여, 그만 집에 와서 사십시오." 하거나 "존자여, 와서 감각적 쾌락을 즐기십시오." 하거나 "존자여, 그대는 행복합니까?"라고 말할 때 그는 "나 같은 사람은 집에서 살 수 없습니다." 하거나 "나는 감각적 욕망을 버렸습니

다.” 하거나 “나는 최상의 행복을 누립니다.”라고 말하였는데 주장하려는 의도였다면 미수죄이며, 주장하려는 의도 없이 습관적 답변이라면 무죄이다.

6. 비구를 초대한 브라만이나 외도 수행자들이 비구를 존경하여 아라한이라고 존칭하였는데 이것을 듣고도 묵묵히 있었던 비구는 아라한이 아니더라도 무죄이다.

7. 비구가 홀로 살면서 성자의 상태를 성취하였다고 혼자서 선언하였다면 실수죄이다.

8. 비구가 자신이 속한 무리의 비구들이 모두 아라한이라고 말하였는데 속이려고 하였다면 유죄로 함께 살 수 없으나 단지 주장하려는 의도였다면 미수죄이다.

2 승가의 처벌을 받는 죄

비구가 범하면 승가의 처벌을 받는 죄를 상가디세사(saṅghādisesa)라고 하며 승잔죄(僧殘罪)라고 번역한다.[15] 이 죄에는 열세 가지가 있다. 열세 가지 조항들의 묶음이 두 번째 조목으로 비구가 되면 승가의 일원으로 먼저 급히 의무적으로 학습하여 지켜야 하는 율의 목록이다. 본 조목부터 각 조항을 시작할 때마다 ‘어떤 비구라도 율을 학습하여 받고 적절한 퇴전 없이’라고 반복하는 표현을 생략하며, 각 조항의 예외에 반복적으로 나타나는 ‘비구가 율을 알지 못한 경우, 비구가 율을 학습하지 않아 받지 않은 경우, 비구가 심신박약자인 경우, 비구가 최초로 범한 경우’도 마찬가지로 생략한다. 생략하는 정형구에 대한 해설도 함께 생략한다.

---

15 상가디세사는 승가가 처음(ādi)부터 마지막(sesa)까지 관여하여 처벌하는 죄라고 해석하여 ‘승가가 처벌하는 죄’라고 할 수 있지만 범죄인의 관점에서 ‘승가의 처벌을 받는 죄’라고 한다. 참고로 승가바시사(僧伽婆尸沙)로 음역한 원어는 saṃghāvaseṣa이다.

2.1 제1조~제5조 성(性)에 관한 조항들
제1조 정액의 사정

제정의 계기 세존께서 기원정사에 머물 무렵 비구의 삶을 만족하지 못한 세이야사카(Seyyasaka)는 마르고 수척하고 초췌하여 핏줄이 드러나 보였다. 그런 그에게 우다인(Udāyin)이 "벗이여, 그렇다면 그대는 그대가 원하는 대로 먹고 자고 목욕하라. 그렇게 하고도 그대가 만족하지 못하고 탐욕이 마음을 괴롭히면 수음(手淫)하여 정액을 사정(射精)하라."라고 충고하였다. "우다인이여, 그러한 일이 허용됩니까?" "벗이여, 그렇다네. 나도 그렇게 한다네." 우다인의 충고대로 그는 원하는 대로 먹고 자고 목욕하였으며 때때로 수음하여 정액을 사정하자 그는 점차 안색이 좋아지고 피부가 윤택해지고 풍채가 좋아졌다. 동료 비구들이 그에게 그 연유를 묻자 그는 자초지종을 말하였다. 비구들은 "그렇다면 그대는 그 손으로 재가자의 음식을 받아먹고 그 손으로 수음하여 정액을 사정하였단 말인가?"라고 말하면서 분개하고 비난하였으며 세존께 그 사실을 알렸다. 그러자 세존께서는 비구승가를 불러 모으게 하고 그에게 물었다. 세이야사카여, 그대가 수음하여 정액을 사정한 것이 사실인가? "세존이시여, 사실입니다."

'세존께서는 여러 가지 방편으로 그를 질책하고 경책하고 견책하였으며 여러 가지 설법으로 탐욕을 여의어 만족한 일상생활을 칭송하고 오염원을 없애 악을 제거하는 삶을 칭송하고 청정한 믿음과 용맹정진의 삶을 칭송하셨다. 그리고 세존께서 [율을 제정하는 열 가지 이유]를 말씀하셨다. 비구들이여, 이와 같은 열 가지 이유로 율을 제정하니 그대들은 율을 학습하여야 하며 학습한 율을 송출하여 지켜야 한다. 이러한 계기로 세존께서 율의 조항을 제정하여 송출하셨다.'[율의 제정과 송출]

그 무렵 어떤 비구가 알아차림 없이 잠을 자다가 꿈속에서 정액을 사정하였다. 그는 꿈속에서 사정하려는 의도를 가졌기에 승가의 처벌을 받는 죄를 범한 것인지 세존께 여쭈었다. 세존께서 말씀하셨다. 비구여, 꿈속에서 의도가 있었더라도 그것은 예외이다. 이러한 계기로 세존께서 정액의 사정에 대한 율의 조항을 최종적으로 제정하여 송출하셨다.

【2.1】몽정을 제외하고 의도적으로 정액을 사정한다면 승가의 처벌을 받는 죄를 범하는 것이다.

조문의 사례 어떠한 이유로든 어떠한 곳이든 어떠한 종류의 정액이든 '사정하리라.' 생각하고서 어떤 방법으로든 정액을 사정한다면 유죄로 승가의 처벌을 받는 죄를 범한 것이나, 시도하되 사정하지 않으면 미수죄이다. 그러나 의도하지 않았는데 사정한다면 발기하거나 하지 않거나 상관없이 무죄이다.

조문의 판례 1. 수음하여 정액을 사정한 세이야사카와 몽정한 비구는 예외 조항에 적용되므로 무죄이다.

　　2. (의도한 사정) 비구가 사정하려고 손으로 성기를 만져서, 허벅지에 성기를 끼워서, 침상에 성기를 마찰시켜서, 나무 조각으로 성기를 마찰하다가, 사미에게 성기를 만지게 해서, 야자수 구멍에 성기를 넣어서, 모래밭이나 진흙에 성기를 넣어서, 공중에 허리를 흔들어서 정액을 사정하였다면 유죄로 승가의 처벌을 받는 죄를 범한 것이나, 사정하지 않았으면 미수죄이다.

　　3. (발생한 사정) 비구가 성기에 약을 바르다가, 음낭을 긁다가, 대변이나 소변을 보다가, 길을 걷다가, 허벅지를 마찰하다가, 몸을 곧바로 뻗었다가, 아랫배를 데우다가, 다른 비구의 등을 밀다가, 뜨거운 물로 목욕하다가, 물의 흐름을 거슬러 목욕하다가, 물장난하다가, 물속에서 달리다가, 꽃밭의 꽃들에 성기가 닿아서 정액을 사정하였다. 이때 사정할 의도가 없었으면 무죄이나, 의도가 있었으면 유죄로 승가의 처벌을 받는 죄를 범한 것이다. 그러나 의도하였으나 사정이 되지 않았으면 미수죄이다.

　　4. 비구가 여인의 성기를 매혹적으로 골똘하게 생각하다가 정액을 사

정하였거나 수면 중에 잠자는 사미의 성기를 만지다가 정액을 사정하였다
면 실수죄이다.

제2조 여인의 몸과 접촉

제정의 계기 세존께서 기원정사에 머물 무렵 우다인은 아름답고 호화로운
큰 승원에 머물고 있었다. 많은 사람이 그 승원을 구경했는데 어느 날 어
떤 브라만 부부가 방문하였다. 우다인은 승원의 이곳저곳을 안내하면서
브라만의 뒤를 따르던 부인의 몸을 접촉하였다. 승원을 구경하고 나오자
부인은 남편에게 말하였다. "당신이 나의 몸 이곳저곳을 만지듯이 우다인
은 나의 몸 이곳저곳을 만졌습니다." 그러자 브라만은 분개하고 비난하였
고 비구들도 분개하고 비난하였으며 세존께 그 사실을 알렸다. 그러자 세
존께서는 비구승가를 불러 모으게 하고 그에게 물었다. 우다인이여, 그대
가 여인의 몸을 접촉한 것이 사실인가? "세존이시여, 사실입니다." 세존께
서는 [**율의 제정과 송출**]을 하셨다.

【2.2】 욕정으로 여인의 몸을 어디든지 접촉하면 승가의 처벌을 받는 죄를
범하는 것이다.

조문의 해설 여기서 '여인'이란 사람의 여인으로 오늘 태어난 여자아이부
터 목숨이 끊어지기 직전의 여인까지를 말한다. '접촉'이란 건드리거나 만
지거나 밀거나 당기거나 잡거나 껴안는 것이다.

조문의 사례 1. (능동적 접촉) 비구가 여인을 여인이라 지각하고 탐애나 욕
정으로 여인의 몸을 접촉하면 유죄로 승가의 처벌을 받는 죄를 범한 것이
다. 이때 비구가 여인의 몸에 부착된 소지품을 접촉하거나, 비구의 몸에
부착된 소지품으로 여인의 몸을 접촉하면 미수죄이다. 비구의 몸에 부착
된 소지품으로 여인의 몸에 부착된 소지품을 접촉하거나, 비구의 몸에 부

착되거나 탈착된 소지품으로 여인의 몸에서 탈착된 소지품을 접촉하면 실수죄이다. 그러나 여인을 여인인가 의심하였거나 여인을 여인 아닌 자로 지각하고 탐애나 욕정으로 여인의 몸을 접촉하면 미수죄이다. 비구가 남자를 여인이라 지각하거나 남자를 남자로 지각하고 탐애나 욕정으로 남자의 몸을 접촉하면 실수죄이다. 탐애나 욕정의 대상이 둘 이상일 때 그 숫자만큼 죄가 누적된다.

2. (수동적 접촉) 어떤 여인이 비구의 몸을 접촉할 때 비구가 탐애나 욕정을 일으켜 몸의 접촉을 공유하려고 신체적으로 움직여 감촉하면 유죄로 승가의 처벌을 받는 죄를 범한 것이며, 몸의 접촉을 공유하려고 신체적으로 움직이더라도 감촉하지 않으면 실수죄이고, 몸의 접촉을 벗어나려고 몸을 움직여 피하거나 몸을 움직이지 않고 부동의 자세를 취하면 무죄이다. 이때 여인이 여인의 몸에 부착된 소지품으로 비구의 몸을 접촉하거나, 여인의 몸으로 비구의 몸에 부착된 소지품을 접촉할 때 비구가 탐애나 욕정을 일으켜 신체적 노력으로 몸의 접촉을 공유하면 미수죄이다. 여인의 몸에 부착된 소지품으로 비구의 몸에 부착된 소지품을 접촉하거나, 여인의 몸에 부착되거나 탈착된 소지품으로 비구의 몸에 탈착된 소지품을 접촉할 때 비구가 탐애나 욕정을 일으키면 실수죄이다.

3. (사견을 지닌 청신녀) '비구에게 성행위를 베푸는 것이 최상의 보시이다.'라는 사견을 지닌 사왓티의 청신녀 삿다(Saddhā)가 비구들에게 성행위를 제안하였으나 비구들이 거부하자 그녀는 "존자여, 가슴 안쪽을 만지세요. 제가 손으로 사정시키겠습니다. 그러면 성행위 죄가 되지 않을 것입니다." 그녀의 제안대로 어떤 비구는 가슴 안쪽을 다른 비구는 배꼽을 또 다른 비구들은 각각 아랫배, 허리, 목, 귀, 머리카락, 손가락을 만졌고 그녀는 그들을 사정시켰다. 그들은 유죄로 승가의 처벌을 받는 죄를 두 번 누적하여 범한 것이다. 한편 같은 사견을 지닌 라자가하의 청신녀 수빱바(Supabbā)가 비구들에게 성행위를 제안하였으나 비구들이 거부하자 그녀는 성행위 대신 그녀의 몸을 만지라고 제안하였다. 그녀의 제안대로 어

떤 비구는 가슴 안쪽을 다른 비구는 배꼽을 또 다른 비구들은 각각 아랫배, 허리, 목, 귀, 머리카락, 손가락을 만졌다. 그들은 유죄로 승가의 처벌을 받는 죄를 범한 것이다.

조문의 판례 1. 여인의 몸을 접촉한 우다인은 예외 조항에 적용되므로 무죄이다. 여인의 몸을 접촉하려는 의도가 없거나 여인의 몸을 인지하지 못한 상태에서 여인의 몸을 접촉하거나 여인의 몸을 접촉하더라도 몸의 접촉을 감촉하지 못하였다면 무죄이다.

2. 비구가 출가 전의 아내와 몸을 접촉하면 유죄로 승가의 처벌을 받는 죄를 범한 것이나, 할머니, 어머니, 딸, 누이를 만나 손을 만지거나 얼굴을 만지거나 어깨를 두드리는 등의 접촉을 하면 실수죄이다.

3. 비구가 잠자고 있는 여인의 몸을 접촉하면 유죄로 승가의 처벌을 받는 죄를 범한 것이며, 죽은 여인의 몸을 접촉하면 미수죄이고, 여자 인형과 신체적 접촉을 하면 실수죄이다.

4. 비구가 길의 반대편에서 걸어오는 여인을 보고 탐애하여 어깨를 부딪치면 유죄로 승가의 처벌을 받는 죄를 범한 것이다. 많은 여인이 한 비구를 강제로 팔짱을 꼈을 때 비구가 동의하여 즐거운 감촉을 느꼈으면 유죄로 승가의 처벌을 받는 죄를 범한 것이며, 동의하지 않아 즐거운 감촉을 느끼지 않았다면 무죄이다.

제3조 여인과의 음담패설

제정의 계기 어느 날 우다인은 많은 여인에게 승원을 보여 주거나 차를 마시면서 여인의 성기와 항문에 의한 성행위에 관련된 웃기는 말, 혐오하는 말, 찬양하는 말을 하였고 여인들 가운데 넉살 좋고 부끄러움이 없는 여인들은 그와 함께 떠들고, 웃고, 폭소하고, 희희낙락하였다. 그러나 그들 가운데 양식 있고 부끄러움을 아는 여인들은 그곳을 빠져나와 "우리는 남편이 이처럼 말하는 것도 원치 않습니다. 하물며 어찌 출가한 비구가 그런

말을 할 수 있단 말입니까?"라고 말하면서 그의 음담패설(淫談悖說)을 분개하고 비난하였고 비구들도 분개하고 비난하였으며 세존께 그 사실을 알렸다. 그러자 세존께서는 비구승가를 불러 모으게 하고 그에게 물었다. 우다인이여, 그대가 여인들에게 음탕한 말을 한 것이 사실인가? "세존이시여, 사실입니다." 세존께서는 [율의 제정과 송출]을 하셨다.

【2.3】 욕정으로 여인과 음담패설을 하면 승가의 처벌을 받는 죄를 범하는 것이다.

조문의 해설 여기서 '음담패설'이란 성기와 항문이나 다른 신체 부위에 대한 성행위와 관련된 나쁘거나 추악한 말이다.

조문의 사례 비구가 여인에게 탐애나 욕정으로 여인의 성기와 항문에 대한 음담패설을 하면 유죄로 승가의 처벌을 받는 죄를 범한 것이며, 여인의 성기와 항문 이외 쇄골 이하 무릎 이상의 신체 부위에 대한 음담패설을 하면 미수죄이며, 쇄골 이상과 무릎 이하의 신체 부위에 대한 음담패설이나 여성의 몸에 부착된 소지품에 대한 음담패설을 하면 실수죄이다. 이때 여인이 둘 이상일 때 그 숫자만큼 죄가 누적된다.

조문의 판례 1. 많은 여성과 성기와 항문에 대한 음담패설을 한 우다인은 예외 조항에 적용되므로 무죄이다. 성기와 항문에 대한 성행위와 관련된 말을 하되 가르침과 원칙과 의미를 존중하여 바르고 깨끗하게 한다면 무죄이다.
   2. 비구가 여인에게 탐애나 욕정으로 ①"자매여, 그대는 신심이 깊은데 어찌 남편에게는 주어도 나에게는 주지 않는가?" "존자여, 무슨 말입니까?" "그대의 성기 말입니다." ②"자매여, 그대는 신심이 깊은데 어찌 최상의 보시를 나에게는 주지 않는가?" "존자여, 무슨 말입니까?" "그대의

성기 말입니다."라고 대화하였다면 유죄로 승가의 처벌을 받는 죄를 범한 것이다.

　3. 비구가 탐애나 욕정으로 반대편 길을 따라 다가오는 외도 유행녀에게 "그대의 길이 비어서 나오는 것입니까?" "비구여, 그럼 그대가 나의 길에 들어오겠소?"라고 대화하였다면 미수죄이다.

　4. 비구가 탐애나 욕정으로 ①붉게 물들인 옷을 입고 있는 여인에게 "그대의 붉은색으로 물들였소?" "그렇습니다, 존자여. 새롭게 물들인 옷입니다.", ②거친 털, 긴 털, 단단한 털로 짠 옷을 입고 있는 여인에게 "그대의 거친 털, 긴 털, 단단한 털로 짠 것이오?" "그렇습니다, 존자여. 새롭게 짠 옷입니다.", ③밭에 씨를 뿌리는 여인에게 "그대는 씨를 심었소?" "그렇습니다, 존자여. 씨를 뿌렸습니다.", ④~⑥앉아서 일하는 여인에게 "자매여, 서시오. 내가 일하겠소.", 서서 일하는 여인에게 "자매여, 앉으시오. 내가 일하겠소.", 일하는 여인에게 "자매여, 누우시오. 내가 일하겠소."라고 말하자 여인이 묵묵부답으로 대화하였다면 실수죄이다.

제4조 성상납의 찬탄

제정의 계기 어느 날 우다인은 아름답고 우아하고 부유한 과부의 집을 방문하여 그녀를 교화하고 북돋우고 기쁘게 하였다. 그러자 그녀는 말하였다. "존자여, 원하는 것을 말해 주십시오. 의복, 음식, 좌구, 의약품과 같은 생활필수품은 보시할 수 있습니다." "자매여, 그와 같은 생활필수품은 얻기가 어렵지 않습니다. 얻기 어려운 것을 주십시오." "존자여, 그것이 무엇입니까?" "그대의 몸입니다." "존자여, 지금 원하십니까?" "자매여, 지금 원합니다." "그러시다면 존자여, 이리 오십시오." 그녀는 우다인을 안내하여 침실로 들어가 옷을 벗고 침대에 누웠다. 그러자 우다인은 "누가 이 악취 나고 비천한 몸을 건드리겠는가?"라고 말하고 그녀에게 침을 뱉고 나왔다. 그녀는 "우다인은 나에게 몸을 먼저 요구하고서는 어찌 나의 몸에 침을 뱉을 수 있단 말인가? 내가 도대체 무슨 악한 죄를 지었단 말인가? 나의 몸에 도대체 무슨 악취가 난단 말인가? 내가 도대체 누구보다 비천하단 말인가?"라고 말하면서 분개하고 비난하였고 다른 여인들도 분개하고 비난하였다. 비구들이 세존께 그 사실을 알렸다. 그러자 세존께서는 비구승가를 불러 모으게 하고 그에게 물었다. 우다인이여, 그대가 여인 앞에서 성상납을 찬탄한 것이 사실인가? "세존이시여, 사실입니다." 세존께서는 [율의 제정과 송출]을 하셨다.

【2.4】 욕정으로 여인 앞에서 성상납을 찬탄하면 승가의 처벌을 받는 죄를 범하는 것이다.

조문의 사례 비구가 탐애나 욕정으로 여인 앞에서 자신의 욕정을 충족하기 위하여 성상납을 찬탄하면 유죄로 승가의 처벌을 받는 죄를 범한 것이며, 남자 앞에서 찬탄하면 미수죄이며, 여인을 여인인가 의심하였거나 여인을 여인 아닌 자로 지각하거나 여인 아닌 자를 여인이라 지각하고 찬탄하면 실수죄이다. 찬탄하는 대상이 둘 이상일 때 그 숫자만큼 죄가 누적된다.

조문의 판례 1. 여인 앞에서 성상납을 찬탄한 우다인은 예외 조항에 적용되므로 무죄이다.

　2. 어떤 여인이 "존자여, 저는 어떻게 하면 임신할 수 있습니까?"라거나, "저는 어떻게 하면 아들을 낳을 수 있습니까?"라거나, "저는 어떻게 하면 남편의 사랑을 받을 수 있습니까?"라거나, "저는 어떻게 하면 매력적일 수 있습니까?"라거나, "저는 무엇을 보시할까요?"라거나, "저는 존자에게 무엇으로 봉사할 수 있습니까?"라거나, "저는 어떻게 하면 천상에 태어날 수 있습니까?"라고 물었을 때 비구가 탐애나 욕정으로 "그렇다면 자매여, 최상의 보시를 하십시오."라고 대답하였다. 그 여인은 다시 "어떻게 하는 것이 최상의 보시입니까?"라고 물었다. 그때 비구가 "성행위입니

다.”라거나 “그대의 몸입니다.”라고 말하면 유죄로 승가의 처벌을 받는 죄를 범한 것이다.

제5조 혼인이나 성행위의 중매

제정의 계기 1. 혼인의 중매 어느 날 우다인은 혼기에 이른 소년과 소녀의 집안을 서로 소개하여 결혼시켰다. 그들은 결혼 후 잘 살았다. 중매인으로 잘 알려진 우다인에게 어느 날 중매 요청이 들어왔다. 어떤 사명외도의 재가자가 예전에 기녀였던 여인의 아름답고 우아한 외동딸을 원하여 청혼하였는데 거절당하자 풍문을 듣고 우다인을 찾은 것이다. 그의 요청을 수용한 우다인은 기녀를 설득하여 혼인이 성사되었다. 그러나 시집간 딸에게 ‘어머니, 오셔서 저를 데려가 주세요. 처음 한 달만 집안일을 하였고 그 후에는 하인처럼 하인의 일만 하였습니다. 저는 너무 힘들고 괴로워서 죽을 것만 같습니다.’라는 소식이 심부름꾼[使者]을 통하여 기녀에게 전달되자 그녀는 사돈을 방문하여 대화를 시도하였다. 그러나 사돈은 우다인과 얘기하기를 원한다며 기녀의 제안을 거절하고 기녀를 알지 못하는 사람이라고 선언하였다. 사왓티로 돌아온 기녀는 두 번째로 딸의 소식을 듣자 우다인을 찾아 문제의 해결을 부탁하였다. 우다인은 사명외도의 재가자를 방문하여 대화를 시도하였다. 그러나 그는 기녀와 얘기하기를 원한다며 우다인의 제안을 거절하고 우다인을 알지 못하는 사람이라고 선언하였다. 그리고 우다인에게 출가 수행자로서 세상의 일에 관여하지 말라고 충고하고 세상의 일에 관여하지 않는 좋은 출가 수행자로 바르게 살라고 비난하였다. 세 번째로 딸의 소식을 듣자 기녀는 다시 우다인을 찾아 문제의 해결을 간청하였다. 우다인은 “자매여, 저번 방문 때 나는 사명외도 재가자에게 비난만 받았습니다. 그대의 딸이니 그대가 가시오. 나는 가지 않을 것이오.”라고 말하였다. 그녀는 “내가 거절한 악한 자에게 내 딸을 시집보내라고 말하고 그 집에 시집가면 잘 살 것이라고 말한 자가 어찌 이렇게 말할 수 있소?”라고 울부짖으면서 분개하고 비난하였고 “내 딸이 악한 시집에서 힘들어하고 괴로워하고 지옥 같은 고통에 시달리는 것처럼 우다인도 똑같이 힘들어하고 괴로워하고 지옥 같은 고통에 시달려야 하리라."라고 저주하였다. 기녀의 딸도 다른 여인들도 분개하고 비난하고 저주하였다. 비구들이 세존께 그 사실을 알렸다. 그러자 세존께서는 비구승가를 불러 모으게 하고 그에게 물었다. 우다인이여, 그대가 중매를 선 것이 사실인가? "세존이시여, 사실입니다."

    2. 성행위의 중매 화창한 어느 날 아름다운 공원에서 불량한 자들이 모여 유흥에 심취하다가 심부름꾼을 시켜 기녀들을 불렀다. 기녀들은 그들의 요청을 거절하였고 심부름꾼은 그 소식을 그들에게 전달하였다. 불량한 자들 곁에 있던 어떤 사람들이 그들에게 "우다인 존자에게 부탁하시면 우다인 존자가 기녀들을 이리로 보낼 것입니다."라고 말하자 주변에 있던 청신사들이 "여보시오. 그런 말씀 마십시오. 우다인 존자는 세존의 출가제자인 비구로서 그런 일을 하는 것은 옳지 않을 뿐만 아니라 그런 일을 하지 않을 것입니다."라고 말하였다. 불량한 자들과 어떤 사람들과 청신사들은 공원에서 왈가왈부(曰可曰否)하다가 "우다인은 기녀들을 보낼 수 있다, 없다."로 서로 내기를 걸었다. "우다인은 기녀들을 보낼 수 있다."로 내기를 걸었던 불량한 자들은 우다인을 찾아가 우다인에게 존경과 공경을 보이면서 기녀들을 보내 줄 것을 간청하였다. 우다인은 기녀들이 있는 곳으로 가서 기녀들을 설득하였다. 그래서 기녀들은 불량한 자들과 함께 공원으로 갔다. 그러자 공원에 있던 청신사들은 "어찌 세존의 비구제자인 우다인이 불량한 자들의 성행위 중개 요청에 기녀들을 주선할 수 있단 말인가?"라고 말하면서 분개하고 비난하였다. 비구들도 분개하고 비난하였으며 세존께 그 사실을 알렸다. 그러자 세존께서는 비구승가를 불러 모으게 하고 그에게 물었다. 우다인이여, 그대가 성행위를 위한 중매[16]를 선 것이

---

16 당시의 혼인 제도에서는 일시적(반나절이나 하룻밤)으로 성행위를 하는 여성을 '일시적인 아내'라고 하며 일시적인 부부로 받아들였다. 그래서 기녀를 일시적인 아내로 불렀으며 기녀의 알선을 혼인을 위한 중매라고 하였다. 그러나 이와 같은 과거의 혼인 제도는 현대에서 성매매를 알선하는 것으

사실인가? "세존이시여, 사실입니다." 세존께서는 [율의 제정과 송출]을 하셨다.

【2.5】 승가나 아픈 비구를 위한 심부름을 제외하고 혼인을 위한 중매 같은 심부름꾼 노릇을 하면 승가의 처벌을 받는 죄를 범하는 것이다.[17]

조문의 사례 1. (일인 중매) 비구가 혼인이나 성행위를 위한 중매 요청을 수용하여 남자나 여자의 의중을 받아서 상대방에게 전하고 돌아와 상대방의 반응이나 의사(意思)를 보고하면 유죄로 승가의 처벌을 받는 죄를 범한 것이며, 보고하지 않으면 미수죄이고, 전하지도 보고하지도 않으면 실수죄이다. 그런데 남자나 여자의 의중을 받지 않고서 비구의 의중대로 상대방에 전하고 돌아와 보고하면 미수죄이며, 보고하지 않으면 실수죄이다. 중매 요청을 수용하였으나 남자나 여자의 의중을 받지도 전하지도 보고하지도 않으면 무죄이다.

　　2. (다인 중매) 여러 명의 비구가 동시에 중매 요청을 수용하여 남자나 여자의 의중을 모든 비구가 받았을 때 한 비구라도 전하고 보고하면 모든 비구가 유죄로 승가의 처벌을 받는 죄를 범한 것이다. 한 비구가 중매 요청을 수용하여 남자나 여자의 의중을 받았을 때 그 비구가 전하고 다른 비구가 보고하거나 다른 비구가 전하고 그 비구가 보고하면 그 비구만 유죄이고, 다른 비구가 전하기도 하고 보고도 하면 두 비구 모두 유죄로 승가의 처벌을 받는 죄를 범한 것이다.

조문의 판례 1. 혼인이나 성행위를 중매한 우다인은 예외 조항에 적용되므

로 볼 수 있으나 대가(代價)를 주고받았는지 확인할 수 없으므로 성행위를 중매하는 것으로 순화하여 서술한다.

17 율장에 전승된 본 조항의 조문과 본 조항의 사례와 예외는 서로 모순되고 일치되지 않는다. 율장에 전승된 본 조항의 사례와 예외에 본문의 조문이 일치되도록 하였다.

로 무죄이다.

　2. 자신을 후원하는 가정에 부부 싸움이 일어나 부인이 친정으로 떠나자 비구가 자발적으로 부부를 화합시키려는 중재에 나섰다면 무죄이다.

　3. 어떤 남자가 비구에게 "존자여, 이러이러한 곳으로 가서 저러저러한 여인에게 나의 뜻을 전하시오."라고 요청하였다. 그의 심부름꾼 노릇을 수용한 비구가 이러이러한 곳으로 가서 여인을 찾으려고 사람들에게 "저러저러한 여인이 어디에 있습니까?"라고 물었다. 사람들이 "존자여, 그 여인은 죽었습니다."라거나 "자고 있습니다."라거나 "출타하였습니다."라고 말하거나 "존자여, 신체적 장애 여성 말입니까?"라거나 "성적 장애 여성 말입니까?"라고 말하자 그 비구는 심부름을 중단하고 돌아왔다면 실수죄이다.

2.2 제6조~제7조 개인 정사에 관한 조항들
제6조 개인 정사의 건축

제정의 계기 어느 때 알라비(Āḷavi)에 거주하는 비구들은 후원자 없이 각자 자신을 위한 개인 정사(精舍)[18]를 만들기 시작하였다. 건축자재와 건축도구나 연장, 이송 수단 등을 구걸하였으며 측량도 하지 않아 만드는 과정에서 정사의 크기가 점점 커졌다. 그들은 정사를 완성하지 못하여 언제나 "일할 사람, 하인, 수레, 황소, 톱, 도끼, 칼, 망치, 끌, 못, 나무, 대나무, 진흙, 건초를 주십시오."라는 요구에 가득 찼고 언제나 암시로 가득 찼다. 그러자 알라비 사람들은 비구들의 요구에 지치고 괴로워하여 비구들을 보면 당황하거나 놀래거나 도망가거나 다른 길로 가거나 돌아가거나 문을 닫기도 하였다.

　그 무렵 라자가하에서 안거를 보내고 알라비에 도착한 깟사빠는 알라비에서 걸식하다가 알라비 사람들의 달라진 모습을 보고 비구들에게 그

---

18 율장에서의 정사란 건축물 내부나 외부 또는 내외부를 도색이나 미장 등으로 마감 처리한 집이다.

연유를 물었고 비구들은 자초지종 사실을 말하였다. 마침 세존께서 라자가하에서 알라비에 도착하여 악갈라바(Aggāḷava) 탑묘에 머무셨다. 깟사빠는 세존을 찾아뵙고 그 사실을 세존께 알렸다. 그러자 세존께서는 비구승가를 불러 모으게 하고 비구들에게 물었다. 비구들이여, 그대들이 개인 정사를 만들면서 이런저런 요구를 하였으며 사람들은 그대들의 요구에 이런저런 반응을 한 것이 사실인가? "세존이시여, 사실입니다."

세존께서 이같이 그들을 견책하셨다. 어리석은 자들이여, 그대들은 적절하지 않고 자연스럽지 않고 알맞지 않고 비구의 삶이 아니고 부당하고 해서는 안 될 일을 행한 것이다. 어리석은 자들이여, 어찌 그대들은 후원자 없이 자신을 위한 개인 정사를 만들면서 이런저런 요구로 가득 찰 수 있단 말인가? 어리석은 자들이여, 그것은 아직 청정한 믿음이 없는 자를 청정한 믿음으로 이끌고 이미 청정한 믿음이 있는 자를 더욱더 청정한 믿음으로 이끄는 것이 아니다. 그것은 오히려 아직 청정한 믿음이 없는 자를 불신으로 이끌고 이미 청정한 믿음이 있는 자 가운데 어떤 자들을 타락시키는 것이다.

그리고 세존께서는 여러 가지 방편으로 그들을 질책하고 경책하고 견책하였으며 여러 가지 설법으로 탐욕을 여의어 만족한 일상생활을 칭송하고 오염원을 없애 악을 제거하는 삶을 칭송하고 청정한 믿음과 용맹정진의 삶을 칭송하셨다. 그리고 이렇게 말씀하셨다.

1. 용왕 이야기 비구들이여, 예전에 두 형제 선인이 갠지스강 근처에 살았는데 갠지스강에 살던 마니칸타(Maṇikaṇṭha)라는 용왕이 동생 선인의 정사에 자주 찾아왔다. 용왕은 동생 정사 앞마당에 일곱 겹의 똬리를 틀고 여의주를 물고 앉았다. 동생 선인은 용왕에 대한 두려움으로 마르고 초라해지고 예민해지고 겁먹었다. 형 선인이 동생을 보고 그 이유를 묻자 동생은 용왕 때문이라고 말하였다. 형은 "그 용왕이 다시 오지 않기를 바라는가?"라고 물었다. 그렇다고 동생이 대답하자 형은 용왕에게 "용왕이여, 여의주를 나에게 주십시오. 나는 여의주를 원합니다."라고 말하라고

시켰다. 용왕이 정사에 왔을 때 동생이 그렇게 말하자 용왕은 서둘러 사라졌다. 두 번째도 용왕은 서둘러 사라졌고 세 번째도 그렇게 말하자 용왕이 게송으로 말하고 사라졌다.

> 그대는 나의 여의주를 요구하니
> 어린아이가 숫돌에 막 간 칼을 든 것처럼
> 나를 놀라게 하도다.
> 나의 풍요로움과 탁월함은
> 모두 나의 여의주로 말미암은 것
> 그대는 거듭 지나치게 요구하나니
> 그대는 타락하였고
> 나는 그대의 정사에 참배하지 않으리.

비구들이여, 요구하지 말라. 용왕도 요구하는 것을 불쾌해하고 싫어하는데 하물며 인간이랴.

　2. **새 이야기** 비구들이여, 예전에 히말라야 산록의 우거진 숲에 머물던 어떤 비구가 큰 새들 무리의 새소리에 핍박받아 내가 머무는 곳을 찾아왔다. 나는 "비구여, 그대는 그 새들의 무리가 오지 않는 것을 원하는가?" 물었고 그는 그렇다고 대답하였다. 나는 그에게 "새들이여, 나의 말을 들어라. 이 숲에 보금자리를 틀었으니 나는 깃털을 원한다. 각자 나에게 깃털을 달라."라고 초야, 중야, 후야에 각각 세 번씩 외치라고 말해 주었다. 그러자 그는 그곳으로 돌아가 그렇게 하였다. 그 새들의 무리는 "수행자가 깃털을 요구한다. 수행자가 깃털을 요구한다." 하면서 그 숲을 떠났고 다시는 돌아오지 않았다. 비구들이여, 요구하지 말라. 축생도 요구하는 것은 불쾌해하고 싫어하는데 하물며 인간이랴.

　3. **랏타빨라 비구의 이야기** 비구들이여, 예전에 좋은 가문의 아들인 랏타빨라 비구가 아버지의 게송에 이렇게 답하였다.

나를 알지 못하는 그들은
나를 만나 이것저것을 요구하도다.
나의 사랑하는 아들인 그대는
어찌 나에게 어떤 것도 요구하지 않는가?

탐욕을 사랑하는 자는
요구를 들어주기 전에
요구하는 자를 불쾌해하고 싫어하고
요구를 들어주더라도
자기의 뜻에 따르지 않으면
요구한 자를 미워하고 증오하나니
그러므로
어떤 것도 요구하지 않는 나를
그대는 싫어하지 말고 증오하지 말라.

비구들이여, 요구하지 말라. 좋은 가문의 아들 랏타빨라 비구가 그의 아버지에게조차도 요구하지 않는데 하물며 다른 비구가 다른 사람에게는 말하여 무엇하랴. 비구들이여, 재가자는 누구라도 재물을 모으기도 어렵고 힘들며 재물을 지키기도 어렵고 힘드나니 그들에게 요구하지 말라. 비구들이여, 그들에게 존경과 명성도 구하지 않아야 하거늘 어찌 미움과 증오를 구하려 한단 말인가? 그리고 세존께서는 [율의 제정과 송출]을 하셨다.

【2.6】 비구가 후원자 없이 비구 개인을 위한 정사를 지을 때 정사 부지에 대해 승가의 인정을 받고, 정사 규격을 지키고, 위해가 없는 곳이고, 접근할 수 있는 곳이어야 한다. 만약 정사 부지에 대해 승가의 인정을 받지 않거나 정사 규격을 지키지 않으면 승가의 처벌을 받는 죄를 범하는 것이다.

조문의 해설 1. (정사의 규격) 개인 방의 내부 길이는 12뼘[佛手尺] 폭은 7뼘을 넘지 못한다.[19] 여기서 1뼘을 세존의 뼘의 길이로 또는 사람의 평균 뼘의 길이로 해석하기도 한다. 어떤 해석이든 1뼘은 12손가락마디[手節]의 크기이다. 만약 손가락마디의 크기를 길이로 보지 않고 폭으로 보면 손가락마디 한 개의 크기는 약1.5~2.0cm이며 1뼘은 21±3cm이다. 따라서 방 길이는 2.5±0.4m이고 폭은 1.5±0.2m이고 넓이는 1.2±0.3평이다. 그런데 손가락마디의 크기를 길이로 보면 손가락마디 한 개의 크기는 약 2.5cm이며 1뼘은 30cm이다. 따라서 방 길이는 3.6m이고 폭은 2.1m이고 넓이는 2.3평이다. 그런데 기원정사 간다꾸티의 내부에서 세존의 개인 방은 2.8×2.4m로 넓이는 2.0평이다. 만약 비구들이 세존의 개인 방보다 더 크게 만들지 않았다면 다시 표현하여 허용되는 비구의 개인 방 넓이가 최대 2.0평이라면 이때의 1뼘은 28cm가 되어 방 규격은 대략 3.3×2.0m이다. 따라서 비구의 개인 방 내부는 이 규격을 넘지 못하는 것으로 추정한다.

2. (위해가 없는 곳) 개미·지네·들쥐·전갈·뱀 같은 해충이 살지 않고, 호랑이·사자·코끼리·표범·곰·늑대 같은 맹수가 살지 않고, 곡식과 채소를 생산하지 않고, 가축우리·도축장·감옥·사형장·묘지 같은 곳이 아니고, 정원·공원·사유지·국유지 같은 곳이 아니고, 만남의 장소·집회 장소·시장·사거리·차도·술집 같은 곳이 아니거나 인접하지 않은 곳을 위해(危害)가 없는 곳이라 말한다. 즉 정사의 공사나 비구의 거주가 다른 동식물이나 사람들에게 위해가 되지 않아야 하고, 동물이나 사람들이 거주하는 비구에게 위해가 되지 않는 곳이 위해가 없는 곳이다.

3. (접근이 가능한 곳) 부지에 소를 묶은 수레가 접근할 수 있고, 부지에서 소를 묶은 수레가 돌아 나올 수 있고, 사다리를 세워 그 위에서 부지

---

19 난방하지 않는 비구의 정사는 벽을 매우 두껍게 지으므로, 현대건축에서의 실내 면적을 계산하는 것과 달리, 여기서는 내부 규격으로 실내 면적을 계산한다.

의 주변을 돌아볼 수 있는 곳[20]을 접근이 가능한 곳이라 말한다.

4. (부지의 인정) 비구가 어떻게 부지에 대한 승가의 인정을 받는가? 비구는 승가로 나아가 세 번 요청한 후 이루어지는 백이갈마로 부지의 검사를 받아야 한다. 부지의 검사가 통과되면 똑같은 절차로 부지의 인정을 받아야 한다. 이때 부지가 어떤 현전승가의 결계 안에 있다면 그 현전승가만 모두 모이면 되지만 만약 결계 바깥에 있다면 부지 근처에 결계가 있는 현전승가들과 부지 근처에 있는 처소에 사는 비구들도 모두 갈마에 참석해야 한다.

부지의 검사 비구는 부지를 청소한 뒤 모여 있는 승가에 나아가 위의를 갖추어 기워 만든 대의를 입고 장로비구들의 발에 머리를 조아린 뒤 합장한 채 부지의 검사를 이렇게 요청한다.

"첫 번째 요청입니다." "존자들이여, 저는 후원자 없이 스스로 구걸하여 저 자신을 위한 정사를 지으려고 합니다. 존자들이여, 그러므로 저는 승가에 부지의 검사를 요청합니다." 이같이 두 번째와 세 번째 요청을 반복한다. 그러면 승가 중에 유능하고 총명한 자가 갈마사가 되어 백이갈마를 진행한다.

"이것이 제안입니다." "존자들이여, 승가는 제 말에 귀를 기울이십시오. 여기 비구가 후원자 없이 스스로 구걸하여 자신을 위한 정사를 지으려고 합니다. 존자들이여, 그러므로 그는 승가에 부지의 검사를 요청하였습니다. 이것이 안건입니다. 만약 승가가 옳은 일이라면 여기 비구가 요청한 부지의 검사를 허락하는 것이 제안입니다."

"제안에 관한 제청입니다." "존자들이여, 승가는 제 말에 귀를 기울이십시오. 여기 비구가 후원자 없이 스스로 구걸하여 자신을 위한 정사를 지으려고 합니다. 존자들이여, 그러므로 그는 승가에 부지의 검사를 요청하

---

20 예를 들면 수레가 오고 갈 수 있더라도 절벽 아래에는 짓지 말라는 것이다.

였습니다. 이것이 안건입니다. 만약 승가가 옳은 일이라면 여기 비구가 요청한 부지의 검사를 허락하는 것이 제안입니다. 존자들 가운데 누구든지 제안에 동의하면 침묵하시고, 동의하지 않으면 지금 말씀하십시오.”

“제안에 관한 결정입니다.” “존자들이여, 본 제안은 제청에 따라 허락되었습니다. 승가는 제안에 동의하였고 동의하는 것을 인정하였습니다. 그래서 승가는 침묵하였으니 저는 그와 같이 알겠습니다.”

승가가 부지의 검사를 허락하였으므로 승가는 모두 함께 부지로 나아가 검사해야 한다. 만약 부지가 위해가 없는 곳이고 접근이 가능한 곳으로 판정되면 다음 절차로 진행하되, 위해가 있는 곳이거나 접근 불가능한 곳으로 판정되면 절차는 종료된다.

검사의 위임 그런데 어떤 연유로 승가가 모두 함께 부지로 나아갈 수 없다면 부지의 검사에 능숙하고 부지의 검사를 잘 아는 몇몇 비구들에게 부지의 검사를 위임하도록 백이갈마로 승가의 허락을 받아야 한다.

“이것이 제안입니다.” “존자들이여, 승가는 제 말에 귀를 기울이십시오. 여기 비구가 후원자 없이 스스로 구걸하여 자신을 위한 정사를 지으려고 합니다. 그는 승가에 부지의 검사를 요청하였고 그 요청은 승가에 의하여 허락되었습니다. 그런데 승가가 모두 함께 그 부지로 나아가 검사하는 것이 가능하지 않으므로 이런저런 비구들이 승가로부터 부지의 검사를 위임받고자 합니다. 이것이 안건입니다. 만약 승가가 옳은 일이라면 여기 이런저런 비구들이 승가를 대신하여 부지를 검사하도록 허락하는 것이 제안입니다.”

“제안에 관한 제청입니다.” “존자들이여, 승가는 제 말에 귀를 기울이십시오. 여기 비구가 후원자 없이 스스로 구걸하여 자신을 위한 정사를 지으려고 합니다. 그는 승가에 부지의 검사를 요청하였고 그 요청은 승가가 허락하였습니다. 그런데 승가가 모두 함께 그 부지로 나아가 검사하는 것이 가능하지 않으므로 이런저런 비구들이 승가로부터 부지의 검사를 위임

받고자 합니다. 이것이 안건입니다. 만약 승가가 옳은 일이라면 여기 이런
저런 비구들이 승가를 대신하여 부지를 검사하도록 허락하는 것이 제안입
니다. 존자들 가운데 누구든지 이 제안에 동의하면 침묵하시고, 동의하지
않으면 지금 말씀하십시오."

"제안에 관한 결정입니다." "존자들이여, 본 제안은 제청에 따라 허
락되었습니다. 승가는 제안에 동의하였고 동의하는 것을 인정하였습니다.
그래서 승가는 침묵하였으니 저는 그와 같이 알겠습니다."

승가의 위임을 받은 몇몇 비구들은 함께 부지로 나아가 검사해야 한
다. 만약 부지가 위해가 있는 곳이거나 접근 불가능한 곳으로 판정되면 그
들은 "벗이여, 여기에 정사를 짓지 마시오."라고 말해 주고 돌아와 승가
에게 보고하면 절차는 종료되고, 만약 부지가 위해가 없는 곳이고 접근이
가능한 곳으로 판정되면 "벗이여, 이곳은 정사를 지을 수 있는 곳이오. 지
켜야 할 정사의 규격은 이러저러합니다." 말해 주고 돌아와 승가에 보고
한다.

부지의 인정 부지의 판정이 끝나면 부지의 인정을 위한 마지막 절차를 진
행한다. 정사를 지으려는 비구는 승가에 나아가 위의를 갖추어 기워 만든
대의를 입고 장로 비구들의 발에 머리를 조아린 뒤 합장한 채 부지의 인정
을 이같이 요청한다.

"첫 번째 요청입니다." "존자들이여, 저는 후원자 없이 스스로 구걸하
여 저 자신을 위한 정사를 지으려고 승가에 부지의 검사를 요청하였고 승
가는 저의 요청을 허락하였습니다. 승가의 위임을 받은 비구들이 부지를
검사하여 '그 부지는 정사를 지을 수 있는 곳이다.'라고 판정하였습니다.
그러므로 이제 저는 승가에 부지의 인정을 요청합니다." 이같이 두 번째와
세 번째 요청을 반복한다. 그러면 승가 중에 유능하고 총명한 자가 갈마사
가 되어 백이갈마를 진행한다.

"이것이 제안입니다." "존자들이여, 승가는 제 말에 귀를 기울이십시

오. 여기 비구가 후원자 없이 스스로 구걸하여 자신을 위한 정사를 지으려고 승가에 부지의 검사를 요청하였고 승가는 그 요청을 허락하였습니다. 승가의 위임을 받은 비구들이 부지를 검사하여 '그 부지는 정사를 지을 수 있는 곳이다.'라고 판정하였습니다. 그러므로 이제 그는 승가에 부지의 인정을 요청하였습니다. 이것이 안건입니다. 만약 승가가 옳은 일이라면 여기 비구가 요청한 부지의 인정을 허락하는 것이 제안입니다."

"제안에 관한 제청입니다." "존자들이여, 승가는 제 말에 귀를 기울이십시오. 여기 비구가 후원자 없이 스스로 구걸하여 자신을 위한 정사를 지으려고 승가에 부지의 검사를 요청하였고 승가는 그 요청을 허락하였습니다. 승가의 위임을 받은 비구들이 부지를 검사하여 '그 부지는 정사를 지을 수 있는 곳이다.'라고 판정하였습니다. 그러므로 이제 그는 승가에 부지의 인정을 요청하였습니다. 이것이 안건입니다. 만약 승가가 옳은 일이라면 여기 비구가 요청한 부지의 인정을 허락하는 것이 제안입니다. 존자들 가운데 누구든지 제안에 동의하면 침묵하시고, 동의하지 않으면 지금 말씀하십시오."

"제안에 관한 결정입니다." "존자들이여, 본 제안은 제청에 따라 허락되었습니다. 승가는 제안에 동의하였고 동의하는 것을 인정하였습니다. 그래서 승가는 침묵하였으니 저는 그와 같이 알겠습니다." 이제 정사를 지으려는 비구는 부지로 나아가 정사를 지으면 된다.

조문의 사례 1. (무죄의 경우) 비구가 자신을 위한 개인 정사가 아니라 다른 비구를 위한 정사나 승가를 위한 건축물을 짓는 경우와 자신을 위한 개인 움막이나 초막 또는 동굴 속 움막을 짓는 경우는 예외로 무죄이다. 이때 승가를 위한 건축물은 강당, 목욕실, 탈의실, 식당, 휴게실 등이 있으며, 초막이나 움막은 '일할 사람, 하인, 수레, 황소, 톱, 도끼, 칼, 망치, 끌, 못, 나무, 대나무'와 같은 건축자재와 건축 도구나 연장, 이송 수단 등이 필요하지 않고 풀, 나뭇가지, 흙으로 스스로 지을 수 있는 개인 처소이다.

2. (본인 건축) 비구가 부지의 인정을 받지 않고 정사를 짓기 시작하면 실수죄이고, 내벽이나 외벽의 마감 공사(미장이나 도색 등)를 한 덩어리 또는 한 부분이라도 진행하면 미수죄이고, 한 덩어리 또는 한 부분이라도 마감공사가 끝나면 승가의 처벌을 받는 죄를 범하는 것이다. 정사의 규격을 머리카락만큼이라도 넘어서는 부분을 짓기 시작하면 실수죄이고, 규격을 넘어서는 부분의 내벽이나 외벽의 마감 공사를 한 덩어리 또는 한 부분이라도 진행하면 미수죄이고, 정사의 규격을 넘어서는 부분의 한 덩어리 또는 한 부분이라도 마감 공사가 끝나면 승가의 처벌을 받는 죄를 범하는 것이다. 이때 실수죄는 모든 작업 공정 과정이 누적되어 공정 과정 숫자만큼 많은 실수죄가 되며, 미수죄 역시 공사가 종료될 때까지 마감 공정 과정이 누적되어 마감 공정 과정 숫자만큼 많은 미수죄가 된다. 승가의 처벌을 받는 죄는 부지의 인정을 받지 않고 공사가 완료되면 한 번 이상, 정사의 규격을 넘어서는 부분이 완성되면 한 번 이상, 이렇게 두 번 이상 죄를 범하는 것이다. 위해가 있는 곳이나 접근 불가능한 곳에 정사를 짓기 시작한다면 공사가 완료될 때까지 각각 한 번씩 두 번 실수죄를 짓는 것이다. 부지의 인정을 받고 정사의 규격을 지키고 위해가 없는 곳이고 접근이 가능한 곳에 정사를 지으면 무죄이다.

3. (타인 건축) 비구가 다른 비구에게 "나를 위해 정사를 지어라."라고 지시하였다. 그리고 추가로 "부지의 인정을 받고, 정사의 규격을 지키고, 위해가 없는 곳이고, 접근이 가능한 곳에 정사를 지어라." 하고 네 가지 작업을 지시하였든지 지시하지 않았든지 간에 공사 현장을 떠났을 때, 일하는 비구가 개인 정사의 건축에 대한 율을 알든 모르든, 정사를 짓는 과정에서 정사와 관련된 죄가 있다면 작업한 비구는 무죄이다. 정사와 관련된 모든 죄는 지시한 비구가 작업 현장에 돌아왔을 때 지시한 비구의 것이 된다. 그러나 지시한 비구가 돌아와, 정사가 완성되거나 미완성이거나, 정사를 다른 사람에게 주거나 부수고 다시 지으면 무죄이다. 만약 작업한 비구가 네 가지 작업 지시 가운데 어긴 작업 지시가 있다면 그 수만큼 실

수죄를 범한 것이다. 이때 지시한 비구가 "나의 정사가 네 가지 작업 지시와 다르게 지어지고 있다."라는 소식을 전해 들었다면 직접 작업 현장으로 가든지 심부름꾼을 보내서 네 가지 작업 지시에 따라 정사가 만들어지도록 하여야 한다. 그렇지 않다면 추가로 실수죄를 범한 것이 된다.

제7조 큰 개인 정사의 건축

제정의 계기 세존께서 고시따승원에 머물 무렵 찬나(Channa) 비구를 후원하는 장자가 찬나에게 말하였다. "존자여, 제가 존자를 위하여 정사를 지어 드리겠습니다. 존자께서 원하시는 부지를 보여 주십시오." 그러자 찬나는 마음에 드는 부지를 보고서 그곳에 서 있던 큰 당산나무를 베어 버렸다. 그 당산나무는 마을에서도 지방에서도 심지어 나라에서도 제사를 지내는 나무였다. 이에 사람들은 "어찌 마을에서도 지방에서도 심지어 나라에서도 제사를 지내는 당산나무를 베어 버릴 수 있단 말인가? 나무도 한 가지 감각기능이 있는 생명이거늘 어찌 나무의 목숨을 해칠 수 있단 말인가?" 말하면서 분개하고 비난하였고 비구들은 세존께 그 사실을 알렸다. 그러자 세존께서는 비구승가를 불러 모으게 하고 그에게 물었다. 찬나여, 그대가 마을에서도 지방에서도 나라에서도 제사를 지내는 당산나무를 벤 것이 사실인가? "세존이시여, 사실입니다." 세존께서는 [**율의 제정과 송출**]을 하셨다.

【2.7】 비구가 후원자의 지지로 비구 개인을 위한 큰 정사를 지을 때 정사 부지에 대해 승가의 인정을 받고, 위해가 없는 곳이고, 접근할 수 있는 곳이어야 한다. 만약 정사 부지에 대해 승가의 인정을 받지 않으면 승가의 처벌을 받는 죄를 범하는 것이다.

2.3 제8조~제11조 승가에 관한 조항들
제8조 승가의 분열

제정의 계기 세존께서 죽림정사에 머물 무렵 데와닷따(Channa)는 자신이 제정한 오사(五事)[21]를 빌미로 비구승가를 분열시키려고 신참비구들을 찾아다니며 설득하였다. 비구들은 데와닷따의 삿된 노력을 보기도 하고 듣기도 하여 세존께 그 사실을 알렸다. 그러자 세존께서는 비구승가를 모두 불러 모은 뒤 물었다. 데와닷따여, 그대는 비구승가를 분열시키려고 한 것이 사실인가? "세존이시여, 사실입니다." 세존께서는 [율의 제정과 송출]을 하셨다.

【2.8】 승가를 분열시키려는 비구에게 승가가 세 번까지 그만두도록 충고하여도 분열을 포기하지 않으면 승가의 처벌을 받는 죄를 범하는 것이다.

조문의 해설 1. (개인의 충고) 어떤 비구가 승가를 분열시키려고 이런저런 노력을 공개적으로 한다면 이 사실을 안 비구는 누구라도 그에게 "존자는 조화로운 승가를 파괴하고 분열시키려는 이런저런 노력을 중지하고 포기하십시오. 존자는 승가와 화합하여야 합니다. 그렇게 하여야 승가는 조화롭고 다투지 않고 세존의 가르침 아래 평안하게 지내기 때문입니다."라고 반복하여 연이어 세 번까지 충고하여야 한다. 만약 이 충고를 받아들여 그가 분열을 포기한다면 이것은 좋은 일이나 그렇지 않다면 그는 실수죄를 짓는 것이며 그를 승가로 안내하여야 한다. 이때 이 사실을 안 비구가 만약 이같이 충고하지 않는다면 실수죄를 짓는 것이다.

　　2. (승가의 충고) 결계 내 모든 비구가 모인 승가에 안내된 그에게 승가의 충고를 하기 위하여 유능하고 총명한 자가 갈마사가 되어 백사갈마를 진행한다.

---

[21] 비구는 목숨이 붙어 있는 한 ①숲속에 거주해야 한다. 마을에 거주하면 죄를 범하는 것이다. ②걸식해야 한다. 초대받은 식사를 하면 죄를 범하는 것이다. ③버려진 천 조각으로 만든 분소의를 착용해야 한다. 재가자가 제공하는 옷이나 옷감을 착용하면 죄를 범하는 것이다. ④나무 밑에서 지내야 한다. 지붕 밑에서 지내면 죄를 범하는 것이다. ⑤어류와 육류를 먹지 말아야 한다. 어류와 육류를 먹으면 죄를 범하는 것이다.

"이것이 제안입니다." "존자들이여, 승가는 제 말에 귀를 기울이십시오. 여기 비구가 승가의 분열을 기도합니다. 그가 그 일을 그만두지 않습니다. 그러므로 이제 승가는 그에게 그 일을 그만두도록 하여야 합니다. 이것이 안건입니다. 만약 승가가 옳은 일이라면 여기 비구가 그 일을 그만두도록 승가가 충고하는 것이 제안입니다."

"제안에 관한 제청입니다." "존자들이여, 승가는 제 말에 귀를 기울이십시오. 여기 비구가 승가의 분열을 기도합니다. 그가 그 일을 그만두지 않습니다. 그러므로 이제 승가는 그에게 그 일을 그만두도록 하여야 합니다. 이것이 안건입니다. 만약 승가가 옳은 일이라면 여기 비구가 그 일을 그만두도록 승가가 충고하는 것이 제안입니다. 존자들 가운데 누구든지 제안에 동의하면 침묵하시고, 동의하지 않으면 지금 말씀하십시오." 이같이 두 번째와 세 번째 제청을 반복한다.

"제안에 관한 결정입니다." "존자들이여, 본 제안은 제청에 따라 통과되었습니다. 승가는 여기 비구가 그 일을 그만두도록 세 번 충고하였습니다. 승가는 제안에 동의하였고 동의하는 것을 인정하였습니다. 그래서 승가는 침묵하였으니 저는 그와 같이 알겠습니다." 이때 세 번 제청이 끝나고도 충고를 받아들이지 않으면 승가의 처벌을 받는 죄를 범한 것이며, 첫 번째 제청이 끝나고 세 번째 제청이 끝나기 전에 충고를 받아들이면 미수죄이고, 첫 번째 제청이 끝나기 이전에 충고를 받아들이면 실수죄이다.

제9조 승가의 분열을 지지하기

제정의 계기 세존께서 죽림정사에 머물 무렵 데와닷따가 비구승가를 분열시키려고 이런저런 노력을 할 때 고깔리까(Kokālika) 일행은 데와닷따의 편에서 승가의 분열을 동조하고 지지하였다. 비구들은 고깔리까 일행의 삿된 노력을 보기도 하고 듣기도 하여 세존께 그 사실을 알렸다. 그러자 세존께서는 비구승가를 모두 불러 모은 뒤 물었다. 고깔리까들이여, 그대들은 데와닷따가 승가를 분열시키려고 기도하는 것을 따르고 지지한 것이 사실인가? "세존이시여, 사실입니다." 세존께서는 [율의 제정과 송출]을 하셨다.

【2.9】 승가를 분열시키려는 비구를 지지하는 비구들에게 승가가 세 번까지 그만두도록 충고하여도 지지를 포기하지 않으면 승가의 처벌을 받는 죄를 범하는 것이다.

조문의 해설 1. (개인의 충고) 승가를 분열시키려는 비구의 편에 들어 승가의 분열을 동조하고 지지하는 비구들이 "존자들이여, 그 비구에 대하여 어떠한 것이든 말하지 마시오. 그 비구는 바른 법과 율을 세우려는 자입니다. 그 비구는 우리의 의견을 대변하는 자이요, 우리는 그의 편에서 그를 지지합니다."라고 말한다면 비구는 누구라도 그들에게 "존자들이여, 그렇게 말하지 마시오. 그 비구는 세존의 법과 율을 따르지 않으며, 세존의 법과 율을 따르는 승가를 분열시키려고 합니다. 존자들은 승가의 분열을 지지하는 것을 그만두고 승가와 화합하여야 합니다. 그래야 승가는 조화롭고 다투지 않고 세존의 가르침 아래 평안하게 지내기 때문입니다."라고 반복하여 연이어 세 번까지 충고하여야 한다. 만약 이 충고를 받아들여 그들이 지지를 포기한다면 이것은 좋은 일이나 그렇지 않다면 그들은 실수죄를 짓는 것이며 그들을 승가로 안내하여야 한다. 이때 비구가 만약 이같이 충고하지 않는다면 실수죄를 짓는 것이다.

2. (승가의 충고) 그들은 결계 내 모든 비구가 모인 승가에 안내되었다. 승가는 그들에게 충고하기 위하여 유능하고 총명한 자가 갈마사가 되어 백사갈마를 진행한다. 이때 분열을 지지하는 비구들의 인원이 세 명까지는 한곳에서 충고받을 수 있으나 세 명이 초과하면 세 명씩 따로따로 충고받아야 한다.

"이것이 제안입니다." "존자들이여, 승가는 제 말에 귀를 기울이십시오. 여기 비구들이 승가의 분열을 지지합니다. 그들이 그 일을 그만두지 않습니다. 그러므로 이제 승가는 그들에게 그 일을 그만두도록 하여야 합니다. 이것이 안건입니다. 만약 승가가 옳은 일이라면 여기 비구들이 그 일을 그만두도록 승가가 충고하는 것이 제안입니다."

"제안에 관한 제청입니다." "존자들이여, 승가는 제 말에 귀를 기울이십시오. 여기 비구들이 승가의 분열을 지지합니다. 그들이 그 일을 그만두지 않습니다. 그러므로 이제 승가는 그들에게 그 일을 그만두도록 하여야합니다. 이것이 안건입니다. 만약 승가가 옳은 일이라면 여기 비구들이 그 일을 그만두도록 승가가 충고하는 것이 제안입니다. 존자들 가운데 누구든지 제안에 동의하면 침묵하시고, 동의하지 않으면 지금 말씀하십시오." 이같이 두 번째와 세 번째 제청을 반복한다.

"제안에 관한 결정입니다." "존자들이여, 본 제안은 제청에 따라 통과되었습니다. 승가는 여기 비구들이 그 일을 그만두도록 세 번 충고하였습니다. 승가는 제안에 동의하였고 동의하는 것을 인정하였습니다. 그래서 승가는 침묵하였으니 저는 그와 같이 알겠습니다." 이때 세 번 제청이 끝나고도 충고를 받아들이지 않으면 승가의 처벌을 받는 죄를 범한 것이며, 첫 번째 제청이 끝나고 세 번째 제청이 끝나기 전에 충고를 받아들이면 미수죄이고, 첫 번째 제청이 끝나기 이전에 충고를 받아들이면 실수죄이다.

제10조 승가의 충고 거부

제정의 계기 세존께서 고시따승원에 머물 무렵 비구들이 찬나의 비행에 대하여 원칙에 맞게 충고하였다. 그러나 찬나는 "벗들이여, 내가 그대들에게 충고하면 모를까 어찌 그대들이 나에게 충고할 수 있단 말이오?"라고 말하면서 그 충고를 거부하였다. 이에 비구들은 찬나에게 분개하고 비난하였고 세존께 그 사실을 알렸다. 그러자 세존께서는 비구승가를 불러 모으게 하고 그에게 물었다. 찬나여, 그대는 비구들이 원칙에 맞게 충고한 것을 거부한 것이 사실인가? "세존이시여, 사실입니다." 세존께서는 [**율의 제정과 송출**]을 하셨다.

【2.10】 원칙에 맞는 충고를 거부하는 비구에게 승가가 세 번까지 그만두도록 충고하여도 거부를 포기하지 않으면 승가의 처벌을 받는 죄를 범하는 것이다.

조문의 해설 1. (개인의 충고) 여기 비구가 ①가르침이 아닌 것을 가르침이라고 말하고, ②가르침을 가르침이 아니라고 말하고, ③율이 아닌 것을 율이라고 말하고, ④율을 율이 아니라고 말하고, ⑤여래가 설하지 않은 것을 여래가 설한 것이라고 말하고, ⑥여래가 설한 것을 여래가 설하지 않은 것이라고 말하고, ⑦여래가 행하지 않은 것을 여래가 행한 것이라고 말하고, ⑧여래가 행한 것을 여래가 행하지 않은 것이라고 말하고, ⑨여래가 제정하지 않은 것을 여래가 제정한 것이라고 말하고, ⑩여래가 제정한 것을 여래가 제정하지 않은 것이라고 말하고, ⑪죄가 아닌 것을 죄라고 말하고, ⑫죄를 죄가 아니라고 말하고, ⑬가벼운 죄[輕罪]가 아닌 것을 가벼운 죄라고 말하고, ⑭가벼운 죄를 가벼운 죄가 아니라고 말하고, ⑮무거운 죄[重罪]가 아닌 것을 무거운 죄라고 말하고, ⑯무거운 죄를 무거운 죄가 아니라고 말하고, ⑰용서할 수 없는 죄가 아닌 것을 용서할 수 없는 죄라고 말하고, ⑱용서할 수 없는 죄를 용서할 수 없는 죄가 아니라고 말한다. 그러면 그는 비원칙을 말하는 자라고 알아야 한다.

　　여기 비구가 '①가르침을 가르침이라고 말하고, ②가르침이 아닌 것을 가르침이 아니라고 말하고, ③율을 율이라고 말하고, ④율이 아닌 것을 율이 아니라고 말하고, ⑤여래가 설한 것을 여래가 설한 것이라고 말하고, ⑥여래가 설하지 않은 것을 여래가 설하지 않은 것이라고 말하고, ⑦여래가 행한 것을 여래가 행한 것이라고 말하고, ⑧여래가 행하지 않은 것을 여래가 행하지 않은 것이라고 말하고, ⑨여래가 제정한 것을 여래가 제정한 것이라고 말하고, ⑩여래가 제정하지 않은 것을 여래가 제정하지 않은 것이라고 말하고, ⑪죄를 죄라고 말하고, ⑫죄가 아닌 것을 죄가 아니라고 말하고, ⑬가벼운 죄를 가벼운 죄라고 말하고, ⑭가벼운 죄가 아닌 것을 가벼운 죄가 아니라고 말하고, ⑮무거운 죄를 무거운 죄라고 말하고, ⑯무거운 죄가 아닌 것을 무거운 죄가 아니라고 말하고, ⑰용서할 수 없는 죄를 용서할 수 없는 죄라고 말하고, ⑱용서할 수 없는 죄가 아닌 것을 용서할 수 없는 죄가 아니라고 말한다.'[**열여덟 가지 원칙**]을 말하면 그는 원칙을 말하는 자라고 알아야 한다.

열여덟 가지 비원칙을 따르는 어떤 비구가 열여덟 가지 원칙에 맞게 충고하는 다른 비구들에게 "존자들이여, 나에게 선이든 악이든 어떠한 충고도 하지 마시오. 나도 또한 존자들에게 선이든 악이든 어떠한 충고도 하지 않겠소. 존자들은 어찌 내가 한 일을 내가 모른다고 생각할 수 있단 말이오? 나의 일은 내가 알아서 할 터이니 그대들은 그대들의 일이나 알아서 하시오."라고 말하면서 충고를 거부한다면 비구들은 누구라도 그에게 "존자여, 자신을 남이 충고할 수 없는 자로 만들지 마시오. 존자여, 자신을 남이 충고할 수 있는 자로 만드시오. 존자도 다른 비구들에게 원칙에 맞게 충고할 수 있어야 하고 다른 비구들도 존자에게 원칙에 맞게 충고할 수 있어야 합니다. 이렇게 하여 서로서로 원칙에 맞는 말을 하고 서로서로 원칙에 따라 돕는 세존의 비구 제자들은 향상하는 것입니다."라고 반복하여 연이어 세 번까지 충고하여야 한다. 만약 충고를 받아들여 그가 거부를 포기한다면 이것은 좋은 일이나 그렇지 않다면 그는 실수죄를 짓는 것이며 그를 승가로 안내하여야 한다. 이때 비구들이 만약 이같이 충고하지 않는다면 실수죄를 짓는 것이다. 여기서 '남이 충고할 수 없는 자'란 말 걸기가 어렵고 충고하기 어려운 자로서 자기의 생각에 함몰되거나 열등감에 사로잡혀 남의 충고를 받아들이기 어려운 성격을 가졌거나, 어리석어 남의 말을 이해하거나 수용하는 능력이 부족하거나, 세존의 법과 율을 서툴게 배운 자를 말한다.

2. (승가의 충고) 그는 결계 내 모든 비구가 모인 승가에 안내되었다. 승가는 그에게 충고하기 위하여 유능하고 총명한 자가 갈마사가 되어 백사갈마를 진행한다.

"이것이 제안입니다." "존자들이여, 승가는 제 말에 귀를 기울이십시오. 여기 비구는 다른 비구들이 원칙에 맞게 충고하는데도 충고를 거부합니다. 그는 그 일을 그만두지 않습니다. 그러므로 이제 승가는 그에게 그 일을 그만두도록 하여야 합니다. 이것이 안건입니다. 만약 승가가 옳은 일이라면 여기 비구가 그 일을 그만두도록 승가가 충고하는 것이 제안입니다."

"제안에 관한 제청입니다." "존자들이여, 승가는 제 말에 귀를 기울이십시오. 여기 비구는 다른 비구들이 원칙에 맞게 충고하는데도 충고를 거부합니다. 그는 그 일을 그만두지 않습니다. 그러므로 이제 승가는 그에게 그 일을 그만두도록 하여야 합니다. 이것이 안건입니다. 만약 승가가 옳은 일이라면 여기 비구가 그 일을 그만두도록 승가가 충고하는 것이 제안입니다. 존자들 가운데 누구든지 제안에 동의하면 침묵하시고, 동의하지 않으면 지금 말씀하십시오." 이같이 두 번째와 세 번째 제청을 반복한다.

"제안에 관한 결정입니다." "존자들이여, 본 제안은 제청에 따라 통과되었습니다. 승가는 여기 비구가 그 일을 그만두도록 세 번 충고하였습니다. 승가는 제안에 동의하였고 동의하는 것을 인정하였습니다. 그래서 승가는 침묵하였으니 저는 그와 같이 알겠습니다." 이때 세 번 제청이 끝나고도 충고를 받아들이지 않으면 승가의 처벌을 받는 죄를 범한 것이며, 첫 번째 제청이 끝나고 세 번째 제청이 끝나기 전에 충고를 받아들이면 미수죄이고, 첫 번째 제청이 끝나기 이전에 충고를 받아들이면 실수죄이다.

제11조 승가의 퇴거 충고 거부

제정의 계기 세존께서 기원정사에 머물 무렵 육군비구들 가운데 앗사지와 뿌납바쑤를 추종하는 비구들이 까시국의 키따기리(Kiṭāgiri)라는 마을에 무리를 지어 거주하였다. 그들은 정사를 새로 짓고 낡은 것은 수리하였으며 비구들이 하지 않아야 할 일들로 마을 사람들을 오염시켰다. 그래서 원칙을 갖춘 비구가 그곳을 유행하여 머물 수 없게 되었다. 비구들이 하지 앉아야 할 일들로 그들이 저지른 일들은 이와 같았다. 정사나 근처에 밭을 만들어 꽃을 심고 꽃다발을 만들어 여인들에게 나누어 주었으며, 여인들과 식사도 같이 하고 차도 같이 하였으며, 때아닌 때에 식사하고 술을 마시고 몸에 향수와 기름을 사용하였으며, 여인들과 가무와 연주를 즐겼으며, 각종 오락과 놀이를 즐겼으며, 마을 사람이 하는 일들을 배우면서 그들과 함께 어울려 즐겼다.

그런데 어떤 비구가 세존을 뵈러 사왓티로 유행을 하던 중에 이곳에 머물렀다. 그는 아침에 위의를 갖추어 걸식하러 마을에 들어갔으나 걸식을 얻지 못하였다. 마을 사람들은 그를 보고 "참으로 답답하고 어리석은 자이로다. 도대체 누가 그에게 음식을 주겠는가? 여기 앗사지와 뿌납바쑤를 추종하는 비구들은 상냥하고 부드럽고 항상 웃는 얼굴로 '자매여, 어서 오십시오. 잘 오셨습니다.'라고 인사하며 '자매여, 정성스럽게 음식을 준비하느라 참으로 고생하셨습니다. 음식을 참 잘하셨습니다.'라고 칭송하는데 그들에게 음식을 주지 어찌 다른 이에게 음식을 주겠는가?"라고 말하였다. 이 모습을 지켜보던 어느 청신사가 비구를 집으로 모셔 음식을 대접한 후 "존자여, 저의 이름으로 세존의 두 발에 머리를 조아리고 말씀해 주십시오."라고 말하면서 키따기리 마을의 상황을 상세히 설명한 뒤 "그래서 품행이 단정한 비구들은 모두 떠났고 열악한 비구들만 거주하고 있습니다. 세존께서 여기 마을을 예전처럼 만들어 주시면 감사하겠습니다."라고 말하였다. 그 비구는 기원정사에서 세존을 뵙고 키따기리 상황을 말씀드리자 세존께서는 비구승가를 불러 모으게 하고 그 비구에게 그곳의 일들을 반복하여 진술하게 한 뒤 비구들에게 물었다. 비구들이여, 앗사지와 뿌납바쑤를 추종하는 비구들이 이와 같은 비행을 저지르고 있는 것이 사실인가? "세존이시여, 사실입니다."[22]

그러자 세존께서는 사리뿟따와 목갈라나에게 말씀하셨다. 그대들은

---

22 당사자가 부재중인 갈마의 최초 사례이다.

키따기리 마을로 가서 그들을 마을에서 쫓아내는 퇴거조치를 실행할 것이다. "세존이시여, 그들은 포악하고 거칩니다. 어떻게 퇴거조치를 실행합니까?" 그대들은 많은 비구와 함께 가서 이처럼 실행하라. 먼저 앗사지와 뿌납바쑤를 추종하는 비구들은 그들이 저지른 비행으로 비난받아야 하고, 비난받은 후 그들의 기억을 확인하여야 하고, 기억을 확인한 후에 죄를 추징해야 하고, 죄를 추징한 후에 백사갈마로 퇴거조치를 실행하여야 한다. 사리뿟따와 목갈라나는 많은 비구와 함께 세존의 말씀대로 키따기리 마을로 가서 퇴거조치를 실행하는 백사갈마를 하였다. 그러나 앗사지와 뿌납바쑤를 추종하는 비구들은 바르게 처신하지 않았고 근신하지 않았고 속죄하지 않았으며, 비구들에게 참회하지도 않았고 오히려 비구들을 매도하고 모욕하고 비난하였으며, 욕망에 의한 삿된 길을 가고 성냄에 의한 삿된 길을 가고 어리석음에 의한 삿된 길을 가기도 하였으며 멀리 떠나기도 하였으며 퇴전하기도 하였다. 이에 비구들은 그들에게 분개하고 비난하였고 세존께 그 사실을 알렸다. 그러자 세존께서는 비구승가를 불러 모으게 하고 물었다. 비구들이여, 앗사지와 뿌납바쑤를 추종하는 비구들이 바르게 처신하지 않았고 근신하지 않았고 속죄하지 않았으며, 비구들에게 참회하지도 않았고 오히려 비구들을 매도하고 모욕하고 비난하였으며, 욕망에 의한 삿된 길을 가고 성냄에 의한 삿된 길을 가고 어리석음에 의한 삿된 길을 가기도 하였으며 멀리 떠나기도 하였으며 퇴전하기도 한 것이 사실인가? "세존이시여, 사실입니다." 세존께서는 [**율의 제정과 송출**]을 하셨다.

【2.11】 원칙에 맞는 퇴거 충고를 거부하는 비구에게 승가가 세 번까지 그만두도록 충고하여도 거부를 포기하지 않으면 승가의 처벌을 받는 죄를 범하는 것이다.

조문의 해설 1. (개인의 충고) 비구들이 하지 않아야 할 악행으로 마을의 가정들을 오염시킨 비구들에게 "존자들이여, 그대들은 비구로서 하지 않아야 할 악행으로 마을의 가정들을 오염시켰습니다. 그대들의 악행이 보이기도 하고 들리기도 하며, 오염된 마을의 가정들이 보이기도 하고 들리기도 합니다. 존자들이여, 그대들은 이곳에서 이처럼 충분히 사셨으니 이제 이곳을 떠나는 것입니다."라고 퇴거 충고하면 그 비구들은 "어떤 비구들은 욕망의 길을 가지 않고 어떤 비구들은 욕망의 길을 갑니다. 어떤 비구들은 성냄의 길을 가지 않고 어떤 비구들은 성냄의 길을 갑니다. 어떤 비구들은 어리석음의 길을 가지 않고 어떤 비구들은 어리석음의 길을 갑니다. 어떤 비구들은 마을의 가정들과 함께 가지 않고 어떤 비구들은 마을의 가정들과 함께 갑니다. 어떤 비구들은 마을의 가정들을 떠나라고 하고 어떤 비구들은 마을의 가정들을 떠나지 말라고 합니다. 존자들이여, 그대들은 그대들의 길을 가고 우리는 우리들의 길을 가는 것입니다. 여기는 우리의 거처입니다. 그대들은 이곳에서 충분히 머무셨으니 이제 이곳을 떠나 그대들의 거처로 가는 것입니다."라고 말할 것이다.

그러면 비구는 누구든지 그 비구들에게 "존자들이여, 그대들은 그렇게 말하지 마십시오. 어떤 비구이든 비구들은 욕망의 길을 가지 않고 욕망을 여의는 길을 가며, 성냄의 길을 가지 않고 성냄을 여의는 길을 가며, 어리석음의 길을 가지 않고 어리석음을 여의는 길을 갑니다. 비구들은 마을의 가정들과 함께 가지 않고 마을의 가정들을 떠나 홀로 갑니다. 비구들은 마을의 가정들을 떠나라고 하고 마을의 가정들로 돌아오지 말라고 합니다. 존자들이여, 비구는 비구의 길을 가야 합니다. 그대들이 가는 길은 비구의 길이 아니며, 그대들은 비구로서 하지 않아야 할 악행으로 마을의 가정들을 오염시켰습니다. 그대들의 악행이 보이기도 하고 들리기도 하며, 오염된 마을의 가정들이 보이기도 하고 들리기도 합니다. 존자들이여, 그대들은 이곳에서 이처럼 충분히 사셨으니 이제 이곳을 떠나는 것입니다. 그리하여 비구로서 비구의 길을 우리와 함께 가는 것입니다."라고 반복하여 연이어 세 번까지 충고하여야 한다. 만약 충고를 받아들여 그들이 거부를 포기한다면 이것은 좋은 일이나 그렇지 않다면 그들은 실수죄를 짓는 것이며 그들을 승가로 안내하여야 한다. 이때 비구가 만약 이같이 충고하지 않는다면 실수죄를 짓는 것이다.

2. (승가의 충고) 그들은 결계 내 모든 비구가 모인 승가에 안내되었다. 승가는 그들에게 충고하기 위하여 유능하고 총명한 자가 갈마사가 되어 백사갈마를 진행한다.

"이것이 제안입니다." "존자들이여, 승가는 제 말에 귀를 기울이십시오. 여기 비구들은 하지 않아야 할 악행으로 마을의 가정들을 오염시켰습니다. 저들의 악행이 보이기도 하고 들리기도 하며, 오염된 마을의 가정들이 보이기도 하고 들리기도 합니다. 저들은 그 마을에서 이처럼 충분히 사셨으니 이제 그곳을 떠나는 것입니다. 이같이 다른 비구들이 여기 비구들에게 원칙에 맞게 퇴거 충고하는데도 여기 비구들은 충고를 거부합니다. 그들은 그 일을 그만두지 않습니다. 그러므로 이제 승가는 그들에게 그 일을 그만두도록 하여야 합니다. 이것이 안건입니다. 만약 승가가 옳은 일이라면 여기 비구들이 그 일을 그만두도록 승가가 충고하는 것이 제안입니다."

"제안에 관한 제청입니다." "존자들이여, 승가는 제 말에 귀를 기울이십시오. 여기 비구들은 하지 않아야 할 악행으로 마을의 가정들을 오염시켰습니다. 저들의 악행이 보이기도 하고 들리기도 하며, 오염된 마을의 가정들이 보이기도 하고 들리기도 합니다. 저들은 그 마을에서 이처럼 충분히 사셨으니 이제 그곳을 떠나는 것입니다. 이같이 다른 비구들이 여기 비구들에게 원칙에 맞게 퇴거 충고하였는데도 여기 비구들은 충고를 거부합니다. 그들은 그 일을 그만두지 않습니다. 그러므로 이제 승가는 그들에게 그 일을 그만두도록 하여야 합니다. 이것이 안건입니다. 만약 승가가 옳은 일이라면 여기 비구들이 그 일을 그만두도록 승가가 충고하는 것이 제안입니다. 존자들 가운데 누구든지 제안에 동의하면 침묵하시고, 동의하지 않으면 지금 말씀하십시오." 이같이 두 번째와 세 번째 제청을 반복한다.

"제안에 관한 결정입니다." "존자들이여, 본 제안은 제청에 따라 통과

되었습니다. 승가는 여기 비구들이 그 일을 그만두도록 세 번 충고하였습니다. 승가는 제안에 동의하였고 동의하는 것을 인정하였습니다. 그래서 승가는 침묵하였으니 저는 그와 같이 알겠습니다." 이때 세 번 제청이 끝나고도 충고를 받아들이지 않으면 승가의 처벌을 받는 죄를 범한 것이며, 첫 번째 제청이 끝나고 세 번째 제청이 끝나기 전에 충고를 받아들이면 미수죄이고, 첫 번째 제청이 끝나기 이전에 충고를 받아들이면 실수죄이다.

2.4 제12조~제13조 비율(非律)에 관한 조항들
제12조 함께 살 수 없는 죄를 무고하기

제정의 계기 세존께서 죽림정사에 머물 무렵 거처와 식사를 배당하는 자들 가운데 으뜸이라고 칭송받는 존자 답바(Dabba)는 죽림정사에서 거처와 식사를 배정하는 소임을 맡고 있었다. 어느 날 육군비구 가운데 멧띠야와 붐마자까를 추종하는 신참비구들이 죽림정사를 방문하여 처소와 식사를 배정받았다. 그들은 이미 배정된 평상식을 충분히 받았다. 그런데 때마침 죽림정사의 장로비구들은 라자가하 사람들이 특별히 준비한 음식을 배정받았다. 다음 날 특별히 준비한 음식을 올리도록 배정받은 장자가 볼일이 있어 죽림정사에 들렀다가 답바를 찾아뵙고 "존자여, 내일 저의 집 음식은 어느 분에게 배정하는 것입니까?"라고 여쭈었다. "장자여, 내일 그대의 집 음식은 멧띠야와 붐마자까를 추종하는 신참비구들에게 배정하였습니다."라는 답변을 듣고 귀가하였다. 집에 도착한 장자는 '저렇게 저열한 비구들이 어찌 우리 집에서 식사한단 말인가?' 생각하고 하녀에게 "내일 걸식하러 오는 비구들을 대문 옆 창고 자리에 앉히고 설미반(屑米飯)에 시큼한 죽을 넣어 드려라."라고 명하였다. 그런데 그들은 내일 특별히 준비한 음식에 마음이 설레 잠을 이루지 못하고 아침 일찍 장자의 집으로 향하였다. 장자의 하녀에게 대문 옆 창고 자리에서 평상식을 받자 "자매여, 이것이 우리에게 준비된 음식이 맞습니까?"라고 물었고 하녀는 장자의 명을 인용하여 답변하였다. 그들은 서로 "벗들이여, 어제 이 집 장자가 승원에서 답바를 만났다. 답바가 장자와 우리를 이간시킨 것이 분명하다."라고 불쾌하게 생각하고 음식을 제대로 먹지 못한 채 승원으로 돌아왔다. 발우와 대의를 방에 두고 그들은 승원 입구의 창고 근처에서 웅크린 채 앉아 어깨를 떨구고 곤혹스러운 표정으로 생각에 잠겼다.

그때 멧띠야 비구니가 그들을 찾아와 "존자들이여, 인사를 드립니다."라고 인사하였으나 그들은 대꾸하지 않았다. 두 번째 세 번째 인사를 하여도 그들이 아무런 대꾸를 하지 않자 멧띠야 비구니는 말하였다. "존자들이여, 제가 무슨 잘못을 하였습니까? 왜 존자들은 저를 못 본 체합니까?" "자매여, 우리는 답바에게 괴롭힘을 당하고 있습니다. 그대는 어찌 우리의 괴로움에 무관심합니까?" "존자들이여, 제가 어떻게 하면 됩니까?" "자매여, 만약 그대가 원한다면, 오늘 세존께 말씀드려 답바를 승가에 함께 살 수 없도록 하시오." "존자들이여, 그것이 저에게 가능한 일입니까? 제가 어떻게 하면 됩니까?" "자매여, 그대는 세존을 찾아가서 세존께 '세존이시여, 이것은 옳지 않고 적당하지 않습니다. 두려움 없고 안전하고 재난이 없는 곳에 두려움과 불안과 재난이 생겼습니다. 마치 물이 불타는 것과 같습니다. 세존이시여, 저는 답바에게 능욕당했습니다.'라고 하십시오." "존자들이여, 알겠습니다."

멧띠야 비구니는 세존께 나아가 그들이 일러 준 대로 말씀드렸다. 그러자 세존께서는 비구승가를 모두 불러 모은 뒤 멧띠야에게 진술을 반복하게 하였다. 그런 후 답바에게 물었다. 답바여, 그대는 여기 비구니가 말한 대로 그대가 한 일을 기억하는가? "세존이시여, 저에 관한 한 세존께서 아시는 바와 같습니다." 세존께서 두 번째 세 번째 같은 질문을 하셨고 답바는 똑같이 대답하였다. 그러자 세존께서는 이렇게 말씀하셨다. 답바여, 답바들은 그처럼 둘러대지 않는다. 만약 그대가 했으면 했다고 말하고, 하지 않았으면 하지 않았다고 말하라. "세존이시여, 저는 태어난 이래 꿈속에서조차 성행위를 한 적이 없는데 하물며 생시에 했겠습니까? 저는 성행위를 하지 않았습니다."[23]

세존께서는 비구들이여, 여기 답바의 대답과 멧띠야의 진술은 둘 다 진실일 수 없다. 그렇다면 그대들은 답바와 멧띠야를 대질신문(對質訊問)하여 누가 진실하고 누가 거짓인지 밝혀라. 하시고 개인 거처로 들어가셨다. 지혜로운 장로비구들과 타심통에 능숙한 아라한 비구들의 대질신문에 멧띠야는 곤경에 빠졌고 당황하였고 대답하여야 할 질문들에 대답하지 못하자 고개를 떨구었다. 이에 비구들은 멧띠야를 비난하였고 질책하였다. 그러자 승가 속에 있던 멧띠야와 붐마자까를 추종하는 신참비구들은 "존자들이여, 멧띠야 비구니를 비난하지 마십시오. 그녀를 질책하지 마십시오. 그녀는 아무런 잘못이 없습니다. 그녀는 우리가 시킨 대로 하였을 뿐입니다. 우리는 식사 배정에 불만하였고 분노하였고 불쾌하였기에 답바를 승가에 살 수 없도록 그녀를 사주한 것입니다."라고 비구들에게 말하였다. "벗들이여, 그대들은 존자 답바를 추방하려고 근거 없이 함께 살 수 없는 죄를 범하였다고 비난한 것인가?" "존자들이여, 그렇습니다." 비구들은 분개하고 비난하였고 세존께 그 사실을 알렸다. 그러자 세존께서는 승가가 모여 있는 곳에서 물었다. 비구들이여, 그대들이 답바를 추방하려고 근거 없이 함께 살 수 없는 죄를 범하였다고 비난한 것이 사실인가? "세존이시여, 사실입니다." 세존께서는 [율의 제정과 송출]을 하셨다.

【2.12】 추방하려고 근거 없이 함께 살 수 없는 죄를 범하였다고 비난하면 승가의 처벌을 받는 죄를 범하는 것이다.

비난의 사례 1. (중상모략의 비난) 불만이나 분노나 악의에 휩싸인 어떤 비

---

23 존자 답바는 7세에 출가하여 죽림정사에 머물며 아라한이 되었다. 7세에 할 일을 마친 그는 승가를 위해 방과 식사 배정 소임을 자청하였고 세존과 승가의 허락을 맡아 그 소임을 세존께서 죽림정사를 떠나 사왓티로 가실 때까지 맡았다. 세존께서 말라를 방문하신 때가 빨라도 다섯 번째 안거 후이므로 죽림정사에 머물던 답바의 나이는 7~22세로 추정된다. 멧띠야 비구니의 나이는 20세 이상이므로 이러한 중상모략이 있었던 시기는 데와닷따의 분열 이전이므로 그의 나이 20세를 넘지 않는 무렵으로 추정된다. 참고로 이 사건은 율을 악용하는 첫 사례가 된다.

구가 다른 비구를 승가에서 추방하려고 다른 비구가 함께 살 수 없는 죄를 범하였다고 하면서 "그대는 함께 살 수 없는 죄를 범하였습니다. 그대는 우리와 함께 포살, 자자, 갈마를 할 수 없습니다. 그대는 승가를 떠나는 것입니다."라고 비난하는 말을 한다면 그 말 한마디마다 승가의 처벌을 받는 죄를 범하는 것이다. 이때 ①(거짓으로 하는 비난) 어떤 비구는 다른 비구가 함께 살 수 없는 죄를 범하는 것을 보지도 듣지도 않고 근거도 없는데 자신이나 타인이 보았다거나 들었다거나 근거를 가졌다고 하면서 비난하거나, ②(사실과 다른 비난) 어떤 비구는 다른 비구가 함께 살 수 없는 죄를 범하는 것을 보았으나 본 사실과 다르게 자신이나 타인이 들었다거나 근거를 가졌다고 하거나, 죄를 범하는 것을 들었으나 들은 사실과 다르게 자신이나 타인이 보았다거나 근거를 가졌다고 하거나, 죄를 범하는 것에 대한 근거를 가졌으나 근거의 사실과 다르게 자신이나 타인이 보았다거나 들었다고 하면서 비난하거나, ③(혼란으로 하는 비난) 어떤 비구는 다른 비구가 함께 살 수 없는 죄를 범하는 것을 보았으나 본 것을 기억하지 못하거나, 들었으나 들은 것을 기억하지 못하거나, 근거를 가졌으나 근거를 기억하지 못하고 본 것이나 들은 것이나 근거에 혼돈이나 혼란을 일으켜 자신이나 타인이 보았다거나 들었다거나 근거를 가졌다고 하면서 비난하는 경우이다. 여기서 어떤 비구가 불만이나 분노나 악의에 휩싸여 비난하였다고 고백이나 자백으로 잘못을 인정하더라도 그는 여전히 유죄여서 승가의 처벌을 받는 죄를 범한 것이다.

　2. (율 집행의 비난) ①함께 살 수 없는 죄를 범하였든지 범하지 않았든지 어떤 비구가 자의든 타의든 고백이든 자백이든 자신의 범죄 사실 또는 의혹이 승가에 알려졌을 때 승가가 근거나 신문(訊問)으로 그를 유죄로 인정하였을 경우, 승가의 동의를 받은 비구가 율을 집행하기 위하여 추방의 의도로 "그대는 함께 살 수 없는 죄를 범하였습니다. 그대는 우리와 함께 포살, 자자, 갈마를 할 수 없습니다. 그대는 승가를 떠나는 것입니다." 라고 말하면 그는 무죄이고, 만약 승가의 동의를 받지 않고 말하면 실수죄

를 범하는 것이고, 모욕할 의도로 어떤 모욕적인 말을 하면 참회하는 죄를 범하는 것이다. ②그를 무죄로 인정하였을 경우, 승가 가운데 어떤 비구가 추방의 의도로 "그대는 함께 살 수 없는 죄를 범하였습니다. 그대는 우리와 함께 포살, 자자, 갈마를 할 수 없습니다. 그대는 승가를 떠나는 것입니다."라고 말하면 그는 유죄로 승가의 처벌을 받는 죄를 범하는 것이고, 모욕할 의도로 어떤 모욕적인 말을 하면 참회하는 죄를 범하는 것이다.

조문의 판례 직접 하는 중상모략이나 사주받은 중상모략 모두 유죄이나 멧띠야와 붐마자까를 추종하는 신참비구들은 예외 조항에 적용되므로 무죄이다.

제13조 함께 살 수 없는 죄를 빗대어 무고하기

제정의 계기 세존께서 죽림정사에 머물 무렵 멧띠야와 붐마자까를 추종하는 신참비구들이 독수리 봉에서 내려오는 길옆에서 숫염소와 암염소가 교미하는 것을 보았다. 그들은 "벗들이여, 우리는 저 숫염소를 답바 비구라고 이름 짓고 저 암염소를 멧띠야 비구니라고 이름 지읍시다. 그리고 우리는 답바 비구와 멧띠야 비구니가 독수리 봉에서 내려오는 길옆에서 성행위를 하는 것을 보았다고 말합시다. 벗들이여, 가축에 이름을 지어 부르는 것은 죄가 될 수 없습니다. 예전에 우리는 답바 비구에 대하여 근거 없이 비난하였으나 오늘은 사실을 근거로 비난할 수 있습니다."라고 말하였고 그들은 그들의 말대로 실행하였다. 비구들은 "벗들이여, 그와 같이 말하지 마시오. 존자 답바는 그럴 분이 아닙니다."라고 말하고 세존께 그 사실을 알렸다. 그러자 세존께서는 비구승가를 모두 불러 모은 뒤 그들에게 그들이 본 것을 반복하게 하였다. 그런 후 답바에게 물었다. 답바여, 그대는 여기 비구들이 말한 대로 그대가 한 일을 기억하는가? "세존이시여, 저는 어떤 성행위도 하지 않았습니다."

세존께서는 비구들이여, 여기 답바의 대답과 여기 비구들의 진술은 둘 다 진실일 수 없다. 그렇다면 그대들은 답바와 여기 비구들을 대질신문하여 누가 진실하고 누가 거짓인지 밝혀라. 하시고 개인 거처로 들어가셨다. 지혜로운 장로비구들과 타심통에 능숙한 아라한 비구들의 대질신문에 그들은 곤경에 빠졌고 당황하였고 대답하여야 할 질문들에 대답하지 못하자 고개를 떨구었다. 이에 비구들은 그들을 비난하였고 질책하였다. "벗들이여, 그대들은 존자 답바를 추방하려고 유사한 일에 빗대어 근거 없이 함께 살 수 없는 죄를 범하였다고 비난한 것인가?" "존자들이여, 그렇습니다." 비구들은 분개하고 비난하였고 세존께 그 사실을 알렸다. 그러자 세존께서는 승가가 모여 있는 곳에서 물었다. 비구들이여, 그대들이 답바를 추방하려고 유사한 일에 빗대어 근거 없이 함께 살 수 없는 죄를 범하였다고 비난한 것이 사실인가? "세존이시여, 사실입니다." 세존께서는 [율의 제정과 송출]을 하셨다.

【2.13】 추방하려고 유사한 것에 빗대어 함께 살 수 없는 죄를 범하였다고 비난하면 승가의 처벌을 받는 죄를 범하는 것이다.

조문의 사례 불만이나 분노나 악의에 휩싸인 어떤 비구가 다른 비구를 승가에서 추방하려고 다른 비구가 함께 살 수 없는 죄를 범하였다고 하면서 "그대는 함께 살 수 없는 죄를 범하였습니다. 그대는 우리와 함께 포살, 자자, 갈마를 할 수 없습니다. 그대는 승가를 떠나는 것입니다."라고 비난하는 말을 한다면 그 말 한마디마다 승가의 처벌을 받는 죄를 범하는 것이다. 이때 ①(가벼운 범죄에 빗댄 비난) 네 가지 함께 살 수 없는 죄와 유사하나 가벼운 죄를 범한 비구에게 가벼운 범죄를 빗대어 함께 살 수 없는 죄를 범하였다고 비난하거나, ②(유사한 것에 빗댄 비난) 네 가지 함께 살 수 없는 죄를 범한 어떤 비구의 유사한 사실에 빗대어 다른 비구를 함께 살 수 없는 죄를 범하였다고 비난하는 경우이다. 여기서 유사한 사실은 유사한 사회 계급, 족성, 이름, 신체의 특징, 발우, 옷, 스승, 아사리, 개인 처소 등이다. 예를 들어 어떤 브라만 출신의 비구가 함께 살 수 없는 죄를 범한 것을 보고 다른 브라만 출신 비구에게 "나는 브라만 출신의 비구가 함께 살 수 없는 죄를 범한 것을 보았다. 그대는 함께 살 수 없다."라고 비난하거나, 어떤 족성이나 이름의 비구가 함께 살 수 없는 죄를 범한 것을 보고 같은 족성이나 같은 이름의 다른 비구에게 "나는 이런 족성이나 이런 이름의 비구가 함께 살 수 없는 죄를 범한 것을 보았다. 그대는 함께 살 수 없다."라고 비난하거나, 어떤 흑(백)인 비구가 함께 살 수 없는 죄를 범한 것을 보고 다른 흑(백)인 비구에게 "나는 흑(백)인 비구가 함께 살 수 없는 죄를 범한 것을 보았다. 그대는 함께 살 수 없다."라고 비난하는 경우이다.

3 판정받는 죄

비구가 죄를 범하면 고발인 청신녀의 진술과 피고발인 비구의 진술에 따라서 죄의 유무와 죄의 종류를 판정받는 죄를 아니야따(aniyata)라고 하며 부정죄(不定罪)라고 번역한다. 이 죄에는 두 가지가 있다. 두 가지 조항들의 묶음이 세 번째 조목으로 비구가 되면 승가의 일원으로 급히 의무적으로 학습하여 지켜야 하는 율의 목록이다. 여기서 판정하는 죄의 종류에는 세 가지가 있는데 함께 살 수 없는 죄, 승가의 처벌을 받는 죄, 참회하는 죄가 그것이다.

제1조 성행위가 가능한 장소

제정의 계기 세존께서 기원정사에서 머물 무렵 어느 날 위사카 미가라마따는 사왓티의 어느 가정에 초청받았다. 그때 그 가정에 우다인 비구가 여인과 둘이서 몰래 성행위가 가능한 가려진 장소에 앉아 때를 보아서 이야기하고 때를 보아서 가르침을 주는 것을 목도하였다. 그런데 그 여인은 우다인을 후원하는 가정의 딸로서 우다인이 그 가정의 아들에게 소개하여

갓 시집온 젊은 새댁이었다. 미가라마따는 말하였다. "존자여, 존자께서 여인과 둘이서 몰래 성행위가 가능한 가려진 장소에 있는 것은 옳지 않고 적절하지 않습니다. 존자가 그러한 의도가 없다고 하더라도 그것은 아직 청정한 믿음이 없는 자를 불신으로 이끌고 이미 청정한 믿음이 있는 자 가운데 어떤 자들을 타락시킬 것입니다." 그러나 우다인은 그녀의 말을 받아들이지 않았다. 이에 그녀는 그 가정을 나와서 다른 비구들에게 그 사실을 알렸다. 비구들은 분개하고 비난하였고 이 사실을 세존께 알렸다. 그러자 세존께서는 비구승가를 불러 모으게 하고 물었다. 우다인이여, 그대가 여인과 둘이서 몰래 성행위가 가능한 가려진 장소에 있었던 것이 사실인가? "세존이시여, 사실입니다." 세존께서는 [율의 제정과 송출]을 하셨다.[24]

【3.1】 비구가 성행위가 가능한 장소에 여인과 둘이 있으면 세 가지 죄 가운데 하나를 범하는 것이다.

조문의 해설 여기서 '세 가지 죄'란 함께 살 수 없는 죄, 승가의 처벌을 받는 죄, 참회하는 죄를 말한다. 믿을 만한 청신녀가 보거나 듣거나 정황의 근거로 비구의 범죄 사실을 승가에 고발할 때 피고발인 비구가 청신녀의 진술을 인정하면 청신녀의 진술에 따라 처벌하고, 인정하지 않으면 피고발인 비구의 진술에 따라 처벌한다. 이때 피고발인 비구의 진술에 범죄 사실이 없으면 무죄이다. 여기서 비구가 성행위가 가능한 장소에 여인과 둘이 있으면 가능한 죄로는 함께 살 수 없는 죄의 제3조 성행위가 있으며, 승가의 처벌을 받는 죄로는 제1조 정액의 사정, 제2조 여인의 몸과 접촉, 제3조 여인과의 음담패설, 제4조 성상납의 찬탄이 있으며, 참회하는 죄로는 제10조 여인과 홀로 앉기와 제13조 여인을 홀로 교화하기가 있다.

---

24 비구의 의무율에서 제삼자인 청신녀의 고발을 수용하여 율을 제정한 최초의 사례이다.

제2조 음담이 가능한 장소

제정의 계기 비구들이 여인과 둘이서 몰래 성행위가 가능한 가려진 장소에 있는 것을 금지하는 율이 제정된 후에 어느 날 미가라마따는 그 가정에 또 초청받았는데 그때 그 가정에 우다인 비구가 그 여인과 둘이서 성행위는 가능하지 않지만 몰래 음담을 나눌 수 있는 장소에서 때를 보아서 이야기하고 때를 보아서 가르침을 주는 것을 목도하였다. 그녀는 말하였다. "존자여, 존자께서 여인과 몰래 음담도 가능한 장소에 있는 것은 옳지 않고 적절하지 않습니다. 존자가 그러한 의도가 없다고 하더라도 그것은 아직 청정한 믿음이 없는 자를 불신으로 이끌고 이미 청정한 믿음이 있는 자 가운데 어떤 자들을 타락시킬 것입니다." 그러나 우다인은 그녀의 말을 받아들이지 않았다. 그러자 그녀는 그 가정을 나와서 다른 비구들에게 그 사실을 알렸다. 비구들은 분개하고 비난하였고 이 사실을 세존께 알렸다. 그러자 세존께서는 비구승가를 불러 모으게 하고 그에게 물었다. 우다인이여, 그대가 여인과 둘이서 몰래 음담도 가능한 장소에 있었던 것이 사실인가? "세존이시여, 사실입니다." 세존께서는 [율의 제정과 송출]을 하셨다.

【3.2】 비구가 음담이 가능한 장소에 여인과 둘이 있으면 두 가지 죄 가운데 하나를 범하는 것이다.

조문의 해설 여기서 '두 가지 죄'란 승가의 처벌을 받는 죄와 참회하는 죄를 말한다. 믿을 만한 청신녀가 보거나 듣거나 정황의 근거로 비구의 범죄 사실을 승가에 고발할 때 피고발인 비구가 청신녀의 진술을 인정하면 청신녀의 진술에 따라 처벌하고, 인정하지 않으면 피고발인 비구의 진술에 따라 처벌한다. 이때 피고발인 비구의 진술에 범죄 사실이 없으면 무죄이다. 여기서 비구가 성행위는 가능하지 않으나 음담이 가능한 공간에 여인과 둘이 있으면 가능한 죄로는 승가의 처벌을 받는 죄로는 제1조 정액의 사정, 제2조 여인의 몸과 접촉, 제3조 여인과의 음담패설, 제4조 성상납의 찬탄이 있으며, 참회하는 죄로는 제11조 여인과 홀로 앉기와 제13조 여인을 홀로 교화하기가 있다.

4 반납하고 참회하는 죄

비구가 범하면 죄를 초래한 물품을 승가에 반납하고 참회하는 죄를 니싸끼야(nissaggiya) 또는 니싸끼야 빠찟띠야(nissaggiya pācittiya)라고 하며 니살기바일제(尼薩耆波逸提)라 음역하고 사타죄(捨墮罪)라고 의역한다. 이 죄에는 서른 가지가 있으며 이 죄에 관련된 물품은 옷, 깔개, 발우, 약, 금전 등이다. 서른 가지 조항들의 묶음이 네 번째 조목으로 비구가 되면 승가의 일원으로 의무적으로 학습하여 지켜야 하는 율의 목록이다.

4.1 제1조~제18조 옷에 관한 조항들
제1조 여분의 옷

제정의 계기 세존께서 웨살리의 고따마까(Gotamaka) 탑묘에 머물 무렵 어느 날 육군비구들은 비구들에게 허용된 세 벌의 옷을 초과한 여분의 옷을 착용하였다. 이에 비구들은 분개하고 비난하였고 이 사실을 세존께 알렸다. 그러자 세존께서는 비구승가를 불러 모으게 하고 물었다. 비구들이여, 그대들이 여분의 옷을 착용한 것이 사실인가? "세존이시여, 사실입니다." 세존께서는 [율의 제정과 송출]을 하셨다. 그런데 아난다에게 여분의 옷이 생겼다. 그는 그 옷을 사케다에 있는 사리뿟따에게 주고자 하였다. 세존께 여쭙자 세존께서 열흘까지 여분의 옷을 지니는 것을 허용하셨다.

【4.1】 여분의 옷을 열흘이 넘도록 지니면 반납하고 참회하는 죄를 범하는 것이다.

조문의 해설 여기서 '여분의 옷'이란 허용된 세 벌의 옷 이외의 옷을 말한다. 허용된 세 벌의 옷에는 대의(大衣), 상의(上衣), 하의(下衣)가 있다.[25] 비구들이 옷을 만들 때 해지고 버려진 천 조각을 주워 가위로 다듬은 뒤 여러 조각을 모아 길게 바느질로 잇는다. 길이는 자신의 키와 용도에 맞게 적절하게 정한다. 이것을 1조(條)라고 한다. 이렇게 만든 9조~25조를 서로 나란히 바느질로 이은 옷감으로 만든 옷이 대의이다. 옷감의 두께나 조의 숫자는 자신의 체격에 따라 적절하게 정한다. 대의로 의역하고 승가리(僧伽黎)라고 음역한 상가띠(saṅghāṭī)는 설법할 때, 걸식할 때, 요청한 식사를 할 때, 왕궁에 갈 때 착용한다. 상의로 의역하고 울다라승(鬱多羅僧)으로 음역한 웃따라상가(uttarāsaṅga)는 7조의 옷감으로 만들고 승가의 모임 때 착용한다. 하의로 의역하고 안타회(安陀會)로 음역한 안타라와사카(antaravāsaka)는 5조로 만들며 개인 거처의 실내에 있을 때, 길을 갈 때, 작업할 때, 잠잘 때 착용한다. 이때 사용할 수 있는 천 조각의 옷감은 아마, 면, 비단, 모직, 대마, 모시의 여섯 가지이다.

제2조 여분의 옷감 보관하기

제정의 계기 세존께서 기원정사에 머물 무렵 어느 날 어떤 비구가 때아닌 때에 옷감을 얻었는데 옷을 만들기가 충분하지 않아서 옷감을 잡아당겨 거듭 부드럽게 늘렸다. 이것을 본 세존께서 옷감을 추가로 얻을 희망이 있다면 옷감을 보관할 수 있도록 [율의 제정과 송출]을 하셨다.

【4.2】 옷 만드는 시기가 아닌 때 얻은 옷감은 옷을 완성할 때까지 최대한 30일간 둘 수 있으나 그 기간이 지나서 두면 반납하고 참회하는 죄를 범하는 것이다.

---

25 비구에게 목욕옷, 비옷이 비구니에게는 목욕옷, 비옷, 복견의(覆肩衣), 월경을 위한 실내복 등을 추가로 허용하였다.

제3조 특별히 보시한 옷

제정의 계기 세존께서 기원정사에 머물 무렵 어느 날 생사를 알 수 없는 전쟁터로 파견되는 어떤 대신이 심부름꾼을 보내 전달하였다. "존자들이여, 오십시오. 제가 안거 중에 특별히 옷을 보시하겠습니다." 비구들은 옷을 받아도 되는 시기인지 의심하여 가지 않았다. 그러자 대신은 "나는 하루가 촉박한데 어찌 존자들은 오지 않는단 말인가?"라고 분개하고 비난하였고 비구들은 그 사실을 세존께 알렸다. 그러자 세존께서는 말씀하셨다. 비구들이여, 특별히 보시한 옷을 받아 보관하는 것을 허용한다.

세존의 말씀으로 의심을 푼 비구들은 대신이 특별히 보시하는 옷을 받았다. 안거가 끝나는 마지막 열흘은 옷 처리 시기로 비구들은 이 기간에 수선할 옷은 수선하고, 해어져 입을 수 없는 묵은 옷은 새 옷으로 바꾸고, 부족한 옷은 구하여 갖추고, 여분의 옷은 적절히 처리해야 한다. 그런데 비구들은 특별히 보시한 옷을 처리하지 않고 옷 처리 시기를 넘긴 채 선반에 묵혀 두었다. 아난다가 이것을 보고 분개하고 비난하였고 이 사실을 세존께 알렸다. 그러자 세존께서는 비구승가를 불러 모으게 하고 물었다. 비구들이여, 그대들은 특별히 보시하는 옷을 받아서 옷 처리 시기를 놓친 것이 사실인가? "세존이시여, 사실입니다." 세존께서는 [율의 제정과 송출]을 하셨다.

【4.3】 특별히 보시한 옷은 받아서 보관하여 안거가 끝나는 마지막 열흘 기간 안에 처리하되 이 기간을 넘어서 보관하면 반납하고 참회하는 죄를 범하는 것이다.

제4조 세 벌 옷을 갖추지 않고 지내기

제정의 계기 세존께서 기원정사에 머물 무렵 어느 날 비구들이 상의와 하의만 착용하고 대의를 다른 비구들에게 맡긴 채 여러 지방으로 유행을 떠났다. 이에 아난다는 분개하고 비난하였고 이 사실을 세존께 알렸다. 그러자 세존께서는 비구승가를 불러 모으게 하고 물었다. 비구들이여, 비구들이 다른 비구들에게 대의를 맡긴 채 여러 지방으로 유행을 떠난 것이 사실인가? "세존이시여, 사실입니다." 세존께서는 [율의 제정과 송출]을 하셨다. 그런데 어떤 병든 비구가 세 벌을 옷을 모두 지닌 채 길을 떠날 수 없어 친척들의 병간호를 수용하지 못하였다. 세존께서 병든 비구의 경우 승가가 백이갈마로 동의하면 세 벌 옷을 모두 지니지 않아도 길을 떠나는 것을 허용하셨다.

【4.4】승가의 동의를 받은 아픈 비구를 제외하고 세 벌 옷을 지니지 않고 하룻밤이라도 지내면 떨어져 지낸 옷을 반납하고 참회하는 죄를 범하는 것이다.

조문의 판례 떨어져 지낸 옷을 여명 전에 수지하면 무죄이다.

제5조 비옷의 사용

제정의 계기 세존께서 기원정사에 머물 무렵 세존께서는 비구들에게 비옷을 허용하셨다. 그러자 육군비구들은 비옷을 미리 만들어 입고 다녀 정작 우기철에 비옷이 낡아 나체로 비를 맞으며 돌아다녔다. 이에 비구들이 비난하고 분개하였고 그 사실을 세존께 알렸다. 그러자 세존께서는 비구승가를 불러 모으게 하고 물었다. 비구들이여, 그대들은 비옷을 미리 만들어 입고 다녀 정작 우기철에 비옷이 낡아 나체로 비를 맞으며 돌아다닌 것이 사실인가? "세존이시여, 사실입니다." 세존께서는 [율의 제정과 송출]을 하셨다.

【4.5】우기 시작 한 달 전에 비옷을 구하기 시작하고 반달 전에 비옷을 착용기 시작하되 그것보다 일찍 구하거나 착용하면 반납하고 참회하는 죄를 범하는 것이다.

조문의 판례 우기 시작 반달 전이 아니라도 비 오는 날에 비옷을 착용하는 것은 무죄이다. 우기 후 사용한 비옷을 세탁하여 잘 보관할 수 있다.

제6조 미리 관여하여 얻은 옷

제정의 계기 세존께서 기원정사에 머물 무렵 어느 날 어떤 청신사가 존자 우빠난다(Upananda)에게 옷을 보시하고 싶다고 그의 아내에게 말하였다. 그 말을 우연히 듣게 된 비구가 그 말을 우빠난다에게 전하자 우빠난다는 그 청신사를 방문하여 말하였다. "장자여, 그대가 나에게 옷을 보시하고자 한다면 이런저런 옷으로 보시하시오. 내가 입지 않는 옷으로 보시하면 무슨 소용이 있겠소?" 그러자 장자는 "어찌 존자 우빠난다는 아직 준비도 하지 않은 옷에 대하여 이런저런 관여를 할 수 있단 말인가? 비구들은 원하는 것이 많고 만족을 모른다. 이들에게 옷을 보시하는 것은 너무 어렵다." 라고 분개하고 비난하였고 비구들은 그 사실을 세존께 알렸다. 그러자 세존께서는 비구승가를 불러 모으게 하고 물었다. 우빠난다여, 그대는 아직 초대하지 않은 장자를 찾아가 옷에 대하여 왈가왈부한 것이 사실인가? "세존이시여, 사실입니다." 세존께서는 [율의 제정과 송출]을 하셨다.

【4.6】 친척 아닌 자가 옷을 주려고 생각 중인데 비구가 옷에 대하여 미리 관여하여 얻으면 반납하고 참회하는 죄를 범하는 것이다.

조문의 해설 '옷을 주려고 생각 중인데 비구가 옷에 대하여 미리 관여하면' 이라는 뜻은 옷을 보시하려고 생각하거나 준비 중으로 아직 "존자여, 어떤 옷을 원합니까?"라고 초대하기 전인데 옷에 대하여 더 좋은 옷이나 부드러운 옷이나 비싼 옷으로 요구하는 것을 말한다.

제7조 미리 관여하여 합쳐 얻은 옷

제정의 계기 세존께서 기원정사에 머물 무렵 어느 날 두 명의 청신사가 각각 존자 우빠난다에게 옷을 보시하고 싶다고 서로 말하였다. 그 말을 우연히 듣게 된 비구가 그 말을 우빠난다에게 전하자 우빠난다는 그들이 함께 있는 곳으로 방문하여 말하였다. "장자여, 그대들이 각각 나에게 옷을 보시하고자 한다면 둘이 합쳐서 이런저런 하나의 옷으로 보시하시오. 내가 입지 않는 옷으로 보시하면 무슨 소용이 있겠소?" 그러자 장자들은 분개하고 비난하였고 비구들은 그 사실을 세존께 알렸다. 그러자 세존께서는 비구승가를 불러 모으게 하고 물었다. 우빠난다여, 그대는 아직 초대하지 않은 두 명의 장자를 찾아가 옷에 대하여 왈가왈부한 것이 사실인가? "세존이시여, 사실입니다." 세존께서는 **[율의 제정과 송출]**을 하셨다.

【4.7】 친척 아닌 자로 두 명 이상이 각각 한 비구에게 옷을 주려고 생각 중인데 비구가 그들에게 합쳐서 하나의 옷으로 달라고 관여하여 얻으면 반납하고 참회하는 죄를 범하는 것이다.

제8조 실로 직조한 옷감

제정의 계기 세존께서 죽림정사에 머물 무렵 육군비구들은 옷감보다 상대적으로 구하기 쉬운 실을 많이 얻었다. 그들은 실을 많이 구하여 직조소에서 옷감을 직조하기로 뜻을 모아 실을 얻어 옷감을 직조하였다. 옷을 짜고도 실이 남자 그들은 다른 실을 구하여 옷감을 두 번째 세 번째 직조하였다. 그러고도 실이 남았다. 이에 사람들은 비난하고 분개하였고 비구들은 그 사실을 세존께 알렸다. 그러자 세존께서는 비구승가를 불러 모으게 하고 물었다. 비구들이여, 그대들이 얻은 실로 직조소에서 옷감을 직조한 것이 사실인가? "세존이시여, 사실입니다." 세존께서는 **[율의 제정과 송출]**을 하셨다.

【4.8】 얻은 실로 직조소에서 옷감을 직조하면 반납하고 참회하는 죄를 범하는 것이다.

제9조 직조에 관여하여 얻은 옷

제정의 계기 세존께서 기원정사에 머물 무렵 어느 날 먼 길을 떠나는 어떤 청신사가 존자 우빠난다에게 옷을 보시하고자 아내에게 "이만큼 무게의 실을 직조사에 맡겨 옷감을 짜서 옷을 만들어 두시오."라고 말하였다. 그 말을 우연히 듣게 된 비구가 그 말을 우빠난다에게 전하자 우빠난다는 직조사를 방문하여 말하였다. "이보시오, 이 옷감은 나를 위한 것이오. 길고 넓고 두텁게 짜 주시오. 그리고 고르고 반듯하고 반반하게 짜 주시오." 그러자 직조사는 "존자여, 그들이 맡겨 놓은 실로는 길고 넓고 두텁게 짤 수는 없습니다. 그러나 고르고 반듯하고 반반하게 짤 수는 있습니다." 하였다. "벗이여, 실에 구애받지 말고 제발 길고 넓고 두텁게 짜 주시오." 직조사는 실을 맡긴 부인을 찾아가 자초지종을 말하고 처음 맡긴 양만큼의 실을 더 받아 왔다. 청신사가 돌아오기를 기다린 우빠난다는 청신사가 돌아오자마자 그 집을 방문하여 옷을 얻어 돌아왔다. 아내에게 자세한 이야기를 들은 청신사는 분개하고 비난하였고 비구들은 그 사실을 세존께 알렸다. 그러자 세존께서는 비구승가를 불러 모으게 하고 물었다. 우빠난다여, 그대는 장자가 초대하기 전에 직조사를 찾아가 직조에 관여한 것이 사실인가? "세존이시여, 사실입니다." 세존께서는 [율의 제정과 송출]을 하셨다.

【4.9】 친척 아닌 자가 옷을 주려고 직조사에게 옷감을 직조할 때 비구가 직조에 미리 관여하여 얻으면 반납하고 참회하는 죄를 범하는 것이다.

제10조 요구하여 얻은 옷

제정의 계기 세존께서 기원정사에 머물 무렵 어느 날 우빠난다는 어떤 부호의 아들을 설법으로 교화하고 북돋우고 고무시키고 기쁘게 하였다. 그러자 부호의 아들은 말하였다. "존자여, 원하는 것을 말씀하십시오. 옷과 음식과 처소와 약품을 존자께 드릴 수 있습니다." "벗이여, 나에게 주고자 한다면 그대가 지금 입고 있는 외투를 주십시오." "존자여, 저는 훌륭한 가문의 아들로서 외투 없이 다니는 것은 어울리지 않습니다. 제가 집에 돌아갈 때까지 조금만 기다려 주십시오. 집으로 가서 이 외투를 보내거나 더 좋은 깨끗한 외투를 보내 드리겠습니다." 우빠난다는 그 자리에서 두 번째도 세 번째도 지금 입고 있는 외투를 요구하였고 부호의 아들은 조금만 기다려 달라고 하였다. 그러자 우빠난다는 "그대가 먼저 스스로 주겠다고 해 놓고 지금 주지 않는 것은 그대가 줄 의향이 없이 주겠다고 말한 것입니다. 이것은 그대처럼 훌륭한 가문의 아들에게 어울리지 않습니다."라고 말하여 결국 외투를 받아 내었다. 사람들은 외투 없이 집으로 돌아가는 부호의 아들을 보고 "어찌 비구들은 만족을 모르는가? 도대체 누가 그들을 만족시킬 수 있단 말인가? 어찌 부호의 아들 외투를 벗겨 갈 수 있단 말인가?"라고 분개하고 비난하였고 그 사실을 비구들을 통하여 세존께 알렸다. 그러자 세존께서는 비구승가를 불러 모으게 하고 물었다. 우빠난다여, 그대가 부호의 아들에게 외투를 요구한 것이 사실인가? "세존이시여, 사실입니다." 세존께서는 [율의 제정과 송출]을 하셨다.

　　그 무렵 많은 비구가 사케다에서 사왓티로 유행하던 중 도적의 무리에게 약탈당하였다. 그들은 세존께서 친척 아닌 자에게 옷을 요구하는 것을 금지한 율을 전해 듣고 나체로 기원정사에 도착하여 그곳의 비구들에게 인사하였다. 비구들이 말하였다. "벗들이여 나체 수행자들이여, 우리 비구들에게 인사하다니 훌륭합니다." "벗들이여, 우리는 나체 수행자가 아니라 비구들입니다." 그곳의 비구들은 우빨리(Upāli) 존자에게 말하였다. "벗 우빨리여, 이들이 비구인지 아닌지 조사해 주십시오." 우빨리는 조사를 끝내고 말하였다. "벗들이여, 이들은 비구들입니다. 이들에게 옷을 주십시오." 그러자 비구들은 "어찌 비구들이 나체로 다닐 수 있단 말인가? 풀이나 나뭇잎으로도 가릴 수 없었단 말인가?"라고 분개하고 비난하였고 그 사실을 세존께 알렸다. 그러자 세존께서는 비구승가를 불러 모으게 하고 말씀하셨다. 비구들이여, 옷을 약탈당하거나 소실하거나 망가졌을 때 친척 아닌 자에게 옷을 부탁하는 것을 허용한다. 만약 그대들이 그러한 경우를 당하였다면 가장 가까운 첫 번째 비구승원에 도착하여 승원에서 관리하는 여유 옷이나 침상 덮개나 바닥 깔개나 의자 덮개를 취하여 '옷을 구할 때까지만 사용하리라.' 생각하고 착용하여야 한다. 만약 그러한 것들이 없다면 풀이나 나뭇잎으로 가리개를 만들어 몸을 가리고 다녀야 한다. 나체로 승원을 나와서는 안 된다. 어기면 실수죄이다.

【4.10】 옷을 빼앗기거나 소실한 때를 제외하고 친척 아닌 자에게 요구하여 옷을 얻으면 반납하고 참회하는 죄를 범하는 것이다.

조문의 해설 '소실한 때'란 불에 탔거나 물에 떠내려갔거나 더 이상 사용할 수 없이 훼손된 때를 말하며, '요구'는 요구하거나 부탁하거나 표시하는 것이다. 여기서 비구가 친척 아닌 자에게 초대받아서 옷을 수용하거나 비구가 동료 비구를 위하여 옷을 부탁하는 것은 무죄이다.

제11조 비구니에게 받은 옷

제정의 계기 세존께서 기원정사에 머물 무렵 어느 날 우빨라완나(Uppala-vaṇṇā) 장로비구니는 법답게 얻은 암소 육고기를 요리하여 세존께 드리려고 기원정사를 찾았다. 세존께서 걸식하러 나가셨고 우다인 비구가 정사를 지키고 있었다. "존자여, 이 육고기를 세존께 전해 주십시오." "자매여, 세존께서는 그대가 주는 육고기에 만족하실 것입니다. 저는 그대가 주는 하의로 만족할 것입니다." "존자여, 우리 비구니들은 옷을 얻기 힘듭니다. 비구니가 갖추어야 할 옷이기에 저는 줄 수 없습니다." "자매여, 그대가 세존께 드리는 육고기를 전하는 나에게 하의를 주어야 하지 않겠습니까?" 장로비구니는 우다인의 강요에 하의를 주고 거처로 돌아오자 비구니들이 "어찌 존자 우다인이 비구니의 옷을 받아 지닐 수 있단 말인가?"라고 분개하고 비난하였고 그 사실을 비구들을 통하여 세존께 알렸다. 그러자 세존께서는 비구승가를 불러 모으게 하고 물었다. 우다인이여, 그대가 비구니의 옷을 가진 것이 사실인가? "세존이시여, 사실입니다." 세존께서는 [**율의 제정과 송출**]을 하셨다.

그런데 그때 비구니들과 물물교환하던 비구들이 비구니에게 옷을 받고도 옷을 주지 않자 비구니들이 "어찌 옷을 받고도 주지 않는가?"라고 분개하고 비난하였다. 이에 세존께서는 비구승가를 불러 모아 이 사실을 확인한 후 [**율의 제정과 송출**]을 확정하셨다.

【4.11】 친척인 비구니를 제외하고 비구니가 주는 옷을 받으면, 물물교환을 제외하고, 반납하고 참회하는 죄를 범하는 것이다.

조문의 해설 여기서 '물물교환'이란 비구, 비구니, 식차마나, 사미, 사미니 사이에서 작은 것을 주고 큰 것을 받거나 큰 것을 주고 작은 것을 받거나 비슷한 것을 주고받는 것과 이 필수품을 주고 저 필수품을 받거나 저 필수품을 주고 이 필수품을 받는 것을 말한다.

제12조 하의와 상의만 수용

제정의 계기 세존께서 기원정사에 머물 무렵 어느 날 육군비구들은 옷을 약탈당한 비구들에게 말했다. "벗들이여, 세존께서 옷을 약탈당한 비구들은 친척 아닌 자들에게 옷을 부탁하는 것을 허용하였으니 부탁하십시오." "우리는 부탁할 만한 자가 없습니다." "벗들이여, 그렇다면 우리가 존자들을 위하여 대신 부탁해 보겠습니다." "벗들이여, 부탁해 보십시오." 그러자 육군비구는 이곳저곳을 다니면서 이런저런 사람들에게 부탁하였고 그들은 많은 사람으로부터 많은 옷을 수용하였다. 그런데 옷을 보시한 사람들이 집회에서 모여 서로 이야기하다가 엄청난 양의 옷이 수용된 사실을 알게 되었다. 그들은 "어찌 비구들은 분수를 모르는가? 그들은 옷 장사하려는가? 아니면 옷 가게를 열려고 하는가?"라고 분개하고 비난하였고 비구들은 그 사실을 세존께 알렸다. 그러자 세존께서는 비구승가를 불러 모으게 하고 물었다. 비구들이여, 그대들은 분수를 모르고 많은 옷을 부탁한 것이 사실인가? "세존이시여, 사실입니다." 세존께서는 [율의 제정과 송출]을 하셨다.

【4.12】 옷을 빼앗기거나 소실한 비구에게 친척 아닌 자들이 많은 옷을 주더라도 최대 하의와 상의까지만 수용하되 그 이상 수용하면 반납하고 참회하는 죄를 범하는 것이다.

조문의 해설 '최대 하의와 상의까지만 수용하되'라는 뜻은 옷을 빼앗기거나 소실한 비구가 세 벌 옷을 잃어버렸으면 최대 하의와 상의까지만 수용하고, 대의를 포함하여 두벌을 잃어버렸으면 잃어버린 하의나 상의 한 벌만 수용하고, 하의와 상의 두 벌을 잃어버렸으면 두 벌을 수용하고, 하의나 상의 한 벌만 잃어버렸으면 잃어버린 한 벌만 수용하고, 대의 한 벌만 잃어버렸으면 수용해서는 안 된다는 의미이다.[26] 이렇게 수용하고 남은 옷은 승가에 귀속된다.

제13조 옷 대신 받은 금전

제정의 계기 세존께서 기원정사에 머물 무렵 어느 날 우빠난다에게 옷을 보시하려는 어떤 대신이 심부름꾼을 통하여 금전을 보내왔다. 그러자 우빠난다는 재가자 가운데 한 명을 지정하여 그 사람에게 금전을 관리하고 필요한 옷을 준비하도록 하였다. 그런 후 대신은 심부름꾼을 보내서 전달하였다. "존자여, 보내 드린 금전으로 옷을 사용하시길 바랍니다." 우빠난다는 전갈을 받고도 돈을 관리하는 자에게 어떠한 말도 하지 않았다. 대신은 두 번째도 세 번째도 심부름꾼을 보냈으나 그때마다 우빠난다는 그에게 어떠한 말도 하지 않았다. 그런데 어느 날 마을에 중요한 집회가 있는

---

26 대의는 비구들이 스스로 옷감을 구하거나 얻어서 바느질하여 만든 것으로 보인다.

날에 우빠난다는 그에게 찾아가 말하였다. "벗이여, 나는 이러저러한 옷을 원합니다." "존자여, 하루만 기다려 주십시오. 오늘은 마을에 중요한 집회가 있는 날입니다. 집회에 지각하면 벌금을 물어야 합니다." 우빠난다는 그의 허리춤을 붙잡고 "벗이여, 나에게 오늘 그 옷을 주시오."라고 말하였다. 그는 어쩔 수 없이 옷을 구해서 주고 마을의 집회에 지각하였다. 집회에 모인 마을 사람들은 그가 지각한 연유를 알게 되자 "비구들은 원하는 것이 많고 만족을 모른다. 이들의 비위를 맞추는 것은 너무 어렵다. 어찌 하루를 기다리지 못한단 말인가?"라고 분개하고 비난하였고 비구들은 그 사실을 세존께 알렸다. 그러자 세존께서는 비구승가를 불러 모으게 하고 물었다. 우빠난다여, 그대는 청신사가 하루만 기다려 달라는 것을 기다리지 않은 것이 사실인가? "세존이시여, 사실입니다." 세존께서는 [율의 제정과 송출]을 하셨다.

【4.13】 옷을 주려는 자가 옷 대신 금전을 보내왔을 때 비구는 재가자 한 명을 지정하여 금전을 관리하고 필요한 옷을 준비토록 한다. 이때 비구는 그에게 말로써 세 번까지 상기시켜야 한다. 그때까지 옷을 얻으면 좋으나 얻지 못하면 세 번까지 침묵으로 그의 앞에 서 있을 수 있다. 그때까지 옷을 얻으면 좋으나 얻지 못하여 더 이상 노력하여 얻으면 반납하고 참회하는 죄를 범하는 것이다.

조문의 해설 1. '말로써 세 번까지 상기시킬 때' 비구는 그를 찾아가 "벗이여, 나는 옷을 원합니다."라고 독촉하는 말을 하되 "나에게 옷을 주시오."라거나 "나에게 옷을 가져오시오."라거나 "나를 위해 옷을 구매하시오."라거나 "나를 위해 옷을 교환하시오."라고 말해서는 안 된다. 그리고 '침묵으로 그의 앞에 서 있을 때' 그가 비구에게 "당신은 왜 오셨습니까?"라고 물으면 "그대가 알고 있습니다."라고 대답하여야 한다. 만약 설법하거나 음식을 받거나 마련된 자리에 앉으면 옷을 얻는 기회를 잃어버리게 된다.

　　2. 만약 금전을 관리하는 자로부터 옷을 얻지 못하면 비구는 금전을 보낸 사람에게 직접 가거나 심부름꾼을 보내서 "그대가 옷을 주려고 보낸 금전은 나에게 아무런 도움이 되지 못하였습니다. 금전을 거두어들여 손실이 없기를 바랍니다."라고 말해야 한다. 이것이 이 경우에 올바른 조치이다. 만약 올바르게 조치하지 않으면 실수죄이다.

제14조 마을에 옷 보관하기

제정의 계기 세존께서 기원정사에 머물 무렵 안거가 막 끝난 어느 날 숲속에 거처하는 비구들이 도적에게 습격받아 옷을 잃어버렸다. 비구들은 그 사실을 세존께 알렸다. 그러자 세존께서는 비구들에게 말씀하셨다. 비구들이여, 도적으로 위험한 숲속의 처소에서 지낼 때 세 벌 옷 가운데 한 벌은 가까운 마을의 집에 맡겨 두는 것을 허용한다.

　　그러자 비구들은 세 벌 옷 가운데 한 벌은 가까운 마을의 집에 맡겨 두고 오랫동안 그 옷과 떨어져 지냈다. 그동안 그 옷은 벌레가 먹고 쥐가 파먹고 삭고 해어졌다. 비구들이 갑자기 해지고 남루한 옷을 입자 다른 비구들이 그 연유를 알고 분개하고 비난하였고 이 사실을 세존께 알렸다. 그러자 세존께서는 비구승가를 불러 모으게 하고 물었다. 비구들이여, 비구들이 세 벌 옷 가운데 한 벌은 가까운 마을의 집에 맡겨 두고 오랫동안 그 옷과 떨어져 지낸 것이 사실인가? "세존이시여, 사실입니다." 세존께서는 [율의 제정과 송출]을 하셨다.

【4.14】 안거를 끝내고 거처하려는 숲속의 처소가 도적으로 위험하면 세 벌 옷 가운데 한 벌은 가까운 마을의 집에 맡겨 둘 수 있다. 이때 비구는 이 옷을 떠나 최대한 6일까지 지낼 수 있되 6일이 지나면, 승가의 동의를 제외하고, 반납하고 참회하는 죄를 범하는 것이다.

제15조 비구니에게 옷 세탁시키기

제정의 계기 세존께서 기원정사에 머물 무렵 어느 날 우다인 비구는 출가하여 비구니가 된 출가 전의 아내를 찾아갔다. 그는 때때로 그녀와 만나서 대화하였고 음료를 나누어 먹었고 같이 식사도 하였다. 그런데 그날 그는 그녀 앞에 성기를 드러내고 앉았다. 그녀도 성기를 드러내고 우다인 앞에 앉았다. 그녀의 성기를 뚫어지게 바라보던 우다인은 정욕에 휩싸여 정액을 사정하였다. 그의 하의가 정액으로 흠뻑 젖었다. "자매여, 가서 물을 가져오시오. 하의를 씻어야겠습니다." "존자여, 하의를 저에게 주십시오. 제가 씻겠습니다." 그녀는 하의에 묻어 있는 정액의 일부를 자기의 성기에 깊이 넣고 나머지는 혀로 핥아 먹었다. 그것으로 그녀는 임신이 되었다. 비구니들이 그녀를 추궁하자 그녀는 사실대로 말하였다. 그러자 비구니들이 "어찌 존자 우다인이 사용하였던 옷을 비구니에게 세탁시킬 수 있단 말인가?"라고 분개하고 비난하였고 그 사실을 비구들을 통하여 세존께 알렸다. 그러자 세존께서는 비구승가를 불러 모으게 하고 물었다. 우다인이여, 그대가 사용하였던 옷을 비구니에게 세탁시킨 것이 사실인가? "세존이시여, 사실입니다." 세존께서는 [율의 제정과 송출]을 하셨다.

【4.15】 친척인 비구니를 제외하고 비구가 사용하였던 옷을 비구니에게 세탁이나 염색이나 다듬질시키면 반납하고 참회하는 죄를 범하는 것이다.

제16조 주고 빼앗은 옷

제정의 계기 세존께서 기원정사에 머물 무렵 우빠난다는 동료 비구에게 함께 유행하기를 권하였으나 동료 비구는 옷이 닳아서 유행할 수 없다고 대답하였다. 우빠난다는 그에게 옷을 주었고 그는 옷을 착용하였다. 그런데 그는 세존께서 지방으로 유행한다고 들었다. 유행을 떠날 무렵 우빠난다는 그에게 함께 유행을 떠나자고 하였으나 그는 세존과 함께 유행을 떠날 것이라고 대답하였다. 그러자 우빠난다는 불쾌하고 화가 나 옷을 빼앗았다. 이에 비구들이 비난하고 분개하였고 그 사실을 세존께 알렸다. 그러자 세존께서는 비구승가를 불러 모으게 하고 물었다. 우빠난다여, 그대가 동료 비구에게 옷을 주고 다시 빼앗은 것이 사실인가? "세존이시여, 사실입니다." 세존께서는 [율의 제정과 송출]을 하셨다.

【4.16】비구에게 주었거나 교환한 옷을 빼앗거나 빼앗게 하면 반납하고 참회하는 죄를 범하는 것이다.

제17조 이교도와 물물교환

제정의 계기 세존께서 기원정사에 머물 무렵 어느 날 우빠난다는 능숙하게 대의를 잘 만들고 잘 염색하고 잘 다듬어서 입었다. 그때 고가의 외투를 착용한 어떤 외도 유행자가 서로의 외투를 교환하자고 제안하였다. 우빠난다는 낡은 천 조각으로 만든 대의를 잘 살펴보고 결정하라고 하였고 그는 좋다고 하여 교환이 성사되었다. 그런데 외도 유행자가 유행자의 사원으로 돌아가 다른 유행자들과 대화하던 중 마음이 바뀌어 우빠난다를 찾아가 자기의 외투를 돌려 달라고 하였다. 우빠난다가 거절하자 그는 "재가자가 후회하면 재가자도 돌려주는데 어찌 출가자가 후회하여도 비구가 돌려주지 않을 수 있단 말인가?"라고 분개하고 비난하였고 비구들은 그 사실을 세존께 알렸다. 그러자 세존께서는 비구승가를 불러 모으게 하고 물었다. 우빠난다여, 그대가 유행자와 물물교환한 것이 사실인가? "세존이시여, 사실입니다." 세존께서는 [율의 제정과 송출]을 하셨다.

【4.17】비구, 비구니, 식차마나, 사미, 사미니를 제외하고 물물교환하면 물물교환한 옷이나 물건을 반납하고 참회하는 죄를 범하는 것이다.

제18조 승가 몫을 자기 몫으로 만들기

제정의 계기 세존께서 기원정사에 머물 무렵 매년 비구승가에 차별 없이 음식과 옷을 제공하는 어떤 모임의 사람들이 어느 날 예년처럼 음식과 옷을 준비하고 있었다. 그곳에 육군비구들이 방문하여 준비된 옷들을 요구하였다. 그들은 비구승가를 위한 옷들이라 드릴 수 없다고 하자 육군비구들은 "벗들이여, 승가에 보시하는 자들은 많습니다. 여기 우리는 그대들에게 의지하고 그대들만 보고 지내는데 그대들이 우리에게 주지 않으면 도대체 누가 우리에게 주겠습니까? 벗들이여, 우리에게 그 옷들을 주십시오."라고 강요하여 옷들을 받아 갔다. 그러자 그들은 예년과 달리 비구승가에 음식만 제공하였다. 예년처럼 식사를 마친 비구들이 옷을 기다리자 그들은 "존자들이여, 옷은 없습니다. 비구승가의 몫으로 준비한 옷들은 모두 육군비구들이 자신들의 몫으로 만들어 가지고 갔습니다."라고 말하자 비구들은 분개하고 비난하였고 이 사실을 세존께 알렸다. 그러자 세존께서는 비구승가를 불러 모으게 하고 물었다. 비구들이여, 그대들은 알면서도 승가의 몫으로 보시하려는 옷을 개인의 몫으로 만든 것이 사실인가? "세존이시여, 사실입니다." 세존께서는 [율의 제정과 송출]을 하셨다.

【4.18】 승가나 특정 비구들의 몫으로 보시하려거나 보시한 옷이나 보시물을 알고서도 개인의 몫으로 만들면 옷이나 보시물을 반납하고 참회하는 죄를 범하는 것이다.

4.2 제19조~제25조 깔개에 관한 조항들
제19조 깔개의 6년 사용

제정의 계기 세존께서 기원정사에 머물 무렵 비구들이 매년 양모로 만든 깔개를 새로이 만들면서 "양모를 원합니다. 양모가 필요합니다."라고 요구하고 암시하였다. 이에 사람들이 "우리도 한 번 만든 양모 깔개는 애들이 그 위에 똥도 싸고 오줌을 누더라도 5년이나 6년 동안 사용하는데 애도 없는 비구들이 어찌 매년 새 양모 깔개를 만든단 말인가?"라고 말하면서 분개하고 비난하였고 비구들은 그 사실을 세존께 알렸다. 그러자 세존께서는 비구승가를 불러 모으게 하고 물었다. 비구들이여, 그대들이 매년 새로운 양모 깔개를 만들면서 양모를 요구하거나 암시한 것이 사실인가? "세존이시여, 사실입니다." 세존께서는 [율의 제정과 송출]을 하셨다. 그러자 어떤 병든 비구가 양모 깔개를 지닌 채 길을 떠날 수 없어 친척들의 병간호를 수용하지 못하였다. 그러자 세존께서 병든 비구의 경우 승가가 백이갈마로 동의하면 양모 깔개를 지니지 않아도 길을 떠나는 것을 허용하셨다.

【4.19】 승가의 동의를 받은 아픈 비구를 제외하고 깔개는 6년 이상 지녀야 하되 만약 6년 이내에 새로운 깔개를 만들거나 만들게 하면 반납하고 참회하는 죄를 범하는 것이다.

제20조 비단실로 만든 깔개

제정의 계기 세존께서 악갈라바 탑묘에 머물 무렵 육군비구들이 양잠가를 찾아가 "벗들이여, 누에고치를 삶아서 만든 비단실을 원합니다. 비단실이 섞인 깔개를 만들고 싶습니다."라고 말하였다. 그러자 양잠하는 사람들은 "우리는 생계와 처자를 위해 비록 많은 누에고치를 살생하나 그것은 우리에게도 괴로운 일이다. 어찌 비구들이 살생을 부추긴단 말인가?"라고 말하면서 분개하고 비난하였고 비구들은 그 사실을 세존께 알렸다. 그러자 세존께서는 비구승가를 불러 모으게 하고 물었다. 비구들이여, 그대들은 양잠가를 찾아가 비단실을 원한 것이 사실인가? "세존이시여, 사실입니다." 세존께서는 [율의 제정과 송출]을 하셨다.

【4.20】 비단실이 섞인 깔개를 만들거나 만들게 하면 반납하고 참회하는 죄를 범하는 것이다.

제21조 순흑색 양모로 만든 깔개

제정의 계기 세존께서 중각강당에 머물 무렵 육군비구들이 정사에서 순흑색 양모로 만든 깔개를 사용하였다. 이를 본 사람들이 분개하고 비난하였고 비구들은 그 사실을 세존께 알렸다. 그러자 세존께서는 비구승가를 불러 모으게 하고 물었다. 비구들이여, 그대들이 순흑색 양모로 깔개를 만들게 한 것이 사실인가? "세존이시여, 사실입니다." 세존께서는 [**율의 제정과 송출**]을 하셨다.

【4.21】 순흑색 양모로 깔개를 만들거나 만들게 하면 반납하고 참회하는 죄를 범하는 것이다.

제22조 양모로 만든 깔개

제정의 계기 세존께서 기원정사에 머물 무렵 육군비구들이 순흑색 양모로 만든 깔개를 금지하자 순흑색 양모로 만든 깔개의 이음새에 약간의 백색 양모를 덧대어 사용하였다. 이를 본 사람들이 분개하고 비난하였고 비구들은 그 사실을 세존께 알렸다. 그러자 세존께서는 비구승가를 불러 모으게 하고 물었다. 비구들이여, 그대들이 순흑색 양모로 만든 깔개의 이음새에 약간의 백색 양모를 덧대어 새로운 깔개를 만들게 한 것이 사실인가? "세존이시여, 사실입니다." 세존께서는 [**율의 제정과 송출**]을 하셨다.

【4.22】 양모로 새로운 깔개를 만들거나 만들게 할 때 백색 양모는 깔개의 $\frac{1}{4}$ 이상, 갈색 양모는 깔개의 $\frac{1}{4}$ 이상, 순흑색 양모는 깔개의 $\frac{1}{2}$ 이하로 만들되 만약 순흑색 양모가 깔개의 $\frac{1}{2}$ 을 초과하면 반납하고 참회하는 죄를 범하는 것이다.

조문의 해설 깔개의 $\frac{1}{2}$, $\frac{1}{4}$ 은 깔개와 양모의 무게 비율이며, 백색 또는 갈색 양모로만 만든 깔개는 무죄이다.

제23조 펼치는 깔개

제정의 계기 세존께서 기원정사에 머물 무렵 사리뿟따의 둘째 남동생 우빠세나가 자신의 회중들과 함께 향실에서 세존을 뵈었다. 이때는 세존께서 3개월 동안 홀로 선정에 드는 기간으로 음식을 가져다주는 자를 제외하고 누구도 세존을 가까이할 수 없었다. 어기면 참회하는 죄를 범하는 것이었다. 이런 상황을 모르던 우빠세나에게 세존께서 말씀하셨다. 그런데 우빠세나여, 그대는 '세존께서 3개월 동안 홀로 선정에 드는 기간으로 음식을 가져다주는 자를 제외하고 누구도 세존을 가까이하면 참회하는 죄를 범하는 것이다.'라는 율을 아는가? "세존이시여, 저희는 그 율을 알지 못합니다. 세존이시여, 그 율은 저희에게 잘 알려질 것입니다. 저희는 시설되지 않은 율은 시설하지 않을 것이며, 시설된 율은 버리지 않고 시설된 율에 따라서 지낼 것입니다." 우빠세나여, 훌륭하다. 시설되지 않은 율은 시설하지 않을 것이며, 시설된 율은 버리지 않고 시설된 율에 따라서 지낼 것이라니, 우빠세나여, 훌륭하다. 우빠세나여, 비구들 가운데 그대들처럼 숲속에 거주하는 자이고, 걸식하는 자이고, 분소의를 입는 자들은 그들이 원한다면 나를 친견하기 위하여 가까이 오는 것을 허용한다.

　향실 밖에서 많은 비구가 율을 어긴 우빠세나와 그의 회중을 기다리고 있었다. 세존의 친견을 마치고 향실 밖으로 나온 우빠세나와 그의 회중으로부터 자초지종을 들은 비구들은 자신들도 세존을 친견하길 열망하여 우빠세나와 그의 회중처럼 숲속에 거주하는 자이고, 걸식하는 자이고, 분소의를 입는 자처럼 행세하였다. 그래서 그들은 사용하고 있던 실내용 깔개를 버리고 숲속에서 사용하는 깔개로 새로이 만들었다. 숲속에서 사용하는 깔개는 접었다 펼치는 깔개로 앉을 때는 접어서 사용하고 누울 때는 펼쳐서 사용한다. 세존께서 홀로 선정에 드는 3개월을 마치고 비구들과 기원정사 안을 거닐다가 깔개들이 여기저기 버려진 것을 보고 물었다. 비구들이여, 여기저기 버려진 깔개는 누구의 것인가?[27] 비구들이 사실대로 말씀드리자 세존께서는 비구승가를 불러 모으게 하고 [**율의 제정과 송출**]을 하셨다.

【4.23】 펼치는 깔개를 새로이 만들거나 만들게 할 때 묵은 깔개의 둘레를 한 뼘 이상 취하여 만들되 그렇지 않고 만들면 반납하고 참회하는 죄를 범하는 것이다.

제24조 양모의 운반

제정의 계기 세존께서 기원정사에 머물 무렵 어떤 비구가 기원정사로 향하던 중 길에서 양모를 얻었다. 그는 상의를 보따리 삼아 양모를 싸서 등에 지고 길을 갔다. 길에서 만난 사람들이 그에게 "존자여, 오늘은 얼마를 벌었습니까? 오늘 수입은 얼마나 됩니까?"라고 비웃자 그는 얼굴이 붉어졌다. 그는 기원정사에 도착하여 선 채로 양모를 던져 버렸다. 비구들이 그 연유를 물었고 그가 대답하자 다시 물었다. "벗이여, 그대는 얼마나 멀리 이 양모를 운반하였습니까?" "3요자나[28]가 넘는 거리입니다." 이에 비구들은 분개하고 비난하였고 그 사실을 세존께 알렸다. 그러자 세존께서는 비구승가를 불러 모으게 하고 물었다. 비구여, 그대가 양모를 3요자나가 넘는 거리를 운반한 것이 사실인가? "세존이시여, 사실입니다." 세존께서는 [**율의 제정과 송출**]을 하셨다.

【4.24】 양모를 3요자나까지 직접 운반하되 그 이상 운반하면 반납하고 참회하는 죄를 범하는 것이다.

제25조 비구니에게 양모 세탁시키기

제정의 계기 세존께서 니그로다 원림에 머물 무렵 어느 날 육군비구들은 비구니들에게 양모를 세탁시키고 염색시키고 손질시켰다. 그러자 마하빠

---

27 세존께서 직접 현장을 목도하여 율을 제정한 최초의 사례이다.

28 3요자나는 비구가 하루 유행하는 최대 거리이다. 3요자나를 넘는 거리는 중간에 숙박하여야 한다.

자빠띠 고따미 장로비구니가 세존께 다가가 인사드리고 한 곁에 앉았다. 세존께서 말씀하셨다. 고따미여, 비구니들이 방일하지 않고 스스로 노력하길 바랍니다. "세존이시여, 어찌 비구니들이 방일하지 않을 수 있겠습니까? 육군비구들이 비구니들에게 양모를 세탁시키고 염색시키고 손질시키니 어찌 비구니들이 세존의 법과 율에 소홀히 하지 않을 수 있겠습니까?" 이에 세존께서는 비구승가를 불러 모으게 하고 물었다. 비구들이여, 그대들이 비구니들에게 양모를 세탁시키고 염색시키고 손질시킨 것이 사실인가? "세존이시여, 사실입니다." 세존께서는 [율의 제정과 송출]을 하셨다.

【4.25】 친척인 비구니를 제외하고 비구니에게 양모를 세탁이나 염색이나 손질시키면 양모를 반납하고 참회하는 죄를 범하는 것이다.

4.3 제26조~제28조 발우와 약에 관한 조항들
제26조 여분의 발우

제정의 계기 세존께서 기원정사에 머물 무렵 어느 날 재가자들이 정사에서 육군비구가 많은 발우를 쌓아 놓은 것을 보고 "어찌 비구들은 분수를 모르는가? 그들은 그릇 장사하려는가? 아니면 그릇 가게를 열려고 하는가?"라고 분개하고 비난하였고 비구들은 그 사실을 세존께 알렸다. 그러자 세존께서는 비구승가를 불러 모으게 하고 물었다. 비구들이여, 그대들은 여분의 발우를 지닌 것이 사실인가? "세존이시여, 사실입니다." 세존께서는 [율의 제정과 송출]을 하셨다. 그러자 아난다에게 여분의 발우가 생겼는데 그는 그 발우를 사케다에 있는 사리뿟따에게 주고자 하였다. 세존께 여쭙자 세존께서 열흘까지 여분의 발우를 지니는 것을 허용하셨다.

【4.26】 여분의 발우를 열흘이 넘도록 지니면 반납하고 참회하는 죄를 범하는 것이다.

제27조 발우의 요청

제정의 계기 세존께서 니그로다승원에 머물 무렵 어느 날 비구들이 도공의 초대를 받았고 도공은 비구들에게 발우를 제공하겠다고 말하였다. 그런데 그때 비구들이 분수를 알지 못하고 너무 많은 발우를 요청하였다. 도공은 비구들의 발우를 만드느라고 다른 그릇을 만들 시간이 없었고 생계가 어려워지고 처자들이 곤경에 처하였다. 이에 사람들은 비난하고 분개하였고 비구들은 그 사실을 세존께 알렸다. 그러자 세존께서는 비구승가를 불러 모으게 하고 물었다. 비구들이여, 그대들은 분수를 알지 못하고 많은 발우를 요청한 것이 사실인가? "세존이시여, 사실입니다." 세존께서는 [**율의 제정과 송출**]을 하셨다.

그런데 어떤 비구의 발우가 깨졌다. 그는 세존께서 발우를 요청하는 것을 금지하였으므로 발우 없이 두 손으로 걸식하였다. 이에 사람들은 "어찌 비구가 이교도처럼 두 손으로 걸식할 수 있단 말인가?"라고 비난하고 분개하였고 비구들은 그 사실을 세존께 알렸다. 그러자 세존께서는 발우를 잃어버렸거나 깨뜨린 자는 발우를 요청하는 것을 허용하셨다.

그때 육군비구들은 세존의 허용을 빌미 삼아 작은 깨짐이나 작은 균열이나 작은 긁힘에도 발우를 요청하여 요청된 발우가 갑자기 많아졌다. 다시 도공은 생계가 어려워지고 처자들이 곤경에 처하였다. 이에 사람들은 비난하고 분개하였고 비구들은 그 사실을 세존께 알렸다. 그러자 세존께서는 비구승가를 불러 모으게 하고 물었다. 비구들이여, 그대들은 작은 깨짐이나 작은 균열이나 작은 긁힘에도 많은 발우를 요청한 것이 사실인가? "세존이시여, 사실입니다." 세존께서는 [**율의 제정과 송출**]을 확정하셨다.

【4.27】 사용할 수 없을 만큼 깨어졌거나 잃어버렸으면 새 발우를 요청하여 구하되 작게 수리한 곳이 다섯 곳이 안 되었는데 새 발우를 요청하여 구하면 반납하고 참회하는 죄를 범하는 것이다.

조문의 해설 여기서 '작게 수리한 곳'이란 두 손가락마디 크기 이하의 균열을 수리한 곳을 말한다.

제28조 약의 보관

제정의 계기 세존께서 죽림정사에 머물 무렵 삘린다 왓차(Pilinda Vaccha) 존자는 라자가하의 인근 산자락에 동굴을 만들려고 산 경사면을 청소하고 있었다. 빔비사라 왕이 존자를 방문하여 동굴을 만드는 데 정인이 필요하냐고 물었고 존자는 세존께 정인을 수용하는 것에 관하여 여쭈었고 세존께서는 정인을 허용하셨다. 두 번째 왕이 존자를 방문하였을 때 존자는 정인의 허용을 알렸고 왕은 정인을 보내 드리겠다고 약속하였다. 왕은 존자와 한 약속을 오랫동안 잊어버렸다가 500일이 지나서 기억을 되살리게 되었다. 왕은 "존자께 정확히 오백 명의 정인을 하사하라."라고 대신에게 명하였다. 오백 명의 정인들은 존자의 동굴을 만들고 관리하기에 편한 동굴 아래 산자락에 독자적인 마을을 이루었는데 그 마을을 정인 마을 또는 삘린다 마을이라고 하였다. 존자는 이 마을에 의지하여 살았다.

이 마을에 축제가 있는 어느 날 존자는 걸식하다가 어느 소녀가 슬피 울고 있는 것을 보았고 그 연유를 소녀의 어머니에게 듣게 되었다. "우리처럼 가난한 집안에서 어떻게 딸에게 화환을 해 주고 치장해 줄 수 있겠습니까?" 존자는 풀로 만든 물동이 받침대를 얻어서 소녀의 머리 위에 얹게 하였는데 그것은 아름다운 황금 화환으로 변하였다. 소녀는 울음을 그치고 축제에 참석하게 되었다. 축제에 참석한 사람들은 가난한 소녀의 황금 화환을 왕에게 알렸고 왕은 소녀의 가족을 모두 체포하였다. 다음 날 존자는 걸식하다가 소녀의 가족이 체포된 것을 알고 왕을 찾아가 "대왕이여, 왜 정인을 체포하였습니까?"라고 물었다. "존자여, 그 가난한 정인은 아름답고 훌륭한 황금 화환을 지니고 있었습니다. 여기 왕의 후궁에게도 그와 같은 황금 화환이 없습니다. 틀림없이 도둑질한 것입니다." 그러자 존자는 왕의 주변 물건들을 모두 황금으로 변하게 하고 "대왕이여, 이 많은 황금은 어디서 온 것입니까?"라고 물었다. 왕은 "존자시여, 틀림없이 그것은 존자의 신통력에서 온 것입니다."라고 대답한 뒤 소녀의 가족을 풀어 주었다.

　　이 일이 있고 난 후 사람들은 존자의 신통력에 환희하고 기뻐하며 존자께 다섯 가지 약인 버터기름, 신선한 버터, 기름, 꿀, 당밀을 드렸고 존자는 얻는 즉시 그의 회중에게 나누어 주었다. 회중이 충분히 사용하고 보관하여도 사람들은 계속 제공하였고 어쩔 수 없이 정사의 이곳저곳에 걸어 두고 채워 두고 쌓아 두었다. 사람들이 정사를 둘러보다가 이것을 보고 "사치스럽기가 빔비사라 왕과 같다."라고 비난하고 분개하였고 비구들은 죽림정사에 계시는 세존께 그 사실을 알렸다. 그러자 세존께서는 비구승가를 불러 모으게 하고 물었다. 뻴린다들이여, 그대들은 이처럼 사치한 것이 사실인가? "세존이시여, 사실입니다." 세존께서는 [**율의 제정과 송출**]을 하셨다.

【4.28】 버터기름, 신선한 버터, 기름, 꿀, 당밀의 다섯 가지 약은 7일까지 보관하여 사용하되 7일을 넘어서 보관하면 반납하고 참회하는 죄를 범하는 것이다.

4.4 제29조~제30조 금전에 관한 조항들
제29조 금전의 소유

제정의 계기 세존께서 죽림정사에 머물 무렵 어느 날 저녁에 우빠난다를 후원하는 가정에 육고기가 생겨서 우빠난다의 몫으로 남겨 두었다. 그런데 그 집 아이가 새벽에 일어나 고기 달라고 떼를 쓰고 울었다. 할 수 없이 장자는 아내에게 존자의 몫을 아이에게 주라고 하였다. 우빠난다가 가정을 방문하자 장자는 사실대로 말하고 "존자여, 1까하빠나로 존자께서 원하시는 것이 무엇이 있겠습니까?" "벗이여, 나를 위해 1까하빠나를 남겨 두었다면 그 1까하빠나를 나에게 주시오." 이에 장자는 "어찌 비구들이 우리처럼 금전을 받을 수 있단 말인가?"라고 분개하고 비난하였고 비구들은 그 사실을 세존께 알렸다. 그러자 세존께서는 비구승가를 불러 모으게 하고 물었다. 우빠난다여, 그대가 금전을 받은 것이 사실인가? "세존이시여, 사실입니다." 세존께서는 [율의 제정과 송출]을 하셨다.

【4.29】 금전을 자신을 위해 가지거나 갖게 하면 금전을 반납하고 참회하는 죄를 범하는 것이다.

제30조 금전으로 매입하기

제정의 계기 세존께서 기원정사에 머물 무렵 어느 날 육군비구들은 금전을 가지고 있는 것이 금지되자 가지고 있던 여러 종류의 금전으로 이런저런 물건들을 매입하거나 교환하였다. 이에 비구들이 분개하고 비난하였고 비구들은 그 사실을 세존께 알렸다. 그러자 세존께서는 비구승가를 불러 모으게 하고 물었다. 비구들이여, 그대들이 여러 종류의 금전으로 물건들을 매입하거나 교환한 것이 사실인가? "세존이시여, 사실입니다." 세존께서는 [율의 제정과 송출]을 하셨다.

【4.30】 금전으로 매입하거나 교환하면 매입하거나 교환한 물건을 반납하고 참회하는 죄를 범하는 것이다.

5 참회하는 죄

비구가 범하면 단순히 참회하는 죄를 빠찟띠야(pācittiya)라고 하며 바일제(波逸提)라 음역하고 단타죄(單墮罪)라고 의역한다. 이 죄에는 아흔두 가지가 있다. 아흔두 가지 조항의 묶음이 다섯 번째 조목으로 비구가 되면 승가의 일원으로 의무적으로 학습하여 지켜야 하는 율의 목록이다.

5.1 제1조~제6조 살생에 관한 조항들
제1조~제2조 축생과 초목의 살생

제정의 계기 세존께서 기원정사에 머물 무렵 어느 날 까마귀를 싫어하던 우다인은 활로 까마귀들을 쏘아 머리를 잘라 꼬챙이에 차례대로 꽂았다. 이에 세존께서 비구승가를 불러 모아 그 사실을 확인한 후 [**율의 제정과 송출**]을 하셨다.

세존께서 악갈라바 탑묘에 머물던 무렵 비구들이 나무를 베고 비구들에게 나무를 베게 시켰다. 어떤 비구가 나무를 자르자 그 나무에 거처하던 목신이 "존자여, 자신의 거처를 만들기 위하여 나의 거처를 파괴하지 마시오." 하였으나 그 비구는 개의치 않고 나무를 잘라 버렸다. 그러자 목신은 '차라리 내가 이 비구의 목숨을 빼앗아 버리면 어떨까?'라고 생각하다가 그것은 옳지 않다고 판단하여 세존께 이 사실을 알렸다. 세존께서 말씀하셨다. 목신이여, 훌륭하다. 목신이여, 그대가 비구의 목숨을 빼앗지 않은 것은 훌륭하다. 만약 그대가 오늘 비구의 생명을 빼앗았다면 그대는 많은 악덕을 쌓았을 것이다. 목신이여, 가라. 숲속의 어떤 장소에 홀로 있는 나무가 있으니 그곳으로 가서 머물러라. 또한 사람들이 "어찌 비구가 나무의 생명을 해칠 수 있단 말인가?"라고 분개하고 비난하였다. 이에 세존께서는 비구승가를 불러 모아 이 사실을 확인하고 [**율의 제정과 송출**]을 하셨다.

【5.1~2】 의도적으로 ¹축생이나 ²초목의 목숨을 빼앗는다면 참회하는 죄를 범하는 것이다.

제3조~제4조 벌레 있는 물의 사용

제정의 계기 세존께서 악갈라바 탑묘에 머물던 무렵 비구들이 정사를 수리하면서 벌레가 있는 줄 알면서도 벌레 있는 물을 퍼서 짚과 흙을 섞어 진흙을 만드는 곳에 퍼붓게 하거나 퍼부었다. 이에 세존께서는 비구승가를 불러 모아 이 사실을 확인하고 [**율의 제정과 송출**]을 하셨다.

세존께서 기원정사에 머물 무렵 어느 날 육군비구들은 알면서도 벌레 있는 물을 일상생활에서 마시고 사용하였다. 이에 세존께서 비구승가를 불러 모아 그 사실을 확인한 후 [**율의 제정과 송출**]을 하셨다.

【5.3~4】 알면서 벌레 있는 물을 퍼서 ³공사장이나 ⁴일상생활에 사용하여 벌레가 죽거나 해가 되면 참회하는 죄를 범하는 것이다.

제5조 땅 파기

제정의 계기 세존께서 악갈라바 탑묘에 머물던 무렵 비구들이 땅을 파고 비구들에게 땅 파기를 시켰다. 사람들이 "어찌 초목과 땅속의 생명을 해칠 수 있단 말인가?"라고 분개하고 비난하였다. 이에 세존께서는 비구승가를 불러 모아 이 사실을 확인하고 [**율의 제정과 송출**]을 하셨다.

【5.5】 땅을 파거나 파게 하면, 땅속의 생명을 해치거나 해치지 않거나 간에, 참회하는 죄를 범하는 것이다.

제6조 노지에 불 지피기

제정의 계기 세존께서 박가국 숨수마라기리의 베사깔라숲에 머물 무렵 추운 어느 겨울날 비구들이 커다란 동굴에서 나무에 불을 지펴 몸을 데웠다. 그런데 동굴에 살던 검은 뱀들이 연기와 불 때문에 뛰쳐나와 비구들을 공격하였다. 이에 세존께서 비구승가를 불러 모아 그 사실을 확인한 후 [**율의 제정과 송출**]을 하셨다. 그런데 병든 비구가 한기가 들어 몸을 덥히지 못하자 증상이 악화하였다. 또한 비구들이 불을 지피던 아궁이나 욕실에서도 불 피우기를 주저하고 그만두었다. 이에 세존께서 비구들에게 [**율의 제정과 송출**]을 확정하셨다.

【5.6】 타당한 이유가 있는 경우나 아픈 비구를 제외하고 단지 몸을 데우기

위하여 노지에 불을 지피거나 지피게 하면 참회하는 죄를 범하는 것이다.

5.2 제7조~제8조 절도에 관한 조항들
제7조 습득한 재물의 처리

제정의 계기 세존께서 기원정사에 머물 무렵 어느 날 어떤 비구가 강에서 목욕하고 있었는데 그곳에서 목욕하던 어떤 브라만이 오백 금이 든 돈주머니를 잊고 떠났다. 비구는 돈주머니가 분실될까 그것을 주워 보관하고 있었다. 그런데 브라만이 곧 돌아와 돈주머니를 찾자 비구는 얼른 돈주머니를 돌려주었다. 그러자 브라만은 사례금을 한 푼도 주고 싶지 않고 "존자여, 나의 돈주머니에는 천 금이 있었는데 오백 금뿐이 없습니다." 하면서 비구를 억류하였고 나중에 풀어 주었다. 이에 세존께서 비구승가를 불러 모아 그 사실을 확인한 후 [**율의 제정과 송출**]을 하셨다.

한때 위사카 미가라마따(Visākhā Migāramāta)가 몸에 치장한 보석과 장신구를 벗어 외투와 함께 싸서 하녀에게 건네주고 세존을 뵈었다. 세존의 설법을 듣고 난 후 위사카는 귀가하였는데 하녀가 보석 보따리를 승원에 두고 갔다. 이에 세존께서 비구들에게 [**율의 제정과 송출**]을 개정하셨다.

어느 때 비구들이 아나타삔디까 장자가 소유한 마을에서 장자의 하인들에게 음식을 대접받았다. 하인들은 음식을 차려 주고 농장으로 일하러 갔다. 그런데 하인 가운데 한 명이 손가락 반지를 벗어 놓고 일터로 갔다. 비구들은 '우리가 떠나면 저 손가락 반지는 분실될 것이다.' 생각하고 그곳에서 하인이 일을 마치고 돌아올 때까지 기다렸다. 이에 세존께서 비구들에게 [**율의 제정과 송출**]을 확정하셨다.

【5.7】 승원이나 재가자의 거처에서 재물을 습득하거나 습득하게 하여 주인이 찾아가도록 맡겨 두는 것을 제외하고 재물을 습득하거나 습득하게 하면 참회하는 죄를 범하는 것이다.

제8조 불법 대상과 동행하기

제정의 계기 세존께서 죽림정사에 머물 무렵 어느 날 세금을 포탈하는 불법 대상이 라자가하에서 다른 나라로 향하였는데 어떤 비구가 세금을 포탈하는 불법 사실을 인지하고도 그들과 동행하기로 약속하고 함께 길을 떠났다. 그런데 왕의 관리들이 대상을 체포하고 압수하면서 비구도 억류하였다가 나중에 풀어 주었다. 이에 세존께서 비구승가를 불러 모아 그 사실을 확인한 후 [율의 제정과 송출]을 하셨다.[29]

【5.8】 세금을 포탈하는 불법 대상과 약속하고 동행하면, 마을과 마을 사이 거리만큼 갈 때마다, 참회하는 죄를 범하는 것이다.

5.3 제9조~제16조 이성(異性)에 관한 조항들
제9조 여인과 동숙하기

제정의 계기 세존께서 기원정사에 머물 무렵 어느 날 아누룻다(Anuruddha) 존자는 홀로 기원정사로 향하였다. 가는 길에 어떤 여인이 여행자를 위한 휴게소를 세운 마을에 이르렀다. 존자는 여인의 허락을 받아 휴게소에서 하룻밤 묵게 되었는데 다른 여행객들도 여인과 존자의 허락을 받아 차례대로 함께 머물게 되었다. 그런데 여인은 존자를 보자마자 마음이 사로잡혔다. 그래서 여인은 존자께 다가가 정중하게 "존귀한 존자시여, 일반 여행객들로 불편을 끼쳐 드려 송구합니다. 제가 사려 깊지 못함을 용서하시기 바랍니다. 존자께서 허락하신다면 건너 채에 존자께서 조용히 머무실 곳을 마련하고자 하오니 허락해 주시면 감사하겠습니다." 존자는 침묵으로 허락하였고 여인은 침상이 있는 깨끗하고 조용한 방으로 존자를 모셨다.

---

29 1빠다 이상의 세금을 포탈하도록 동의하고 도왔다면 함께 살 수 없는 죄이며, 본 조문처럼 세금 포탈을 인지하고 단순히 동행하면 참회하는 죄이며, 세금 포탈을 모르고 동행하거나 이용당하면 무죄이다.

여인은 아름답게 치장하고 향료를 바르고 존자의 방으로 들어가 말하였다. "존자여, 존자께서는 아름답고 단아합니다. 저도 존자처럼 아름답고 단아합니다. 존자여, 제가 존자의 아내가 되고자 하니 허락해 주시면 감사하겠습니다." 감관을 제어하고 바르게 앉은 존자는 침묵했다. 여인이 두 번째로 말했다. "존자여, 존자께서는 아름답고 단아합니다. 저도 존자처럼 아름답고 단아합니다. 존자여, 존자께서는 저를 마음대로 차지하셔도 좋습니다." 감관을 제어하고 바르게 앉은 존자는 침묵했다. 여인은 세 번째로 말했다. "존자여, 존자께서는 아름답고 단아합니다. 저도 존자처럼 아름답고 단아합니다. 존자여, 존자께서는 저뿐만 아니라 제가 가진 모든 것을 마음대로 차지하셔도 좋습니다." 감관을 제어하고 바르게 앉은 존자는 여전히 침묵했다. 그러자 여인은 외투를 벗고 겉옷을 벗고 속옷을 하나씩 차례대로 벗으면서 존자 앞이나 옆에서 교태를 부렸다. 여인은 밤늦도록 춤을 추기도 하고 걷기도 하고 서기도 하고 눕기도 하였다. 감관을 제어하고 바르게 앉은 존자는 미동도 없이 여전히 침묵했다.

그러자 여인은 "존자여, 참으로 놀라운 일입니다. 존자여, 예전에 없었던 일입니다. 많은 사람이 나를 위해 백천 까하빠나[30]를 보내는데 존자께서는 내 요청을 거듭 받고도 나뿐만 아니라 내가 가진 모든 것도 갖기를 원하지 않으십니다." 말하고는 옷을 하나씩 입고 외투를 바르게 입고 존자의 두 발에 머리를 조아리고 말했다. "존자시여, 어리석고 혼미하여 악하고 불건전한 잘못이 저를 사로잡았습니다. 미래에는 이런 잘못 없이 살아가겠습니다. 부디 존자께서는 저를 연민하시어 제가 저지른 잘못을 너그러이 용서해 주십시오." 존자는 여인의 참회를 받아들였고 밤이 지나자 여인은 직접 음식을 준비하여 존자께 손수 대접하였다. 식사 후 존자는 한쪽으로 물러나 앉은 여인을 설법으로 교화하고 북돋우고 고무시키고 기쁘게 하였다. 이윽고 여인은 "존자시여, 마치 넘어진 자를 일으켜 세우시듯, 덮

---

30 12까하빠나가 황소 한 마리 값이니 황소 수십 마리부터 수백 마리에 해당한다.

여 있는 것을 걷어 내 보이시듯, 길을 잃어버린 자에게 길을 가르쳐 주시
듯, 눈 있는 자 밝음을 보라고 어둠 속에서 등불을 비춰 주시듯, 존자께서
는 여러 가지 방편으로 법을 설하여 주셨습니다. 존자시여, 존자께서는 저
를 재가제자로 받아 주소서. 오늘부터 목숨이 붙어 있는 그날까지 귀의하
옵니다."라고 귀의하였다.

　　기원정사에 도착한 존자는 비구들에게 여인과의 일을 사실대로 말하
였다. 비구들은 "어찌 존자 아누룻다가 여인과 동숙할 수 있단 말인가?"라
고 분개하고 비난하였다.[31] 이에 세존께서는 비구승가를 불러 모아 이 사
실을 확인하고 [율의 제정과 송출]을 하셨다.

【5.9】 여인과 동숙하면 참회하는 죄를 범하는 것이다.

조문의 판례 석양 이후에 비구와 여인 둘 중에 어느 한쪽이 잠시라도 누워
있으면 유죄로 참회하는 죄를 범한 것이며, 비구와 여인 모두 앉아 있으면
무죄이다.

제10조~제11조 여인과 홀로 앉기

제정의 계기 세존께서 기원정사에 머물 무렵 어느 날 우빠난다는 어느 가
정집을 방문하여 그 집의 안주인과 단둘이 몰래 밀폐된 곳에 앉았다. 그러
자 그 집의 바깥주인이 "어찌 존자 우빠난다는 남의 아내와 몰래 밀폐된
곳에 앉을 수 있단 말인가?"라고 분개하고 비난하였다. 이에 세존께서는
비구승가를 불러 모아 이 사실을 확인한 후 [율의 제정과 송출]을 하셨다.

　　세존께서 기원정사에 머물 무렵 어느 날 우빠난다는 어느 가정집을
방문하여 그 집의 안주인과 단둘이 몰래 밀폐된 곳은 아니지만 은밀한 곳
에 앉았다. 그러자 그 집의 바깥주인이 "어찌 존자 우빠난다는 남의 아내

---

31 아라한 장로비구가 율을 제정하는 계기를 제공한 최초의 사례이다. 본 사례에서 보면 아라한들도
예외 없이 율을 지켜야 한다.

와 몰래 은밀한 곳에 앉을 수 있단 말인가?"라고 분개하고 비난하였다. 이에 세존께서는 비구승가를 불러 모아 이 사실을 확인한 후 [율의 제정과 송출]을 하셨다.

【5.10~11】 여인과 함께 [10]밀폐된 곳이나 [11]은밀한 곳에 앉으면 참회하는 죄를 범하는 것이다.

제12조 비구니와 홀로 앉기

제정의 계기 세존께서 기원정사에 머물 무렵 어느 날 우다인 비구는 출가하여 비구니가 된 출가 전의 아내를 찾아갔다. 그는 때때로 그녀를 찾아갔고 그녀도 우다인을 자주 찾아갔다. 그런데 우다인과 그녀는 은밀한 곳에 앉아 있었다. 이에 세존께서는 비구승가를 불러 모아 이 사실을 확인한 후 [**율의 제정과 송출**]을 하셨다.

【5.12】 비구니와 단둘이 은밀한 곳에 앉으면 참회하는 죄를 범하는 것이다.

조문의 해설 여기서 '앉으면'이란 '비구나 비구니 둘 중 하나라도 앉거나 누우면'이라는 뜻이다. 만약 비구와 비구니 둘 다 서 있거나 양식 있는 동석자가 있으면 무죄이다.

제13조 여인을 홀로 교화하기

제정의 계기 세존께서 기원정사에 머물 무렵 어느 날 우다인은 자신을 후원하는 가정을 방문하여 안주인을 홀로 교화하였다. 그러자 며느리는 '저 비구는 시어머니의 정부인가 아니면 시어머니를 능욕하는 것인가?'라고 의심했다. 안주인의 교화를 끝내고 우다인은 며느리가 머무는 안채로 가서 며느리를 홀로 교화하였다. 그러자 안주인이 '저 비구는 며느리의 정부인가 아니면 며느리를 능욕하는 것인가?'라고 의심했다. 며느리의 교화를 끝내고 우다인이 떠나자 안주인과 며느리는 서로 우다인에게 들은 말을 공유하며 "참으로 교활하고 음탕한 자로다. 어찌 교화를 핑계로 몰래 자신의 음욕을 드러낸단 말인가? 교화한다면 공개적이고 명료해야 하지 않는가?"라고 분개하고 비난하였다. 이에 세존께서는 비구승가를 불러 모아 이 사실을 확인하고 [율의 제정과 송출]을 하셨다.

　　그런데 청신녀들이 부부로 방문하거나 아버지와 딸로, 아들과 어머니로, 할아버지와 손녀로, 손자와 할머니로, 시아버지와 며느리로, 사위와 시어머니로, 오빠와 여동생으로, 남동생과 누이로 방문하여 청법하였다. 비구들이 거부하자 "어찌 우리가 여인이라고 설법을 거부할 수 있단 말인가? 우리는 비가 오나 눈이 오나 홀로든 여럿이든 상관하지 않고 비구에게 음식을 대접하였거든 우리에게 어찌 이럴 수 있단 말인가? 비구들이 여인을 홀로 교화하지 않겠다면 여인 홀로 제공하는 음식을 받지 말아야 할 것이다."라고 분개하고 비난하였다. 또한 청신녀들이 홀로 승원을 방문하여 청법하였으나 비구들이 거부하자 "법을 배우려고 승원을 방문한 우리가 음탕한 여인이라면 밥을 얻으려고 마을을 방문하는 비구는 탐욕스러운 자란 말인가? 음탕한 존자 우다인의 허물을 전적으로 여인에게 뒤집어씌우는 것이 어찌 가능하단 말인가?"라고 분개하고 비난하였다. 이에 세존께서는 비구승가를 불러 모아 이 사실을 확인하고 동행인이 있는 여인의 교화를 허용하셨다. 그때 육군비구들은 세존의 말씀을 듣고 무지하고 어리숙한 남자나 어린 남자아이를 배석시켜 여인을 홀로 교화하였다. 비구들은 분개하고 비난하였다. 이에 세존께서는 비구승가를 불러 모아 이 사실을 확인하고 [율의 제정과 송출]을 확정하셨다.

【5.13】 양식 있는 남자의 동석을 제외하고 여인을 홀로 교화하면 참회하는 죄를 범하는 것이다.

조문의 해설 여기서 '양식 있는 남자'란 선한 말과 악한 말, 추악한 말과 추악하지 않은 말, 음탕한 말과 음탕하지 않은 말, 은밀한 말과 은밀하지 않은 말을 식별함에 능숙한 남자를 말한다.

제14조 여인과 동행하기

제정의 계기 세존께서 기원정사에 머물 무렵 어떤 비구가 지방에서 사왓티로 유행하고 있었다. 그가 어떤 마을 입구를 지날 때 어떤 여인이 사왓티로 동행을 요청하였고 그는 승낙하였다. 한참 길을 걷고 있는데 어떤 남자가 씩씩거리며 뒤쫓아 와 비구를 붙잡고 때리고 짓밟았다. 영문을 모르는 비구는 분노에 가득 차 어느 나무 아래에 주저앉았다. 여인은 남자에게 말했다. "여보, 저 수행자가 나를 당신과 싸우고 집에서 나오게 한 것이 아니오. 내가 저 수행자에게 부탁하여 길을 따라온 것이오. 저 수행자는 아무것도 하지 않았으니 가서 사과하시오." 이에 세존께서 비구승가를 불러 모아 그 사실을 확인한 후 **[율의 제정과 송출]**을 하셨다.

【5.14】 여인과 약속하고 동행하면, 마을과 마을 사이 거리만큼 갈 때마다, 참회하는 죄를 범하는 것이다.

제15조 비구니와 동행하기

제정의 계기 세존께서 기원정사에 머물던 무렵 어느 날 육군비구들이 비구니들과 미리 약속하고 같은 길을 동행하였다. 사람들은 "어찌 세속의 유부남과 유부녀처럼 비구들과 비구니들이 동행할 수 있단 말인가?"라고 분개하고 비난하였다. 이에 세존께서는 비구승가를 불러 모아 이 사실을 확인한 후 **[율의 제정과 송출]**을 하셨다. 그런데 다수의 비구와 비구니가 사케다에서 사왓티로 향하는 길을 가고 있었다. "존자들이여, 우리도 존자들과 함께 가겠습니다." "자매들이여, 비구니들과 미리 약속하고 동행할 수 없으니 그대들이 먼저 가거나 우리가 먼저 가야 합니다." "존자들이여, 존자들이 연장자이니 먼저 가십시오." 뒤에 따라오던 비구니들이 도중에 도적들에게 약탈당하고 능욕당했다. 이에 세존께서는 비구승가를 불러 모아 이 사실을 확인한 후 [율의 제정과 송출]을 확정하셨다.

【5.15】 위험한 지역을 제외하고 비구니와 약속하고 동행하면, 마을과 마을 사이 거리만큼 갈 때마다, 참회하는 죄를 범하는 것이다.

조문의 해설 위험한 지역을 벗어나면 따로 가야 하며, 마을이 없는 지역을 동행하면 반 요자나의 거리마다 참회하는 죄를 범하는 것이다.

조문의 판례 미리 약속하지 않고 동행하거나, 약속을 제안하였으나 약속 받지 않고 동행하거나, 미리 약속하였으나 약속을 어기고 길을 가면 무죄 이다.

제16조 비구니와 배 타기

제정의 계기 세존께서 기원정사에 머물던 무렵 어느 날 육군비구들이 비구니들과 미리 약속하고 같은 객선에 승선하였다. 사람들은 "어찌 세속의 유부남과 유부녀처럼 비구들과 비구니들이 같은 객선을 타고 상류로 가기도 하고 하류로 가기도 할 수 있단 말인가?"라고 분개하고 비난하였다. 이에 세존께서는 비구승가를 불러 모아 이 사실을 확인한 후 [율의 제정과 송출]을 하셨다. 그런데 다수의 비구와 비구니가 사케다에서 사왓티로 향하던 중에 강을 건너야 했다. 그들은 나루터에서 배를 기다리다가 서로 만나게 되었다. "존자들이여, 우리도 존자들과 함께 건너겠습니다." "자매들이여, 비구니들과 미리 약속하고 같은 배를 탈 수 없으니 그대들이 먼저 건너가십시오. 우리가 나중에 건너겠습니다." "존자들이여, 존자들이 연장자이니 먼저 건너가십시오." 나루터에 남은 비구니들이 나중에 도적들에게 약탈당하고 능욕당했다. 이에 세존께서는 비구승가를 불러 모아 이 사실을 확인한 후 [율의 제정과 송출]을 확정하셨다.

【5.16】 강을 가로질러 건너는 경우를 제외하고 비구니와 미리 약속하고 상류나 하류로 가는 배를 타면, 마을과 마을 사이 거리만큼 갈 때마다, 참회하는 죄를 범하는 것이다.

조문의 해설 강변에 마을이 있는 지역은 마을과 마을 사이 거리를 그리고 마을이 없는 지역은 반 요자나의 거리를 배가 지날 때마다 참회하는 죄를 범하는 것이다.

조문의 판례 미리 약속하지 않고 같은 배를 타거나, 약속을 제안하였으나 약속받지 않고 같은 배를 타거나, 미리 약속하였으나 약속을 어기고 배를 타면 무죄이다.

5.4 제17조~제20조 구행(口行)에 관한 조항들
제17조 거짓말

제정의 계기 세존께서 기원정사에 머물 무렵 '이교도들은 수단 방법을 가리지 않고 굴복시켜서 그들을 이겨야 한다.'라고 생각한 핫타까(Hatthaka) 비구는 이교도와 논쟁하면서 긍정한 것을 곧 부정하고, 부정한 것을 곧 긍정하고, 동문서답하고, 고의로 거짓말하고, 약속을 지키지 않았다. 이에 세존께서는 비구승가를 불러 모아 이 사실을 확인한 후 [율의 제정과 송출]을 하셨다.

【5.17】 알고서 거짓말하거나 거짓으로 동의하면 참회하는 죄를 범하는 것이다.

조문의 판례 생각이나 사려 없이 희롱하려고 농담으로 거짓말하거나, 이런 주제로 말하거나 말하려고 하다가 문득 성급하게 다른 주제로 거짓말 하는 경우는 무죄이다.

제18조 이간하는 말

제정의 계기 세존께서 기원정사에 머물 무렵 육군비구들은 청정한 비구들 을 서로 이간시켜 쟁론이나 다툼이나 싸움을 일으키게 하였다. 그것으로 인하여 아직 일어나지 않은 쟁론이나 다툼이나 싸움이 생겨났고, 이미 생 겨난 쟁론이나 다툼이나 싸움은 점점 커지고 증대되었다. 이에 세존께서 는 비구승가를 불러 모아 이 사실을 확인한 후 설법하고 [율의 제정과 송출] 을 하셨다.

【5.18】 이간하는 말을 하면 참회하는 죄를 범하는 것이다.

조문의 판례 1. 열 가지 개인의 특징으로, 이를테면, '①출생이나 ②성이 나 ③이름이나 ④말투 또는 어법이나 ⑤신체적 특징이나 ⑥질병이나, 출 가 전에 가졌던 ⑦기술이나 ⑧직업이나, 출가 전후에 ⑨저지른 범죄나 ⑩ 탐진치의 오염'[열 가지 개인의 특징]으로 상대들을 이간하거나 분열시키려 는 말을 하거나 상대들 가운데 일부에게 관심이나 사랑받으려는 말을 하 면 이간하는 말로 참회하는 죄를 범한 것이다. 그런데 이간하거나 분열시 키려는 의도가 없거나 관심이나 사랑받으려는 의도가 없으면 무죄이다.

　　2. 비구가 이간하는 대상들이 비구들이면 참회하는 죄를 범한 것이 나, 이간하는 대상들의 일부나 전부가 비구가 아닌 자들이면 실수죄를 짓 는 것이다.

제19조 나쁜 말

제정의 계기 세존께서 기원정사에 머물 무렵 육군비구들은 청정한 비구들 과 논쟁하면서 [열 가지 개인의 특징]으로 상대를 조롱하거나 멸시하거나 모

173

173

욕하는 나쁜 말을 하였다. 이에 세존께서는 비구승가를 불러 모아 이 사실을 확인한 후 설법하고 [율의 제정과 송출]을 하셨다.

멸시받은 황소 비구들이여, 옛날 딱까실라에 어떤 브라만이 살고 있었는데 그에게는 난디위살라(Nandivisāla)라는 우람한 황소가 있었다. 어느 날 황소가 "브라만이여, 나의 황소가 단단히 묶인 백 대의 수레를 끌 것이다, 라고 대부호와 일천 금을 걸고 내기하시오." 하고 브라만에게 말했다. 내기가 성사되어 단단히 묶인 백 대의 수레에 황소를 묶고 브라만은 이렇게 말했다. "뿔 잘린 자여, 끌어라. 뿔 없는 자여, 힘껏 끌어라." 비구들이여, 그러나 황소는 꿈적하지 않았고 브라만은 일천 금을 잃고 황소를 탓하면서 실의에 잠겼다. 황소가 말하였다. "왜 그대는 나를 뿔 잘린 자라거나 뿔 없는 자라는 말로 멸시하였소?" "그것은 오해요. 그대는 뿔이 잘리지도 않았고 뿔이 없지도 않았소. 인간들에게 뿔 잘린 소라거나 뿔 없는 소라는 말은 인간을 해치지 않는 선량한 소라는 좋은 말이오." "그렇다면 뜻과 표현이 일치되도록 하시오. 뜻과 표현이 달라 오해하게 하지 마시오." "그렇게 하겠소." "그렇다면, 브라만이여, 이번에 나의 황소가 단단히 묶인 백 대의 수레를 끌 것이다, 라고 대부호와 이천 금을 걸고 내기하시오." 내기가 성사되어 단단히 묶인 백 대의 수레에 황소를 묶고 브라만은 이렇게 말했다. "선량한 자여, 끌어라. 선량하고 훌륭한 자여, 힘껏 끌어라." 비구들이여, 그러자 황소는 백 대의 수레를 끌었고 브라만은 결과적으로 일천 금을 얻었다. 세존께서 게송을 읊으셨다.

친절하게 좋은 말 하라.
결코 불친절하게 나쁜 말 하지 말라.
멸시하는 나쁜 말 축생의 마음에도 들지 않았는데
조롱하는 나쁜 말 인간의 마음에는 어찌 들겠는가?
친절하게 좋은 말하는 자를 위하여
무거운 수레 끌고 일천 금을 얻게 하였나니

어찌 만족하지 않으리오.

【5.19】 매도하는 말이나 저주하는 말이나 나쁜 말을 하면 참회하는 죄를 범하는 것이다.

조문의 판례 1. [열 가지 개인의 특징]으로 상대를 조롱하거나 멸시하거나 모욕하는 나쁜 말을 하면 참회하는 죄를 범한 것이며, [열 가지 개인의 특징]으로 상대를 놀리려고 농담하는 말을 하면 실언죄(失言罪, dubbhāsita)를 범한 것이다. 여기서 부주의나 실수로 저지르는 잘못된 언행을 실언죄라고 한다.

　　2. 세존의 가르침이나 진리 또는 의미를 설명하기 위한 나쁜 말은 무죄이다.

제20조 때아닌 때 마을에서 하는 잡담

제정의 계기 세존께서 기원정사에 머물 무렵 어느 날 육군비구들은 때아닌 때에 마을 회관에 들어가 잡담했다. 사람들은 "어찌 비구들이 때아닌 때에 마을 회관에서 잡담한단 말인가? 저들은 우리와 다른 바가 무엇이란 말인가? 저들은 우리가 애써 농사지은 음식을 먹지 말고 스스로 농사지은 음식을 먹어야 하리라."라고 분개하고 비난하였다. 이에 세존께서 비구승가를 불러 모아 그 사실을 확인한 후 [율의 제정과 송출]을 하셨다. 그런데 몇 명의 비구들이 지방에서 사왓티로 오는 중에 해 질 무렵 어떤 마을에 도착하였는데 마을 사람들이 안전하게 마을 안으로 들어오라고 하였으나 세존의 말씀을 따라 그들은 마을 안으로 들어가지 않았다. 그들은 도적에게 약탈당하였다. 어느 때 동료 비구가 뱀에 물렸는데 비구가 마을에 들어가 도움을 요청하려고 했으나 세존의 말씀에 따라 마을에 들어가지 않았다. 이에 세존께서 비구들에게 [율의 제정과 송출]을 확정하셨다.

【5.20】위급하거나 위험한 경우를 제외하고 비구들의 허락을 구하지 않고 때아닌 때에 마을에 들어가서 잡담하면 참회하는 죄를 범하는 것이다.

조문의 판례 마을 안에 있는 비구 처소를 방문하거나 이교도의 숙소를 방문하거나 마을 사이를 가거나 마을을 통과하는 길을 가면 무죄이다.

5.5 제21조~제23조 군대에 관한 조항들
제21조 출정하는 군대 구경하기

제정의 계기 세존께서 기원정사에 머물 무렵 어느 날 빠세나디 국왕은 군대를 이끌고 전쟁터로 출정하였다. 이때 육군비구들이 출정하는 군대를 구경하러 갔다. 사람들은 "어찌 비구들이 군대의 출정을 구경할 수 있단 말인가? 우리는 어쩔 수 없이 가족 때문에 왔으나 군대의 출정은 우리에게도 이득이 없고 괴로운 일인데 어찌 그들은 이것을 구경한단 말인가?"라고 분개하고 비난하였다. 이에 세존께서는 비구승가를 불러 모아 이 사실을 확인한 후 [율의 제정과 송출]을 하셨다. 그런데 어떤 비구의 숙부가 군대에서 병들었고 비구의 방문을 간절히 요청하였다. 그러나 그 비구는 세존의 말씀으로 군대를 방문하기를 주저하였다. 이에 세존께서는 예외의 경우를 인정한 후 [율의 제정과 송출]을 확정하셨다.

【5.21】충분히 타당한 이유가 있는 경우를 제외하고 출정하는 군대를 구경하러 가서 보면 참회하는 죄를 범하는 것이다.

조문의 판례 승원에서 군대의 행진이 보이거나 비구가 있는 곳으로 군대가 오거나 길을 가고 있는데 군대의 행진과 마주치면 무죄이다.

제22조 군사훈련 구경하기

제정의 계기 세존께서 기원정사에 머물 무렵 어느 날 육군비구들은 군영

(軍營)에 머물면서 군사훈련, 군대 점호, 군대 행진, 군대 열병, 모의 전쟁 등을 구경하였다. 이에 세존께서는 비구승가를 불러 모아 이 사실을 확인한 후 [율의 제정과 송출]을 하셨다.

【5.22】 군사훈련이나 군대 열병 등을 구경하러 가서 보면 참회하는 죄를 범하는 것이다.

제23조 군대에 머물기

제정의 계기 세존께서 기원정사에 머물 무렵 어느 날 육군비구들은 볼일이 있어 군영에서 사흘이 지나도록 머물렀다. 사람들은 분개하고 비난하였다. 이에 세존께서는 비구승가를 불러 모아 이 사실을 확인한 후 [율의 제정과 송출]을 하셨다.

【5.23】 군대에 머물 이유가 있는 경우 사흘까지 머물되 초과하면 참회하는 죄를 범하는 것이다.[32]

5.6 제24조~제27조 재가자에 관한 조항들
제24조 약품의 수용

제정의 계기 세존께서 니그로다 원림에 머물 무렵 어느 날 카필라밧투 왕 마하나마는 세존께 비구승가를 4개월간 약품으로 초대를 요청하였고 세존께서는 허락하셨다. 4개월 후 마하나마는 세존께 비구승가를 추가로 4개월간 약품으로 초대를 요청하였고 세존께서는 허락하셨다. 다시 4개월 후 마하나마는 살아 있는 한 평생 비구승가를 약품으로 초대를 요청하였고 세존께서는 허락하셨다. 그때 육군비구들은 옷을 단정하게 입지 않고 다니자 마하나마가 "존자들이여, 왜 존자들은 옷을 잘못 입고 차림새가 형

---

32 본 조항과 【1.1】 살인 행위에 의거 비구를 양심적 병역 거부자라고 할 수 있는가?

편없습니까? 비구답게 옷을 바르게 입고 차림새가 단정해야 하지 않겠습니까?"라고 말하였다. 이에 육군비구들은 불쾌하여 마하나마에게 앙갚음할 방법을 강구하여 마하나마에게 다가가 말하였다. "벗이여, 한 통의 버터기름이 지금 필요합니다." "존자들이여, 오늘 하루만 기다리십시오. 하인들이 외양간에 가서 버터기름을 가지고 올 것입니다. 내일 아침에 가져가실 수 있습니다." 그러나 그들은 두 번째에도 세 번째에도 똑같이 말하였고 마하나마도 똑같이 대답하였다. 그러자 그들은 "벗이여, 그대는 초대하고도 주지 않다니 그대는 거짓으로 초대한 것입니까?"라고 말하고는 떠났다. 그러자 마하나마는 "어찌 이 존자들은 병들지도 않았으면서 오늘 하루도 기다리지 못한단 말인가?"라고 분개하고 비난하였다. 이에 세존께서는 비구승가를 불러 모아 이 사실을 확인한 후 [율의 제정과 송출]을 하셨다.

【5.24】 아픈 비구를 제외하고 약품의 초대를 4개월 초과하여 받거나 필요하지 않은 약품을 요청하면 참회하는 죄를 범하는 것이다.

조문의 해설 약품의 초대를 받은 비구가 아프거나 아프지 않거나 약품을 얻을 수 있는 기간을 4개월로 제한하며 초과하면 유죄이다. 그런데 아픈 비구는 4개월이 지나도 초대받은 곳에서 약품을 얻을 수 있다. 아픈 비구는 보시자가 원하는 기간 동안 보시자에게 약품을 얻을 수 있다.

조문의 판례 사용할 필요가 없는 약품을 요청하거나 필요한 약품 대신 다른 약품을 요청하면 유죄여서 참회하는 죄를 범하는 것이다.

제25조 거듭된 공사 요구

제정의 계기 세존께서 고시따승원에 머물던 무렵 존자 찬나를 후원하는 대신이 찬나 개인을 위한 큰 정사를 지었다. 그런데 찬나는 정사가 완성되었음에도 벽의 칠을 다른 색으로 다시 칠하게 하였다. 그리고 지붕을 다시 덮어 새 지붕으로 만들게 하였다. 당시 지붕의 재료로는 기와, 돌, 석회, 볏짚이나 건초, 나무나 나뭇잎을 사용하였다. 그렇게 하고도 정사가 마음에 들지 않았던 찬나는 반복하여 지붕을 다시 덮게 하여 결국 정사가 무너져 버렸다. 이에 세존께서는 비구승가를 불러 모아 이 사실을 확인하고 [율의 제정과 송출]을 하셨다.

【5.25】 후원자의 지지로 개인을 위한 큰 정사를 지을 때 지붕을 세 겹까지 덮을 수 있되 세 번을 초과하여 요청하면 참회하는 죄를 범하는 것이다.

제26조 허락 없이 가정집에 앉기

제정의 계기 세존께서 기원정사에 머물 무렵 어느 날 우빠난다는 어느 가정집을 방문하여 그 집의 안주인과 침실에 함께 앉았다. 그 집의 바깥주인이 침실로 들어와 함께 앉으며 부인에게 말했다. "존자께 음식을 드리시오." 음식을 다 먹자 바깥주인은 말했다. "존자여, 음식을 다 드셨으니 그만 가십시오." 그러자 부인은 남편이 자신과 부부 관계를 원한다고 생각하여 우빠난다에게 말했다. "존자여, 앉아 계십시오. 가지 마십시오." 그러자 남편이 다시 말했다. "존자여, 음식을 다 드셨으니 그만 가십시오." "존자여, 앉아 계십시오. 가지 마십시오." 그러자 남편이 세 번째 말했다. "존자여, 음식을 다 드셨으니 그만 가십시오." "존자여, 앉아 계십시오. 가지 마십시오." 우빠난다가 부인의 말을 따라 침실에 계속 앉아 있자 남편은 집 밖으로 나와 비구들을 찾아갔다. "존자들이여, 존자 우빠난다는 제 아내와 침실에 앉아서 저의 집을 떠나질 않습니다. 음식도 제공해 드렸고 저의 집을 떠나 달라고 세 번 요청하였으나 집을 떠나려 하지 않습니다. 우리는 바쁘고 할 일이 많습니다." 이에 세존께서는 비구승가를 불러 모아 이 사실을 확인한 후 [율의 제정과 송출]을 하셨다.

【5.26】 부부의 동의 없이 가정집에 들어가 자리에 앉거나 누우면 참회하는

죄를 범하는 것이다.

조문의 해설 여기서 '부부의 동의'란 남편의 동의와 부인의 동의를 말한다. 남편과 부인의 동의를 함께 얻지 못하면 가정집에 들어가더라도 앉지 않고 볼일을 보고 나와야 하며 남편과 부인의 동의를 얻어 앉았다고 하더라도 부부 가운데 한 명이라도 마음이 바뀌어 동의를 번복하면 계속 앉아 있지 않아야 한다.

제27조 선약 없이 궁 방문하기

제정의 계기 세존께서 기원정사에 머물 무렵 어느 날 빠세나디 국왕은 세존께 궁의 여인들을 교계할 수 있는 비구 한 분을 요청하였다. 세존께서는 아난다 존자에게 그 소임을 맡겼는데 아난다가 사전 예고 없이 궁에 들어갔다. 왕과 침실에 있던 왕비가 아난다 존자가 걸어서 들어오는 것을 보고 깜짝 놀라서 옷을 떨어뜨렸다. 아난다는 그길로 승원으로 돌아왔다. 이에 세존께서 비구승가를 불러 모아 그 사실을 확인하고 궁에 들어가는 것에 있는 열 가지 위험[33]을 설하신 후 [율의 제정과 송출]을 하셨다.

【5.27】 사전 예고 없이 궁의 문턱을 넘어서면 참회하는 죄를 범하는 것이다.

5.7 제28조~제39조 식사와 음식에 관한 조항들
제28조 때아닌 때의 식사

제정의 계기 세존께서 죽림정사에 머물 무렵 열일곱 명의 비구들은 걸식

---

33 비구가 궁에 출입하면 아홉 가지 의심을 사는 위험이 있으니, 왕비가 미소 지을 때, 궁의 여인이 임신할 때, 귀한 물건이 분실될 때, 궁의 은밀한 비밀이 누설될 때, 왕과 왕자가 갈등할 때, 낮은 계급의 사람이 갑자기 높은 자리로 옮길 때, 높은 계급의 사람이 갑자기 낮은 자리로 좌천될 때, 갑자기 군사를 일으킬 때, 갑자기 군사를 회군할 때 받는 의심이다. 그리고 마지막 열 번째로 궁에는 비구에게 어울리지 않는 갖가지 형상과 소리와 향기와 맛과 감촉의 위험이 있다.

을 마친 후 일주일간 열리는 산정축제에 구경 갔다. 축제를 개최한 사람들은 비구들을 목욕시키고 기름을 발라 주고 식사와 간식을 주었다. 그들은 음식을 가지고 승원으로 돌아왔다. 비구들은 그들이 때아닌 때에 음식을 먹은 것을 알고 비난하고 분개하였다. 이에 세존께서는 비구승가를 불러 모아 이 사실을 확인한 후 [율의 제정과 송출]을 하셨다.

【5.28】 약을 제외하고 때아닌 때에 음식을 먹으면 참회하는 죄를 범하는 것이다.

조문의 해설 '때아닌 때'란 정오부터 다음 날의 시작인 여명까지이다. 여명은 동틀 때이고 일출은 해 뜰 때이다. 여명과 일출 사이에 약 20~30분 간격이 있다. 아프거나 증상이 있을 때 약을 먹는 것은 예외이다. 그러나 정상이거나 건강할 때 자양으로 약을 먹는 것은 실수죄이다.

제29조 두 번 하는 식사

제정의 계기 세존께서 중각강당에 머물 무렵 어느 날 어떤 가난한 일꾼이 세존의 허락을 받아 비구들을 식사 초대하였다. 그는 고용주에게 임금을 넉넉하게 받고 주변 사람들의 도움을 받아 훌륭한 음식을 충분하게 준비하였다. 세존과 비구들을 대접하던 그에게 일부 비구들이 말하였다. "벗이여, 조금만 주시오." "존자들이여, 이 자는 가난한 일꾼이라고 생각하여 조금씩만 드시지 마십시오. 저는 단단한 음식과 부드러운 음식을 많이 준비했으니 원하시는 만큼 흡족하게 드십시오." "벗이여, 우리는 그러한 이유 때문이 아니라 다른 곳에서 미리 식사하고 왔습니다. 그래서 조금씩만 취하는 것입니다." 그러자 가난한 일꾼은 모멸감을 느끼고 분개하고 비난하였다. 이에 세존께서는 비구승가를 불러 모아 이 사실을 확인한 후 [율의 제정과 송출]을 하셨다. 그런데 요청된 식사와 다른 식사를 연이어 두 번 허용하는 경우는 아플 때, 옷을 받을 때, 요청받은 식사를 다른 비구에게 양도받을 때이다. 이에 세존께서는 비구승가를 불러 모아 모든 예외의 사실을 확인한 후 [율의 제정과 송출]을 확정하셨다.

【5.29】 병들었을 때, 옷을 받을 때, 요청된 식사를 양도받을 때를 제외하고 요청된 식사와 다른 식사를 연이어 두 번 하면 참회하는 죄를 범하는 것이다.

조문의 해설 '요청된 식사'란 미리 식사 초대를 허락받아 음식을 준비한 식사를 말한다. 요청된 식사가 아니고 걸식할 때는 정오까지 장소를 옮겨 가면서 음식을 먹을 수 있다.

제30조 무료 급식소의 음식

제정의 계기 세존께서 기원정사에 머물 무렵 어느 날 사왓티와 멀지 않은 곳에서 어떤 무리의 사람들이 무료 급식소를 마련하여 여행객이나 유행자나 어려운 사람들에게 음식을 제공하였다. 이날 육군비구들은 사왓티 시내에서 음식을 얻지 못하여 무료 급식소로 갔다. 사람들은 친절하고 정중하게 육군비구들을 대접하였다. 둘째 날도 셋째 날도 그들은 음식을 얻지 못하여 무료 급식소에서 식사했다. 셋째 날 식사 후 그들은 승원으로 돌아가지 않고 그곳에 눌러앉았다. 무료 급식소가 끝날 때까지 그들이 그곳에 머물자 다른 유행자들이 "무료 급식소의 음식은 모두를 위하여 마련된 것인데 어찌 저 비구들은 제 음식인 양 차지하고 매일 먹는가?"라고 불평하며 모두 떠나 버렸다. 이에 세존께서는 비구승가를 불러 모아 이 사실을 확인한 후 [율의 제정과 송출]을 하셨다.

그런데 존자 사리뿟따가 지방에서 사왓티로 돌아오는 중 어떤 무료 급식소에서 음식을 먹고 심한 복통과 배탈로 유행을 할 수 없었다. 무료 급식소 사람들이 존자께 음식을 제공하였으나 존자는 '무료 급식소에서는 한 번만 먹고 그 이상 먹지 말라.'는 세존의 말씀을 따라 음식을 받지 않았다. 몸이 회복되자 존자는 기원정사로 돌아와 비구들에게 이 사실을 말했다. 이에 세존께서는 비구승가를 불러 모아 이 사실을 확인한 후 [율의 제정과 송출]을 확정하셨다.

【5.30】 병든 비구를 제외하고 무료 급식소의 음식을 한 번만 먹되 초과하여 먹으면 참회하는 죄를 범하는 것이다.

제31조 식사 전후에 가정집 방문하기

제정의 계기 세존께서 죽림정사에 머물 무렵 어느 날 우빠난다는 자신을 후원하는 가정집에서 비구들과 함께 식사 초대받았다. 그런데 우빠난다는 그 지역의 다른 가정집을 다니면서 개인적인 볼일을 보고 있었다. 음식을 기다리고 있던 비구들은 시간이 되어도 우빠난다가 오지 않자 음식을 준비하는 사람들에게 말했다. "벗들이여, 시간이 되었으니 음식을 주십시오." "존자들이여, 조금만 더 기다려 주십시오. 존자 우빠난다가 곧 도착할 것입니다." 시간이 흘러도 그가 오지 않자 비구들은 두 번째 말했다. "벗들이여, 식사하는 때가 지나기 전에 음식을 주십시오." "존자들이여, 존자 우빠난다가 올 때까지 기다려 주십시오." 다시 시간이 흘러도 그가 오지 않자 비구들은 세 번째 말했다. "벗들이여, 식사하는 때가 얼마 남지 않았으니 음식을 주십시오." "존자들이여, 우리는 존자 우빠난다 때문에 음식을 준비한 것입니다. 기다려 주십시오." 식사할 수 있는 시간이 끝나 가는 대낮에 우빠난다가 도착하였다. 비구들은 식사를 제대로 하지 못하였다. 이에 세존께서는 비구승가를 불러 모아 이 사실을 확인한 후 [율의 제정과 송출]을 하셨다.

　식전에 가정집 방문을 금지하는 세존의 말씀에 따라 우빠난다는 식후에 가정집을 방문하였고 그러기 위하여 일찍 승원을 떠나 걸식하러 마을로 들어갔다. 그런데 어느 날 우빠난다를 후원하는 가정집에서 우빠난다와 비구들을 위하여 많은 음식을 승원으로 보냈다. 우빠난다가 승원에 없자 하인들은 "존자 우빠난다에게 보이고 비구승가에게 드리십시오."라고 주인의 전갈을 전하였다. 비구들은 세존께 여쭈었고 세존께서 말씀하셨다. 비구들이여, 그렇다면 우빠난다가 올 때까지 음식을 보관하라. 식사할 시간이 지나서 우빠난다가 돌아오자 음식은 버려졌고 음식을 기대하고 기다렸던 비구들은 때를 놓쳐 하루를 굶주렸다. 이에 세존께서는 비구승가를 불러 모아 이 사실을 확인한 후 [율의 제정과 송출]을 개정하셨다. 예외적인 경우가 일어나자 세존께서는 비구승가를 불러 모아 예외의 사실을 확인한 후 [율의 제정과 송출]을 확정하셨다.

【5.31】 환자를 위한 약을 구할 때, 옷을 받을 때, 옷 만드는 기간일 때를 제외하고 요청된 음식의 전후에 동행한 비구들의 허락 없이 가정집을 방문하면 참회하는 죄를 범하는 것이다.

제32조 요청된 식사에서 남겨지지 않은 음식

제정의 계기 세존께서 기원정사에 머물 무렵 어느 날 어떤 브라만이 비구들을 식사 초대하여 흡족하게 대접하였다. 비구들도 흡족하게 식사를 마쳤음에도 인근 가정집에서 씹을 간식거리나 정식 음식거리를 조금씩 얻어 씹으면서 정사로 돌아갔다. 이 사실을 나중에 알게 된 브라만은 비난하고 분개하였다. 이에 세존께서는 비구승가를 불러 모아 이 사실을 확인한 후 **[율의 제정과 송출]**을 하셨다. 그런데 어느 날 아픈 비구에게 제공된 훌륭한 음식을 아픈 비구가 제대로 먹지 못하자 비구들은 세존의 말씀대로 먹지 않고 버렸다. 그리고 큰 새와 까마귀 떼들이 버려진 음식을 먹으면서 시끄럽게 울어 대자 세존께서 그 사실을 알게 되었다. 이에 세존께서는 비구승가를 불러 모아 이 사실을 확인한 후 **[율의 제정과 송출]**을 확정하셨다.

【5.32】 다른 비구가 남긴 음식을 제외하고 요청된 식사 후 요청된 식사에서 남겨지지 않은 음식을 씹거나 삼킨다면 참회하는 죄를 범하는 것이다.

제33조 요청된 식사에서 남겨지지 않은 음식 먹이기

제정의 계기 세존께서 기원정사에 머물 무렵 어떤 두 비구가 지방에서 사왓티로 향하여 오고 있었다. 유행 중에 두 비구 가운데 한 비구가 비행을 저지르자 다른 비구가 그를 질책하였다. 그러자 비행을 저지른 첫째 비구는 마음이 불쾌하였다. 사왓티에 이르러 둘째 비구는 어떤 무리의 사람들이 초대하는 차별 없이 베푸는 음식을 먹었다. 첫째 비구는 친척 집에서 식사하고 맛있는 음식을 따로 챙겨 둘째 비구에게 권하였다. 둘째 비구는 식사를 충분히 먹었다고 거절했으나 집요하게 강요하는 첫째 비구에 의하여 어쩔 수 없이 음식을 먹게 되었다. "벗이여, 그대는 잘못을 저질렀습니다. 그대는 남겨지지 않은 음식을 먹었습니다." "벗이여, 그 음식이 남겨지지 않은 음식이라고 알려야 하지 않습니까?" "벗이여, 그 음식을 먹기 전에 물어보아야 하지 않겠습니까?" 이 사실이 비구들에게 알려졌다. 이에 세존께서는 비구승가를 불러 모아 이 사실을 확인한 후 [율의 **제정과 송출**]을 하셨다.

【5.33】 남겨지지 않은 음식 먹기 죄를 범하기를 기대하면서 식사 후 어떤 비구에게 남겨지지 않은 음식을 고의로 제공하여 그가 먹으면 음식을 제공한 비구는 참회하는 죄를 범하는 것이다.

제34조 간식

제정의 계기 세존께서 기원정사에 머물 무렵 청정한 믿음을 지닌 청신녀가 있었다. 그녀에게는 까나(Kāṇā)라는 결혼한 딸이 있었는데 어느 날 딸은 볼일이 있어 어머니 집을 방문하였다. 날짜가 지나자 까나의 남편은 "까나여, 오시오. 나는 그대가 오기만을 기다립니다."라고 심부름꾼을 통하여 전갈을 보내왔다. 까나의 어머니는 딸을 빈손으로 보낼 수 없다고 생각하여 맛있는 과자를 만들었다. 그때 어떤 비구가 방문하여 과자를 얻어 갔다. 그 비구는 다른 비구에게 말하여 다른 비구도 과자를 얻어 갔고 다른 비구는 또 다른 비구에게 말하여 또 다른 비구도 과자를 얻어 갔다. 이렇게 하자 준비된 과자가 없어졌다. 그래서 딸을 보내지 못했다. 두 번째도 까나의 남편 전갈을 받고 과자를 준비하였으나 비구들이 모두 얻어 갔다. 세 번째 까나의 남편은 "까나여, 오시오. 나는 그대가 오기만을 기다립니다. 만약 이번에도 오지 않으면 나는 다른 아내를 데려오겠습니다."라는 전갈을 보내왔다. 이번에도 까나의 어머니는 딸을 빈손으로 보낼 수 없다고 생각하여 맛있는 과자를 만들었으나 역시 비구들이 모두 얻어 가서 딸을 보내지 못했다. 그리고 남편이 다른 아내를 데리고 왔다는 소식을 듣고 까나는 울고 있었다. 이때 세존께서 까나의 어머니 집을 방문하여 그 사실을 들었다.

어떤 대상이 도시를 출발하여 지방으로 떠날 채비를 하고 있었다. 그런데 어떤 비구가 걸식하려고 그 대상에게 다가가자 어떤 청신사가 자신의 여행 양식인 미숫가루를 주었다. 그 비구는 다른 비구에게 말하여 다른 비구도 미숫가루를 얻어 갔고 다른 비구는 또 다른 비구에게 말하여 또 다른 비구도 미숫가루를 얻어 갔다. 이렇게 하자 준비된 미숫가루가 없어졌다. 그 청신사는 대상의 우두머리에게 여행 양식을 준비하도록 시간의 말미를 달라고 하였으나 대상은 떠났다. 그는 여행 양식을 마련하여 대상을 쫓아갔으나 중간에 도둑들에게 약탈당했다. 사람들은 분개하고 비난하였다. 이에 세존께서는 비구승가를 불러 모아 이 사실을 확인한 후 [율의 제정과 송출]을 하셨다.

【5.34】 받은 간식은 비구들과 나누어야 하며 간식을 세 그릇까지 채워서 받을 수 있되 초과해서 받으면 참회하는 죄를 범하는 것이다.

조문의 해설 '나누어야 하며'란 과자나 미숫가루 같은 간식을 얻어서 승원으로 돌아와서 비구들과 분배하는 것을 말한다. 그리고 비구들에게 "나는 그곳에서 세 그릇을 채워서 얻었으니 그곳에서 더 이상 받지 마시오."라고 말해 주어야 한다. 말하지 않으면 실수죄이고, 말해도 그곳에서 더 얻는다면 참회하는 죄를 범하는 것이다.

제35조 저장한 음식

제정의 계기 세존께서 죽림정사에 머물 무렵 아난다의 아사리인 존자 벨라타시사(Bellaṭṭhasisa)가 오랜만에 걸식 가면서 기원정사를 들렀다. 그는 숲속에 살고 있었는데 그곳에서 밥을 말려서 저장한 뒤 물에 적셔서 먹었다. 비구들이 물었다. "벗이여, 그대는 왜 오랜만에 걸식합니까? 그대는 저장해 둔 음식을 먹은 것입니까?" "벗들이여, 그렇습니다." 이에 세존께서는 비구승가를 불러 모아 이 사실을 확인한 후 [**율의 제정과 송출**]을 하셨다.

【5.35】 약을 제외하고 저장한 음식을 먹으면 참회하는 죄를 범하는 것이다.

제36조 맛있는 음식의 부탁

제정의 계기 세존께서 기원정사에 머물 무렵 육군비구들은 마을의 가정집에 자신들을 위해서 맛있는 음식을 부탁하여 먹었다. 사람들이 분개하고 비난하였다. 이에 세존께서는 비구승가를 불러 모아 이 사실을 확인한 후 [**율의 제정과 송출**]을 하셨다.

【5.36】 아픈 비구를 제외하고 자신을 위하여 맛있는 음식을 부탁하여 먹으면 참회하는 죄를 범하는 것이다.

조문의 해설 여기서 '맛있는 음식'이란 버터기름, 신선한 버터, 기름, 꿀, 당밀(설탕류), 물고기, 육고기, 우유, 응유 등의 음식으로 비싸고 귀한 음식을 말한다. 아픈 비구가 남긴 음식을 먹는 것은 무죄이며, 남을 위하여 맛있는 음식을 부탁하여 남이 그 음식을 먹는 것은 무죄이다.

제37조 주지 않은 음식

제정의 계기 세존께서 중각강당에 머물 무렵 완전한 분소의를 입고 숲속 무덤가에 살고 있던 어떤 비구는 걸식을 싫어하여 무덤이나 당산나무 밑이나 탑묘나 사당에 바친 음식을 스스로 찾아서 먹었다. 사람들은 비난하고 분개하였다. 이에 세존께서는 비구승가를 불러 모아 이 사실을 확인한 후 [**율의 제정과 송출**]을 하셨다. 그런데 세존의 말씀이 전해지자 비구들은 양치질을 위한 물과 버들가지조차도 스스로 취하여 입에 넣는 것을 꺼렸다. 이에 세존께서는 비구승가를 불러 모아 양치질을 위한 물과 버들가지를 허용한 후 [**율의 제정과 송출**]을 확정하셨다.

【5.37】 양치질을 위한 물과 버들가지를 제외하고 주지 않은 음식을 입에 넣으면 참회하는 죄를 범하는 것이다.

제38조 술

제정의 계기 세존께서 꼬삼비에서 존자 사가따(Sāgata)가 술에 취해 있는 모습을 보고 비구승가를 불러 모아 [**율의 제정과 송출**]을 하셨다.

【5.38】 곡주나 과일주나 술을 마시면 참회하는 죄를 범하는 것이다.

조문의 판례 음식에 섞여 있는 술을 마시는 것은 무죄이다.

제39조 외도 출가자나 재가자에게 음식 주기

제정의 계기 세존께서 중각강당에 머물 무렵 승가에 간식거리가 넘쳤다. 아난다가 세존께 그 사실을 말씀드리자 세존께서 말씀하셨다. 아난다여, 그렇다면 외도 유행자들에게 과자를 만들어서 나누어 주어라. 아난다는 세존의 말씀에 따라 한 줄로 앉은 외도 유행자들에게 과자를 나누어 주었다. 이러한 일은 몇 차례 반복되었다. 과자를 받은 외도 유행자들은 서로 대화하였다. "저 비구는 그대의 애인인가? 어찌 그대의 과자는 우리 것보다 큰 것인가?" "저 비구는 나의 애인이 아닙니다. 큰 과자가 나에게 배당되었을 뿐입니다." 다른 외도 유행자들도 서로 대화하였다. "벗이여, 어디서 큰 과자 덩어리를 얻었는가?" "벗이여, 고따마 대머리 장자가 만든 무료 급식소에서 얻었습니다." 세존을 폄하하는 그들의 대화를 들은 청신사들이 세존을 뵙고 이 사실을 말씀드렸다.[34] 이에 세존께서는 비구승가를 불러 모아 [율의 제정과 송출]을 하셨다.

【5.39】 외도 출가자나 재가자에게 음식이나 옷을 손수 주면 참회하는 죄를 범하는 것이다.

5.8 제40조~제47조 일상생활에 관한 조항들
제40조 방사의 청소

제정의 계기 세존께서 기원정사에 머물던 무렵 열일곱 명의 비구들이 무리를 지어 함께 머물다가 알리지도 않고 떠났다. 그들은 자신들이 머물던 방사나 처소에 잠자리를 펼쳐 놓고 정돈하지 않고 청소도 하지 않고 떠났다. 이에 세존께서는 비구승가를 불러 모아 이 사실을 확인하고 [율의 제정과 송출]을 하셨다.

【5.40】 머물던 방사나 처소를 떠날 때 잠자리를 펼쳐 두거나 정리 정돈하지 않거나 청소하지 않으면 참회하는 죄를 범하는 것이다.

제41조 승가물의 노천 방치

---

[34] 율을 제정하는 계기에 청신사가 직접 제안한 첫 사례가 되며 간접적이지만 세존께서 연루된 첫 사례이다.

제정의 계기 세존께서 기원정사에 머물던 무렵 비구들이 노천에 승가 소유의 와구, 좌구, 깔개 등의 승가물(僧伽物)을 펼쳐 놓고 일광욕하다가 떠날 때 거두거나 거두게 하지 않고 떠났다. 그래서 승가물이 눈비에 젖었다. 이에 세존께서는 비구승가를 불러 모아 이 사실을 확인하고 [율의 제정과 송출]을 하셨다.

【5.41】 승원을 떠날 때 승가 소유의 침상, 의자, 매트, 깔개 등을 노천에 펼쳐 두고 거두지 않으면 참회하는 죄를 범하는 것이다.

조문의 해설 비가 내리지 않는 기간 동안 승가물을 처마 아래나 천막 또는 새똥을 피할 수 있는 나무 아래에 존치하는 것은 허용한다.

조문의 판례 햇볕에 말리는 동안만 떠나 있는 것은 무죄이며, 노천에 펼쳐 둔 승가물을 다른 비구나 존재들이 점유해 버린 경우는 무죄이다.

제42조 솜 씌운 침상과 의자

제정의 계기 세존께서 기원정사에 머물 무렵 육군비구들은 솜을 씌운 침상과 의자를 사용하였다. 어느 날 사람들이 승원을 돌아다니다가 이것을 보고 분개하고 비난하였다. 이에 세존께서는 비구승가를 불러 모으게 하고 사실을 확인 후 [율의 제정과 송출]을 하셨다.

【5.42】 솜을 씌운 침상이나 의자 또는 소파를 사용하면, 솜을 뜯어내야 하고, 참회하는 죄를 범하는 것이다.

제43조 옷의 괴색 처리

제정의 계기 세존께서 기원정사에 머물 무렵 사케다에서 사왓티로 유행하던 비구들이 도적들에게 약탈당한 적이 있었다. 왕의 군사들이 도적들을 체포하였고 비구들에게 약탈당한 옷을 찾아가라는 전갈을 보냈다. 그런데 정작 비구들이 자기 옷을 분간하지 못하였다. 이에 군사들은 "목숨 걸고 찾아 주었건만 어찌 자기의 옷을 분간하지 못한단 말인가?"라고 분개하고 비난하였다. 이에 세존께서 비구승가를 불러 모아 그 사실을 확인한 후 [율의 제정과 송출]을 하셨다.

【5.43】청색, 진흙색, 흑갈색 가운데 한 가지 색으로 괴색 처리하지 않고 옷을 착용하면 참회하는 죄를 범하는 것이다.

조문의 해설 1. '청색'은 푸른색이며, '진흙색'은 흙탕물 색이며, '흑갈색'은 짙은 갈색이며, 세 가지 색을 '괴색(壞色)'이라고 한다. 세 가지 색 가운데 한 가지 이상의 색으로 풀 끝만큼이라도 옷을 염색하거나 칠을 하거나 풀 끝만 한 괴색의 천이라도 옷에 덧대어 꿰매는 것을 '괴색 처리'라고 한다. 이렇게 괴색 처리한 부분이 낡아서 없어졌거나 떨어져 나간 옷을 착용하는 것은 무죄이다.

  2. 본 조문은 분소의에 해당하지 않는다. 왜냐하면 괴색 처리하지 않은 분소의를 만드는 것이 가능하지 않기 때문이다. 일반인이 착용하지 않는 분소의는 비구들에게 양도하여 처리하면 되므로 군사들이 비구들을 비난할 일은 아니다. 그렇다면 군사들이 비구들에게 비난한 옷은 분소의가 아니라 일반인 옷이다. 비구들이 일반인 옷을 하의나 상의로 착용한 것으로 추정한다. 하의나 상의로 착용한 일반인 옷은 괴색 처리하여 착용하라는 것이 본 조문의 취지이다.

  3. 괴색의 혼합으로 만들 수 없는 색, 예를 들어, 순백색, 순홍색, 순흑색 옷은 착용 전에 반드시 괴색 처리하여야 한다. 그러나 푸른색 계통의 색, 황토색 계통의 색 또는 비 오는 날 흙탕물(흙탕물 색은 지역마다 다름) 계통의 색, 갈색 계통의 색 옷은 이미 괴색 처리된 옷으로 착용하여도 무죄이다. 여기서 회색은 전통 방식으로 흰 천을 먹물에 염색한 것으로 취급

하면 괴색 처리 후 착용하여야 무죄가 된다.[35]

제44조 상아 바늘집

제정의 계기 세존께서 니그로다승원에 머물 무렵 어느 날 비구들이 상아로 물건을 만드는 상아 공예사의 초대를 받았다. 그는 비구들에게 바늘집을 제공하겠다고 말하였다. 그런데 그때 비구들이 분수를 알지 못하고 너무 많은 바늘집을 요청하였다. 상아 공예사는 비구들의 바늘집을 만드느라고 다른 물건을 만들 시간이 없었고 생계가 어려워지고 처자들이 곤경에 처하였다. 이에 세존께서는 비구승가를 불러 모으게 하고 사실을 확인 후 [**율의 제정과 송출**]을 하셨다.[36]

【5.44】 상아나 뿔이나 뼈로 만든 바늘집을 만들거나 만들게 하여 가지면, 그것을 부수어 버려야 하고, 참회하는 죄를 범하는 것이다.

제45조 비구 아닌 남자와의 동숙

제정의 계기 세존께서 악갈라바 탑묘에 머물 무렵 어느 날 많은 재가자가 세존의 설법을 듣기 위하여 왔다. 설법이 끝나자 장로비구들은 각자의 개인 거처로 돌아갔으나 일부 신참비구들은 탑묘의 휴게소에서 청신사들과 동숙하였다. 그런데 신참비구들은 사띠를 잃어버리고 알아차리지 못한 채 코를 골거나 이를 갈거나 잠꼬대하거나 몸부림치면서 벌거벗고 잠을 잤다. 함께 잠을 잤던 청신사들은 분개하고 비난하였다. 이에 세존께서는 비구승가를 불러 모아 이 사실을 확인하고 [**율의 제정과 송출**]을 하셨다.

세존께서 악갈라바 탑묘를 떠나 꼬삼비의 바다리까(Badarikaārāma)

---

35 대한불교조계종에서 사용하는 대가사의 색은 일부 비구가 20세기 중후반 무렵 문헌을 참고하여 청색, 홍색, 흑색을 적절히 섞어서 만든 것으로 괴색 처리한 것이다.

36 솜 씌운 침상이나 의자와 마찬가지로 상아나 뿔이나 뼈로 만든 바늘집은 승가도 소유하지 못하므로 반납하지 않는다. 대신 솜을 뜯어내고 (다리 높이를 규격에 맞추어) 사용하며 바늘집은 부수어 버린다.

승원에 도착하셨다. 세존과 함께 유행하던 라훌라(Rāhula) 존자는 아직 사미로서 이전까지는 비구들의 거처에서 환영받았으나 이제부터는 비구의 처소에서 환영받지 못하였다. 비구들은 "벗이여 라훌라여, 그대는 잠자는 곳을 알아보시오."라고 라훌라에게 말하였다. 라훌라는 승원에서 잠잘 곳이 마땅하지 않자 변소에서 밤을 지냈다. 아침 일찍 세존께서 변소에 다가가 기침하였는데 라훌라도 변소 안에서 기침하였다. 세존께서 말씀하셨다. 누가 있는가? "세존이시여, 제가 있습니다. 라훌라입니다." 라훌라여, 왜 여기에 앉아 있는가? 라훌라는 세존께 그 사실을 알려 드렸다. 이에 세존께서는 비구승가를 불러 모아 [율의 제정과 송출]을 확정하셨다.

【5.45】 비구 아닌 남자와 이어서 사흘까지 동숙하되 사흘을 지나서 동숙하면 참회하는 죄를 범하는 것이다.

조문의 판례 1. 비구 아닌 남자와 이어서 사흘까지 동숙하되 나흘이 되는 날 석양이 진 이후에 비구와 비구 아닌 남자 둘 중에 어느 한쪽이 잠시라도 누워 있으면 유죄로 참회하는 죄를 범한 것이며, 비구와 비구 아닌 남자가 모두 앉아 있으면 무죄이다. 여기서 사흘 밤이 다 지나가기 전 즉 여명 전에 동숙하는 장소를 떠났다가 여명 이후에 다시 돌아와 동숙하면 이어서 사흘까지 무죄이다.

　　2. 지붕이나 벽이 부분적이라도 덮여 있지 않거나 둘러싸이지 않고 칸막이가 되어 있는 장소에서 동숙하면 실수죄이다.

제46조 목욕하기

제정의 계기 세존께서 죽림정사에 머물 무렵 어느 날 비구들이 따뽀다 온천에서 목욕하고 있었는데 빔비사라 왕은 비구들이 목욕을 마칠 때까지 한쪽에서 기다렸다. 그러나 비구들은 개의치 않고 어두울 때까지 목욕하여 왕은 때아닌 때에 머리를 감고 아침 일찍 세존을 뵙고 이 사실을 말씀드렸다. 이에 세존께서 비구승가를 불러 모아 그 사실을 확인한 후 [**율의 제정과 송출**]을 하셨다. 그런데 보름마다 목욕하라는 세존의 말씀대로 실행하다가 불편한 경우가 발생하였는데 이런 경우는 모두 예외로 인정하였다. 여름의 첫 한 달과 마지막 한 달 반은 땀을 많이 흘려 목욕하는 경우, 아픈 비구가 땀을 많이 흘려 목욕하는 경우, 승원에서 해야 할 일을 하여 땀을 많이 흘려 목욕하는 경우, 유행하여 땀을 많이 흘려 목욕하는 경우, 흙먼지가 일고 빗방울이 떨어져 목욕하는 경우, 자주 목욕하는 변방에 사는 경우는 예외이다. 이에 세존께서는 비구승가를 불러 모아 모든 예외의 사실을 확인한 후 [**율의 제정과 송출**]을 확정하셨다.

【5.46】 예외의 경우를 제외하고 보름마다 목욕하되 보름을 채우기 전에 목욕하면 참회하는 죄를 범하는 것이다. 예외의 경우는 여름의 첫 한 달과 마지막 한 달 반의 경우, 아픈 경우, 일한 경우, 유행하는 경우, 흙먼지가 일고 빗방울이 떨어지는 경우, 변방에 사는 경우이다.

제47조 물놀이하기
제정의 계기 세존께서 기원정사에 머물 무렵 어느 날 열일곱 명의 비구들이 강에서 물놀이한 것이 알려지게 되었다. 이에 세존께서 비구승가를 불러 모아 그 사실을 확인한 후 [**율의 제정과 송출**]을 하셨다.

【5.47】 물놀이하면 참회하는 죄를 범하는 것이다.

5.9 제48조~제53조 비구니에 관한 조항들
제48조 비구니승가의 교계
제정의 계기 세존께서 기원정사에 머물던 무렵 비구승가에 의하여 비구니 교계사로 선임된 장로비구들이 차례대로 돌아가면서 정기적으로 또는 예정된 일정에 따라 비구니승가를 교계하였다. 이러한 관례는 다섯째 우기를 지나고 비구니승가가 성립된 직후부터 정립되었다. 세존께서 비구니승가를 성립한 직후 웨살리의 중각강당에서 비구니승가를 교계하는 교계사의 선출과 자격 요건을 말씀하셨고 비구들은 그것을 그대로 실천해 오고 있었다. 그런데 이 무렵 비구니승가를 교계한 장로비구가 비구니승가한테서 필수품을 답례로 받는 것을 목도한 육군비구들이 필수품을 얻고자 비구니승가를 교계하였다. 그들은 앞부분만 조금 법문하고 나머지 시간 동안 세속적인 이야기를 하였다. 이에 비구니들은 "어찌 저들 비구들은 헛소리만 하고 준비된 필수품을 가져간단 말인가?"라고 분개하고 비난하였고 이 사실을 세존께 직접 알렸다. 한편 비구들은 "어찌 비구승가에서 교계사로 선임을 받지 않고 비구니승가를 교계할 수 있단 말인가?"라고 분개하고 비난했다. 세존께서는 비구승가를 불러 모아 이 사실을 확인하고 비구승가가 백사갈마를 통하여 비구니승가를 교계하는 교계사를 선임하는 것을 재차 허용한 후 [**율의 제정과 송출**]을 하셨다.

그러자 육군비구들은 결계 밖으로 나가서 자기들끼리 백사갈마를 통하여 서로서로 교계사로 선임하고 비구니승가를 계속 교계하였다. 이번에도 그들은 앞부분만 조금 법문하고 나머지 시간 동안 세속적인 이야기를 하였다. 이에 비구니들은 "어찌 저들 비구들은 헛소리만 하고 준비된 필수품을 가져간단 말인가?"라고 분개하고 비난하였고 이 사실을 세존께 직접 알렸다. 한편 비구들은 "어찌 원칙에 입각하지 않은 갈마로 비구니승가 교계사를 선임할 수 있단 말인가?"라고 분개하고 비난했다. 세존께서는 비구승가를 불러 모아 이 사실을 확인하고 승가의 선임을 받을 수 있는 비구니승가 교계사가 갖추어야 할 자격 요건을 재차 말씀하신 후 [**율의 제정과 송출**]을 확정하셨다.

【5.48】 원칙에 입각한 승가의 선임을 받지 않고 비구니승가를 교계하면 참회하는 죄를 범하는 것이다.

조문의 해설 원칙에 입각한 승가의 선임을 받은 비구가 비구니승가에게 하는 교계를 의지하여 공부와 범행을 닦아 가는 비구니들 가운데 어떤 한 명이나 두세 명이나 여러 명의 비구니가 의문이나 의심이 있어 추가적인 교계가 필요한 경우에 어떤 비구든지 비구니가 원한다면 교계할 수 있다. 이런 경우는 무죄이다. 한 명이나 두 명의 비구니가 세존께 찾아뵙고 설법을 청하여 듣는 사례, 비구와 비구니가 문답하는 사례, 세존께서 비구니에게 설법할 내용을 많은 비구에게 설하여 비구가 그 내용을 비구니에게 전하게 하는 사례가 이런 경우이다.

제49조 일몰 후의 교계

제정의 계기 세존께서 기원정사에 머물던 무렵 비구승가에 의하여 비구니 교계사로 선임된 장로비구들이 순차적으로 비구니승가를 교계하였는데 어느 날 한때 '바보 빤타까'로 놀림 받던 쭐라빤타까(Cūḷa-Panthaka) 존자의 차례가 되었다. 비구니들은 "오늘은 교계가 신통치 않을 것이다. 존자 쭐라빤타까는 한 문장만 반복하고 또 반복할 것이기 때문이다."라고 말하면서 성문 밖 설법 장소에 도착하여 존자의 일행을 기다렸다. 존자는 게송으로 설법하였다.

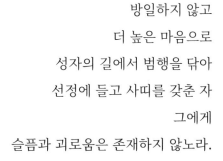

방일하지 않고
더 높은 마음으로
성자의 길에서 범행을 닦아
선정에 들고 사띠를 갖춘 자
그에게
슬픔과 괴로움은 존재하지 않노라.

이 게송을 들은 몇몇 비구니들이 "우리가 말한 그대로야. 오늘은 교계가 정말 신통치 않아. 존자는 진짜 한 문장밖에 설할 줄 모르네. 너무해."라고 소곤거렸다. 소곤거리는 대화를 들은 존자는 공중으로 올라가 허공을 걷기도 하고 앉기도 하고 눕기도 하고 화염을 뿜기도 하고 연기를 내기도 하고 사라지기도 하고 여럿으로 나투기도 하면서 설법하였는데 한 문장으로 된 설법부터 매우 긴 설법까지 다양한 설법을 해가 진 후 밤늦게까지 하였다. 비구니들은 "참으로 놀라운 교계입니다. 예전에는 없었던 교계입니다. 존자 쭐라빤타까처럼 신통한 교계는 없었습니다. 참으로 신통한 교계입니다."라고 놀라워하였다.

그런데 밤이 늦어 성문이 닫혀 비구니들은 승원으로 돌아가지 못하고 성문 밖에서 머물다가 아침이 되어 성안으로 들어갔다. 이 모습을 본 사람들이 "어찌 비구니들이 청정한 삶을 영위하지 않고 성 밖 숲속에서 밤을 지내고 이른 아침에야 거처로 돌아온단 말인가?"라고 분개하고 비난했다. 한편 비구들은 "어찌 존자 쭐라빤타까가 일몰 후 밤늦게까지 비구니승가를 교계하여 비구니가 거처로 돌아가지 못하게 하였단 말인가?"라고 분개하고 비난했다. 이에 세존께서는 비구승가를 불러 모아 이 사실을 확인한 후 [율의 제정과 송출]을 하셨다.

【5.49】 원칙에 입각한 승가의 선임을 받고 비구니승가를 교계하되 일몰 후 밤늦게까지 교계하여 비구니가 거처로 돌아가지 못하면 참회하는 죄를 범하는 것이다.

제50조 비구니 처소에서의 교계

제정의 계기 세존께서 니그로다 원림에 머물던 무렵 육군비구들이 비구니 처소에 찾아가 여섯 무리의 비구니를 교계하였다. 비구니들이 "어찌 비구가 비구니 처소를 찾아와 비구니를 교계할 수 있단 말인가?"라고 분개하고 비난했다. 이에 세존께서는 비구승가를 불러 모아 이 사실을 확인한 후 [율의 제정과 송출]을 하셨다.

그런데 그때 마하빠자빠띠 고따미 장로비구니가 병들었다. 세존께서 아침 일찍 장로비구니를 찾아가서 병문안하셨다. 고따미여, 그대는 참을 만합니까? 견딜 만합니까? "세존이시여, 저번에는 장로비구들이 저를 찾아와 가르침을 설해 주어 참을 만하였고 견딜 만하였습니다. 그러나 이번에는 세존께서 비구니 처소에서 하는 교계를 금지하였기에 장로비구들이 가르침을 설해 주지 않아 참을 만하지 못하였고 견딜 만하지 못하였습니다." 세존께서는 장로비구니를 위하여 설법하시고 돌아가 비구승가를 불러 모아 [율의 제정과 송출]을 확정하셨다.

【5.50】 병든 비구니의 경우를 제외하고 비구니 처소에 찾아가 비구니를 교계하면 참회하는 죄를 범하는 것이다.

제51조 비구니에게 옷 주기

제정의 계기 세존께서 기원정사에 머물던 무렵 어느 날 어떤 비구가 늘 가던 마을의 가정집으로 걸식을 가는데 같은 방향으로 자주 가는 비구니를 만나서 "자매여, 먼저 가십시오. 그곳에 음식이 준비되어 있을 것입니다."라고 말했다. 다른 날 그 비구니는 "존자여, 먼저 가십시오. 그곳에 음식이 준비되어 있을 것입니다."라고 말하였다. 그들은 자주 보면서 친구가 되었다. 그러던 어느 날 비구니승가를 교계하는 장소에서 비구들에게 옷을 분배하였는데 그 비구니가 그곳에 와서 그 비구를 찾아 가까이 다가가 인사하고 한쪽으로 물러섰다. "자매여, 이것은 나의 몫으로 받은 옷인데 받으시오." "존자여, 감사합니다. 그렇지 않아도 저의 옷이 많이 낡았습니다." 그 비구가 여전히 낡은 옷을 입고 있는 것을 보고 비구들이 그 연유를 알게 되자 "어찌 비구가 비구니에게 옷을 준단 말인가?"라고 분개하고 비난했다. 이에 세존께서는 비구승가를 불러 모아 이 사실을 확인한 후 [율의 제정과 송출]을 하셨다. 그런데 그때 비구니들과 물물교환하던 비구들이 비구니에게 옷을 받고도 옷을 주지 않자 비구니들이 "어찌 옷을 받고도 주지 않는가?"라고 분개하고 비난하였다. 이에 세존께서는 비구승가를 불러 모아 이 사실을 확인한 후 비구, 비구니, 식차마나, 사미, 사미니의 다섯 무리가 서로서로 물물교환하는 것을 허용하고 [율의 제정과 송출]을 확정하셨다.

【5.51】 물물교환을 제외하고 친척 아닌 비구니에게 옷을 주면 참회하는 죄를 범하는 것이다.

조문의 해설 여기서 '물물교환'이란 (치수가) 작은 것을 주고 큰 것을 받거나 큰 것을 주고 작은 것을 받거나 비슷한 것을 주고받는 것과 이 필수품을 주고 저 필수품을 받거나 저 필수품을 주고 이 필수품을 받는 것을 말한다.

조문의 판례 비구니에게 옷을 잠시 주고 돌려받는 것은 무죄이며, 옷 이외의 다른 필수품을 주는 것은 무죄이다.

제52조 비구니 옷 바느질하기

제정의 계기 세존께서 기원정사에 머물던 무렵 어느 날 옷감을 바느질하여 옷을 만들기 시작한 우다인에게 어떤 비구니가 찾아와 "존자여, 존자께서 저를 위하여 옷을 기워 주시면 감사하겠습니다."라고 말하였다. 우다인은 그녀의 옷을 기우고 염색하고 잘 다듬으면서 옷에 남녀가 성교하는 그림을 새겼다. 그 그림은 옷을 착용하였을 때 등 가운데 드러나게 하였다. 그리고 옷을 잘 접어서 싸 두었다. 그녀가 옷을 찾으러 오자 "자매여, 바느질하고 다듬어 잘 접어 두었으니 그대로 보관하였다가 필요할 때 착용하십시오."라고 말하였다. 비구니는 아침에 걸식하러 가면서 그 옷을 입었다. 그녀의 등에 새겨진 그림을 본 사람들은 "세상에 어찌 이럴 수가 있는가? 내가 미쳤는가? 저 비구니가 미쳤는가?"라고 분개하고 비난하였고 비구니들에게 이 사실을 알렸다. 이에 세존께서는 비구승가를 불러 모아 이 사실을 확인한 후 [율의 제정과 송출]을 하셨다.

【5.52】 친척 아닌 비구니의 옷을 바느질하거나 하게 하면 참회하는 죄를 범하는 것이다.

조문의 판례 비구니 옷 이외의 필수품을 바느질하거나 하게 하는 것은 무죄이다.

제53조 비구니가 알선한 식사

제정의 계기 세존께서 죽림정사에 머물던 무렵 툴라난다 비구니를 후원하여 그녀에게 매일 식사를 보시하는 가정집이 있었다. 그녀는 그 가정집에서 제공하는 정식 음식을 데와닷따에게 알선하여 데와닷따가 그 음식을 먹었다. 가정집의 장자가 어느 날 장로비구들을 식사에 초대하였다. 여느 날처럼 그날도 그녀는 가정집을 아침 일찍 방문하였다. "장자여, 왜 이렇게 많은 훌륭한 음식을 준비했습니까?" "존귀한 자매여, 제가 장로비구들을 초대하였습니다." "장자여, 그 장로들은 누구입니까?" "존자 사리뿟따, 존자 목갈라나, 존자 아난다, 존자 아누룻다, 존자 우빨리, 존자 깟짜나, 존자 마하쭌다(Mahā-Cunda), 존자 레와따(Revata), 존자 마하꼿티따(Mahā-Koṭṭhita), 존자 마하깝삐나(Mahā-Kappina), 존자 라훌라입니다." "장자여, 왜 그대는 위대한 용들은 놓아두고 소인들을 초대했습니까?" "존귀한 자매여, 위대한 용들은 누구입니까?" "존자 데와닷따, 존자 고깔리까, 존자 까따모라까띳싸(Kaṭamorakatissa), 존자 칸다데비야뿟따(Khaṇḍadeviyāputta), 존자 사뭇따닷따(Samuddadatta)입니다." 바로 그 순간 장로비구들이 문을 열고 들어왔다. 그러자 그녀는 "장자여, 그대가 여기 위대한 용들을 초대한 것이 사실입니까?"라고 말하자 장자는 "자매여, 그대는 좀 전에 여기 장로비구들을 소인이라고 했다가 지금은 위대한 용들이라고 했습니다."라고 말하고 그녀를 집 밖으로 내쫓고 그녀에게 매일 음식 보시하는 것을 끊었다. 이에 세존께서는 비구승가를 불러 모아 데와닷따가 비구니가 알선한 정식 음식을 먹었다는 사실을 확인한 후 [율의 제정과 송출]을 하셨다.

　　그런데 라자가하에서 출가한 어떤 비구가 오랜만에 친척의 식사 초대를 받고 방문하였다. 그런데 그 친척 집은 후원하는 비구니가 한 명 있었는데 그 비구니가 아침 일찍 그 집을 방문하였고 비구가 도착하자 "벗들이여, 존자께 음식을 대접하십시오."라고 말을 하였다. 그러자 비구는 "비구니가 알선하는 정식 음식을 먹지 말라."라는 세존의 말씀에 따라 음식을 받지 않았다. 그리고 발우를 가지고 오지 않아서 다른 곳에 걸식을 갈 수도 없었다. 그는 그날 굶주렸고 기원정사에 돌아가 그 사실을 비구들에게 말하였다. 이에 세존께서는 비구승가를 불러 모아 이 사실을 확인한 후 [율의 제정과 송출]을 확정하셨다.

【5.53】 재가자가 비구를 위해 미리 준비한 음식을 제외하고 알면서 비구니가 알선한 정식 음식을 먹으면 참회하는 죄를 범하는 것이다.

조문의 해설 여기서 '정식 음식'이란 정식으로 먹는 밥, 죽, 보리떡, 물고기, 육고기의 다섯 가지 음식을 말한다. 그 외 간식으로 먹는 과자나 과일 같은 음식이나 음료, 약으로 먹는 음식은 모두 무죄이다.

5.10 제54조~제69조 비구에 관한 조항들
제54조 성자의 과위 공개하기

제정의 계기 세존께서 중각강당에 머물던 무렵 왓지국에 기근이 들어 걸식이 어렵고 연명하기도 어려웠다. 박구무다 강변에서 안거를 보내던 많은 비구는 궁리 끝에 걸식 걱정 없이 평안하게 안거를 보내고자 재가자들에게 자신들이 범부를 뛰어넘는 특별함을 성취한 성자라고 서로서로 인정하여 찬탄하였다. 안거를 끝내고 세존께서 그들에게 말씀하셨다. 비구들이여, 그대들에게 범부를 뛰어넘는 그러한 특별함이 있는가? "세존이시여, 있습니다."[37] 이 비구들을 견책한 후 세존께서는 [율의 제정과 송출]을 하셨다.

【5.54】 비구와 비구니를 제외한 사람에게 성취한 성자의 과위를 알리면 참회하는 죄를 범하는 것이다.

제55조 교계사 폄하하기

제정의 계기 세존께서 니그로다 원림에 머물던 무렵 니그로다 원림에 도착한 육군비구들은 어느 날 자신들이 기원정사에서 비구니승가 교계사로 선임되지 못하였던 것에 앙심과 질투심을 품고 있었다. 그들은 어느 날 비구니 교계사로 선임된 장로비구들을 폄하하기 위하여 "장로비구들이 비구니승가를 교계하는 것은 봉사가 아니다. 그들은 비구니들에게 이득을 얻기 위하여 교계한다."라고 말하고 다녔다. 이에 세존께서는 비구승가를 불러 모아 이 사실을 확인한 후 [율의 제정과 송출]을 하셨다.

【5.55】 원칙에 입각한 승가의 선임을 받은 교계사를 폄하하거나 이득을 얻기 위하여 교계한다고 말하면 참회하는 죄를 범하는 것이다.

조문의 해설 '이득'이란 네 가지 필수품과 명성, 존경, 공경, 예경을 말한다.

조문의 판례 만약 원칙에 입각한 비구승가의 선임을 받은 어떤 비구 교계사가 사실로 이득을 얻기 위하여 비구니승가를 교계하였다면 그 사실을 말하는 것은 무죄이다.

제56조 경멸하기

제정의 계기 세존께서 고시따승원에 머물 무렵 어느 날 존자 찬나가 비행

---

37 "없습니다."라고 대답한 비구들은 함께 살 수 없는 죄를 범한 것이며, "있습니다."라고 대답한 비구들은 참회하는 죄를 범하는 것이다.

을 저질렀다. 비구들이 그를 충고하고 경책하자 찬나는 경멸하는 태도를 보였다. 이에 세존께서 비구승가를 불러 모아 그 사실을 확인한 후 [율의 제정과 송출]을 하셨다.

【5.56】 충고하는 비구를 경멸하거나 경멸하는 태도를 보이면 또는 오해하거나 의도적으로 비구를 경멸하거나 폐를 끼치면 참회하는 죄를 범하는 것이다.

제57조 말 엿듣기

제정의 계기 세존께서 기원정사에 머물 무렵 어느 날 육군비구들은 자신들과 다투었던 비구들의 말을 몰래 엿들었다. 그것으로 다툼이 지속되었다. 이에 세존께서 비구승가를 불러 모아 그 사실을 확인한 후 [율의 제정과 송출]을 하셨다.

【5.57】 다투거나 싸우는 상대 비구의 말을 엿들으면 참회하는 죄를 범하는 것이다.

제58조 비구 떼어 내기

제정의 계기 세존께서 기원정사에 머물 무렵 어느 날 우빠난다는 동료 비구에게 같이 걸식하자고 제안하였고 동료 비구는 이에 동의하였다. 우빠난다는 마음에 두고 있는 자신을 후원하는 가정집으로 향하였는데 그 가정집은 멀리 떨어져 있었다. 그런데 그는 가정집에 가까이 와서 마음이 변하여 동료 비구에게 "벗이여, 가시오. 내가 나를 후원하는 재가자와 앉아서 식사하고 말하는 동안 그대가 옆에 있는 것이 불편합니다. 나는 나를 후원하는 재가자와 혼자 식사하고 말하는 것이 편합니다. 그러니 그대는 그대가 원하는 대로 가시오."라고 말하였다. 그러자 동료 비구는 걸식하지도 못하고 승원으로 돌아왔으나 시간이 늦어 배식받지 못해 하루를 굶주렸다. 이에 세존께서는 비구승가를 불러 모아 이 사실을 확인한 후 [율의 제정과 송출]을 하셨다.

【5.58】 걸식하러 동행한 비구를 정당한 이유 없이 떼어 버리면 참회하는 죄를 범하는 것이다.

조문의 해설 걸식하러 동행한 비구를 떼어 버리는 정당한 이유로서는 '두 사람이 같은 길을 함께 가지 말라.'라는 세존의 말씀을 따르기 위하여, 동행한 비구가 귀한 물건을 보고 탐심을 일으키거나 여인을 보고 음심을 일으키거나 다른 비행을 저지를까 염려되어 예방하기 위하여, 동행할 수 없는 볼일이 있는 경우이다. 그러나 이런 경우에는 처음부터 동행을 제안하지 않아야 하며 제안받았더라도 동의하지 않아야 한다.

제59조 승가 몫의 음식을 개인 몫으로 만들기

제정의 계기 세존께서 기원정사에 머물 무렵 매년 비구승가에 차별 없이 음식과 옷을 제공하는 어떤 모임의 사람들이 어느 날 예년처럼 음식과 옷을 준비하고 있었다. 그곳에 육군비구들이 방문하여 준비한 음식을 요구하였다. 그들은 비구승가를 위한 음식이라 드릴 수 없다고 하자 육군비구들은 "벗들이여, 승가에 보시하는 자들은 많습니다. 여기 우리는 그대들에게 의지하고 그대들만 보고 지내는데 그대들이 우리에게 주지 않으면 도대체 누가 우리에게 주겠습니까? 벗들이여, 우리에게 그 음식을 주십시오."라고 강요하여 음식을 받아 갔다. 그러자 그들은 예년과 달리 비구승가에 부족한 음식을 제공하였다. 예년처럼 식사를 기대하던 비구들에게 그들은 "존자들이여, 충분한 음식이 없습니다. 비구승가 몫으로 준비한 음식을 육군비구들이 자신들의 몫으로 만들어 가지고 갔습니다."라고 말하자 비구들은 분개하고 비난하였고 이 사실을 세존께 알렸다. 그러자 세존께서는 비구승가를 불러 모으게 하고 물었다. 비구들이여, 그대들은 승가 몫으로 보시하려는 음식이란 것을 알면서도 개인의 몫으로 만든 것이 사실인가? "세존이시여, 사실입니다." 세존께서는 [율의 제정과 송출]을 하셨다.

【5.59】 승가 몫으로 보시하려거나 보시한 음식을 알고서도 개인 몫으로 만들면 참회하는 죄를 범하는 것이다.

제60조 잠자리 차지하기

제정의 계기 세존께서 기원정사에 머물던 무렵 어느 날 많은 비구가 함께 사용하는 거처가 장로비구들로 가득 찼음에도 육군비구들이 '비좁게 꽉 끼는 자가 알아서 떠날 것이다.' 생각하면서 장로비구들을 밀치고 안으로 들어가 잠자리를 차지하였다. 이에 세존께서는 비구승가를 불러 모아 이 사실을 확인하고 [율의 제정과 송출]을 하셨다.

【5.60】 먼저 도착한 비구를 밀치고 들어가 잠자리를 차지하면 참회하는 죄를 범하는 것이다.

조문의 판례 한기나 열기로 괴로움을 겪는 비구이거나 환자인 경우는 무죄이다.

제61조 양심의 가책 일으키기

제정의 계기 세존께서 기원정사에 머물 무렵 어느 날 육군비구들은 열일곱 명의 비구들에게 "벗들이여, 세존께서는 스무 우기를 채우지 않은 자를 비구로 받아들이지 말라고 율 조항을 제정하셨는데 그대들은 스무 우기를 채우지 않았으므로 비구가 아니다."라고[38] 하면서 고의로 양심의 가책을

---

[38] 스무 우기라는 비구의 나이 제한을 처음부터 시행한 것이 아니었다. 여기 열일곱 명의 비구들은 스무 우기라는 비구의 나이 제한이 실행되기 전에 비구가 된 자들로 나이가 스물이 안 된 어린 자들이다.

일으켜 그들을 울렸다. 이에 세존께서 비구승가를 불러 모아 그 사실을 확인한 후 [율의 제정과 송출]을 하셨다.

【5.61】 비구에게 고의로 양심의 가책을 일으키면 참회하는 죄를 범하는 것이다.

제62조 옷 도로 가져오기

제정의 계기 세존께서 기원정사에 머물 무렵 어느 날 우빠난다는 여유분의 옷을 "벗이여, 여기 여유분의 옷은 나의 것이 아니며 그대의 몫입니다." 하면서 어떤 동료 비구에게 스스로 배당하여 증여하였고 동료 비구는 동의하였다.[39] 그런데 동료 비구가 어떤 이유로 배당받은 옷을 착용하지 않자 우빠난다는 그 옷을 도로 가져와 자신이 착용하였다. 동료 비구는 이 사실을 비구들에게 알렸다. 이에 세존께서 비구승가를 불러 모아 그 사실을 확인한 후 [율의 제정과 송출]을 하셨다.

【5.62】 여유분의 옷을 다른 이에게 배당한 후 자신이 도로 가져와 착용하면 참회하는 죄를 범하는 것이다.

조문의 해설 여기서 '다른 이'는 비구, 비구니, 식차마나, 사미, 사미니이다.

제63조 소지품 감추기

제정의 계기 세존께서 기원정사에 머물 무렵 어느 날 육군비구들이 열일곱 명의 비구들의 옷과 발우를 장난으로 감추었다. 육군비구들은 웃었고

---

39 열흘을 초과하여 소지한 여유분의 옷은 승가에 반납하고 참회하여야 한다. 그런데 열흘을 초과하기 전에 여유분의 옷을 동료 비구에게 동의하에 배당하였다. 이렇게 배당한 옷을 다른 비구가 입지 않자 도로 가져와 자신이 착용하였다. 그런데 여전히 열흘을 초과하지 않았다면 옷은 반납하지 않으나 참회하여야 한다. 이러한 점에서 본 조항은 【4.16】 조항과 다르다.

열일곱 명의 비구들은 울었다. 이에 세존께서 비구승가를 불러 모아 그 사실을 확인한 후 [율의 제정과 송출]을 하셨다.

【5.63】장난일지라도 비구의 옷이나 발우 등의 소지품을 감추거나 감추게 하면 참회하는 죄를 범하는 것이다.

제64조 간지럽히기

제정의 계기 세존께서 기원정사에 머물 무렵 어느 날 육군비구들이 열일곱 명의 비구들 가운데 한 명을 손가락으로 간지럼을 태웠는데 그가 웃다가 숨을 쉬지 못해 그만 죽었다. 이에 세존께서 비구승가를 불러 모아 그 사실을 확인한 후 [율의 제정과 송출]을 하셨다.

【5.64】손가락으로 간질이려고 비구의 몸을 닿으면 참회하는 죄를 범하는 것이다.

제65조 무섭게 놀리기

제정의 계기 세존께서 기원정사에 머물 무렵 어느 날 육군비구들이 열일곱 명의 비구들을 무섭게 놀렸는데 그들은 공포에 질려 울었다. 이에 세존께서 비구승가를 불러 모아 그 사실을 확인한 후 [율의 제정과 송출]을 하셨다.

【5.65】비구를 무섭게 놀리면 참회하는 죄를 범하는 것이다.

제66조 위협하기

제정의 계기 세존께서 기원정사에 머물 무렵 어느 날 화가 나고 불만이 가득한 육군비구들은 열일곱 명의 비구들을 손에 칼을 들고 위협하여 그들을 울렸다. 이에 세존께서 비구승가를 불러 모아 그 사실을 확인한 후 [율의 제정과 송출]을 하셨다.

【5.66】비구를 무기로 위협하면 참회하는 죄를 범하는 것이다.

제67조 과실 상해

제정의 계기 세존께서 기원정사에 머물던 무렵 어느 날 두 명의 비구가 승가에 속한 정사의 오두막 같은 곳의 위층과 아래층에 각각 나누어 머물렀다. 그런데 위층의 비구가 부주의하여 침상에 덜컥 드러눕자 침상의 다리가 빠져 아래층 비구의 머리에 떨어졌다. 아래층 비구는 비명을 질렀다. 비명 소리를 듣고 비구들이 달려왔다. 이에 세존께서는 비구승가를 불러모아 이 사실을 확인하고 [율의 제정과 송출]을 하셨다.

【5.67】위층에 머물면서 부주의로 아래층 비구를 다치게 하면 참회하는 죄를 범하는 것이다.

제68조 구타

제정의 계기 세존께서 기원정사에 머물 무렵 어느 날 화가 나고 불만이 가득한 육군비구들은 분풀이로 열일곱 명의 비구들을 구타하여 그들을 울렸다. 이에 세존께서 비구승가를 불러 모아 그 사실을 확인한 후 [율의 제정과 송출]을 하셨다.

【5.68】비구나 비구니를 구타하면 참회하는 죄를 범하는 것이다.

제69조 강제 퇴거

제정의 계기 세존께서 기원정사에 머물던 무렵 어느 날 열일곱 명의 비구들이 함께 안거를 보내려고 비어 있는 인근의 큰 정사를 수리하고 있었다. 이것을 본 육군비구들은 그 정사를 차지하려고 수리가 완성될 때까지 기다렸다가 마침내 완성하자 그들의 목덜미를 잡고 억박지르며 그들을 끌어내 쫓아 버렸다. 그들은 끌려 나가자 울먹였다. 이에 세존께서는 비구승가를 불러 모아 이 사실을 확인하고 [율의 제정과 송출]을 하셨다.

【5.69】 승가에 속한 정사나 승원 또는 방사에서 비구를 강제 퇴거시키거나 시키게 하면 참회하는 죄를 범하는 것이다.[40]

5.11 제70조~제73조 비법(非法)에 관한 조항들
제70조 그릇되게 주장하는 비구

제정의 계기 세존께서 기원정사에 머물 무렵 출가 전 독수리 조련사였던 아릿타(Ariṭṭha) 비구는 청신사 가운데 불환과를 성취한 자들에 대하여 많이 들었고 비구들 가운데 아직 불환과를 성취하지 못한 자들을 많이 보았다. 그는 이러한 사실에 근거하여 '세존께서 비구들에게 성행위를 금하였다. 그런데 성행위를 허용하는 청신사가 불환과를 성취하고 많은 비구는 불환과에 미치지 못한다. 따라서 성행위는 장애가 되지 않는다.'라는 나쁜 견해를 일으켰고 이 견해를 철회하지 않았다. 이에 세존께서 비구승가를 불러 모아 그 사실을 확인한 후 [율의 제정과 송출]을 하셨다.

【5.70】 어떤 비구가 세존의 가르침을 그릇되게 주장하면, 세 번까지 이어서 충고하여 잘못된 주장을 버리면 좋은 일이지만 버리지 못하면, 참회하는 죄를 범하는 것이다.

조문의 해설 여기서 '세 번까지 이어서 충고'하는 것은 먼저 개인의 충고를

---

40 율장에는 '율을 어겨 죄를 범한 자, 정신 이상자, 다툼이나 싸움을 일으킨 자, 분쟁이나 분열을 일으킨 자, 원칙에 입각하지 않고 행동하는 자와 그의 필수품을 정사나 승원에서 강제 퇴거시키거나 시키게 하는 경우 무죄'라고 전승되어 있으나 이것은 잘못이다. 이미 제정된 율들과 상반되고 모순을 일으키기 때문이다.

세 번까지 한 후 승가의 충고를 백사갈마를 통하여 세 번까지 반복하는 것이다.

제71조 그릇되게 주장하는 비구와 어울리기

제정의 계기 세존께서 죽림정사에 머물 무렵 출가 전 독수리 조련사였던 아릿타 비구는 "성행위는 장애가 되지 않는다."라는 나쁜 견해를 주장하였고 승가의 충고를 수용하지 않았고 '어리석은 자여, 그대는 스스로 가르침을 잘못 해석할 뿐 아니라 비구들을 잘못 대변하여 자신을 파괴하고 많은 해악을 쌓는다. 그것은 실로 그대를 오랜 세월 불이익과 고통으로 이끌 것이다.'라는 세존의 꾸짖음에도 그 견해를 철회하지 않았다. 그래서 그는 한시적으로 비구의 권리가 중지되었고 비구들과 함께 머물 수 없어 승가를 떠나라는 권고를 받았다. 이러한 조치는 사면 복권이 이루어질 때까지 유지되는데 사면 복권은 스스로 죄를 인정하고 사죄를 요청할 때 이루어진다. 그런데 육군비구들은 알면서 사면 복권되지 않은 아릿타와 함께 먹고 자고 생활하였다. 이에 세존께서 비구승가를 불러 모아 그 사실을 확인한 후 [율의 제정과 송출]을 하셨다.

【5.71】 세존의 가르침을 그릇되게 주장하여 참회하는 죄를 범하고도 그릇된 주장을 버리지 않는 비구임을 알면서도 함께 먹고 자거나 어울리고 따르면 참회하는 죄를 범하는 것이다.

제72조 그릇되게 주장하는 사미

제정의 계기 세존께서 기원정사에 머물 무렵 칸다카(Kaṇḍaka) 사미는 "성행위는 장애가 되지 않는다."라는 나쁜 견해를 주장하였고, 비구들의 충고를 수용하지 않았으며, 그 견해를 철회하지 않았다. 그래서 비구들은 세존의 말씀에 따라 "그대는 오늘 이후 세존을 그대의 스승이라 하지 말라. 다른 사미는 비구들과 숙식할 수 있더라도 그대는 그럴 수 없다. 멀리 가서 사라져 버리시오."라고 그를 영구적으로 퇴출하였다. 그런데 육군비구들은 알면서 영구 퇴출한 칸다카를 위로하고 치켜세우고 함께 숙식하였다. 이에 세존께서 비구승가를 불러 모아 그 사실을 확인한 후 [율의 제정과 송출]을 하셨다.

【5.72】 세존의 가르침을 그릇되게 주장하고 그릇된 주장을 버리지 않는 사미는 그가 누구이든지 영구 퇴출하되 만약 알면서도 그를 위로하거나 시중들게 하거나 함께 숙식하면 참회하는 죄를 범하는 것이다.

조문의 해설 개인 비구의 세 번 충고로 그릇된 주장을 버리지 않으면, 백사갈마를 통한 승가의 충고 없이, 사미를 영구 퇴출할 수 있다.

제73조 재가자 이간시키기

제정의 계기 세존께서 기원정사에 머물 무렵 청정한 비구들을 서로 이간하는 것이 금지되자 육군비구들은 재가자들을 이간시키려고 일부 재가자들에게 세존의 가르침을 자신들이 직접 한마디 한마디 가르쳐 말하게 하였다. 이렇게 재가자들을 가르치면서 육군비구들은 그들을 세뇌하고 이간하였다. 이렇게 육군비구들에게 가르침을 받은 그들은 육군비구는 공경하고 존경하고 합장하고 예의를 지키지만 다른 비구들에게는 공경하지 않고 존경하지 않고 합장하지 않고 예의를 지키지 않았다. 이에 세존께서는 비구승가를 불러 모아 이 사실을 확인하고 [율의 제정과 송출]을 하셨다.

【5.73】 비구 아닌 자들을 이간시키려고 가르치면 참회하는 죄를 범하는 것이다.

조문의 판례 이간하려는 의도 없이 비구 아닌 자들과 함께 독송하거나 공부하거나 토론하면 무죄이다.

5.12 제74조~제86조 비율에 관한 조항들
제74조 별도 승가의 식사

제정의 계기 세존께서 죽림정사에 머물 무렵 연이은 세존의 시해가 실패되자 데와닷따는 이득과 존경과 명성을 잃어버렸다. 그는 자신을 포함하여 네 명 이상으로 별도의 승가[41]를 형성하여 식사에 초청받지 않았음에도 불구하고 미리 자신들의 방문을 알린 후 가정집을 방문하여 식사하였다. 이런 일들이 매일같이 일어나자 사람들은 "어찌 세존의 비구제자들이 무리 지어 초청받지 않은 가정집을 방문하여 식사를 대접받는단 말인가? 그들은 어찌 맛있게 요리된 음식을 요구하고 탐착한단 말인가?"라고 비난하였다. 이에 세존께서는 비구승가를 불러 모아 이 사실을 확인한 후 [**율의 제정과 송출**]을 하셨다.

　그런데 천 명이 넘는 죽림정사의 현전승가가 네 명 이상 함께 식사하는 경우가 필연적으로 발생하는데 이런 경우는 모두 예외로 인정한다. 아픈 비구가 병간호하던 비구들과 함께 식사 초대받은 경우, 많은 옷을 보시하고자 비구들을 초대하였는데 식사까지 함께 대접하는 경우, 옷 만드는 기간에 옷 만드느라 걸식이 힘든 비구들을 식사 초대하는 경우, 지방으로 멀리 유행할 때 함께 유행하는 비구들을 같이 음식 초대하는 경우, 강을 건너러 함께 배를 탄 비구들을 식사 초대하는 경우, 안거를 끝내고 각 지방에서 세존을 뵈러 기원정사로 몰려올 때 사람들이 그들을 환영하여 식사 초대하는 경우, 외도 수행자가 차별 없는 마음으로 종파에 상관없이 모든 출가 수행자에게 골고루 음식을 대접하고자 비구들을 초대하는 경우는 예외이다. 이에 세존께서는 비구승가를 불러 모아 모든 예외의 사실을 확인한 후 [**율의 제정과 송출**]을 확정하셨다.

---

41 네 명의 비구는 최소한의 인원으로 승가를 형성할 수 있다. 네 명으로 구성된 승가나 천 명으로 구성된 승가나 승가의 기본 권리인 자율성 내지는 자치권이 발생하는 것은 같다. 현전승가 내에서 별도로 형성하는 승가를 규제하는 것이다. 이때 별도 승가를 형성하려는 의도가 없다고 하더라도 또는 별도 승가라고 인지하지 못하더라도 규제한다. 별도 승가는 현전승가의 화합을 저해하고 승가 분열을 초래하기 때문이다.

【5.74】 예외의 경우를 제외하고 별도의 승가를 형성하여 식사하면 참회하는 죄를 범하는 것이다. 예외의 경우는 병든 비구와 함께 초대받았을 때, 옷을 보시하는 가정에서 함께 초대받았을 때, 옷을 만드는 시기에 함께 초대받았을 때, 함께 유행하는 비구들이 초대받았을 때, 함께 배를 타는 비구들이 초대받았을 때, 많은 비구가 운집하는 큰 집회가 있을 때, 외도 수행자가 법답게 초대하였을 때이다.

조문의 판례 두 명이나 세 명이 함께 무리 지어 식사하거나, 각자 걸식을 얻은 후 네 명 이상 무리 지어 한자리에서 먹거나, 정식 아닌 간식을 무리 지어 함께 먹는 것은 무죄이다.

제75조 소임자 원망하기

제정의 계기 세존께서 죽림정사에 머물던 무렵 멧띠야와 붐마자까를 추종하는 신참비구들이 신참이고 품행이 단정하지 못해 조악한 방과 식사를 배정받았다. 그들은 방사와 식사를 배정하는 소임자 존자 답바를 “존자 답바는 마음대로 방사와 식사를 배정한다.”라고 소임에 관련된 일로 원망하였다. 이에 세존께서는 비구승가를 불러 모아 이 사실을 확인하고 [율의 제정과 송출]을 하셨다. 그러자 멧띠야와 붐마자까를 추종하는 신참비구들은 소임자 존자 답바를 소임에 관련된 일로 매도하였다. 이에 세존께서는 비구승가를 불러 모아 이 사실을 확인하고 [율의 제정과 송출]을 확정하셨다.

【5.75】 승가가 선임한 소임자 비구를 원망하거나 매도하면 참회하는 죄를 범하는 것이다.

조문의 판례 1. 비구이지만 승가가 선임하지 않은 소임자를 원망하거나 매도하면 실수죄를 범하는 것이며, 승가에 의하여 선임된 소임자이든 아니든 비구 아닌 자를 원망하거나 매도하면 실수죄를 범하는 것이다.

2. 소임자의 성격, 욕망, 성냄, 어리석음, 두려움으로 생긴 일에 대하여 원망하거나 매도하면 무죄이다.

제76조 옷 분배 불평하기

제정의 계기 세존께서 죽림정사에 머물 무렵 어느 날 승가에서 결정한 대로 비구들에게 옷을 분배하였다. 처소와 식사 배정 소임을 담당하는 존자 답바도 옷을 한 벌 받았다. 이것을 본 육군비구들은 "비구들은 친소에 따라 옷을 분배한다."라고 불평하였다. 이에 세존께서 비구승가를 불러 모아 그 사실을 확인한 후 [**율의 제정과 송출**]을 하셨다.

【5.76】 승가에서 결정한 대로 옷이나 필수품 분배한 것을 불평하면 참회하는 죄를 범하는 것이다.

제77조 승가의 처벌을 받는 죄를 무고하기

제정의 계기 세존께서 기원정사에 머물 무렵 어느 날 육군비구들은 어떤 비구에 대하여 근거 없이 그가 승가의 처벌을 받는 죄를 범하였다고 비난하였다. 이에 세존께서 비구승가를 불러 모아 그 사실을 확인한 후 [**율의 제정과 송출**]을 하셨다.

【5.77】 승가의 처벌을 받는 죄를 지었다고 근거 없이 비난하면 참회하는 죄를 범하는 것이다.

제78조 추중죄 공개하기

제정의 계기 세존께서 기원정사에 머물던 무렵 육군비구들과 우빠난다는 서로 다툼이 있었다. 그런 일이 있고 난 후 우빠난다는 정액을 사정하여 승가의 처벌을 받는 죄를 범하여 격리처벌을 받고 있었다. 이때 사왓티의 어떤 사람들 모임에서 비구승가를 초청하여 차별 없는 식사를 초대하였는데 우빠난다도 동참하여 말좌차의 귀퉁이에 앉았다. 육군비구들은 그곳의 청신사들에게 "벗들이여, 그대들이 경애하고 후원하는 존자 우빠난다는 정액을 사정시킨 그 손으로 그대들이 믿음으로 베푼 음식을 향유하고 있습니다. 그는 정액을 사정하여 승가의 처벌을 받는 죄를 지어 격리처벌을 받는 중이어서 비구들의 말단 귀퉁이에 앉아 있습니다."라고 떠들었다. 이에 세존께서는 비구승가를 불러 모아 이 사실을 확인하고 [율의 제정과 송출]을 하셨다.

【5.78】 비구와 비구니를 제외한 사람에게 비구의 추중죄를 알리면, 승가의 승인을 제외하고, 참회하는 죄를 범하는 것이다.

조문의 해설 1. 여기서 '추중죄(麤重罪, duṭṭhulla)'는 함께 살 수 없는 죄와 승가의 처벌을 받는 죄를 합친 죄를 말한다.
　　2. 본 조항에 따른 '승가의 승인'에는 네 가지가 있다. ①특정된 죄명(罪名)만 알릴 수 있는 승인, ②특정된 장소 즉 지정한 마을이나 마을에서 지정한 가정에만 알리는 승인, ③특정된 죄명과 특정된 장소를 함께 지정하여 알릴 수 있는 승인, ④죄명과 장소의 한계를 두지 않는 승인, 이 네 가지이다. 네 가지 승인에 따라서 알릴 수 있는 죄명을 알릴 수 있는 장소에만 알려야 하며, 어기면 참회하는 죄를 범하는 것이다.

조문의 판례 죄를 범한 비구의 동의를 받아 그 비구의 죄를 알리면 무죄이다. 죄명만 알리고 죄의 내용을 알리지 않거나 죄의 내용을 알리고 죄명을 알리지 않은 경우는 무죄이다.

제79조 추중죄 은폐하기

제정의 계기 세존께서 기원정사에 머물 무렵 어느 날 우빠난다는 정액을 사정하고 동료 비구에게 "벗이여, 그대에게만 알리니 다른 사람들에게 알

リジ 말게."라고 함구를 부탁했다. 그런데 동료 비구는 정액을 사정하여 승가의 처벌을 받던 다른 비구로부터 정액을 사정하면 누구든지 승가의 처벌을 받아야 하는 죄인 것을 알았고, 다른 비구는 우빠난다의 범죄가 은폐되었다는 사실을 알았다. 그래서 그는 비구들에게 우빠난다의 범죄가 은폐된 것을 알렸다. 이에 세존께서 비구승가를 불러 모아 그 사실을 확인한 후 [율의 제정과 송출]을 하셨다.

【5.79】 알면서 어떤 비구의 추중죄를 다른 비구들에게 은폐하면 참회하는 죄를 범하는 것이다.

조문의 해설 '승가의 싸움이나 분쟁이 일어날 것'이라거나 '승가의 반목과 분열이 일어날 것'이라거나 '이 자는 난폭하고 잔인해서 목숨의 위해를 가하거나 청정한 삶의 위험을 초래할 것'이라거나 '자신의 행위는 스스로 밝혀질 것'이라는 생각으로 알리지 않았다면 무죄이며, 감추거나 은폐하려는 의도 없이 알리지 않았다면 무죄이다.

제80조 갈마 장소 이탈하기

제정의 계기 세존께서 기원정사에 머물 무렵 갈마가 있는 어느 날 육군비구들은 자신들의 청정권리를 한 명의 비구에게 위임하였다. 그런데 그 한 명의 비구는 갈마가 시작되자 갈마의 제안이 마음에 들지 않자 자신의 권리를 위임하지 않고 갈마 장소에서 멀리 떨어진 곳으로 떠나 버렸다. 이에 세존께서 비구승가를 불러 모아 그 사실을 확인한 후 [율의 제정과 송출]을 하셨다.

【5.80】 원칙에 따른 갈마에 자신의 청정권리를 위임하지 않고 갈마 장소를 떠나면 참회하는 죄를 범하는 것이다.

조문의 해설 '승가의 싸움이나 분쟁이 일어날 것'이라거나 '승가의 반목과 분열이 일어날 것'이라거나 '원칙에 맞지 않거나 적합하지 않은 자가 갈마를 진행하는 것'이라거나 '곧 돌아올 것'이라거나 몸이 아프거나 대소변으로 갈마의 장소를 떠나면 무죄이다.

제81조 갈마 결정 불평하기

제정의 계기 세존께서 기원정사에 머물 무렵 육군비구들은 자신들의 비행에 대한 갈마를 방해하곤 하였다. 갈마가 있는 어느 날 그들은 한 명의 비구에게 갈마에 대한 자신들의 청정권리를 위임하였다. 갈마가 끝난 후 갈마의 결정에 대하여 그들은 불평하였다. 이에 세존께서 비구승가를 불러 모아 그 사실을 확인한 후 [**율의 제정과 송출**]을 하셨다.

【5.81】 원칙에 따른 갈마에 자신의 청정권리를 위임하고서 나중에 갈마 결정에 불평하면 참회하는 죄를 범하는 것이다.

제82조 핑계와 침묵

제정의 계기 세존께서 고시따승원에 머물던 무렵 존자 찬나가 비행을 저지르고 승가의 조사를 받으면서 동문서답이나 엉뚱한 질문이나 핑계로 답변하였다. 이에 세존께서는 비구승가를 불러 모아 이 사실을 확인하고 [**율의 제정과 송출**]을 하셨다. 그런데 다른 비행으로 승가의 조사를 받던 찬나는 이제는 묵비권을 행사하여 침묵으로 일관하였다. 이에 세존께서는 비구승가를 불러 모아 이 사실을 확인하고 [**율의 제정과 송출**]을 확정하셨다.

【5.82】 잘못에 대한 승가의 조사에 핑계를 대거나 침묵하면 참회하는 죄를 범하는 것이다.

조문의 판례 승가의 조사에 내용을 몰라서 침묵하는 것은 무죄이다. '승가가 분쟁이나 분열이 있을 것이다.'라고 생각하여 침묵하거나 '원칙에 입각하지 않는 조사나 불완전한 갈마인 경우'에 침묵하는 것은 무죄이다.

제83조 승가의 결정 거부하기

제정의 계기 세존께서 기원정사에 머물 무렵 어느 날 육군비구들은 비구승가가 원칙에 따라서 결정한 것을 거부하고 번복을 요구하였다. 이에 세존께서 비구승가를 불러 모아 그 사실을 확인한 후 [율의 제정과 송출]을 하셨다.

【5.83】원칙에 따라서 승가가 결정한 것을 거부하면 참회하는 죄를 범하는 것이다.

조문의 해설 승가의 결정이 원칙이 아닌 것에 따라서 결정되었거나 갈마의 모임이 불완전하거나 갈마의 진행이 적절하지 않아 승가의 결정을 거부하는 것은 무죄이다.

제84조 율 조항을 몰랐다고 발뺌하기

제정의 계기 세존께서 기원정사에 머물 무렵 어느 포살일에 어떤 율 조항을 어겨 죄를 지은 육군비구들은 "우리는 이런 율 조항이 있는지 알지 못했습니다. 이제야 이런 율 조항이 있어 보름마다 율 조항들을 송출할 때 포함되는 것을 비로소 알았습니다."라고 말하였다. 그런데 그들은 이전에 세 번 넘게 포살에 참석하였다. 이에 세존께서 비구승가를 불러 모아 그 사실을 확인한 후 [율의 제정과 송출]을 하셨다.

【5.84】율 조항을 어겨 죄를 짓고, 세 번 넘게 포살에 참석하였음에도, 율 조항을 몰랐었다고 발뺌하면 승가의 질책을 받아야 하고 참회하는 죄를 범하는 것이다.

조문의 해설 세 번까지 포살에 참석하였음에도 어떤 율 조항이 있었는지 몰랐다면 그 율 조항을 어겨 지은 죄는 알지 못한 이유로 면책될 수 있다. 이러한 면책은 세 번 넘게 포살에 참석하였다면 더 이상 유효하지 않다. 승가의 질책은 백이갈마로 진행한다. 면책을 염두에 두고 몰랐다고 발뺌하면 가중처벌로 승가의 질책을 받고 참회하는 죄를 범하게 된다. 물론 이때 율 조항을 어겨 지은 죄는 별개로 처벌받는다.

제85조 율 조항의 수지 유보하기

제정의 계기 세존께서 고시따승원에 머물 무렵 어느 날 비행을 저지른 존자 찬나에게 비구들이 원칙에 따라 충고하고 견책하였다. 그러나 "벗들이여, 내가 다른 유능하고 율을 잘 갖춘 분에게 이 율 조항에 대하여 배우고 질문하고 점검하기 전까지 나는 이 율 조항을 지키지 않겠습니다."라고 찬나가 말하였다. 이에 세존께서 비구승가를 불러 모아 그 사실을 확인한 후 [율의 제정과 송출]을 하셨다.

【5.85】 율 조항들에 대하여 모르는 것은 배워서 알아야 하고, 의문점은 질문해서 해결해야 하고, 미흡한 점은 점검해서 해소하여 율 조항들을 수지하되 만약 어떤 율 조항의 수지를 유보하면 참회하는 죄를 범하는 것이다.

제86조 율 조항 비방하기

제정의 계기 세존께서 기원정사에 머물 무렵 세존께서 여러 차례 존자 우빨리를 칭송하자 많은 비구가 우빨리에게 율 조항들을 배웠다. 그러자 육군비구들은 '많은 비구가 우빨리에게 율 조항들을 배우고 있는데 만일 그들이 율에 통달하면 우리는 그들에게 휘둘릴 것이고 우리는 자유롭지 못할 것이다.'라고 생각하고 "이러한 사소한 율 조항들은 의혹과 시비와 혼란만을 일으키는데 그것들을 배우고 외우고 지키는 것이 무슨 소용이 있겠는가? 그것들을 지키려는 자에게 의혹과 시비와 혼란이 있게 되지만 그

것들을 지키지 않는 자에게 의혹과 시비와 혼란이 없어진다. 그러므로 그
것들을 배우지 않는 것이 낫고 기억하지 않는 것이 낫고 지키지 않는 것
이 낫다. 비구들에게 율은 없어져야 하며 비구들은 율을 배우지 않아야 한
다."라고 하면서 율 조항들을 폄하하고 비방하였다. 이에 세존께서 비구승
가를 불러 모아 그 사실을 확인한 후 [율의 제정과 송출]을 하셨다.

【5.86】율 조항을 비방하면 참회하는 죄를 범하는 것이다.

5.13 제87조~제92조 보칙(補則)에 관한 조항들
제87조 비구 나이 제한
제정의 계기 세존께서 죽림정사에 머물 무렵 어느 날 열일곱 명의 비구들
은 어린 동자 친구들을 출가시켜 비구로 받아들였다. 그런데 출가한 다음
날 어린 동자들은 아침에 일어나 어떤 이들은 죽 달라고 떼쓰고 어떤 이들
은 밥 달라고 떼쓰고 어떤 이들은 간식 달라고 떼쓰고 울었다. 이에 세존께
서 비구승가를 불러 모아 그 사실을 확인한 후 [율의 제정과 송출]을 하셨다.

**【5.87】나이가 스무 우기를 채우지 않은 자를 알면서 비구로 받아들이면,
비구로 받아들인 것은 무효가 되며, 갈마비구로 받아들인 비구들은 질책받
아야 하고 귀의비구로 받아들인 비구는 참회하는 죄를 범하는 것이다.**

제88조 침상 높이 규격
제정의 계기 세존께서 기원정사에 머물 무렵 우빠난다는 높은 침상에서
잠을 잤다. 어느 날 세존께서 비구들과 함께 비구의 처소들을 둘러보다가
우빠난다의 처소를 보고 비구들에게 [율의 제정과 송출]을 하셨다.

**【5.88】침상 다리의 바닥에서 하부 밑까지 높이가 여덟 손가락마디[42]이며 그
보다 높으면, 초과한 높이를 잘라 내야 하고, 참회하는 죄를 범하는 것이다.**

제89조 대의 규격

제정의 계기 세존께서 기원정사에 머물 무렵 세존의 키보다 네 손가락마디가 작은 존자 난다가 세존의 대의와 같은 규격의 커다란 대의를 사용하였다. 이에 세존께서는 비구승가를 불러 모으게 하고 사실을 확인 후 [**율의 제정과 송출**]을 하셨다.

【5.89】 대의 규격은 길이가 아홉 뼘이고 폭이 여섯 뼘이며 그보다 크면, 초과한 부분을 잘라 내야 하고, 참회하는 죄를 범하는 것이다.

제90조 비옷 규격

제정의 계기 세존께서 기원정사에 머물 무렵 비구에게 비옷의 사용을 허용하셨다. 육군비구들은 분수를 모르고 커다란 비옷을 사용하였다. 이에 세존께서는 비구승가를 불러 모으게 하고 사실을 확인 후 [**율의 제정과 송출**]을 하셨다.

【5.90】 비옷 규격은 길이가 여섯 뼘이고 폭이 두 뼘 반이며 그보다 크면, 초과한 부분을 잘라 내야 하고, 참회하는 죄를 범하는 것이다.

제91조 환부 가리개 규격

제정의 계기 세존께서 기원정사에 머물 무렵 비구에게 환부 가리개의 사용을 허용하셨다. 여기서 환부는 배꼽 아래 무릎 위에 있는 가려움증, 부스럼, 고름이 나는 증세, 종기, 기타 피부병으로 인한 환부를 말하며 등에 있는 부스럼이나 종기를 포함하기도 한다. 육군비구들은 분수를 모르고 커다란 환부 가리개를 사용하였다. 이에 세존께서는 비구승가를 불러 모으게 하고 사실을 확인 후 [**율의 제정과 송출**]을 하셨다.

---

42 여덟 손가락마디는 16~20cm이다.

【5.91】 환부 가리개 규격은 길이가 네 뼘이고 폭이 두 뼘이며 그보다 크면, 초과한 부분을 잘라 내야 하고, 참회하는 죄를 범하는 것이다.

제92조 깔개 규격

제정의 계기 세존께서 기원정사에 머물 무렵 비구에게 깔개의 사용을 허용하셨다. 육군비구들은 분수를 모르고 커다란 깔개를 사용하였다. 이에 세존께서는 비구승가를 불러 모으게 하고 사실을 확인 후 [**율의 제정과 송출**]을 하셨다. 그런데 우다인은 신체가 비대하여 깔개가 몸에 맞지 않았다. 이에 세존께서 비구들에게 [**율의 제정과 송출**]을 확정하셨다.

【5.92】 깔개 규격은 길이가 두 뼘이고 폭이 한 뼘 반이며 원하면 길이와 폭을 최대 한 뼘씩 추가하되[43] 그보다 크면, 초과한 부분을 잘라 내야 하고, 참회하는 죄를 범하는 것이다.

6 자백하는 죄

비구가 범하면 자백하는 죄를 빠띠데사니야(pāṭidesaniya)라고 하며 바라제제사니(波羅提提舍尼)라 음역하고 회과죄(悔過罪)라고 의역한다. 이 죄에는 네 가지가 있다. 네 가지 조항의 묶음이 여섯 번째 조목으로 비구가 되면 승가의 일원으로 의무적으로 학습하여 지켜야 하는 율의 목록이다.

제1조 친척 아닌 비구니에게 음식 받기

제정의 계기 세존께서 기원정사에 머물 무렵 어느 날 어떤 비구니가 사왓티에서 걸식 음식을 가지고 승원으로 돌아가다가 어떤 비구를 만나 자기

---

43 최대로 보아도 표준 깔개의 규격은 길이는 56~60cm, 폭은 42~45cm이다. 최대로 추가한 깔개는 길이는 84~90cm, 폭은 70~75cm이다.

의 걸식 음식을 받으라고 제안하였고 비구는 제안을 수용하여 비구니의 걸식 음식을 모두 받았다. 비구니는 다시 걸식할 수 없어서 그날 하루를 굶었다. 그런데 둘째 날에도 셋째 날에도 비구니는 그 비구에게 걸식 음식을 모두 주고 굶주렸다. 넷째 날 비구니는 걸식하러 사왓티에 들어가다 큰 길에서 달리는 마차를 피하려다 넘어졌다. 마차에서 내린 장자가 비구니에게 사과하고 용서를 빌었으나 비구니는 "장자여, 그대 때문에 넘어진 것이 아닙니다. 제가 힘이 없고 어지러워서 넘어진 것입니다."라고 말하였다. 장자는 비구니를 집으로 모셔서 음식을 대접하고 그 사실을 알게 되었다. 장자는 "어찌 존자들이 비구니가 준다고 비구니에게 걸식 음식을 손수 받아먹을 수 있단 말인가? 비구니들은 자신들보다 더 어렵게 걸식 음식을 얻는 것을 어찌 모른단 말인가?"라고 불평하고 개탄하였다. 이에 세존께서는 비구승가를 불러 모으게 하고 사실을 확인 후 [**율의 제정과 송출**]을 하셨다.

【6.1】 친척 아닌 비구니에게 손수 걸식 음식을 받아먹으면 자백하는 죄를 범하는 것이다.

제2조 비구니에게 음식 수발 받기

제정의 계기 세존께서 죽림정사에 머물 무렵 어느 날 육군비구들을 포함한 비구들이 가정집에서 요청된 식사를 하고 있었다. 그런데 가정집에 육군비구니들이 있었는데 그녀들은 비구들 가운데 유독 육군비구들의 식사 수발을 지시하고 한 곁에 서 있었다. 그녀들의 지시 덕분에 육군비구들은 흡족하게 식사하였으나 다른 비구들은 기대한 것만큼 먹지 못하였다. 다른 비구들은 "어찌 육군비구들은 비구니들의 식사 수발을 통제하지 않는단 말인가?"라고 불평하고 개탄하였다. 이에 세존께서는 비구승가를 불러 모으게 하고 사실을 확인 후 [**율의 제정과 송출**]을 하셨다.

【6.2】 가정집에서 요청된 식사를 할 때 어떤 비구니가 비구들의 식사 수발을 손수 하거나 지시한다면 비구들은 비구니의 식사 수발을 통제하고 비구니를 식사 장소에서 물러나도록 말해야 하며 만약 그렇게 하지 않으면 자백하는 죄를 범하는 것이다.

제3조 방문자제 가정에서 음식 얻기

제정의 계기 세존께서 기원정사에 머물 무렵 사왓티의 어떤 가정에 신심이 청정하고 보시를 성취하고 공부와 범행을 닦아 예류과를 성취한 부부가 있었다. 그들은 오전에 음식이 생기면 모든 음식을 비구들에게 나누어 주고 어떤 날은 굶고 지냈으며 재물이 생기는 대로 비구들의 필수품으로 나누어 드렸다. 그래서 그들은 믿음이 증가할수록 공부가 깊어질수록 재물이 줄어들었다. 사람들이 때때로 굶는 그들을 보고 불평하고 개탄하였다. 이에 세존께서는 비구승가를 불러 모으게 한 뒤 믿음이 증가할수록 공부가 깊어질수록 재물이 줄어드는 가정을 보호하기 위하여 백이갈마에 의하여 승가가 보호하는 '방문자제 가정'⁴⁴으로 지정하는 것을 허용하셨다. 그런 후 세존께서 [율의 제정과 송출]을 하셨다.

그런데 사왓티에서 큰 축제가 있을 때 방문자제 가정에서 비구들을 음식 초대하였으나 비구들이 세존의 말씀대로 그 가정의 방문을 꺼려 방문하지 않자 그들은 "존자들께서 우리를 받아 주지 않는다면 우리는 어떻게 살란 말인가?"라고 한탄하였다. 또한 방문자제 가정의 부부가 아픈 비구에게 음식을 드렸으나 아픈 비구는 세존의 말씀을 따라 음식을 받지 않았다. 걸식하러 다니지도 못할 정도로 아픈 비구는 그날 굶주렸다. 이에 세존께서 비구들에게 [율의 제정과 송출]을 확정하셨다.

---

44 청정한 신심을 갖춘 가정으로 아낌없이 스스로 보시하고 비구가 요청한 것은 무엇이든 충족하도록 보시한다. 이들은 가정 살림을 돌보지 않고 보시함으로 승가가 지정하여 방문을 삼가하여 보호하는 가정이다.

【6.3】 미리 초대받거나 걸식하러 다니지 못할 정도로 아픈 비구의 경우는 제외하고 방문자제 가정에서 음식을 얻어먹으면 자백하는 죄를 범하는 것이다.

제4조 숲속의 위험을 알리지 않은 채 음식 얻기

제정의 계기 세존께서 니그로다승원에 머물 무렵 어떤 노예의 무리가 반란을 일으켜 숲으로 산으로 도망쳤다. 그들 중 일부는 니그로다승원이 있는 숲속에 숨어 있었다. 그들은 마을의 여인들이 음식을 가지고 니그로다승원으로 향하여 숲속으로 들어오자 여인들을 약탈하고 능욕하였다. 이에 사람들이 숲속으로 몰려와 노예들을 붙잡고 "어찌 존자들이 이리도 무심하단 말인가? 숲속에 노예들이 숨어 있는 것을 어찌 여인들에게 알리지 않는단 말인가?"라고 불평하고 개탄하였다. 이에 세존께서는 비구승가를 불러 모으게 하고 사실을 확인 후 [율의 제정과 송출]을 하셨다.

그런데 숲속의 처소에 머물던 어떤 비구가 병들어서 마을 장정들이 그를 위하여 음식을 가지고 왔는데도 그는 세존의 말씀을 따라 음식을 받지 않았다. 그는 병들어 미리 숲속의 위험을 알릴 수 없었기 때문이었다. 그는 아파서 걸식할 수도 없어서 굶주렸다. 이에 세존께서 비구들에게 [율의 제정과 송출]을 확정하셨다.

【6.4】 아픈 비구를 제외하고 비구들이 머무는 숲속에 위험이 있음에도 위험을 재가자들에게 알리지 않은 채 비구들이 머무는 숲속 처소로 재가자가 가지고 온 음식을 받아먹으면 자백하는 죄를 범하는 것이다.

7 습득하는 죄

비구가 범하면 습득하는 죄를 세키야(sekhiya)라고 하며 중학죄(衆學罪)라고 의역한다. 이 죄에는 일흔다섯 가지가 있다. 일흔다섯 가지 조항의 묶음이 일곱 번째 조목으로 비구가 되면 승가의 일원으로 의무적으로 학습하여 습득하여야 하는 율의 목록이다.

제정의 계기 세존께서 기원정사에 머물 무렵 육군비구들의 거칠고 미숙한 행동이 계기가 되어 제정된 것이 일흔다섯 조항 가운데 일흔두 조항이다. 나머지 세 조항은 세존께서 고시따승원에 머물 무렵 비구들이 우유를 마실 때 후룩거리는 소리를 낸 것과 세존께서 베사깔라숲에 머물 무렵 보디 (Bodhi) 왕자의 초대로 코카나다(Kokanada) 왕자궁에서 비구들이 식사할 때 음식 묻은 손으로 물병을 만진 것과 발우를 씻어 음식 찌꺼기가 있는 물을 함부로 버린 것이 계기가 되어 제정한 것이다.

제1조~제29조 옷차림과 몸가짐

【7.1~29】 어디에서나 [1]상의나 [2]하의를 완전히 둘러서 몸이 드러나지 않도록 입으며, 마을에서 걷거나 앉을 때 [3,4]옷을 단정히 입고, [5,6]위의를 갖추고, [7,8]시선을 전방 아래로 두고, [9,10]옷을 걷어 올리지 않고, [11,12]옷으로 머리를 덮지 않고, [13,14]크게 웃지 않고, [15,16]크게 말하지 않고, [17,18]몸을 건들거리지 않고, [19,20]팔을 흔들지 않고, [21,22]머리를 까닥거리지 않고, [23,24]허리에 손을 대고 팔꿈치를 펼치지 않는다. 또한 마을에서 [25]몸을 웅크려 걷거나 [26]다리를 늘어지게 앉지 않는다. 그리고 몸에 병이 없는데 [27]풀이나 [28]물에 대소변 보거나 침 뱉지 않고, [29]정해진 장소 이외에서 대소변을 보지 않는다. 그렇지 않으면 습득하는 죄를 범하는 것이다.

제30조~제59조 음식 받기와 먹기

【7.30~59】 발우에 걸식 음식을 받을 때 적당량의 [30]카레와 [31]밥을 받고, [32]받기 싫어하는 마음 다스리고 [33]음식이 넘치지 않도록 발우를 보고, [34]먹기 싫어하는 마음 다스리고 [35]다른 음식 찾지 않고 발우를 보고, [36]맛있는 음식

고르지 않고 순차적으로 [37]적절한 양을 받고, [38]맛있는 음식을 더 받으려고 밥으로 맛있는 음식 가리지 않고, [39]환자가 아니면 맛있는 음식을 부탁하지 않는다. 발우에 받은 걸식 음식을 먹을 때 [40]불만스러운 표정으로 남의 발우를 바라보지 않고, [41]음식 꼭대기부터 짓이겨 먹지 않고, [42]한 입에 큰 덩어리 음식을 먹지 않고, [43]한 입에 기다란 덩어리 음식을 먹지 않고, [44]큰 음식 덩어리를 입으로 갉아 먹지 않고, [45]음식을 던져 올려서 입으로 받아먹지 않고, [46]두 볼에 음식을 가득 채우지 않고, [47]음식보다 먼저 입을 크게 벌리지 않고,[45] [48]음식을 흘려 떨어뜨리지 않고, [49]입안에 음식이 남아 있는데 말을 하지 않고, [50]쩝쩝거리는 소리 내지 않고, [51]후룩거리는 소리 내지 않고, [52]손가락을 통째로 입에 넣지 않고, [53]손가락을 핥지 않고, [54]그릇을 핥지 않고, [55]입술을 핥지 않고, [56]음식 묻은 손을 털지 않고, [57]혀를 내밀지 않고, [58]음식이 묻은 손으로 물병을 만지지 않는다. 그리고 [59]식사 후 발우를 씻어 음식 찌꺼기 있는 물을 함부로 버리지 않는다. 그렇지 않으면 습득하는 죄를 범하는 것이다.

제60조~제75조 법을 교시하지 않아야 하는 자들

【7.60~75】 비구가 법을 교시하지 않아야 하는 자는, 환자는 제외하고, 손에 [60]칼이나 [61]무기나 [62]지팡이나 [63]일산을 든 자이며, [64]끌신이나 [65]신발을 신은 자, [66]복면이나 [67]터번을 두른 자, [68]늘어지게 앉거나 [69]침상 위에 누워 있는 자, [70]가마나 수레와 같은 탈것에 탄 자이다. 또한 [71]법을 교시하는 비구가 맨바닥에 앉을 때 의자나 자리에 앉은 자, [72]비구가 낮은 자리에 앉을 때 높은 자리에 앉은 자, [73]비구가 서 있을 때 자리에 앉은 자, [74]비구가 뒤에 갈 때 앞에 가는 자, [75]비구가 갓길로 갈 때 가운데 길로 가는 자에게 법을 교시하지 않아야 한다. 그렇지 않으면 습득하는 죄를 범하는 것이다.

---

45 손이나 발우로 입을 가리고 음식을 입에 넣는다.

8 쟁사를 소멸하는 죄

비구승가에 쟁사나 쟁론이나 분쟁이나 분열이 일어날 때마다 비구는 누구라도 비록 쟁사에 무관하더라도 그것을 온전히 해결하거나 소멸할 때까지 적절한 관심을 기울이고 노력하여야 한다. 만약 쟁사를 소멸하지 못하면 비구가 범하는 쟁사를 소멸하는 죄를 아디까라나 사마타(adhikaraṇa samatha)라고 하며 멸쟁죄(滅諍罪)라고 의역한다. 이 죄에는 일곱 가지가 있다. 일곱 가지 조항의 묶음이 여덟 번째 조목이자 마지막 조목으로 비구가 되면 승가의 일원으로 의무적으로 학습하여 노력하고 지켜야 하는 율의 목록이다. 여덟 번째 조목을 제정하는 것은 마치 나무판 위에 놓여 있는 여러 가지 꽃잎들이 바람에 흩어지고 부서지고 해체되지 않도록 실로 묶고 마지막으로 묶은 실의 양 끝을 매듭으로 잇는 것과 같다.

제1조 현전에 입각한 소멸

제정의 계기 세존께서 기원정사에 머물 무렵 육군비구들은 부재중인 비구들에게 견책조치, 의지조치, 사죄조치, 권리정지조치, 한시퇴출조치 등의 갈마를 행하였다. 이에 세존께서는 비구승가를 불러 모으게 하고 사실을 확인 후 [율의 제정과 송출]하여 비구들에게 '현전(現前)에 입각한 분쟁의 소멸[현전비나야(現前毘奈耶), sammukhāvinaya]'을 위한 갈마를 백사갈마로 허용하셨다.

【8.1】 현전하지 않은 자에게 갈마를 행하면 쟁사를 소멸하는 죄를 범하는 것이다.

조문의 해설 1. 현전에 입각한 쟁사의 소멸에 어떠한 것이 현전하여야 하는가? '①승가의 현전이 필요하다. 결계 내 현전승가의 구성원이 모두 모이되 환자나 참석하지 못한 자의 청정권리를 위임받아 전달하여야 한다.

이렇게 모두 모였을 때 모임에 항의가 없으면 승가의 현전이 갖추어진다. 승가의 현전에 따라 쟁사를 소멸할 수 있다. ②원칙의 현전이 필요하다. 세존의 가르침에 따라 [열여덟 가지 원칙]이 지켜지면 원칙의 현전이 갖추어진다. 원칙의 현전에 따라 쟁사를 소멸할 수 있다. ③율의 현전이 필요하다. 세존의 가르침에 따라 일곱 가지 조목인 율이 지켜지면 율의 현전이 갖추어진다. 율의 현전에 따라 쟁사를 소멸할 수 있다. ④개인의 현전이 필요하다. 쟁사의 당사자와 대론자 양자가 대면 출석하면 개인의 현전이 갖추어진다. 개인의 현전에 따라 쟁사를 소멸할 수 있다.'[네 가지 현전] 이 처럼 네 가지 현전이 필요하다.

    2. 원칙에 맞지 않는 말을 하는 개인, 원칙에 맞지 않는 말을 하는 몇 명의 무리, 원칙에 맞지 않는 말을 하는 승가가 있으며, 원칙에 맞는 말을 하는 개인, 원칙에 맞는 말을 하는 몇 명의 무리, 원칙에 맞는 말을 하는 승가가 있다. 그런데 원칙에 맞지 않는 말을 하는 개인이나 무리나 승가가 원칙에 맞는 말을 하는 개인이나 모임이나 승가에게 "이것이 원칙이고, 이 것이 율이고, 이것이 법이니, 이것에 따라서 동의하십시오."라고 훈시하고 교시하여 쟁사를 소멸하면, 현전에 입각하더라도 원칙에 맞지 않는 (쟁사의) 유사 소멸이다. 그러나 원칙에 맞는 말을 하는 개인이나 모임이나 승가가 원칙에 맞지 않는 말을 하는 개인이나 무리나 승가에게 "이것이 원칙이고, 이것이 율이고, 이것이 법이니, 이것에 따라서 동의하십시오."라 고 훈시하고 교시하여 쟁사를 소멸하면, 현전에 입각한 원칙에 맞는 (쟁사의) 소멸이다.

    3. 이같이 소멸한 쟁사에 대하여 당사자나 대론자가 갈마의 결정을 거부하거나 청정권리를 위임한 자가 갈마의 결정을 비방하면 참회하는 죄를 범하는 것이다. 쟁사를 소멸하는 죄를 범하면 실수죄가 된다.

쟁사의 소멸 현전에 입각한 쟁사의 소멸을 시도하였는데도 현전승가에서 쟁사를 그치게 할 수 없다면 네 가지 방법을 추가로 활용한다. 추가적인 방법으로 쟁사를 그치게 한다면 이것도 현전에 입각한 쟁사의 소멸이라고 한다.

1. 만약 승가 가운데 어떤 비구가 세존의 법과 율을 이해하지 못하고 그 의미를 분별하지 못한 채 끊임없이 분쟁과 논쟁을 일으키고 이론(異論)과 별론(別論)을 제기한다면 갈마사는 "만약 존자들에게 옳은 일이라면 이러저러한 비구를 갈마에서 쫓아내고 남은 자들로 쟁사를 그치게 하겠습니다."라고 말하여 단백갈마로 그 비구를 갈마에서 쫓아내고 남은 자들로 갈마를 진행하여 쟁사를 소멸시킨다.

2. 만약 쟁사를 결정하는데 끝없는 말이 나오고 말의 꼬리를 물고 또 다른 말이 나오며 그 말들의 의미를 알기가 어려울 때 갈마사는 백이갈마를 통하여 현전승가 가운데 한 명의 장로비구에게 쟁사의 결정을 위임하여 쟁사를 소멸시킨다. 이렇게 위임된 장로비구는 쟁사를 알고, 쟁사의 바탕을 알고, 쟁사의 소멸을 알고, 쟁사의 소멸에 이르는 길을 잘 아는 비구로서 현전승가의 모범이 되고 표준이 되는 자이다.[46]

3. 만약 현전승가에서 쟁사를 그치지 못하였다면 승가는 현전승가의 결계 밖 다른 처소에 머무는 현명하고 총명하고 슬기로운 다수의 장로비구, 세 명의 장로비구, 두 명의 장로비구, 또는 한 명의 장로비구에게 다가가 쟁사의 소멸을 요청하여 허락받으면 그들을 모셔 와 그들의 결정에 따라 쟁사를 소멸시킨다.

4. 만약 현전승가에서 쟁사를 그치지 못하였다면 승가의 모든 비구는 더 많은 비구가 모여 있는 다른 현전승가로 함께 가야 한다. 만약 다른 현전승가로 가는 도중에 쟁사를 그칠 수 있다면 그것은 쟁사의 소멸이라고 한다. 만약 다른 현전승가로 가는 도중에 쟁사를 그칠 수 없다면 더 많은 비구가 모여 있는 다른 현전승가에 쟁사의 소멸을 요청하고 그들의 결정에 따라 쟁사를 소멸시킨다.

---

46 이렇게 선임된 자를 웁바히까(Ubbāhikāya)라고 하며 단사인(斷事人)으로 번역하였다. 화쟁사(和諍師)로 부를 수 있겠다.

제2조 기억에 입각한 소멸

제정의 계기 세존께서 죽림정사에 머물 무렵 육군비구 가운데 멧띠야와 붐마자까를 추종하는 신참비구들이 멧띠야 비구니를 부추겨 존자 답바를 함께 살 수 없는 죄를 범하였다고 비난하였으나 거짓으로 밝혀졌다. "벗들이여, 그대들은 존자 답바를 추방하려고 근거 없이 함께 살 수 없는 죄를 범하였다고 비난한 것인가?" "존자들이여, 그렇습니다." 비구들은 그들을 비난하고 분개하였고 세존께 그 사실을 알렸다. 그러자 세존께서는 승가가 모여 있는 곳에서 물었다. 비구들이여, 그대들이 답바를 추방하려고 근거 없이 함께 살 수 없는 죄를 범하였다고 비난한 것이 사실인가? "세존이시여, 사실입니다." 세존께서는 [율의 제정과 송출]([【2.12】] 참고)을 하신 후 비구들에게 답바가 완전한 기억에 도달하였다면 '기억에 입각한 쟁사의 소멸[억념비나야(憶念毘奈耶), sativinaya]'을 위한 갈마를 이같이 백사갈마로 허용하셨다.

먼저 답바는 승가에 "존자들이여, 멧띠야와 붐마자까를 추종하는 신참비구들이 저를 근거 없이 함께 살 수 없는 죄를 범하였다고 비방하였습니다. 존자들이여, 저는 완전한 기억에 도달하였으므로 기억에 입각한 쟁사의 소멸을 요청합니다."라고 세 번 반복하여 말한다. 승가는 백사갈마를 통하여 "존자들이여, 멧띠야와 붐마자까를 추종하는 신참비구들이 존자 답바를 근거 없이 함께 살 수 없는 죄를 범하였다고 비방하였습니다. 존자들이여, 존자 답바는 완전한 기억에 도달하였으므로 기억에 입각한 쟁사의 소멸을 요청하였습니다. 이에 기억에 입각한 쟁사의 소멸에 동의하면 침묵하시고 이견이 있으면 지금 말씀해 주십시오."라고 쟁사를 소멸한다.

【8.2】 죄를 범하였다고 청정한 자를 비방하는 경우 청정한 자가 완전한 기억에 도달하여 승가에 요청하면 승가는 기억에 입각하여 쟁사를 소멸하되 만약 그렇지 못하면 쟁사를 소멸하는 죄를 범하는 것이다.

제3조 심신미약에 입각한 소멸

제정의 계기 세존께서 기원정사에 머물 무렵 각가(Gagga) 비구는 정신착란을 일으켜 비구답지 않은 언행을 하였다. 비구들은 각가의 범죄를 비난하자 각가는 제정신으로 돌아왔을 때 정신착란에 의한 범죄였고 자신은 기억하지 못한다고 해명하였다. 그런데도 비구들은 각가의 범죄를 비난하였다. 이에 세존께서는 비구승가를 불러 모으게 하고 사실을 확인 후 [**율의 제정과 송출**]을 하여 비구들에게 '심신미약에 입각한 쟁사의 소멸[불치비나야(不痴毘奈耶), amūḷhavinaya]'을 위한 갈마를 이같이 백사갈마로 허용하셨다.

먼저 각가는 승가에 "존자들이여, 저는 정신착란으로 심신미약의 상태였을 때 비구답지 않게 언행을 하여 범죄를 저질렀고 비구들은 저의 범죄를 비난하였습니다. 그래서 저는 비구들에게 저의 범죄는 심신미약의 상태에서 저지른 것이며 저는 기억하지 못한다고 해명하였음에도 비구들은 여전히 저의 범죄를 비난합니다. 존자들이여, 이에 저는 과거의 정신착란으로 인한 심신미약의 상태에서 저지른 범죄에 대하여 심신미약에 입각한 쟁사의 소멸을 요청합니다."라고 세 번 반복하여 말한다. 승가는 백사갈마를 통하여 "존자들이여, 각가는 정신착란으로 심신미약의 상태였을 때 비구답지 않게 언행을 하여 범죄를 저질렀고 비구들은 그의 범죄를 비난하였습니다. 그래서 각가는 비구들에게 자신의 범죄는 심신미약의 상태에서 저지른 것이며 기억하지 못한다고 해명하였는데, 그러함에도 비구들은 여전히 그의 범죄를 비난하였습니다. 존자들이여, 각가는 과거의 정신착란으로 인한 심신미약의 상태에서 저지른 범죄에 대하여 심신미약에 입각한 쟁사의 소멸을 요청하였습니다. 이에 심신미약에 입각한 쟁사의 소멸에 동의하면 침묵하시고 이견이 있으면 지금 말씀해 주십시오."라고 쟁사를 소멸한다.

【8.3】 심신미약의 상태에서 죄를 범하였다면 승가는 심신미약에 입각하여

쟁사를 소멸하되 만약 그렇지 못하면 쟁사를 소멸하는 죄를 범하는 것이다.

조문의 해설 여기 어떤 비구가 죄를 범하였고 기억하면서도 개인, 무리, 승가의 비난에 거짓말한다. 거짓으로 그는 정신착란으로 인한 심신미약의 상태에서 범죄를 저질러 기억하지 못한다고 하거나 꿈속에서 꿈을 꾸듯 몽롱하게 기억한다고 하거나 마치 미친 것처럼 횡설수설하여 "내가 이렇게 하니 그대들도 이렇게 하라. 나에게 이것이 허용되니 그대들에게도 이것이 허용된다."라고 한다. 그러한 그에게 심신미약에 입각한 쟁사의 소멸을 준다면 이것은 원칙에 맞지 않는 (쟁사의) 소멸이다. 그러나 여기 어떤 비구가 진실로 정신착란으로 인한 심신미약의 상태에서 죄를 범하였고 그것을 기억하지 못하였다. 그는 개인, 무리, 승가의 비난에 사실대로 기억하지 못한다고 하거나 꿈속에서 꿈을 꾸듯 몽롱하게 기억한다고 하거나 미쳐서 횡설수설하여 "내가 이렇게 하니 그대들도 이렇게 하라. 나에게 이것이 허용되니 그대들에게도 이것이 허용된다."라고 한다. 그러한 그에게 심신미약에 입각한 쟁사의 소멸을 준다면 이것은 원칙에 맞는 (쟁사의) 소멸이다.

제4조 자인에 입각한 소멸

제정의 계기 세존께서 기원정사에 머물 무렵 육군비구들은 자신의 범죄를 자인(自認)하지 않는 비구들에게 견책조치, 의지조치, 사죄조치, 퇴거조치, 권리정지조치를 위한 갈마를 행하였다. 이에 세존께서는 비구승가를 불러 모으게 하고 사실을 확인 후 [**율의 제정과 송출**]을 하여 비구들에게 '자인에 입각한 쟁사의 소멸[자인비나야(自認毘奈耶), paṭiññata-karaṇavinaya]'을 위한 갈마를 백사갈마로 허용하셨다.

【8.4】자인하지 않는 자에게 갈마를 행하면 쟁사를 소멸하는 죄를 범하는 것이다.

조문의 해설 1. 여기 어떤 비구는 죄를 지어 한 명의 비구, 몇 명의 비구 또는 비구승가 앞에서 "도반이여, 나는 이러저러한 죄를 지었습니다. 나는 그것을 고백하고 참회합니다."라고 사실대로 자인하여 쟁사를 그치게 한다.

     2. 여기 어떤 비구가 어떤 조목에 속하는 죄를 저질렀다. 비구들은 그가 그 조목에 속하는 죄를 저질렀다고 비난하였다. 그런데 그가 자신이 저지른 죄의 조목과 다른 조목으로 자신의 죄를 자인하였다. 예를 들면 그가 함께 살 수 없는 죄를 범하였으면서 승가의 처벌을 받는 죄를 범하였다고 자인하는 경우이다. 이런 경우 만약 승가가 그가 자인한 조목으로 자인에 입각한 쟁사의 소멸을 준다면 이것은 원칙에 맞지 않는 (쟁사의) 소멸이다. 그러나 여기 어떤 비구가 어떤 조목에 속하는 죄를 저질렀다. 비구들은 그가 그 조목에 속하는 죄를 저질렀다고 비난하였다. 그리고 그가 자신이 저지른 죄의 조목과 똑같은 조목으로 자신의 죄를 자인하였다. 만약 승가가 그가 자인한 조목으로 자인에 입각한 쟁사의 소멸을 준다면 이것은 원칙에 맞는 (쟁사의) 소멸이다.

제5조 다수결에 입각한 소멸

제정의 계기 세존께서 기원정사에 머물 무렵 비구들은 서로 논쟁하고 다투어 분쟁을 가라앉힐 수가 없었다. 이에 세존께서는 비구승가를 불러 모으게 하고 사실을 확인 후 [율의 제정과 송출]을 하여 비구들에게 먼저 백이갈마로 투표 관리자를 선출하여 '다수결(多數決)에 입각한 쟁사의 소멸[다멱비나야(多覓毘奈耶), yebhuyyasikāvinaya]'을 위한 갈마를 백사갈마로 허용하셨다.

【8.5】 가라앉힐 수 없는 쟁사는 다수결에 입각하여 쟁사를 소멸하되 만약 그렇지 못하면 쟁사를 소멸하는 죄를 범하는 것이다.

조문의 해설 쟁사의 안건이 작은 일이거나, (쟁사의) 안건의 근본을 알 수 없거나, (쟁사의) 안건의 근본을 기억할 수 없거나, 원칙에 맞지 않는 말을 하는 자들이 그렇지 않은 자들보다 더 많다고 알거나, 원칙에 맞지 않는 말을 하는 자들이 그렇지 않은 자들보다 더 많다고 추정하거나, 표결로 승가가 분열될 것이다라고 알거나, 표결로 승가가 분열될 것이다라고 추정하거나, 표결에 부정투표를 하거나, 갈마를 위한 모임이 완전하지 않거나, 다른 이의 투표에 영향을 끼치고자 거짓된 견해를 표현하면 이것은 원칙에 맞지 않는 표결이다. 그러나 쟁사의 안건이 작은 일이 아니고, (쟁사의) 안건의 근본을 알 수 있고, (쟁사의) 안건의 근본을 자타가 기억할 수 있고, 원칙에 맞는 말을 하는 자들이 그렇지 않은 자들보다 더 많다고 알고, 원칙에 맞는 말을 하는 자들이 그렇지 않은 자들보다 더 많다고 추정하고, 표결로 승가가 분열되지 않을 것이다라고 알고, 표결로 승가가 분열되지 않을 것이다라고 추정하고, 표결에 부정투표가 없고, 갈마를 위한 모임이 완전하고, 다른 이의 투표에 영향을 끼치고자 거짓된 견해를 표현하지 않으면 이것은 원칙에 맞는 표결이다.[47]

제6조 심문에 입각한 소멸

제정의 계기 세존께서 기원정사에 머물 무렵 우발라(Uvāla) 비구는 자신이 저지른 죄를 조사받으면서 진술을 번복하고 엉뚱한 말로 질문을 회피하고 알면서 거짓말을 하였다. 이에 세존께서는 비구승가를 불러 모으게 하고 사실을 확인 후 [**율의 제정과 송출**]을 하여 비구들에게 '심문(審問)에 입각한 쟁사의 소멸[멱죄상비나야(覓罪相毘奈耶), tassapāpiyyasikāvinaya]'을 위한 갈마를 백사갈마로 허용하셨다.

【8.6】 죄를 지어 부정한 자가 처벌받아야 함에도 부끄러움을 모르고 진술

---

47 현대 민주주의 국가에서 실행하고 있는 투표 제도와 비교하여 보라.

을 번복하거나 거짓말하면 심문에 입각하여 쟁사를 소멸하되 만약 그렇지 못하면 쟁사를 소멸하는 죄를 범하는 것이다.

조문의 해설 1. 밝혀진 범죄 이외에 더 추궁하고 더 심문하여 자신의 범죄를 자인하도록 하는 것이 심문에 입각한 쟁사의 소멸이다.

2. 다투고 분쟁하면서 승가에 쟁사를 일으키거나, 어리석어 충고를 받아들이지 않거나, 재가자와 부적절하게 함께 지내거나, 율을 범하거나, 삿된 행위를 하거나, 사견에 떨어지거나, 세존을 비방하거나, 세존의 가르침을 비방하거나, 승가를 비방하는 자는 승가가 원한다면 심문에 입각한 쟁사의 소멸을 백사갈마로 진행할 수 있다.

3. 부재중으로 진행하고, 질문에 의하지 않고, 자인에 입각하지 않고, 죄가 없는데 진행하고, 참회하지 않아도 되는 죄를 대상으로 삼고, 이미 참회를 마친 죄를 대상으로 삼고, 잘못을 드러내 질책하지 않고, 범죄행위의 기억을 확인하지 않고, 잘못에 대한 죄를 밝히지 않고 진행하는 것은 원칙에 맞지 않는 (쟁사의) 소멸이다. 그러나 현전에 입각하여 진행하고, 질문에 의하고, 자인에 입각하고, 죄가 있는데 진행하고, 참회하는 죄를 대상으로 삼고, 아직 참회하지 않은 죄를 대상으로 삼고, 잘못을 드러내 질책하고, 범죄행위의 기억을 확인하고, 잘못에 대한 죄를 밝히고 진행하는 것은 원칙에 맞는 (쟁사의) 소멸이다.

열여덟 가지 의무 심문에 입각한 갈마를 받은 자는 열여덟 가지 의무를 올바로 준수하여야 한다. '①출가승이 되어 비구를 만들지 않아야 하고 ②아사리가 되어 신참비구의 의지가 되지 않아야 하고 ③출가승이 되어 사미를 두지 않아야 하고 ④교계사에 선정되지 않아야 하고 ⑤이미 교계사로 선정되었다면 교계하지 않아야 하고 ⑥갈마의 대상이 된 죄를 반복해서 범하지 않아야 하고 ⑦갈마의 대상이 된 죄와 유사한 죄를 범하지 않아야 하고 ⑧갈마의 대상이 된 죄보다 더 중한 죄를 짓지 않아야 하고 ⑨

갈마를 비난하거나 매도하지 않아야 하고 ⑩갈마의 진행에 도움을 준 자들을 비난하거나 매도하지 않아야 하고 ⑪다른 비구의 포살을 차단하지 않아야 하고 ⑫다른 비구의 자자를 차단하지 않아야 하고 ⑬다른 비구에게 명령하지 않아야 하고 ⑭다른 비구보다 높은 자리에 앉아 권위를 세우지 않아야 하고 ⑮다른 비구를 비난하기 위한 허락을 요구하지 않아야 하고 ⑯다른 비구를 질책하지 않아야 하고 ⑰다른 비구의 잘못에 대한 기억을 확인하지 않아야 하고 ⑱다른 비구와 다투지 않아야 한다.'[**열여덟 가지 의무**]

제7조 대리인에 입각한 소멸

제정의 계기 세존께서 기원정사에 머물 무렵 어느 때 승가는 양분되어서 서로 다투고 분쟁하여 때때로 출가자답지 않은 행위를 하고 언행이 일치하지 않았다. 비구들은 "승가는 양분되어서 서로 다투고 분쟁하여 때때로 출가자답지 않은 행위를 하고 언행이 일치하지 않았다. 만약 우리가 서로 이러한 죄를 낱낱이 드러내어 밝힌다면 쟁사는 가혹하고 고뇌에 쌓이며 승가는 분열로 치달을 것이다. 이제 우리는 어떻게 해야 하는가?"라고 번민하였다. 이에 세존께서는 비구승가를 불러 모으게 하고 사실을 확인 후 [**율의 제정과 송출**]을 하여 비구들에게 '대리인에 입각한 쟁사의 소멸[초복지비나야(草覆地毘奈耶), tiṇavatthārakavinaya]'을 위한 갈마를 이같이 단백갈마로 허용하셨다.

비구들이 모두 한자리에 모여서 단백갈마로 "존자들이여, 승가는 제 말에 귀를 기울이십시오. 우리는 양분되어서 서로 다투고 분쟁하여 때때로 출가자답지 않은 행위를 하고 언행이 일치하지 않았습니다. 만약 우리가 서로 이러한 죄를 낱낱이 드러내어 밝힌다면 쟁사는 가혹하고 고뇌에 쌓이며 승가는 분열로 치달을 것입니다. 만약 승가에 옳은 일이라면 승가는 대리인에 입각한 쟁사의 소멸로, 추중죄와 재가자와 관련된 죄를 제외한, 모든 죄에 대한 분쟁을 그치게 하겠습니다."라고 선언한다. 그러면 양분된 한쪽 편의 대리인[A]이 "존자들께서는 제 말에 귀를 기울이십시오. 우리는 양분되어서 서로 다투고 분쟁하여 때때로 출가자답지 않은 행위를 하고 언행이 일치하지 않았습니다. 만약 우리가 서로 이러한 죄를 낱낱이 드러내어 밝힌다면 쟁사는 가혹하고 고뇌에 쌓이며 승가는 분열로 치달을 것입니다. 만약 존자들께 옳은 일이라면 대리인에 입각한 분쟁의 소멸로 저는 존자들의 죄와 나의 죄 가운데 추중죄와 재가자와 관련된 죄를 제외한 모든 죄를 참회하겠습니다."라고 선언한 후 율답게 참회한다. 그리고 양분된 다른 편의 대리인[B]도 이같이 선언한 후 율답게 참회한다. 그런 후 대리인 A와 B가 각각 백이갈마를 통하여 자신의 참회를 승가에 승인받으면 대리인에 입각한 쟁사는 소멸한다.

【8.7】 승가가 양분되어 분쟁이 분열로 치달으면 대리인에 입각하여 쟁사를 소멸하되 만약 그렇지 못하면 쟁사를 소멸하는 죄를 범하는 것이다.

조문의 해설 갈마 현장에 참석하지 않은 자와 자신의 잘못된 견해를 공개적으로 천명한 자의 범죄는 제외된다.

9 형벌과 출죄

함께 살 수 없는 죄 청정한 비구가 율을 범하면 죄를 짓게 되어 청정을 잃어버린다. 죄를 지어 청정하지 못한 비구는 합당한 형벌을 받고 출죄하여 청정을 회복하여야 한다. 그러나 율 가운데 한 번 죄를 범하면 출죄하지 못하고 목숨을 다할 때까지 청정을 잃어버리는 죄가 있는데, 그 죄가 함께 살 수 없는 죄이다. 함께 살 수 없는 죄를 범하여 받는 처벌은 승가를 떠나는 것이며 처벌은 생을 마칠 때까지 지속된다. 따라서 이 죄를 범한 자는 설사 퇴전하여 재출가를 요청하더라도 그의 출가는 허용하지 않는다.

만약 이 죄를 범한 자가 죄를 숨긴 채 승가에서 계속 살려고 하거나 산다면 어떻게 되는가? 이 죄를 범하면 증인이나 증거가 있어 범죄 사실을 오래 숨길 수 없다. 이뿐만 아니라 보름마다 의무율을 송출하는 포살 때마다 범죄 사실을 감추고 거짓으로 침묵하여 자신이 청정하다는 사실에 동의하는 일을 반복하여야 한다. 이것은 【5.17】 조항을 범하는 것이며 승가에 머무는 한 포살 때마다 반복적으로 죄를 추가로 누적한다. 따라서 양심을 속이지 않고 괴로움을 일으키지 않고 마음을 오염시키지 않고 승가에 머물 수 없으므로 승가에 머무는 것이 떠나는 것보다 유익하지 않다. 이것은 만약 그가 죄를 숨긴 채 재출가를 하더라도 마찬가지이다. 만약 승가 가운데 어떤 비구가 이 죄를 범한 비구의 범죄 사실을 인지하고도 은폐하려고 감춘다면 그 또한 포살 때마다 【5.79】 조항을 반복적으로 범하게 되며 이 범죄 사실을 감추고 거짓으로 침묵하여 자신이 청정하다는 사실에 동의하는 일을 반복하여야 한다. 이것은 【5.17】 조항을 추가로 범하는 것이다. 그러므로 출가의 유익함을 추구하는 비구는 이러한 상황에서 벗어나야 한다. 【5.17】과 【5.79】 조항은 범하더라도 출죄하여 청정을 회복할 수 있기 때문이다.

그런데 함께 살 수 없는 죄를 범한 비구가 승가를 떠나 3인 비구가 모여 사는 무리에 합류한다면 그 무리는 합류를 인정하는 즉시 승가가 되므로 그는 승가를 떠나야 한다. 그러므로 그는 1인 비구 또는 2인의 비구가 모여 사는 무리에만 합류할 수 있으나 이 무리 역시 새로운 비구가 합류하여 4인에 이르면 그는 다시 그곳을 떠나야 한다. 그가 합류한 무리의 비구들이 보름마다 포살을 행할 때 그가 그의 범죄 사실을 은폐하면 승가의 경우와 마찬가지로 그는 결국 그곳을 떠나야 하며 은폐하지 않고 드러내면 다른 비구들이 그곳을 떠날 것이다. 왜냐하면 그렇지 않다면 그들은 다른 청정한 비구들에게 비난과 꾸짖음을 받기 때문이다. 그러므로 이 죄를 범한 비구는 다른 청정한 비구와 함께 사는 것이 가능하지 않다. 결국 그는 혼자 살거나 청정하지 않은 1인 비구나 2인의 비구와 함께 살 수 있다. 또는 청정하지 않은 승가에 머물 수도 있다. 왜냐하면 청정하지 않은 비구나 승가는 청정을 회복하거나 회복한 청정을 유지하는 포살을 행하지 않기 때문이다. 청정을 회복하지 않거나 회복한 청정을 유지하지 않는 비구나 승가는 율에 따라 포살을 행하지 않는 자로서 세존의 율에서 '죽은 자'라고 한다. 결론적으로 세존의 율에서 함께 살 수 없는 죄를 범한 자는 죽은 자이다. 마치 큰 바다가 시체와 함께 머물지 않는 것처럼 청정한 승가는 청정하지 않은 자와 함께 머물지 않는다. 큰 바다에 시체가 있으면 그것을 즉시 해안으로 밀어내 버리는 것처럼 청정한 승가는 청정하지 않은 자가 있으면 그를 즉시 성스러운 법과 율 밖으로 내쳐 버린다. 죽은 자는 다른 죽은 자들과 함께 머물 수 있으나 산 자와는 함께 살 수 없다.

승가의 처벌을 받는 죄 열세 가지 조항 가운데 어느 하나라도 범한 비구는 4인 이상의 청정한 비구에게 나아가 죄를 고백하여야 한다. 자신이 범한 죄의 상황과 절차에 따라서 격리처벌, 가중처벌, 참회처벌을 요청하여야 하며 이 요청에 따라서 현전승가의 모든 비구가 모인 갈마에서 형벌을 결정한다. 이러한 형벌을 바른 절차에 따라 받은 후에 출죄 갈마를 통하여 죄를 벗어나 범죄 이전의 상태로 복귀하여 청정을 회복한다. 이 죄를 범한 비구는 자신이 어떤 형벌을 어떤 절차로 받아야 하는지를 잘 알아야 한다. 바른 절차대로 모든 형벌을 받고 출죄하여 청정을 회복하였다고 생각하였으나 만약 절차나 형벌에 잘못이 있었다면 출죄는 무효가 된다. 이때 절차나 형벌의 잘못에 고의성이나 의도성이 없었다고 하더라도 결과는 마찬가지이다. 이 죄를 범한 비구의 요청에 따라 형벌과 절차를 정한 승가는 이에 책임이 없다. 그러므로 비구는 이 죄에 대한 형벌과 절차를 잘 배워 숙지하여야 한다. 만약 출죄가 무효가 되어 청정을 회복하지 못하였다면 절차나 형벌에 잘못이 없도록 승가에 재요청하여야 한다. 이 죄의 처벌과 절차 그리고 출죄는 다음 장 갈마율에서 상세하게 다룬다.

판정받는 죄 판정받는 죄를 범하여 유죄인 경우 함께 살 수 없는 죄, 승가의 처벌을 받는 죄, 참회하는 죄 세 가지 가운데 한 가지로 판정받고 그 결과에 따라서 형벌과 출죄를 한다. 판정은 어떻게 하는가? 비구가 성행위나 음담이 가능한 장소에 여인과 둘이 있는 것을 믿을 만한 청신녀가 보거나 듣거나 정황의 근거로 확신하여 다른 비구에게 이 사실을 알려 고발한다. 고발을 접수한 비구는 상좌차 장로비구에게 이 사실을 알린다. 상좌차 장로비구는 피고발인 비구와 함께 비구들을 불러 모아 고발인의 진술 내용을 토대로 피고발인의 진술을 듣고 죄의 유무와 죄의 종류를 판정한다. 필요하다면 믿을 만한 청신녀의 진술이나 성행위나 음담이 가능한 장소에 함께 머물렀던 여인의 진술을 청취할 수도 있다. 이때 현전승가의 비구들이 모두 모이지 않아도 되지만 참석하려는 비구를 배제하지도 않는다.

반납하고 참회하는 죄 반납하고 참회하는 죄를 범하여 받는 형벌은 이 죄에 연관된 물품을 4인 이상의 청정한 비구승가에 반납하고 참회하는 것이다. 참회가 받아들여지면 그 즉시 출죄하여 청정을 회복한다.

어떻게 물품을 반납하는가? 이 죄에 관련된 물품으로는 옷, 옷감, 비옷, 이교도와 물물교환한 물품, 깔개, 양모, 발우, 약, 금전, 금전으로 매입한 물품 등이 있다. 죄를 범한 비구는 대의를 입고 승가에 나아가 장로비구[48]의 두 발에 머리를 조아리고 한쪽 무릎을 꿇고 합장하여 말한다. 이때 반납하는 물품이 어떤 율의 조항을 어떻게 범하여 얻은 것인지 분명히 밝혀야 한다. 예를 들어 "존자여, 이 옷은 제가 열흘이 지나도록 지닌 여분의 옷으로 【4.1】 조항을 범하여 상실되어야 합니다. 저는 이것을 승가에 반납하겠습니다." 이렇게 물품을 반납한 후 참회한다.

참회는 어떻게 하는가? 마찬가지로 그는 장로비구의 두 발에 머리를

---

48 4인 이상의 비구들 가운데 상좌차 장로비구를 말하나 반드시 장로비구이어야 하는 것은 아니다. 통상적으로 좌차 높은 장로비구들을 선택한다. 만약 상좌차 장로비구가 죄를 지었을 경우 비구이면 누구나 선택할 수 있다.

조아리고 한쪽 무릎을 꿇고 합장하여 말한다. 이때 자신이 어떤 율의 조항을 어떻게 범하였는지 분명히 밝혀야 한다. 예를 들어 "존자여, 저는 여분의 옷을 열흘이 지나도록 지녀 【4.1】 조항을 어기는 잘못을 범하였습니다. 존자여, 제가 어리석고 미혹하고 신중하지 못해서 잘못을 범하였습니다. 존자여, 존자께서는 제가 미래에 다시 이와 같은 잘못을 범하지 않고 저를 단속할 수 있도록 제 잘못에 대한 참회를 섭수하여 주소서." 그러면 장로비구는 이렇게 말한다. "도반(또는 비구 ○○)이여, 확실히 그대는 잘못을 범하였습니다. 어리석고 미혹하고 신중하지 못해서 그대는 잘못을 범하였습니다. 도반이여, 그러나 그대는 잘못을 범한 것을 잘못을 범했다고 인정하고 법답게 참회하였습니다. 그러므로 우리는 그대를 받아들입니다. 도반이여, 잘못을 범한 것을 잘못을 범했다고 인정한 다음 법답게 참회하고 미래에 그러한 잘못을 단속하는 자는 성스러운 율에서 향상하기 때문입니다." 만약 잘못을 범했다고 인정하고 법답게 요청하는 참회를 받아들이지 않으면 어떻게 되는가? 참회를 받아들이지 않는 장로비구의 요구가 합당하다면 그것을 수용한 뒤 그는 다시 참회할 수 있다. 그렇지 않다면 그는 현명한 장로비구를 찾아서 참회하든지 포살 때 모든 비구가 모인 자리에서 참회할 수 있다. 한편 법다운 참회를 받아들이지 않는 비구는 어리석은 자로서 현명한 비구는 이러한 어리석은 자를 멀리하고 가까이하지 않는다. 따라서 현명한 비구는 법답게 참회하고 용서를 구하는 자를 용서하고 받아들인다. 그런데 청정을 회복한 비구가 상습적으로 유사한 죄를 범하면 승가가 갈마를 통하여 처벌할 수 있는데 이러한 갈마는 다음 장에서 설명한다.

　　한편 죄를 지은 비구에게 받은 물품을 어떻게 처리하는가? 법다운 참회를 받아들인 장로비구는 반납받은 물품을 해당 물품을 담당하는 소임자[49]에게 전달한다. 그러면 소임자는 전달받은 물품을 적절히 조치한다.

---

49 이러한 소임자 비구를 선임하는 갈마는 다음 장 소소율에서 설명한다.

예를 들어 전달받은 물품이 발우라면 발우를 담당하는 소임자는 전달받은 발우를 가지고 상좌차부터 말좌차까지, 죄를 지었던 비구를 제외하고, 좌차순으로 차례대로 비구를 방문하면서 "존자여, 이 발우는 치수가 맞고 튼튼한 것이니 존자께 맞습니다. 존자께서 이 발우를 지녀 사용하십시오."라고 권한다. 만약 어떤 장로비구가 그 발우를 취하면 그 장로비구가 사용하던 발우를 가지고 다음 좌차의 비구에게 똑같이 권한다. 이와 같은 방법으로 마지막 말좌차 신참비구에 이르면 소임자는 현전승가가 현재 사용하고 있는 발우 가운데 가장 열악한 발우를 가진다. 그리고 소임자는 이 발우와 자신이 관리하는 발우 가운데 가장 열악한 발우와 서로 비교하여 더 열악한 발우를 선택한다. 이제 소임자는 승가가 사용하고 있거나 보관하고 있는 발우 가운데 가장 열악한 발우를 지니고 죄를 짓고 발우를 반납한 비구에게 다가가 "비구여, 오늘부터 이것이 그대의 발우이다. 파괴될 때까지 이 발우를 지녀 사용하라."라고 말하고 그가 사용하던 발우를 회수한다. 이것이 이 경우에 올바른 조치이다. 그런데 만약 죄를 짓고 발우를 반납한 비구가 소임자에게 받은 발우가 못마땅하여 그 발우를 올바르지 않은 장소에 두어 잃어버리려고 하거나 그 발우를 잘못 사용하여 깨뜨리거나 부수려고 생각하거나 행동하면 실수죄이다. 그런데 만약 소임자가 발우를 권할 때 어떤 비구가 '나의 발우가 더 나은데 무엇 때문에 저 발우를 취하랴!' 생각하여 그 발우를 취하지 않는다면 무죄이나 죄를 짓고 발우를 반납한 비구를 배려하여 그 발우를 취하지 않으면 실수죄이다.

   발우와 마찬가지로 옷, 옷감, 비옷, 이교도와 물물교환한 물품, 깔개, 양모, 약 등의 물품도 각 소임자가 올바르게 조치한다. 그런데 금전의 경우 금전을 전달받은 소임자는 금전을 지니고 있다가 정인이나 우바새(優婆塞, upāsaka)[50]가 다가오면 "벗이여, 여기 금전이 있습니다."라고 말하고 금전을 놓아둔 곳을 가리킨다. 정인이나 우바새가 "존자여, 이것으로 무

---

50 청신사(淸信士)라고 의역하는 남성 재가제자이다.

엇을 가지고 올까요?"라고 묻더라도 "이러저러한 것을 가져오시오."라고 말하면 안 되며 "승가가 허용하는 것은 약뿐입니다."라고 말하여야 한다. 만약 금전을 가지고 간 정인이나 우바새가 약을 가지고 오면 그 약은 죄를 짓고 금전을 반납한 자를 제외하고 모든 비구가 사용할 수 있다. 이렇게 금전이 해결되면 좋은 일이나 만약 그렇지 못하다면 소임자는 적절한 장소로 나아가 금전을 깊은 강이나 높은 절벽 아래나 깊은 숲속으로 눈을 감고 던져 버린다. 이것이 이 경우에 올바른 조치이다. 그런데 만약 그가 금전이 떨어진 장소를 기억한다면 실수죄이다. 금전으로 매입한 물품도 금전과 마찬가지로 조치한다.

참회하는 죄 참회하는 죄를 범하여 받는 형벌은 1인 이상의 청정한 장로비구에게 참회하는 것이다. 참회가 받아들여지면 그 즉시 출죄하여 청정을 회복한다.

자백하는 죄 자백하는 죄를 범하여 받는 형벌은 1인 이상의 청정한 비구에게 "벗이여, 나는 비난받을 만하고 적절하지 못한 자백하는 죄를 범하였습니다. 나는 그것을 참회합니다."라고 범죄 사실을 자백하는 것이다. 이때 참회하는 형식을 갖추지 않고 일상의 대화처럼 범죄 사실을 언급하면 그 즉시 출죄하여 청정을 회복한다. 이때 자백을 청취하는 비구의 답변에 상관없이 청정을 회복한다.

습득하는 죄 습득하는 죄를 범하여 받는 형벌은 마음속으로 반성하는 것이다. 마음속으로 반성하면 그 즉시 출죄하여 청정을 회복한다. 그런데 만약 습득하지 못함을 스스로 인지하기 전에 타인이 먼저 지적하면 "존자여, 인지하였습니다. 미래에 나를 단속하겠습니다."라고 자백하면 청정을 회복한다. 또한 만약 고의로 습득하는 죄를 범하면 1인 이상의 청정한 비구에게 "벗이여, 나는 습득하는 죄를 범하였습니다. 미래에 나를 단속하겠습니다.”라고 자백하면 그 즉시 출죄하여 청정을 회복한다. 이때 자백하는 죄처럼 참회하는 형식을 갖추지 않아도 된다.

쟁사를 소멸하는 죄 분쟁을 소멸하는 죄를 범하여 받는 형벌은 마음속으로 반성하는 것이다. 마음속으로 반성하면 그 즉시 출죄하여 청정을 회복한다. 그런데 만약 타인이 분쟁을 소멸하는 죄를 지적하고 아무런 응답을 하지 않더라도 청정의 회복에 아무런 영향이 없다.

기타 죄 의무율을 구성하는 여덟 가지 죄는 죄의 경중(輕重)에 따라 분류되어 있다. 그런데 여덟 가지 죄 가운데 세 번째 죄인 판정받는 죄는 판정받으면 첫 번째와 두 번째 그리고 다섯 번째 죄로 귀결되므로 결국 의무율은 모두 일곱 가지 죄로 이루어져 있다. 그 가운데 가장 거친 죄를 추죄(麤罪)라고 한다. 이 죄는 참회하고 용서를 구하여도 용서받을 수 없는 죄로서 불용서죄(不容恕罪, sāvasesā āpatti)라고 하며 함께 살 수 없는 죄가 그것이다. 그 외 나머지 여섯 가지 죄는 모두 용서받을 수 있는 죄이다. 두 번째 죄인 승가의 처벌을 받는 죄는 용서받을 수 있는 죄 가운데 가장 무거운 죄로 중죄(重罪)라고 한다. 추죄와 중죄를 합쳐서 추중죄(麤重罪)라고 한다. 여기서 반납하고 참회하는 죄와 참회하는 죄를 경죄(輕罪)라고 하고 고백하는 죄를 경미죄(輕微罪)라고 한다. 추중죄와 경죄 그리고 경미죄의 다섯 가지 죄의 묶음을 오편죄(五篇罪, pañca āpattikkhandhā)라고 한다. 한편 습득하는 죄와 분쟁을 소멸하는 죄를 미죄(微罪)라고 한다.

　　죄를 범하려다가 미수에 그친 미수죄는 투란차(偸蘭遮) 또는 투란죄(偸蘭罪)라고 음역하고 추악죄(醜惡罪) 또는 방사죄(放使罪)로 의역한다. 만약 추중죄를 범하려다 미수에 그쳐 지은 미수죄가 중죄, 경죄, 경미죄에 해당하면 해당하는 죄에 따라서 출죄하면 되나 경미죄에도 미치지 못하는 미수죄는 미죄에 해당하며 출죄는 마음속으로 반성하는 것이다. 부주의나 실수로 저지르는 잘못된 행동의 실수죄는 돌길라(突吉羅)라고 음역하고 악작죄(惡作罪)라고 의역한다. 또한 부주의나 실수로 저지르는 잘못된 언행의 실언죄는 악설죄(惡說罪)라고 의역한다. 실수죄와 실언죄는 미죄에 해당하며 출죄는 마음속으로 반성하면 된다.

제2장

갈마율

승가의 규모가 점차 커지자 세존의 법과 율에서 승가의 화합과
단합을 위한 의사 결정 기구가 요구되었다. 갈마(羯磨)는 이러한
요구를 충족하는 승가의 의사 결정 기구의 역할을 하며 갈마보다
상위에 있는 개인이나 단체는 승가에 존재하지 않는다. 갈마는
karma의 음역으로 승가의 의사 결정을 위한 모임 또는 모임의 작
법(作法)을 의미한다.[1] 갈마사(羯磨師)는 갈마를 진행하는 자로
현정승가에서 최고 연장자가 되어야 하나 안건과 상황에 따라 최
고 연장자가 총명하고 유능한 자들 가운데서 선정할 수도 있다.
갈마의 결정은 승가의 만장일치(滿場一致)로 가결되며 그 효력은
갈마를 실행한 현전승가뿐만 아니라 사방승가에도 유효하다. 갈
마를 위한 상설 기구는 승가에 두지 않으며 안건이 발생할 때마
다 승가가 갈마를 실행한다. 다양한 안건에 따라 실행하는 다양
한 갈마에 관한 세존의 가르침이 갈마율이다.

---

1 산스크리트어 karma는 팔리어 kamma에 해당한다. kamma는 경장에서 업(業)으로 의역하
여 개인의 신구의 행위행동을 의미하며 율장에서는 갈마로 음역하였다. kamma를 음역하지 않고
karma를 음역한 연유는 북방에 전래한 경장과 율장의 저본이 범어본이기 때문이다.

1 갈마의 외형

갈마의 외형에는 두 가지를 갖추어야 한다. 첫째, 갈마를 구성하는 구성원이 빠짐없이 구성된 모임이어야 한다. 이러한 모임이 진행하는 갈마를 모임이 완전한 갈마라고 한다. 둘째, 갈마를 진행하는 형식이 갈마율에 맞게 진행되어야 한다. 이렇게 갖추어진 형식으로 진행된 갈마를 형식이 완전한 갈마라고 한다.

1.1 갈마의 구성

모임이 완전한 갈마가 되기 위하여 현전승가의 비구들이 모두 한자리에 모여야 한다. 한자리에 모일 수 없는 비구, 예를 들어, 환자나 멀리 출타한 비구는 청정권리를 위임해야 한다. 그들의 위임을 받은 자가 그들의 위임을 갈마가 열리는 장소에 전달해야 한다. 그리고 한자리에 모인 비구들 가운데 어떤 비구도 갈마의 개최를 거부하지 않아야 한다. 이렇게 구성원이 모인 갈마를 모임이 완전한 갈마라고 한다.[2] 만약 현전승가의 비구들이 모두 한자리에 모이지 않았거나 청정권리를 위임받은 자들이 위임을 전달하지 않았거나 모인 비구들 가운데 한 비구라도 갈마의 개최를 거부하면 모임이 불완전한 갈마라고 한다.

그런데 현전승가의 비구들이 모두 한자리에 모였다고 하더라도 어떤 갈마의 정족수가 미달하는 경우가 있다. 승가를 이루기 위한 최소한의 비구는 4명이며 승가를 이룬 비구들이 결계를 정하면 현전승가가 된다. 갈마의 정족수에 따라 현전승가를 분류하면 네 가지로 나눈다. ①4명의 비구로 이루어진 승가 ②5~9명의 비구로 이루어진 승가 ③10~19명의 비구로 이루어진 승가 ④20명 이상의 비구로 이루어진 승가를 말한다. 4명의

---

[2] 모임이 완전한 갈마가 되기 위하여 갈마의 장소와 일시에 대한 동의를 현전승가의 비구들에게 미리 얻어야 한다. 만약 이러한 절차상의 미흡한 점으로 어떤 한 비구라도 갈마를 위한 모임을 거부하면 갈마는 진행할 수 없다.

비구로 이루어진 승가는 모든 갈마에서 모임이 완전한 갈마를 형성할 수 있으나 자자를 위한 자자 갈마, 비구를 만드는 비구 갈마, 승가의 처벌을 받는 죄를 벗어나게 하는 출죄 갈마, 이러한 세 갈마는 정족수 미달로 형성할 수 없다. 5~9명의 비구로 이루어진 승가는 모든 갈마에서 모임이 완전한 갈마를 형성할 수 있으나 비구를 만드는 비구 갈마, 승가의 처벌을 받는 죄를 벗어나게 하는 출죄 갈마, 이러한 두 갈마는 정족수 미달로 형성할 수 없다. 그러나 변방일 경우 비구 갈마를 형성할 수 있다. 10~19명의 비구로 이루어진 승가는 모든 갈마에서 모임이 완전한 갈마를 형성할 수 있으나 승가의 처벌을 받는 죄를 벗어나게 하는 출죄 갈마는 정족수 미달로 형성할 수 없다. 20명 이상의 비구로 이루어진 승가는 모든 갈마에서 모임이 완전한 갈마를 형성할 수 있다. 다시 표현하면 승가의 처벌을 받는 죄를 벗어나게 하는 출죄 갈마의 정족수는 20명 이상이며, 비구를 만드는 비구 갈마의 정족수는 10명 이상이되 변방에서는 5명 이상도 가능하며, 자자를 위한 자자 갈마의 정족수는 5명 이상이며, 그 외 모든 갈마의 정족수는 4명 이상이다.

갈마의 개최는 현전승가의 모든 비구가 참석하는 것이 원칙이다. 그런데도 상기 몇몇 갈마에 정족수를 명시한 것은 현전승가의 비구 인원수를 충족하여야만 개최할 수 있는 갈마를 명시한 것이며, 이것은 율의 가르침이 한정된 문제에 관련하여 인원수가 적은 현전승가는 주변의 개인이나 작은 무리의 비구들을 화합하여 수렴하여야 하고 20명 이상의 현전승가는 주변의 적은 인원수의 현전승가를 화합하여 수렴하여야 하며, 인원수가 적은 현전승가보다 20명 이상의 현전승가를 지향한 것이라고 볼 수 있다. 다른 한편으로는 정족수를 명시한 갈마들 가운데 출죄 갈마와 비구 갈마는 현전승가의 모든 비구가 참석하지 않고도 갈마의 정족수를 충족하면 갈마를 열 수 있다는 의미도 담겨 있다. 현전승가의 인원수가 수백 명이거나 천 명이 넘을 때 출죄 갈마의 경우 출죄하려는 비구의 주변 비구들 가운데 그의 출죄에 관심 있는 자들이 20명 이상 모여야 하고, 비구 갈마의 경우 출가스승의 주변 비구들 가운데 관심 있는 자들이 10명(변방에서는 5명) 이상 모여야 하는 것이다.

이때 비구들 가운데 갈마를 받는 자, 결계 밖에 머무는 자, 권리정지된 자, 심신박약자로 판정한 자는 정족수에 포함하지 않는다. 정족수에 포함되지 않는 자가 갈마에 참여하여 제시하는 거부, 항의, 이의, 반대는 유효하지 않다. 또한 비구승가에서 개최하는 갈마에는 비구 아닌 자 예를 들어 비구니, 식차마나, 사미, 사미니, 이교도가 참석할 수 없으며 비구라고 할지라도 함께 살 수 없는 죄를 저지른 자, 승가를 분열시킨 자, 어머니나 아버지를 죽인 죄를 저지른 자는 참석할 수 없다. 만약 이러한 자가 갈마에 참석하면 그것은 갈마가 아니며 그러한 갈마를 행하여서는 안 된다. 특히 포살 갈마에서는 추가로 권리정지된 자는 참석하여서는 안 되며 심신박약자는 참석하거나 참석하지 않거나 상관없다.

1.2 갈마의 형식

형식이 완전한 갈마가 되기 위하여 갈마에서 다루는 안건(또는 사건), 안건에 대한 해결 제안(提案), 제안에 따른 승가의 가부를 묻는 제청(提請), 제청에 따른 승가의 가부 결정을 바른 순서로 적절하게 갖추어져 진행하여야 한다.[3] 이러한 진행 요건 가운데 하나라도 빠뜨리면 형식이 불완전한 갈마이다. 안건, 제안, 제청, 결정을 갖추었으나 순서가 하나라도 뒤바뀌면 유사 형식의 갈마로서 형식이 불완전한 갈마가 된다.

이러한 형식에 따라 갈마를 세 가지로 나눈다. 단백갈마(單白羯磨, ñattikamma), 백이갈마(白二羯磨, ñattidutiyakamma), 백사갈마(白四羯磨, ñatticatutthakamma)가 그것이다. 단백갈마는 백갈마(白羯磨)라고도 하며

---

3 갈마를 개최하기 전에 현전승가의 비구들에게 안건과 제안에 대한 충분한 이해와 동의를 미리 얻어야 한다. 만약 안건과 제안에 대한 이해와 동의 없이 진행하여 정족수에 해당하는 어떤 한 비구라도 이의를 제기하거나 반대하면 (다수결에 입각한 쟁사의 소멸을 제외하고) 갈마에서 승가의 의견을 결정할 수 없다. 따라서 갈마는 각론을 논의하는 토론장이 아니라 단일한 결정을 추인하는 화합장이다.

이미 다른 갈마를 통하여 승가의 의견이 결정된 안건을 집행하기 위하여 단 한 번의 제안만으로 집행하는 갈마이다. 예를 들면 '오늘은 자자일입니다. 이제 자자를 실행하겠습니다.'와 같이 이미 결정된 안건을 단 한 번의 제안만으로 집행한다. 백이갈마는 한 번의 제안과 한 번의 제청으로 안건에 대한 승가의 의견이 결정되는 갈마이다. 좀 더 중요한 안건을 결정하는 백사갈마는 한 번의 제안과 세 번의 제청으로 안건에 대한 승가의 의견이 결정되는 갈마이다.

네 가지 갈마 갈마의 두 가지 외형인 형식과 구성으로 보면 갈마를 네 가지로 분류할 수 있다. ①형식과 모임이 불완전한 갈마 ②형식은 불완전하지만 모임이 완전한 갈마 ③형식이 완전하나 모임이 불완전한 갈마 ④형식과 모임이 완전한 갈마이다. 형식과 모임이 불완전한 갈마, 형식은 불완전하지만 모임이 완전한 갈마, 형식이 완전하나 모임이 불완전한 갈마는 허물이 있고 이치에 맞지 않아 갈마가 아니며 이러한 갈마로 행하여서 안 된다. 그러므로 이러한 갈마는 허용되지 않는다. 그러나 형식과 모임이 완전한 갈마는 허물이 없고 이치에 맞아 이러한 갈마로 행해져야 하며 이러한 갈마가 허용된다.

1.3 쟁사의 발생과 소멸

쟁사의 발단 한때 비구들은 비구니들과도 논쟁하였고, 비구니들은 비구들과도 논쟁하였다. 이때 찬나 비구는 논쟁하는 어느 비구니 무리에 들어가 그들 가운데 한쪽 편을 들어 논쟁을 거들었다. 이에 비구들은 "어찌 찬나 비구는 비구니 무리에 들어가 그들 가운데 한쪽 편을 들어 논쟁을 거들 수 있단 말인가?"라고 찬나 비구를 비난하였다. 세존께서는 비구승가를 불러 모으게 하고 사실을 확인 후 찬나 비구를 견책하고 청정범행을 닦는 비구들을 격려한 뒤 네 가지 쟁사를 이같이 말씀하셨다.

네 가지 쟁사 갈마로 해결하여야 하는 네 가지 쟁사(諍事, adhikaraṇa)가 있다. '①논쟁으로 인한 쟁사[論諍事, vivādādhikaraṇa] ②비난으로 인한 쟁사[非難事, anuvādhikaraṇa] ③범죄로 인한 쟁사[罪諍事, āpattādhi-karaṇa] ④의무로 인한 쟁사[行諍事, kiccādhikaraṇa]가 있다.'**4**[네 가지 쟁사] ①논쟁으로 인한 쟁사란 어떤 것인가? 여기 어떤 비구가 어떤 사건이나 일을 두고 '원칙에 맞다 또는 안 맞다. 율에 맞다 또는 안 맞다. 세존의 말씀에 맞다 또는 안 맞다. 세존의 실천에 맞다 또는 안 맞다. 세존의 시설에 맞다 또는 안 맞다. 죄이다 또는 아니다. 가벼운 죄이다 또는 아니다. 무거운 죄이다 또는 아니다. 용서할 수 없는 죄이다 또는 아니다.'라고 논쟁하고 쟁론하고 다투고 싸우면 이것을 논쟁으로 인한 쟁사라고 한다. ②비난으로 인한 쟁사란 어떤 것인가? 여기 어떤 비구가 다른 비구의 신구행(身口行)을 두고 '신구행이 잘못되었다. 신구행이 율에 어긋났다. 견해가 잘못되었다. 생활이 잘못되었다.'라고 비난하고 견책하고 언쟁하고 선동하면 이것을 비난으로 인한 쟁사라고 한다. ③범죄로 인한 쟁사란 어떤 것인가? 여기 어떤 비구가 저지른 범죄를 두고 '이것은 여덟 가지 조목 가운데 어떤 조목의 어떤 조항을 어긴 범죄이다 또는 아니다.'라고 논쟁하고 쟁론하고 다투고 싸우면 이것을 범죄로 인한 쟁사라고 한다. ④의무로 인한 쟁사란 어떤 것인가? 여기 어떤 비구가 율에 따라 승가의 동의나 허락 또는 결정을 요청하면 이것을 의무로 인한 쟁사라고 한다. 승가는 승가의 의무에 따라 의무로 인한 쟁사를 해결하기 위하여 갈마를 개최하여야 한다.

쟁사의 뿌리 이러한 네 가지 쟁사의 뿌리는 무엇인가? 논쟁으로 인한 쟁사와 비난으로 인한 쟁사의 뿌리에는 여섯 가지가 있다. 여기 쟁사를 일으키는 비구는 ①분노와 원한 ②위선과 잔인함 ③질투와 인색함 ④사기와 기만 ⑤탐욕과 사견 ⑥집착하는 자신의 견해와 강한 고집을 지니고 있다. 이

---

4 승가의 쟁사는 세속의 소송과 같은 것으로 논쟁사는 민사소송, 비난사는 민형사소송(결과에 따라 민사 또는 형사가 결정되는 소송), 죄쟁사는 형사소송, 행쟁사는 행정소송에 비교할 수 있다.

러한 여섯 가지를 지닌 그가 스승을 존경하거나 공경하지 못하고, 스승의 가르침을 존경하거나 공경하지 못하고, 승가를 존경하거나 공경하지 못하여 배움을 원만히 성취하지 못하면, 그는 많은 이들의 불이익과 불행을 위하여 신과 세상의 불이익과 불행과 고통을 위하여 승가에 논쟁을 일으킨다. 만약 이러한 쟁사의 뿌리를 현재 안팎으로 살펴볼 수 있다면 그것을 끊어 버릴 수 있도록 노력해야 한다. 만약 이러한 쟁사의 뿌리를 현재 안팎으로 살펴볼 수 없다면 그것이 미래에 생겨나지 않도록 단속해야 한다. 이같이 노력하여 쟁사의 뿌리를 끊어 버리고 미래에 생기지 않도록 단속한다. 범죄로 인한 쟁사의 뿌리에는 여섯 가지가 있다. 범죄를 일으키는 뿌리로는 몸, 말, 몸과 말, 마음과 몸, 마음과 말, 마음과 몸과 말의 여섯 가지이다. 의무로 인한 쟁사의 뿌리는 승가의 의무이다. 네 가지 쟁사에 동참하는 비구들 가운데 탐진치를 지닌 채 논쟁하면 그는 악하고 불건전한 뿌리를 가진 자이며, 탐진치를 여읜 채 논쟁하면 그는 선하고 건전한 뿌리를 가진 자이다.

쟁사의 소멸 쟁사를 소멸하는 일곱 가지 방법[七滅諍, satta adhikaraṇasamatha]이 있다. '①분쟁의 당사자가 현전하여 쟁사를 소멸하거나, ②죄 없는 청정한 자를 비방하는 경우 청정한 자가 완전한 기억에 도달하였을 때 그의 기억으로 쟁사를 소멸하거나, ③심신미약의 상태에서 죄를 범하였다면 심신미약에 입각한 무죄로 쟁사를 소멸하거나, ④당사자의 자인으로 쟁사를 소멸하거나, ⑤가라앉힐 수 없는 쟁사는 다수결로 쟁사를 소멸하거나, ⑥죄를 지어 부정한 자가 처벌받아야 함에도 부끄러움을 모르고 진술을 번복하거나 거짓말하면 심문으로 쟁사를 소멸하거나, ⑦승가가 양분되어 분쟁이 분열로 치달으면 대리인이 대신 범죄를 인정하고 참회하여 잘못을 덮어서 쟁사를 소멸한다.'[**쟁사를 소멸하는 일곱 가지**] 이러한 일곱 가지 쟁사를 소멸하는 방법으로 네 가지 쟁사를 소멸시킨다. 논쟁으로 인한 쟁사는 당사자가 대면 출석하여 해결하거나 다수결의 의견으로 해결한다.

비난으로 인한 쟁사는 당사자가 대면 출석하여 해결하거나 당사자의 기억으로 해결하거나 당사자가 심신박약의 상태였다면 무죄로 해결하거나 증거를 바탕으로 심문하여 자인받아 해결한다. 범죄로 인한 쟁사는 당사자가 대면 출석하여 해결하거나 당사자의 고백으로 해결하거나 대리인이 대신 범죄를 인정하고 참회하여 잘못을 덮어서 해결한다. 의무로 인한 쟁사는 당사자가 대면 출석하여 해결한다.

2 승가의 조치를 받는 갈마

비구의 의무율에 규정되어 있지는 않으나 승가에 문제를 일으키는 비구에 대하여 승가가 갈마를 통하여 조치(措置)하되 문제의 원인에 따라 견책조치(譴責措置, tajjaniya), 의지조치(依支措置, nissaya), 퇴거조치(退去措置, pabbājaniya), 사죄조치(謝罪措置, paṭisāraṇiya), 권리정지조치(權利停止措置, ukkhepaniya)를 받는다. 견책조치, 의지조치, 권리정지조치는 승가 내부에서 비구들 사이에 문제를 일으키는 비구에 대하여 승가 내부에서 보장된 비구의 권리를 일부 제한함으로 비구를 조치하되 조치의 강도가 점차 엄중해진다. 퇴거조치와 사죄조치는 비구와 재가자 사이에서 문제를 일으키는 비구에 대하여 승가 내부에서 보장된 비구의 권리를 일부 제한함으로 비구를 조치한다. 이러한 다양한 조치를 통하여 비구가 향상으로 나아가면 조치의 해제(解除, osāraṇā)를 위한 갈마를 행한다.

2.1 견책 갈마

제정의 계기 세존께서 기원정사에 머물 무렵 육군비구들 가운데 빤두까와 로히따까 비구를 추종하는 비구들은 자기들끼리 또는 다른 비구들과 언쟁하고 논쟁하고 다투고 싸우면서 승가에 쟁사를 일으켰다. 어느 날 그들은 다투고 있던 어떤 비구들을 찾아가 말하였다. "존자들이여, 이 논쟁에서 그대들이 패하지 마십시오. 존자들은 저들보다 훨씬 현명하고 총명하고 박식하고 유능하므로 두려워하지 마십시오. 소리 높여 힘껏 싸우십시오. 우리가 존자들의 편이 되겠습니다.”[5] 그리하여 생겨나지 않았던 다툼이 생겨나고, 이미 생겨난 다툼은 점점 많아지고 커졌다. 이에 세존께서는 비구승가를 불러 모아 이 사실을 확인하고 말씀하셨다.

견책 갈마 비구들이여, 그렇다면 승가는 빤두까와 로히따까 비구를 추종하는 비구들에게 견책조치를 이같이 백사갈마로 행하여야 한다.

(안건과 제안)“존자들이여, 승가는 제 말에 귀를 기울이십시오. 여기 빤두까와 로히따까 비구를 추종하는 비구들은 자기들끼리 또는 다른 비구들과 언쟁하고 논쟁하고 다투고 싸우면서 승가에 쟁사를 일으키는 자들입니다. 그들은 다투고 있던 어떤 비구들을 찾아가 ‘존자들이여, 이 논쟁에서 그대들이 패하지 마십시오. 존자들은 저들보다 훨씬 현명하고 총명하고 박식하고 유능하므로 두려워하지 마십시오. 소리 높여 힘껏 싸우십시오. 우리가 존자들의 편이 되겠습니다.’라고 말하여 생겨나지 않았던 다툼이 생겨나고, 이미 생겨난 다툼은 점점 많아지고 커졌습니다. 이것이 안건입니다. 만약 승가에 옳은 일이라면, 승가는 이 비구들에게 견책조치하겠습니다. 이것이 제안입니다.”

(제청)“존자들이여, 승가는 제 말에 귀를 기울이십시오. 여기 이 비구들은 자기들끼리 또는 다른 비구들과 언쟁하고 논쟁하고 다투고 싸우면서 승가에 쟁사를 일으키는 자들입니다. 그들은 다투고 있던 어떤 비구들을 찾아가 ‘존자들이여, 이 논쟁에서 그대들이 패하지 마십시오. 존자들은 저들보다 훨씬 현명하고 총명하고 박식하고 유능하므로 두려워하지 마십시오. 소리 높여 힘껏 싸우십시오. 우리가 존자들의 편이 되겠습니다.’라고 말하여 생겨나지 않았던 다툼이 생겨나고, 이미 생겨난 다툼은 점점 많아

---

[5] 이렇게 말하는 것은 비구의 의무율 여덟 가지 조목 가운데 어떤 조항에도 위배되지 않는다. 그렇다면 아홉 가지 견책 갈마의 대상 가운데 어떤 대상에 해당하는가?

지고 커졌습니다. 만약 승가에 옳은 일이라면, 승가는 이 비구들에게 견책 조치하겠습니다. 존자들 가운데 누구든지 이 비구들에게 견책조치하는 것에 동의하면 침묵하시고, 동의하지 않으면 지금 말씀하십시오." 이와 같은 제청을 두 번 더 반복한다.

(결정)"존자들이여, 승가는 침묵하여 동의하였고 동의하는 것을 인정 하였습니다. 따라서 승가는 이 비구들에게 견책조치하였습니다. 저는 그 와 같이 알겠습니다."

갈마의 대상 승가가 원한다면 견책조치 받아야 하는 비구는 ①부처님을 비방하는 자 ②세존의 가르침을 비방하는 자 ③승가를 비방하는 자 ④훌 륭한 신행(身行)을 두고 삿된 신행을 하는 자 ⑤훌륭한 언행(言行)을 두고 삿된 언행을 하는 자 ⑥훌륭한 견해를 두고 삿된 견해에 떨어진 자 ⑦언쟁 하고 논쟁하고 다투고 싸우면서 승가에 쟁사를 일으키는 자 ⑧어리석고 총명하지 못해 충고를 받아들이지 않는 자 ⑨재가자와 어울리고 사귀는 자 이들 가운데 어느 하나라도 해당하는 자이다.

원칙에 맞는 갈마 원칙에 맞고 율에 맞는 견책 갈마는 [네 가지 현전]에 입각 하되 ①아직 참회하지 않은 잘못이 있고, ②그 잘못에 대한 사실관계의 기 억을 확인 후 잘못을 범하였는지 질문하고, ③그 질문에 대한 자인에 입각 하고, ④자인한 잘못을 질책하고 거론하여 참회로 이끌도록 행하여야 한 다. 이러한 견책 갈마는 원칙에 맞고 율에 맞는 갈마로서 잘 성취된다. 그 러나 [네 가지 현전]에 입각하지 않거나 ①잘못이 없거나 이미 참회한 잘못 에 대하여 행하거나, ②사실관계의 기억을 확인하지 않거나 질문하지 않 거나, ③자인에 입각하지 않거나, ④잘못을 질책하지 않고 거론하지 않으 면서 행하는 견책 갈마는 원칙에 맞지 않고 율에 맞지 않는 갈마로서 잘 성취되기 어렵다.

견책조치의 해제 견책조치를 받은 여기 비구는 [열여덟 가지 의무]를 준수하여야 한다. 만약 견책조치를 받은 비구가 [열여덟 가지 의무]를 준수하지 못하였다면 견책조치를 해제할 수 없으나 견책조치를 받은 후 올바르게 처신하고 근신하고 속죄하며 [열여덟 가지 의무]를 준수하였다면 이같이 견책조치를 해제할 수 있다. 견책조치를 받은 비구는 상좌차 비구들을 찾아가 인사하고 세 번 청원한다. "존자들이여, 저는 견책조치를 받은 후 올바르게 처신하고 근신하고 속죄하며 [열여덟 가지 의무]를 준수하였습니다. 이제 저는 견책조치의 해제를 요청합니다." 비구들은 승가에 이 사실을 알린다. 총명하고 유능한 비구를 갈마사로 정하고 승가는 견책조치를 해제하는 갈마를 이같이 백사갈마로 진행한다.

(안건과 제안)"존자들이여, 승가는 제 말에 귀를 기울이십시오. 여기 견책조치를 받은 비구가 견책조치를 받은 후 올바르게 처신하고 근신하고 속죄하며 [열여덟 가지 의무]를 준수하였습니다. 이제 그는 견책조치의 해제를 요청합니다. 이것이 안건입니다. 만약 승가에 옳은 일이라면, 승가는 그에 대한 견책조치를 해제하겠습니다. 이것이 제안입니다."

(제청)"존자들이여, 승가는 제 말에 귀를 기울이십시오. 여기 견책조치를 받은 비구가 견책조치를 받은 후 올바르게 처신하고 근신하고 속죄하며 [열여덟 가지 의무]를 준수하였습니다. 이제 그는 견책조치의 해제를 요청합니다. 만약 승가에 옳은 일이라면, 승가는 그에 대한 견책조치를 해제하겠습니다. 존자들 가운데 누구든지 그에 대한 견책조치의 해제에 동의하면 침묵하시고, 동의하지 않으면 지금 말씀하십시오." 이와 같은 제청을 두 번 더 반복한다.

(결정)"존자들이여, 승가는 침묵하여 동의하였고 동의하는 것을 인정하였습니다. 따라서 승가는 그에 대한 견책조치를 해제하였습니다. 저는 그와 같이 알겠습니다."

2.2 의지 갈마

제정의 계기 세존께서 기원정사에 머물 무렵 우다인의 친구 세이야사까 (Seyyasaka) 비구는 어리석고 총명하지 못하여 충고를 받아들이지 못한 채 재가자와 부적절한 관계 속에서 재가자와 함께 지내면서 승가의 처벌 을 받는 죄를 저질렀다. 비구들은 그가 승가의 처벌을 받는 죄를 저질렀을 때 그에게 율에 따라 격리처벌, 가중처벌, 참회처벌을 내려야 하였고 처벌 이 끝나면 출죄 갈마를 행하였다. 그러함에도 그는 개과천선하지 못하고 승가의 처벌을 받는 죄를 거듭하여 저질렀고 그럴 때마다 비구들은 처벌 하고 출죄하느라 분주하고 번거롭고 바빴다. 이에 세존께서는 비구승가를 불러 모아 이 사실을 확인하고 말씀하셨다. 비구들이여, 그렇다면 승가는 세이야사까 비구에게 의지조치를 백사갈마로 행하여야 한다.

갈마의 대상 승가가 원한다면 의지조치를 받아야 하는 비구는 ①부처님을 비방하는 자 ②세존의 가르침을 비방하는 자 ③승가를 비방하는 자 ④훌 륭한 신행을 두고 삿된 신행을 하는 자 ⑤훌륭한 언행을 두고 삿된 언행을 하는 자 ⑥훌륭한 견해를 두고 삿된 견해에 떨어진 자 ⑦언쟁하고 논쟁하 고 다투고 싸우면서 승가에 쟁사를 일으키는 자 ⑧어리석고 총명하지 못 해 충고를 받아들이지 않는 자 ⑨재가자와 어울리고 사귀는 자 이들 가운 데 어느 하나라도 해당하는 자이다.[6]

원칙에 맞는 갈마 원칙에 맞고 율에 맞는 의지 갈마는 [네 가지 현전]에 입각 하되 ①아직 참회하지 않은 잘못이 있고, ②그 잘못에 대한 사실관계의 기 억을 확인 후 잘못을 범하였는지 질문하고, ③그 질문에 대한 자인에 입각 하고, ④자인한 잘못을 질책하고 거론하여 참회로 이끌도록 행하여야 한 다. 이러한 의지 갈마는 원칙에 맞고 율에 맞는 갈마로서 잘 성취된다. 그

---

[6] 견책 갈마와 의지 갈마의 대상은 같다. 대상이 같은데 어떻게 견책 갈마와 의지 갈마로 구분하는 가?

러나 [네 가지 현전]에 입각하지 않거나 ①잘못이 없거나 이미 참회한 잘못에 대하여 행하거나, ②사실관계의 기억을 확인하지 않거나 질문하지 않거나, ③자인에 입각하지 않거나, ④잘못을 질책하지 않고 거론하지 않으면서 행하는 의지 갈마는 원칙에 맞지 않고 율에 맞지 않는 갈마로서 잘 성취되기 어렵다.

의지조치의 해제 "그대는 의지조치를 받아 지내야 한다."라고 의지조치를 받은 비구는 승가가 정해 준 한 명의 장로비구를 의지하여 생활하여야 한다. 그는 의지하는 장로비구의 충고와 지시에 따라 좋은 도반과 사귀고 저열한 도반을 멀리하고 세존의 법과 율을 많이 배우고 익히며 배움을 추구하고 부끄러움을 알며 [열여덟 가지 의무]를 준수하여야 한다. 만약 의지조치를 받은 비구가 [열여덟 가지 의무]를 준수하지 못하였다면 의지조치를 해제할 수 없으나 의지조치를 받은 후 올바르게 처신하고 근신하고 속죄하며 [열여덟 가지 의무]를 준수하고 의지하는 장로비구의 허락을 받았다면 이같이 의지조치를 해제할 수 있다. 그는 상좌차 비구들을 찾아가 인사하고 세 번 청원한다. "존자들이여, 저는 의지조치를 받은 후 올바르게 처신하고 근신하고 속죄하며 [열여덟 가지 의무]를 준수하였습니다. 이제 저는 의지조치의 해제를 요청합니다." 비구들은 승가에 이 사실을 알린다. 총명하고 유능한 비구를 갈마사로 정하고 승가는 의지조치를 해제하는 갈마를 백사갈마로 진행한다.

2.3 퇴거 갈마

제정의 계기 세존께서 기원정사에 머물 무렵 육군비구들 가운데 앗사지와 뿌납바쑤를 추종하는 비구들이 까시국의 키따기리 마을에 무리를 지어 거주하였다. 그들은 정사를 새로 짓고 낡은 것은 수리하였으며 비구들이 하지 않아야 할 일들로 마을 사람들을 오염시켰다. 그래서 원칙을 갖춘 비구가 그곳을 유행하여 머물 수 없게 되었다. 비구들이 하지 않아야 할 일들로 그들이 저지른 일들은 예를 들어 정사나 근처에 밭을 만들어 꽃을 심고 꽃다발을 만들어 여인들에게 나누어 주었으며, 여인들과 식사도 같이 하고 차도 같이 마셨으며, 때아닌 때에 식사하고 술을 마시고 몸에 향수와 기름을 사용하였으며, 여인들과 가무와 연주를 즐겼으며, 각종 오락과 놀이를 즐겼으며, 마을 사람이 하는 일들을 배우거나 하면서 그들과 함께 어울려 즐겼다.[7]

그런데 어떤 비구가 세존을 뵈러 사왓티로 유행을 하던 중에 이곳에 머물렀다. 그는 아침에 위의를 갖추어 걸식하러 마을에 들어갔으나 걸식을 얻지 못하였다. 마을 사람들은 그를 보고 "참으로 답답하고 어리석은 자이다. 도대체 누가 그에게 음식을 주겠는가? 여기 앗사지와 뿌납바쑤를 추종하는 비구들은 상냥하고 부드럽고 항상 웃는 얼굴로 '자매여, 어서 오십시오. 잘 오셨습니다.'라고 인사하며 '자매여, 정성스럽게 음식을 준비하느라 참으로 고생하셨습니다. 음식을 참 잘하셨습니다.'라고 칭송하는데 그들에게 음식을 주지 어찌 무뚝뚝한 다른 이에게 음식을 주겠는가?"라고 말하였다. 이 모습을 지켜보던 어느 청신사가 그 비구를 집으로 모셔 음식을 대접한 후 "존자여, 저의 이름으로 세존의 두 발에 머리를 조아리고 말씀해 주십시오."라고 말하면서 키따기리 마을의 상황을 상세히 설명한 뒤 "그래서 품행이 단정한 비구들은 모두 떠났고 열악한 비구들만 거주하고 있습니다. 세존께서 여기 마을을 예전처럼 만들어 주시면 감사하겠습니다."라고 말하였다. 그 비구는 그곳을 떠나 기원정사에 도착하여 세존을 뵙고 키따기리 상황을 자초지종 말씀드리자 세존께서는 비구승가를 불러 모으게 하고 그 비구에게 그곳의 일들을 반복하여 진술하게 한 뒤 비구들에게 물었다. 비구들이여, 앗사지와 뿌납바쑤를 추종하는 비구들이 이

---

7 키따기리 마을에 무리를 지어 거주하는 비구들은 어떻게 아무런 제재나 통제 없이 일상생활에서 이런 일들을 할 수 있었는가? 만약 극히 적은 일부를 제외하고 현재의 사방승가가 키따기리 마을에 무리를 지어 거주하는 비구들처럼 일상생활을 한다면 극히 적은 일부의 비구는 어떻게 비구의 삶을 세존의 법과 율에 따라 영위할 수 있겠는가?

와 같은 비행을 저지르고 있는 것이 사실인가? "세존이시여, 사실입니다." 그러자 세존께서는 사리뿟따와 목갈라나에게 말씀하셨다. 그대들은 키따기리 마을로 가서 그들을 마을로부터 쫓아내는 퇴거조치를 실행할 것이다. "세존이시여, 그들은 포악하고 거칩니다. 어떻게 그들에게 퇴거조치를 실행합니까?" 그대들은 많은 비구와 함께 가서 원칙에 맞는 갈마를 진행하여 그들에게 퇴거조치를 백사갈마로 실행하여야 한다.[8]

갈마의 대상 승가가 원한다면 퇴거조치를 받아야 하는 비구는 ①부처님을 비방하는 자 ②세존의 가르침을 비방하는 자 ③승가를 비방하는 자 ④훌륭한 신행을 두고 삿된 신행을 하는 자 ⑤훌륭한 언행을 두고 삿된 언행을 하는 자 ⑥훌륭한 견해를 두고 삿된 견해에 떨어진 자 ⑦언쟁하고 논쟁하고 다투고 싸우면서 승가에 쟁사를 일으키는 자 ⑧어리석고 총명하지 못해 충고를 받아들이지 않는 자 ⑨재가자와 어울리고 사귀는 자 ⑩몸이나 입으로 향락, 비행(非行), 폭력 또는 잘못된 일상생활을 일삼는 자 이들 가운데 어느 하나라도 해당하는 자이다.

원칙에 맞는 갈마 원칙에 맞고 율에 맞는 퇴거 갈마는 [네 가지 현전]에 입각하되 ①아직 참회하지 않은 잘못이 있고, ②그 잘못에 대한 사실관계의 기억을 확인 후 잘못을 범하였는지 질문하고, ③그 질문에 대한 자인에 입각하고, ④자인한 잘못을 질책하고 거론하여 참회로 이끌도록 행하여야 한다. 이러한 퇴거 갈마는 원칙에 맞고 율에 맞는 갈마로서 잘 성취된다. 그러나 [네 가지 현전]에 입각하지 않거나 ①잘못이 없거나 이미 참회한 잘못에 대하여 행하거나, ②사실관계의 기억을 확인하지 않거나 질문하지 않거나, ③자인에 입각하지 않거나, ④잘못을 질책하지 않고 거론하지 않으면서 행하는 퇴거 갈마는 원칙에 맞지 않고 율에 맞지 않는 갈마로서 잘

---

8 비구 의무율【2.11】조항 참조.

성취되기 어렵다.

퇴거조치의 해제 퇴거조치를 받은 비구는 올바르게 처신하고 근신하고 속 죄하며 [**열여덟 가지 의무**]를 준수하여야 한다. 만약 퇴거조치를 받은 비구가 [**열여덟 가지 의무**]를 준수하지 못하였다면 퇴거조치를 해제할 수 없으나 퇴 거조치를 받은 후 올바르게 처신하고 근신하고 속죄하며 [**열여덟 가지 의무**] 를 준수하였다면 퇴거조치를 해제할 수 있다. 그는 상좌차 비구들을 찾아 가 인사하고 세 번 청원한다. "존자들이여, 저는 퇴거조치를 받은 후 올바 르게 처신하고 근신하고 속죄하며 [**열여덟 가지 의무**]를 준수하였습니다. 이 제 저는 퇴거조치의 해제를 요청합니다." 비구들은 승가에 이 사실을 알린 다. 총명하고 유능한 비구를 갈마사로 정하고 승가는 퇴거조치를 해제하 는 갈마를 백사갈마로 진행한다. 퇴거조치가 해제되면 그는 퇴거당한 마 을로 돌아가서 거처할 수 있다.

2.4 사죄 갈마

제정의 계기 세존께서 기원정사에 머물 무렵 수담마(Sudhamma) 존자는 바라나시에서 멀지 않은 맛치까산다의 망고승원에 머물렀다. 찟따 장자는 수담마 존자에게 여쭙지 않고 개인 비구나 몇 명의 비구나 비구승가를 초 대하지 않았다. 그런데 어느 날 사리뿟따와 목갈라나 존자를 위시하여 아 난다, 아누룻다, 라훌라, 우빨리, 깟짜나, 마하꼿티따, 마하깝삐나 존자와 사리뿟따의 동생 쭌다(Cunda)와 레와따 존자가 까시국을 유행하다가 맛 치까산다에 도착하였다. 이 소식을 들은 찟따 장자는 존자들께 다가가 인 사하고 한쪽에 물러나 앉았다. 장자는 사리뿟따의 법문으로 교화받고 격 려받고 기뻐하며 다음 날 식사에 초대하였다. 그리고 곧장 수담마에게 다 가가 인사하고 한쪽에 물러나 말했다. "존자여, 내일 제가 초대하는 식사 에 장로비구들과 함께 참석하여 주십시오." 수담마는 '예전에 장자는 나 에게 묻지 않고 개인 비구나 몇 명의 비구나 비구승가를 초대하지 않았다.

그런 그가 지금은 나의 허락을 구하지 않고 장로비구들을 초대하였다. 장자는 타락하여 나를 무시하고 배려하지 않는다.'라고 생각하고 말했다. "장자여, 그만두시오. 나는 그대의 식사 초대에 동의하지 않습니다." 장자는 두 번째에도 세 번째에도 같은 말로 초대하였으나 존자는 같은 말로 거절하였다. 그러자 장자는 존자께 인사를 하고 그곳을 나왔다.

다음 날 일찍 존자는 장자가 준비한 훌륭한 음식을 보러 장자의 처소를 방문하였다. 존자는 음식을 둘러보고 마련된 자리에 앉았다. 장자는 존자에게 다가가 인사를 하고 한쪽으로 물러나 앉았다. 존자가 말했다. "장자여, 그대는 단단하거나 부드러운 훌륭한 음식을 많이 준비하였습니다. 그러나 여기 하나가 부족하니 바로 참깨떡입니다." "존자여, 비록 세존의 훌륭한 말씀 가운데 많은 보물이 있지만 존자께서 말씀하신 것은 참깨떡입니다. 존자여, 옛날 데칸고원 지역의 상인들이 동쪽 지방에서 암닭을 매입하여 길렀습니다. 그런데 그 암닭은 수까마귀와 함께 지내다가 병아리를 낳았습니다. 존자여, 그 병아리는 닭 소리를 내고자 하면 '꼬꼬닭'이라고 울었고 까마귀 소리를 내고자 하면 '까옥까옥'이라고 울었습니다. 존자여, 비록 세존의 훌륭한 말씀 가운데 많은 보물이 있지만 존자께서 말씀하신 것은 참깨떡입니다."[9]

그러자 존자는 말했다. "장자여, 그대는 나를 매도합니다. 장자여, 그대는 나를 모욕합니다. 장자여, 이곳은 그대의 처소이니 나는 이곳을 떠나겠습니다." "존자여, 저는 존자를 매도하지 않았고 모욕하지도 않았습니다. 존자께서는 맛치까산다의 망고승원에 계십시오. 망고승원의 숲은 즐길 만한 곳입니다. 저는 존자를 위하여 부지런히 옷과 음식과 처소와 의약품을 준비하겠습니다." 두 번째도 존자는 같은 말을 하였고 장자도 같은 말을 하였다. 세 번째도 존자가 같은 말을 하자 장자는 "존자여, 존자께서는 어디로 가시겠습니까?" "장자여, 나는 세존을 뵈러 기원정사로 가겠

---

9 장자가 비유로 말한 뜻은 무엇인가?

습니다." "존자여, 그렇다면 존자께서 하신 말씀과 제가 드린 말씀을 모두 세존께 말씀하십시오. 존자여, 존자께서 맛치까산다에 다시 돌아온다고 하여도 전혀 놀라운 일은 아닐 것입니다." 존자는 맛치까산다의 처소를 떠나 기원정사에 도착하여 세존께 다가가 자신과 장자가 한 말을 모두 세존께 말씀드렸다. 이에 세존께서는 비구승가를 불러 모아 수담마를 견책하고 말씀하셨다. 비구들이여, 그렇다면 승가는 수담마에게 사죄조치를 백사갈마로 행하여야 한다.

갈마의 대상 승가가 원한다면 사죄조치를 받아야 하는 비구는 ①재가자들에게 부처님을 비방하는 자 ②재가자들에게 세존의 가르침을 비방하는 자 ③재가자들에게 승가를 비방하는 자 ④재가자들이 소득을 얻지 못하게 도모하는 자 ⑤재가자들이 필수품을 얻지 못하게 도모하는 자 ⑥재가자들을 매도하거나 모욕하는 자 ⑦재가자들을 이간시키는 자 ⑧재가자와 법다운 약속을 지키지 않는 자[10] 이들 가운데 어느 하나라도 해당하는 자이다.**AN8.89**

원칙에 맞는 갈마 원칙에 맞고 율에 맞는 사죄 갈마는 [네 가지 현전]에 입각하되 ①아직 참회하지 않은 잘못이 있고, ②그 잘못에 대한 사실관계의 기억을 확인 후 잘못을 범하였는지 질문하고, ③그 질문에 대한 자인에 입각하고, ④자인한 잘못을 질책하고 거론하여 참회로 이끌도록 행하여야 한다. 이러한 사죄 갈마는 원칙에 맞고 율에 맞는 갈마로서 잘 성취된다. 그러나 [네 가지 현전]에 입각하지 않거나 ①잘못이 없거나 이미 참회한 잘못에 대하여 행하거나, ②사실관계의 기억을 확인하지 않거나 질문하지 않거나, ③자인에 입각하지 않거나, ④잘못을 질책하지 않고 거론하지 않으면서 행하는 사죄 갈마는 원칙에 맞지 않고 율에 맞지 않는 갈마로서 잘

---

10 율장에서는 본 항목 대신 '재가자들이 거처(집)를 얻지 못하게 도모하는 자'로 되어 있다.

성취되기 어렵다.

사죄조치와 동반비구 "그대는 찟따 장자에게 사죄하고 용서를 구해야 한다."라고 사죄조치를 받은 수담마는 기원정사를 떠나 맛치까산다에 도착하였으나 부끄럽고 부끄러워 찟따 장자에게 용서를 구하기는커녕 그의 앞에 나서지도 못한 채 다시 기원정사로 돌아왔다. 이에 세존께서는 비구승가를 불러 모아 그 사실을 확인한 후 말씀하셨다. 비구들이여, 그렇다면 승가는 여기 비구에게 동반비구를 딸려 보내 찟따 장자의 용서를 구하여야 한다. 동반비구는 백이갈마로 승가의 동의를 얻어 정하여야 한다. 동반비구가 정해지면 수담마와 함께 맛치까산다에 가서 이처럼 장자의 용서를 구하여야 한다. 먼저 ①여기 비구가 "장자여, 나의 사죄를 받아들여 용서하십시오. 나는 그대의 용서를 구합니다."라고 말해서 용서를 구하면 좋은 일이나 만약 그렇지 않으면 ②동반비구가 "장자여, 이 비구의 사죄를 받아들여 용서하십시오. 그가 당신에게 용서를 구합니다."라고 말해서 용서를 구하면 좋은 일이나 만약 그렇지 않으면 ③동반비구가 "장자여, 이 비구의 사죄를 받아들여 용서하십시오. 내가 당신에게 용서를 구합니다."라고 말해서 장자의 용서를 구하면 좋은 일이나 만약 그렇지 않으면 ④동반비구가 "장자여, 이 비구의 사죄를 받아들여 용서하십시오. 비구승가의 이름으로 당신에게 용서를 구합니다."라고 말해서 장자의 용서를 구하면 좋은 일이다. 만약 그렇지 않으면 ⑤동반비구가 찟따 장자가 보고 들을 수 있는 영역 안에서 위의를 갖추어 대의를 입고 오른쪽 무릎을 꿇어앉아서 여기 비구의 죄를 말로 드러내고 낱낱이 밝힌다.

사죄조치의 해제 사죄조치를 받은 여기 비구는 동반비구와 함께 맛치까산다에 가서 장자의 용서를 구하였다. 그런 후 여기 비구는 올바르게 처신하고 근신하고 속죄하며 [**열여덟 가지 의무**]를 준수하였다. 만약 사죄조치를 받은 비구가 [**열여덟 가지 의무**]를 준수하지 못하였다면 사죄조치를 해제할 수 없으나 사죄조치를 받은 후 올바르게 처신하고 근신하고 속죄하며 **[열여덟 가지 의무]**를 준수하였다면 이같이 사죄조치를 해제할 수 있다. 그는 상좌차 비구들을 찾아가 인사하고 세 번 청원한다. "존자들이여, 저는 사죄조치를 받은 후 재가자의 용서를 구하였고 올바르게 처신하고 근신하고 속죄하며 **[열여덟 가지 의무]**를 준수하였습니다. 이제 저는 사죄조치의 해제를 요청합니다." 비구들은 승가에 이 사실을 알린다. 총명하고 유능한 비구를 갈마사로 정하고 승가는 사죄조치를 해제하는 갈마를 백사갈마로 진행한다.

2.5 권리정지 갈마

제정의 계기 세존께서 고시따 원림에 머물 무렵 찬나 존자는 죄를 짓고도 죄를 인정하는 것을 거부하였다. 이에 세존께서는 비구승가를 불러 모아 이 사실을 확인하고 말씀하셨다. 비구들이여, 그렇다면 승가는 찬나 비구에게 승가와 함께 음식이나 가르침을 향유(享有)하는 것을 차단하고 죄를 인정하지 않는 것에 대하여 권리정지조치를 위한 갈마를 백사갈마로 행하여야 한다. 그리고 사방승가에 '찬나 비구는 승가와 함께 음식이나 가르침을 향유하지 못하며 죄를 짓고도 인정하지 않아 권리정지조치를 받았다.' 라고 알려야 한다.

세존께서 고시따 원림에 머물 무렵 찬나 존자는 죄를 인정하고도 죄를 참회하는 것을 거부하였다. 이에 세존께서는 비구승가를 불러 모아 이 사실을 확인하고 말씀하셨다. 비구들이여, 그렇다면 승가는 찬나 비구에게 승가와 함께 음식이나 가르침을 향유하는 것을 차단하고 죄를 참회하지 않는 것에 대한 권리정지조치를 백사갈마로 행하여야 한다. 그리고 사방승가에 '찬나 비구는 승가와 함께 음식이나 가르침을 향유하지 못하며 죄를 참회하지 않아 권리정지조치를 받았다.'라고 알려야 한다.

세존께서 기원정사에 머물 무렵 예전에 독수리 조련사였던 아릿타 비구는 세존의 가르침을 잘못 이해하면서 나쁜 견해를 가지게 되었고 나쁜 견해를 버리는 것을 거부하였다. 이에 세존께서는 비구승가를 불러 모아 이 사실을 확인하고 말씀하셨다. 비구들이여, 그렇다면 승가는 아릿타 비구에게 승가와 함께 음식이나 가르침을 향유하는 것을 차단하고 나쁜 견해를 버리지 않는 것에 대한 권리정지조치를 백사갈마로 행하여야 한다. 그리고 사방승가에 '아릿타 비구는 승가와 함께 음식이나 가르침을 향유하지 못하며 나쁜 견해를 버리지 않아 권리정지조치를 받았다.'라고 알려야 한다.

갈마의 대상 승가가 원한다면 권리정지조치를 받아야 하는 비구는 ①죄를 짓고도 죄를 인정하지 않는 자 ②죄를 인정하고도 참회하지 않는 자 ③나쁜 견해를 짓고도 나쁜 견해를 버리지 않는 자 이들 가운데 어느 하나라도 해당하는 자이다.

원칙에 맞는 갈마 원칙에 맞고 율에 맞는 권리정지 갈마는 [네 가지 현전]에 입각하되 ①아직 참회하지 않은 잘못이 있고, ②그 잘못에 대한 사실관계의 기억을 확인 후 잘못을 범하였는지 질문하고, ③그 질문에 대한 자인에 입각하고, ④자인한 잘못을 질책하고 거론하여 참회로 이끌도록 행하여야 한다. 이러한 권리정지 갈마는 원칙에 맞고 율에 맞는 갈마로서 잘 성취된다. 따라서 갈마 중에 죄를 인정하겠다거나 참회하겠다거나 나쁜 견해를 버리겠다고 동의하면 권리정지를 시켜서는 안 된다. 그러나 [네 가지 현전]에 입각하지 않거나 ①잘못이 없거나 이미 참회한 잘못에 대하여 행하거나, ②사실관계의 기억을 확인하지 않거나 질문하지 않거나, ③자인에 입각하지 않거나, ④잘못을 질책하지 않고 거론하지 않으면서 행하는 권리정지 갈마는 원칙에 맞지 않고 율에 맞지 않는 갈마로서 잘 성취되기 어렵다. 원칙에 맞지 않는 갈마로 권리정지를 받은 자는 무죄이며 원칙에 맞지 않는 갈마로 권리정지를 실행한 자들은 유죄이다.

마흔세 가지 의무 권리정지조치를 받은 자[11]는 마흔세 가지 의무를 올바로 준수하여야 한다. 마흔세 가지 의무는 '[1~18][**열여덟 가지 의무**], [19~28]다른 비구에게 받아서는 안 되는 것으로 인사, 일어나 맞이함, 합장, 공경, 좌구, 와구, 발 씻는 물, 발수건과 발 씻는 대야, 발우와 대의를 받아 주는 영접, 목욕 시 등 마사지의 열 가지, [29~33]다른 비구들이 어겼다고 비방해서는 안 되는 것으로 율, 신구행, 견해, 일상생활의 네 가지와 다른 비구를 승원의 안팎에서 비방하지 않아야 한다. [34~36]또한 다른 비구를 보면 자리에서 일어나야 하며, 비구들을 이간시켜서는 안 되며, 비구의 의무율인 여덟 가지 조목을 배워야 한다. [37~40]비구를 섬겨야 하고, 이교도를 섬겨서는 안 되며, 이교도의 상징을 착용해서는 안 되며, 재가자의 상징을 착용해서는 안 된다. [41~43]비구들과 같은 처소에서 지낼 수 없으며, 비구들과 같은 지붕 아래의 처소에서 지내서는 안 되며, 비구들과 같은 지붕 아래의 처소가 아닌 처소에서 지내야 한다.'[**마흔세 가지 의무**]

권리정지조치의 해제 승가와 함께 음식이나 가르침을 향유하지 못하고 죄를 인정하지 않는 것에 대하여 권리정지조치를 받거나 죄를 참회하지 않는 것에 대하여 권리정지조치를 받은 찬나 비구는 고시따 원림을 떠나 다른 승원으로 갔다. 그곳의 비구들은 찬나에게 인사하지 않았고, 일어나 맞이하지 않았고, 합장하지 않았고, 공경하지 않았고, 함께 식사하지 않았고, 같은 처소에서 지내지 못하는 경멸을 겪자 그는 그곳을 떠나 또 다른 승원으로 갔다. 그는 그곳에서도 똑같이 경멸을 겪자 그곳을 떠나 다른 승원으로 갔다. 그는 그곳에서도 똑같이 경멸을 겪자 그곳을 떠나 결국 고시따승원으로 돌아왔다. 그리고 그곳에서 올바르게 처신하고 근신하고 속죄하며 [**마흔세 가지 의무**]를 준수하였다. 만약 권리정지조치를 받은 비구가 [**마흔세 가지 의무**]를 준수하지 못하였다면 권리정지조치를 해제할 수 없으

---

11 권리정지조치를 받은 자는 갈마의 정족수에 포함되지 않으며 포살에 참석하지 않는다.

나 권리정지조치를 받은 후 올바르게 처신하고 근신하고 속죄하며 [마흔 세 가지 의무]를 준수하였다면 이같이 권리정지조치를 해제할 수 있다. 그는 상좌차 비구들을 찾아가 인사하고 세 번 청원한다. "존자들이여, 저는 권리정지조치를 받은 후 올바르게 처신하고 근신하고 속죄하며 [마흔세 가지 의무]를 준수하였습니다. 이제 저는 권리정지조치의 해제를 요청합니다." 비구들은 승가에 이 사실을 알린다. 총명하고 유능한 비구를 갈마사로 정하고 승가는 권리정지조치를 해제하는 갈마를 백사갈마로 진행한다. 나쁜 견해를 버리지 않는 것에 대하여 권리정지조치를 받은 비구도 마찬가지로 적용한다.

3 승가의 처벌을 받는 갈마

승가의 처벌을 받는 죄를 범한 비구는 범죄의 상황에 따라서 갈마를 통하여 격리처벌(隔離處罰, parivāsa), 가중처벌(加重處罰, mūlāya paṭikassana), 참회처벌(懺悔處罰, mānatta)을 원칙에 맞게 요청하여야 하고 승가는 요청을 허락함으로써 처벌이 진행된다. 이러한 처벌을 받은 후에 출죄복귀(出罪復歸, abbhāna)를 통하여 그는 죄를 벗어나 범죄 이전의 상태로 복귀하여 청정을 회복할 수 있다. 그러나 만약 격리처벌, 가중처벌, 참회처벌, 출죄복귀 가운데 하나라도 원칙에 맞지 않으면 그는 그 죄에 관련하여 청정을 회복할 수 없어 청정하지 못하다. 따라서 청정을 유지하려는 비구는 범죄를 저지르고 청정을 잃었을 때 범죄의 상황에 따라 어떻게 원칙에 맞는 처벌을 요청하여야 하는지 잘 알아야 한다.

3.1 격리 갈마

제정의 계기 세존께서 기원정사에 머물 무렵 우다인 비구는 의도적인 정액의 사정으로 승가의 처벌을 받는 죄를 범하였다. 그런데 그는 죄를 지은 날로부터 하루[12], 이틀, 사흘, 나흘, 닷새, 보름, 한 달 또는 두 달 동안 범죄 사실을 감춘 뒤 4인 이상의 승가에 나아가 범죄를 고백하였다. 비구들은 그 사실을 세존께 알렸다. 이에 세존께서는 비구승가를 불러 모아 이 사실을 확인하고 말씀하셨다. 비구들이여, 그렇다면 승가는 우다인 비구에게 의도적인 정액의 사정으로 승가의 처벌을 받는 죄를 저지르고 감춘 것에 대하여 감춘 기간 동안 격리처벌을 위한 갈마를 백사갈마로 행하여야 한다.

격리 갈마 그는 상좌차 비구들을 찾아가 인사하고 세 번 청원한다. "존자들이여, 저는 의도적인 정액의 사정으로 승가의 처벌을 받는 죄를 저지르고 며칠 동안 감춘 것에 대하여 감춘 기간 동안 격리처벌을 요청합니다." 비구들은 승가에 이 사실을 알린다. 총명하고 유능한 비구를 갈마사로 정하고 승가는 격리처벌을 위한 격리 갈마를 이같이 진행한다.

(안건과 제안)"존자들이여, 승가는 제 말에 귀를 기울이십시오. 여기 우다인 비구는 의도적인 정액의 사정으로 승가의 처벌을 받는 죄를 저지르고 며칠 동안 감추었습니다. 그는 승가에 의도적인 정액의 사정으로 승가의 처벌을 받는 죄를 저지르고 감춘 것에 대하여 감춘 기간 동안 격리처벌을 요청합니다. 이것이 안건입니다. 만약 승가에 옳은 일이라면, 승가는 우다인 비구에게 의도적인 정액의 사정으로 승가의 처벌을 받는 죄를 저지르고 며칠 동안 감춘 것에 대하여 격리처벌을 주겠습니다. 이것이 제안입니다."

(제청)"존자들이여, 승가는 제 말에 귀를 기울이십시오. 여기 우다인 비구는 의도적인 정액의 사정으로 승가의 처벌을 받는 죄를 저지르고 며칠 동안 감추었습니다. 그는 승가에 의도적인 정액의 사정으로 승가의 처벌을 받는 죄를 저지르고 감춘 것에 대하여 감춘 기간 동안 격리처벌을 요

---

12 죄를 짓고 여명이 지나면 하루가 된다. 율장에서 여명이 날[日]의 기준이다.

청합니다. 만약 승가에 옳은 일이라면, 승가는 우다인 비구에게 의도적인 정액의 사정으로 승가의 처벌을 받는 죄를 저지르고 며칠 동안 감춘 것에 대하여 격리처벌을 주겠습니다. 존자들 가운데 누구든지 우다인 비구에게 격리처벌을 주는 것에 동의하면 침묵하시고, 동의하지 않으면 지금 말씀하십시오." 이와 같은 제청을 두 번 더 반복한다.

(결정)"존자들이여, 승가는 침묵하여 동의하였고 동의하는 것을 인정하였습니다. 따라서 승가는 우다인 비구에게 격리처벌을 주겠습니다. 저는 그와 같이 알겠습니다."

격리처벌의 의무 1.(격리처벌의 의무) 격리처벌을 받은 자[13]는 승가의 보호와 관찰을 받기에 적절한 처소에서 머물면서 [**마흔세 가지 의무**]를 올바로 준수하여야 한다.

2.(세 가지 금지 사항) 특히 격리처벌을 받은 자는 같은 처소나 같은 지붕 아래의 처소에서 (격리처벌을 받지 않는) 비구와 지내서는 안 되며, 비구의 보호와 관찰 없이 홀로 지내서는 안 되며, 방문하는 비구라도 자신이 격리처벌 중이라는 사실을 알리지 않으면 안 된다.

3.(좌차의 처분) 격리처벌을 받은 자는 승가의 말좌차를 수용하여야 하되, 격리처벌을 받은 자들 사이에서는 그들의 좌차에 따른다. 따라서 그들은 비구로부터 인사, 일어나 맞이함, 합장, 공경, 좌구, 와구, 발 씻는 물, 발수건과 발 씻는 대야, 발우와 대의를 받아 주는 영접, 목욕 시 등 마사지를 받아서는 안 되지만, 그들 사이에서는 그들의 좌차에 따라 이러한 것을 받는 것을 허용한다. 마찬가지로 그들은 비구를 보고 자리에서 일어나야 하고, 비구를 보면 비구가 앉을 자리를 마련하여 안내하여야 하고, 비구와 같거나 높은 자리에 앉거나 걸으면 안 된다. 또한 그들은 승가의 처벌을 받는 죄를 범한 비구 가운데 격리처벌을 종료한 비구와 같은 처소나 같은

---

13 격리처벌을 받은 자는 가중처벌 또는 참회처벌을 받은 자와 마찬가지로 갈마의 정족수에 포함되지 않는다.

지붕 아래의 처소에서 지내서는 안 되며, 격리처벌을 종료한 비구로부터 인사, 일어나 맞이함, 합장, 공경, 좌구, 와구, 발 씻는 물, 발수건과 발 씻는 대야, 발우와 대의를 받아 주는 영접, 목욕 시 등 마사지를 받아서는 안 된다. 그들은 격리처벌을 종료한 비구를 보고 자리에서 일어나야 하고 앉을 자리를 마련하여 안내하여야 하고, 격리처벌을 종료한 비구와 같거나 높은 자리에 앉거나 걸으면 안 된다.

　　4.(이동의 제한) 격리처벌을 받은 자는 [**열 가지 위험**]¹⁴이 있는 경우를 제외하고 비구와 동행하지 않고 거처를 옮겨서는 안 된다. 비구와 동행하더라도 비구가 없는 거처에 머물거나 결계 밖의 거처에 머물러서는 안 되며, 비구의 보호와 관찰을 받고 결계 내에 있으며 당일에 돌아올 수 있는 거처에는 가도 된다.

　　5.(생활의 제한) 비구와 동행하더라도 마을의 가정을 방문하여서는 안 되며, 비구와 함께하더라도 숲속에서 두타행을 하여서는 안 된다.

격리처벌의 사례 1.(통합 격리) 어떤 비구가 한가지 죄를 여러 번 반복해서 범하고 감추었거나 여러 가지 죄를 범하고 감추었을 경우 그는 통합 격리처벌을 요청하여야 한다. 이때 그는 고백한 죄를 통합하여 일괄적으로 격리처벌을 받되 그 기간은 고백한 죄의 감춘 기간 가운데 가장 길게 감춘 기간으로 통합한다.¹⁵

　　2.(추가 고백) 어떤 비구가 격리처벌 기간 이전에 범하였으나 고백하지 않고 의도적으로 감추었던 죄를 격리처벌 기간에 고백하는 경우 현재 격리처벌 남은 기간이 새로운 죄의 감춘 기간보다 길면 현재 격리처벌 남은 기간에 새로운 죄를 통합하되, 새로운 죄의 감춘 기간이 현재 격리처벌 남은 기간보다 길면 새롭게 고백한 날부터 시작하여 새로운 죄의 감춘 기

---

14 '왕, 적군, 불, 물, 악인, 인간이 아닌 존재, 맹수, 뱀에 의한 위험, 생명이나 청정한 비구의 삶을 위협하는 위험'[**열 가지 위험**]을 말한다.

15 통합 격리처벌을 요청할 때 저지른 범죄의 죄명과 감춘 기간을 각각 고백하여야 한다.

간으로 통합한다. 고백하지 않고 의도적으로 감추었던 죄를 격리처벌 기간에 고백하는 경우처럼 고백하지 않고 의도적으로 감추었던 죄를 잊어버리고 모르고 지내다가 격리처벌 기간에 스스로 알게 되거나 기억하여 고백하는 경우 또는 죄의 유무에 의혹이 있어 의도적으로 덮어 두었던 죄를 잊어버린 채 모르고 지내다가 격리처벌 기간에 스스로 죄의 유무에 의혹이 없어져 유죄가 확실하여 고백하는 경우 마찬가지 방법으로 처리한다.

3.(고백의 번복) 어떤 비구가 죄의 감춘 기간을 의도적으로 축소하여 고백(선고백)하였고 그 고백을 바탕으로 격리처벌을 받는 중에 죄의 감춘 기간을 사실대로 고백(후고백)하는 경우 선고백으로 책정된 격리처벌 기간이 후고백으로 책정된 격리처벌 기간보다 축소되었다면 축소된 기간만큼 현재 격리처벌 기간을 연장하여야 하며, 축소되지 않았다면 현재 격리처벌 기간으로 한다. 죄의 감춘 기간을 의도적으로 축소하였던 것을 격리처벌 기간에 사실대로 고백하는 경우처럼 죄의 감춘 기간을 잊어버리고 모르고 지내다가 격리처벌 기간에 스스로 알게 되거나 기억하여 고백하는 경우 또는 감춘 기간의 축소에 의혹이 있어 의도적으로 덮어 두었던 감춘 기간을 잊어버리고 모르고 지내다가 격리처벌 기간에 스스로 감춘 기간의 축소에 의혹이 없어져 감춘 기간의 축소가 확실하여 고백하는 경우 마찬가지 방법으로 처리한다.

4.(가중처벌) 어떤 비구가 격리처벌 기간 내에 죄를 범하고 격리처벌 기간 내에 드러낸 경우, 그 죄의 종류나 횟수에 상관없이 또는 그 죄를 감추거나 감추지 않았거나 상관없이, 새로운 죄를 드러낸 순간 그때까지 받은 기존의 격리처벌은 무효가 되고 기존의 격리처벌을 새로이 원점에서 다시 시작하는 가중처벌을 받는다.[16]

5.(정화 격리) 어떤 비구가 여러 가지 죄를 범하고 감추었거나 한 가

---

16 어떤 비구가 격리처벌 기간 내에 죄를 범하고 숨겨서 격리처벌 기간 후에 그 죄를 드러내는 경우 어떻게 처벌을 요청하여야 하는가? 또한 어떤 비구가 격리처벌 기간 이전에 죄를 범하고 숨겨서 격리처벌 기간 후에 그 죄를 드러내는 경우 어떻게 처벌을 요청하여야 하는가?

지 죄를 반복하여 범하고 감추었는데 그 죄의 일부일지라도 감춘 기간을 알지 못하거나 기억하지 못하는 경우, 죄의 형태와 빈도를 알든 모르든 상관없이, 그는 정화(淨化) 격리처벌을 요청하여야 한다. 이때 정화 격리처벌 기간은 그가 비구가 된 날부터 고백한 날까지의 일수(日數) 동안으로 한다.

6.(처벌의 유예) 격리처벌을 받은 비구는 원하면 "저는 격리처벌의 실행을 연기하겠습니다."라고 말하고 격리처벌을 미루거나 유예할 수 있으며, "저는 연기한 격리처벌을 실행하겠습니다."라고 말하고 연기한 격리처벌을 실행할 수 있다.

3.2 참회 갈마

제정의 계기 세존께서 기원정사에 머물 무렵 우다인 비구는 의도적인 정액의 사정으로 승가의 처벌을 받는 죄를 범하였다. 그런데 그는 죄를 짓고 범죄 사실을 감추지 않고 죄를 지은 당일 4인 이상의 승가에 나아가 범죄를 고백하였다. 비구들은 그 사실을 세존께 알렸다. 이에 세존께서는 비구 승가를 불러 모아 이 사실을 확인하고 말씀하셨다. 비구들이여, 그렇다면 승가는 우다인 비구에게 의도적인 정액의 사정으로 승가의 처벌을 받는 죄를 저지르고 감추지 않은 것에 대하여 참회처벌을 백사갈마로 행하여야 한다. 그는 상좌차 비구들을 찾아가 인사하고 세 번 청원한다. "존자들이여, 저는 의도적인 정액의 사정으로 승가의 처벌을 받는 죄를 저지르고 감추지 않은 것에 대하여 참회처벌을 요청합니다." 비구들은 승가에 이 사실을 알린다. 총명하고 유능한 비구를 갈마사로 정하고 승가는 참회처벌을 위한 참회 갈마를 진행한다.

참회처벌의 의무 1.(참회처벌의 의무) 참회처벌을 받은 자는 승가의 보호와 관찰을 받기에 적절한 처소에서 머물면서 [마흔세 가지 의무]를 올바로 준수하여야 한다.

2.(네 가지 금지 사항) 특히 참회처벌을 받은 자는 같은 처소나 같은 지붕 아래의 처소에서 (참회처벌을 받지 않은) 비구와 지내서는 안 되며, 승가의 보호와 관찰 없이 홀로 지내서는 안 되며, 방문하는 비구라도 자신이 참회처벌 중이라는 사실을 알리되 매일 알리지 않으면 안 되며, 보호하고 관찰하는 비구의 숫자가 4인보다 적으면 안 된다.

3.(좌차의 처분) 참회처벌을 받은 자는 승가의 말좌차를 수용하여야 하되, 참회처벌을 받은 자들 사이에서는 그들의 좌차에 따른다. 따라서 그들은 비구로부터 인사, 일어나 맞이함, 합장, 공경, 좌구, 와구, 발 씻는 물, 발수건과 발 씻는 대야, 발우와 대의를 받아 주는 영접, 목욕 시 등 마사지를 받아서는 안 되지만, 그들 사이에서는 그들의 좌차에 따라 이러한 것을 받는 것을 허용한다. 마찬가지로 그들은 비구를 보고 자리에서 일어나야 하고, 비구를 보면 비구가 앉을 자리를 마련하여 안내하여야 하고, 비구와 같거나 높은 자리에 앉거나 걸으면 안 된다. 또한 그들은 승가의 처벌을 받는 죄를 범한 비구 가운데 참회처벌을 종료한 비구와 같은 처소나 같은 지붕 아래의 처소에서 지내서는 안 되며, 참회처벌을 종료한 비구로부터 인사, 일어나 맞이함, 합장, 공경, 좌구, 와구, 발 씻는 물, 발수건과 발 씻는 대야, 발우와 대의를 받아 주는 영접, 목욕 시 등 마사지를 받아서는 안 된다. 그들은 참회처벌을 종료한 비구를 보고 자리에서 일어나야 하고 앉을 자리를 마련하여 안내하여야 하고, 참회처벌을 종료한 비구와 같거나 높은 자리에 앉거나 걸으면 안 된다.

4.(이동의 제한) 참회처벌을 받은 자는 [**열 가지 위험**]이 있는 경우를 제외하고 네 명 이상의 비구로 형성된 승가와 동행하지 않고 거처를 옮겨서는 안 된다. 승가와 동행하더라도 승가가 없는 거처에 머물거나 결계 밖의 거처에 머물러서는 안 되며, 승가의 보호와 관찰을 받고 결계 내에 있으며 당일에 돌아올 수 있는 거처에는 가도 된다.

5.(생활의 제한) 승가와 동행하더라도 마을의 가정을 방문하여서는 안 되며, 승가와 함께하더라도 숲속에서 두타행을 하여서는 안 된다.

참회처벌의 사례 1.(통합 참회) 어떤 비구가 죄를 범하고 감추지 않는 경우 또는 감춘 죄에 대하여 감춘 기간만큼 원칙에 맞게 격리처벌을 마친 경우 그는 이러한 죄에 대하여 참회처벌을 요청하여야 한다. 이때 그는 모든 죄를 통합하여 일괄적으로 참회처벌을 받되 그 기간은 6일로 한다.[17]

 2.(가중처벌) 어떤 비구가 참회처벌 기간 내에 죄를 범하고 참회처벌 기간 내에 드러낸 경우, 그 죄의 종류나 횟수에 상관없이 또는 그 죄를 감추었거나 감추지 않았거나 상관없이, 새로운 죄를 드러낸 순간 그때까지 받은 기존의 참회처벌은 무효가 되고 기존의 참회처벌을 새로이 원점에서 다시 시작하여야 한다.

 3.(처벌의 유예) 참회처벌을 받은 비구는 원하면 "저는 참회처벌의 실행을 연기하겠습니다."라고 말하고 참회처벌을 미루거나 유예할 수 있으며, "저는 연기한 참회처벌을 실행하겠습니다."라고 말하고 연기한 참회처벌을 실행할 수 있다.

3.3 출죄 갈마

 원칙에 맞는 참회처벌을 마친 비구는 상좌차 비구들을 찾아가 인사하고 세 번 청원한다. "존자들이여, 저는 이러저러한 범행(犯行)으로 승가의 처벌을 받는 죄를 범하였고 그에 대하여 참회처벌을 마쳤습니다. 저는 이제 참회처벌을 마친 죄에 대하여 출죄복귀를 요청합니다." 비구들은 승가에 이 사실을 알린다. 총명하고 유능한 비구를 갈마사로 정하고 20명 이상의 비구승가에서 출죄복귀를 위한 출죄 갈마를 진행한다.

추가 범죄 어떤 비구가 죄를 범하여 처음 죄를 고백한 이후부터 출죄복귀까지의 기간에 추가로 죄를 범하는 경우 추가 범죄를 처리하는 데는 두 가지가 있다. 격리처벌이나 참회처벌 기간에 발생한 추가 범죄는 위에서 논

---

17 여명이 여섯 번 지나야 하므로 6박 7일 또는 여섯 밤으로 표현한다.

의한 대로 격리처벌이나 참회처벌의 가중처벌로 처리한다. 그러나 처음 죄를 고백한 이후부터 격리처벌 이전에, 격리처벌 이후부터 참회처벌 이전에, 또는 참회처벌 이후부터 출죄복귀 이전의 행정상 기간에 발생한 추가 범죄는 최초 고백한 범죄와 별개의 범죄로 취급하여 처리한다. 이러한 행정상의 기간은 승가의 상황에 따라 발생할 수도 있지만 발생하지 않을 수 있다. 예를 들어 준비가 잘된 승가는 처음 죄를 고백한 날에 격리처벌을 시작할 수 있고 격리처벌이 종료되는 날 참회처벌을 시작할 수 있고 참회처벌이 종료되는 날 출죄복귀할 수 있다. 추가 범죄가 발생할 때 최초 고백한 범죄의 남은 과정을 추가 범죄와 통합하여 진행하는 것이 가장 효율적인데 그러려면 추가 범죄에 대한 적절한 처벌이 선행되어야 한다.

퇴전하는 경우 어떤 비구가 죄를 범하여 처음 죄를 고백한 이후부터 출죄복귀까지의 기간에 퇴전하는 경우 진행하던 승가의 처벌은 중지하여야 한다. 퇴전한 자에게 승가의 처벌은 적용되지 않기 때문이다. 그런데 그가 다시 출가하여 비구가 되면 중지하였던 승가의 처벌을 재개하여야 한다. 이때 재개는 퇴전으로 인하여 불이익도 이익도 발생하지 않는 방식으로 진행한다. 마치 퇴전이 발생하지 않은 것같이 재개한다. 예를 들면 죄를 감춘 기간은 그가 비구를 유지하는 기간에만 적용되므로 퇴전 기간은 죄를 감춘 기간에 포함되지 않는다. 마찬가지로 퇴전 기간에 발생한 죄는 승가의 처벌을 받는 죄에 해당하지 않는다. 다만 퇴전 이전에는 감추지 않은 죄를 다시 비구가 된 후에 그 죄를 감추는 경우가 발생할 수 있는 것이 불퇴전한 비구와 다른 점이다. 이러한 경우가 발생하면 그 죄는 감춘 죄로 처리한다.

　　퇴전과 마찬가지로 어떤 비구가 그 기간에 사미가 되거나[18] 심신미약자가 되거나 권리정지조치를 받으면 진행하던 승가의 처벌은 중지하여야 한다. 그러한 자에게 승가의 처벌은 적용되지 않기 때문이다. 그런데 사미에서 비구가 되거나 심신미약자에서 심신미약의 상태를 벗어나거나 권리정지조치를 해제하면 중지하였던 승가의 처벌을 같은 방식으로 재개하여야 한다.

4 승가의 운영에 관한 갈마

율을 수지하는 청정한 승가는 의무율과 갈마율을 범하는 자들에게 처벌과 조치를 위한 갈마를 행하여 청정을 잃어버린 자들의 청정을 회복시킨다. 청정을 지키는 승가는 보름마다 의무율을 송출하는 포살 갈마, 매년 안거의 첫날에 행하는 안거 갈마, 안거의 마지막 날 밤에 행하는 자자 갈마를 정기적으로 개최하여야 한다. 비정기적인 갈마에는 승가의 일원이 되고자 출가하는 자가 있을 때 개최하는 출가에 관한 갈마, 부적절한 신구행으로 승가와 단절해야 하는 재가자가 있을 때 개최하는 복발 갈마가 있다.

4.1 포살[19] 갈마

제정의 계기 세존께서 죽림정사에 머물 무렵 어느 날 빔비사라 국왕은 '이교도의 유행자들은 8일, 14일 또는 15일 가운데 하루를 택하여 보름마다 함께 모여 그들의 가르침을 설한다. 사람들은 그들의 가르침을 듣고 그들에게 호감을 일으키고 믿음을 가진다. 그래서 그들은 새로운 신도를 얻고

---

18 스무 안거의 나이 제한이 적용되기 전에 비구가 되었던 자로서 현재 나이가 스무 안거 미만인 자에게 적용된다. 나이가 스무 안거 이상인 비구나 재가자는 사미가 되지 않는다.

19 uposatha을 음역하여 포살(布薩)이라고 하며, 재일(齋日)·설계일(說戒日)·재계(齋戒)로 의역한다. 포살의 유래를 베다교에서 제사를 준비하는 날로 목욕재계하거나 금식하는 날로 보기도 하지만 베다교는 태양력을 기반으로 하기에 설득력이 떨어진다. 더군다나 빔비사라 왕은 '이교도들의 유행자'라고 그 유래를 밝혔다. 음력을 사용하는 자이나교에서는 이날에 출가자와 재가자가 함께 모여 오계를 실천하고 범계(犯戒)를 참회하였다. 세존께서는 포살을 수용하면서 출가자의 마음을 정화하여 청정을 유지하도록 율의 송출을 실행하였고 재가자의 마음을 정화하여 청정을 유지하도록 선법계를 지키도록 하였다.AN3.70, AN10.167 또한 출가자와 재가자의 향상을 위하여 세존께서 설법하셨고 또한 비구가 설법하도록 하였다.AN7.49, AN10.46, AN10.67

오래된 신도를 단련하여 교단을 발전시킨다. 세존의 출가제자인 비구들도 그들처럼 함께 모이면 어떨까?'라는 생각이 일어났다. 그래서 그는 세존께 다가가 인사를 드리고 그 생각을 그대로 여쭈었다. 그리고 세존의 법문으로 교화받고 격려받고 북돋아져 기뻐하며 그곳을 떠났다. 그 후 세존께서 비구들에게 말씀하셨다. 비구들이여, 14일 또는 15일 가운데 하루를 택하여 보름마다 함께 모이는 것을 허용한다. 그런데 비구들은 세존의 말씀대로 함께 모였으되 말없이 앉아 있었다. 사람들이 가르침을 듣기 위해 비구들을 찾아갔으나 말없이 앉아 있는 비구들을 보고 "어찌 꿀 먹은 벙어리처럼 말없이 앉아 있기만 하는가? 앉아 있지만 말고 설법해야 하지 않는가?"라고 분개하여 비난하였다. 이에 세존께서 말씀하셨다. 비구들이여, 14일 또는 15일 가운데 하루를 택하여 보름마다 함께 모여 설법하는 것을 허용한다.

어느 때 세존께서 홀로 머물다가 '나는 비구에게 의무율을 시설하였다. 비구들이 보름마다 모이는 날에 비구를 위하여 의무율을 의무적으로 송출하도록 포살 갈마를 실행하면 어떨까?'라는 생각이 일어났다.[20] 세존께서는 비구들에게 말씀하셨다. 비구들이여, 14일 또는 15일 가운데 하루를 택하여 보름마다 함께 모일 때 의무율을 의무적으로 송출하도록 백사 갈마로 포살 갈마를 이같이 진행한다.

포살 갈마 (안건과 제안) "존자들이여, 승가는 제 말에 귀를 기울이십시오. 오늘은 보름(또는 그믐)날의 포살일입니다. 만약 승가에 옳은 일이라면, 승가는 포살을 진행하여 의무율을 송출하여야 합니다. 승가가 먼저 하여야 할 일은 무엇입니까? 존자들께서는 출석을 확인하여 참석할 분은 지

---

20 빔비사라 국왕은 죽림정사를 헌정한 후 오래되지 않은 시기에 함께 모이는 것을 제안한 것으로 추정하며, 세존께서는 의무율의 완성 이후에 포살 갈마의 실행을 생각한 것으로 추정한다. 이 두 시기 간격은 약 20여 년이 된다. 따라서 초창기 포살은 설법으로만 실행하였고AN7.49, AN10.46, AN10.67 그 이후에는 설법과 의무율의 송출로 포살을 실행하였다.

금 모두 이곳에 모였으며, 이곳에 참석하지 못한 분의 청정권리를 위임받아 지금 승가에 전달하였으며, 이곳에 참석한 분 가운데 청정한 분은 침묵하고 청정하지 않은 분은 지금 죄를 알려 주십시오.[21] 이제 저는 의무율을 송출할 것입니다. 여기에 모인 존자들께서는 제가 송출하는 여덟 조목의 의무율을 잘 듣고 마음을 기울여 주십시오. 각 조목의 송출이 끝날 때마다 저는 세 번까지 존자들의 청정을 질문할 것입니다. 죄가 없어 청정한 분은 이렇게 여덟 조목의 송출이 끝날 때까지 침묵하십시오. 침묵하는 존자는 청정하다고 인정할 것입니다. 그러나 죄가 있는 분은 여덟 조목의 송출이 끝날 때까지 죄를 알려 주십시오. 만약 죄가 있는데도 알리지 않는다면 의도적인 거짓말을 추가로 범하게 되는 것입니다. 그러므로 청정하여 안락하기를 바란다면 이때 기억나는 죄를 드러내어 밝혀 주십시오."

(세 번의 제청)"존자들이여, 이제 제가 존자들께 여쭙겠습니다. 여기 모인 모든 분은 (승가의 처벌을 받는 죄를 범한 자를 제외하고[22]) 청정하십니까? 두 번째 여쭙겠습니다. 여기 모인 모든 분은 청정하십니까? 세 번째 여쭙겠습니다. 여기 모인 모든 분은 청정하십니까? 청정하면 침묵하시고, 청정하지 않으면 지금 말씀하십시오."

(결정)"존자들이여, 존자들께서는 청정하여 침묵하였고, 침묵하여 청정을 인정하였습니다. 따라서 저는 그와 같이 알겠습니다. 이제 모여야 할 모든 분이 참석하였고 모인 모든 분이 청정하니 의무율을 송출할 준비를

---

21 청정하지 않은 자가 참석하면 포살을 시작하지 않는다.AN8.20 함께 살 수 없는 죄를 지은 자가 포살에 참석하면 포살을 시작할 수 없으며, 그가 포살에 참석하지 않고 결계에 머무르면 포살의 모임이 완전하지 못한 갈마가 된다. 또한 청정하지 않으므로 그로부터 위임을 받을 수 없다. 그리고 포살을 실행하지 않는 것은 원칙에 맞지 않은 것이다. 따라서 포살을 실행하려는 승가는 그를 결계 밖으로 밀쳐 내야 하고 그렇게 할 수밖에 없다. 한편 승가의 처벌을 받는 죄보다 가벼운 죄를 지은 자는 늦어도 이 시점까지 죄를 드러내고 출죄하여 청정을 회복하여야 한다.

22 승가의 처벌을 받는 죄를 범한 자는 포살에 참석하여야 한다. 갈마사는 적절한 시점에 "존자들이여, 승가는 제 말에 귀를 기울이십시오. 포살에 참석한 여기 비구 OO는 승가의 처벌을 받는 죄를 범하고 아직 청정을 완전하게 회복하지 못하였습니다. 따라서 비구 OO를 제외하고 청정의 질문을 진행하겠습니다."라고 말한다. 승가의 처벌을 받는 죄를 범한 자는 포살 중에 승가의 말좌차에 앉거나 대중과 떨어져 별도로 준비된 자리에 앉을 수 있다.

마쳤습니다. 송출하는 동안 기억하지 못하였던 죄를 기억하거나 의심하였던 죄의 의심이 사라지면 그 죄를 드러내어 청정을 회복하십시오."

(송출)"존자들이여, 저는 이제 첫째 조목을 송출하겠습니다. (네 가지 함께 살 수 없는 죄를 차례로 송출한 뒤) 존자들이여, 이제 제가 존자들께 여쭙겠습니다. 여기 모인 모든 분은 네 가지 함께 살 수 없는 죄에 청정하십니까? 두 번째 여쭙겠습니다. 여기 모인 모든 분은 네 가지 함께 살 수 없는 죄에 청정하십니까? 세 번째 여쭙겠습니다. 여기 모인 모든 분은 네 가지 함께 살 수 없는 죄에 청정하십니까? 청정하면 침묵하시고, 청정하지 않으면 지금 말씀하십시오. 존자들이여, 존자들께서는 청정하여 침묵하였고, 침묵하여 청정을 인정하였습니다. 따라서 저는 그와 같이 알겠습니다. 첫째 조목의 송출을 마쳤습니다.

존자들이여, 저는 이제 둘째 조목을 송출하겠습니다. (열세 가지 승가의 처벌을 받는 죄를 차례로 송출한 뒤) 존자들이여, 이제 제가 존자들께 여쭙겠습니다. 여기 모인 모든 분은 열세 가지 승가의 처벌을 받는 죄에 청정하십니까? 두 번째 여쭙겠습니다. 여기 모인 모든 분은 열세 가지 승가의 처벌을 받는 죄에 청정하십니까? 세 번째 여쭙겠습니다. 여기 모인 모든 분은 열세 가지 승가의 처벌을 받는 죄에 청정하십니까? 청정하면 침묵하시고, 청정하지 않으면 지금 말씀하십시오. 존자들이여, 존자들께서는 청정하여 침묵하였고, 침묵하여 청정을 인정하였습니다. 따라서 저는 그와 같이 알겠습니다. 둘째 조목의 송출을 마쳤습니다.

(이같이 셋째 조목부터 일곱째 조목까지 송출한 후) 존자들이여, 저는 이제 여덟째 조목을 송출하겠습니다. (일곱 가지 쟁사를 소멸하는 죄를 차례로 송출한 뒤) 존자들이여, 이제 제가 존자들께 여쭙겠습니다. 여기 모인 모든 분은 일곱 가지 쟁사를 소멸하는 죄에 청정하십니까? 두 번째 여쭙겠습니다. 여기 모인 모든 분은 일곱 가지 쟁사를 소멸하는 죄에 청정하십니까? 세 번째 여쭙겠습니다. 여기 모인 모든 분은 일곱 가지 쟁사를 소멸하는 죄에 청정하십니까? 청정하면 침묵하시고, 청정하지 않으면 지금

말씀하십시오. 존자들이여, 존자들께서는 청정하여 침묵하였고, 침묵하여 청정을 인정하였습니다. 따라서 저는 그와 같이 알겠습니다. 여덟째 조목의 송출을 마쳤습니다.

존자들이여, 오늘 포살일에 ①네 가지 함께 살 수 없는 죄를 송출하였습니다. ②열세 가지 승가의 처벌을 받는 죄를 송출하였습니다. ③두 가지 판정받는 죄를 송출하였습니다. ④서른 가지 반납하고 참회하는 죄를 송출하였습니다. ⑤아흔두 가지 참회하는 죄를 송출하였습니다. ⑥네 가지 자백하는 죄를 송출하였습니다. ⑦일흔다섯 가지 습득하는 죄를 송출하였습니다. ⑧일곱 가지 쟁사를 소멸하는 죄를 송출하였습니다. 이렇게 하여 여덟 조목의 의무율을 마쳤습니다. 존자들이여, 의무율을 송출하여 청정을 유지하는 비구는 안락합니다. 그는 초선정의 이생희락을 얻는 데 안락하고, 제2선정의 정생희락을 얻는 데 안락하고, 제3선정의 이희묘락을 얻는 데 안락하고, 제4선정의 사념청정을 얻는 데 안락합니다. 선정뿐만 아니라 삼매와 해탈을 얻는 데도 그는 안락합니다. 그러므로 선정과 삼매와 해탈을 얻어 향상하려는 승가는 보름마다 여덟 조목 의무율의 송출을 면면히 이어 가야 할 것입니다."

포살의 사례 1.(포살일) 포살일²³ 당일에 상좌차 장로비구는 "오늘은 포살일입니다. 포살은 이러저러한 장소에서 이러저러한 시간에 시작합니다." 라고 올바른 시간에 또는 식사 시간에 공지하여야 한다. 의무율을 송출하되 매일 하면 안 되며, 보름 동안 8일과 14일 그리고 15일에 세 번 하면 안

---

23 AN3.36을 참고하라. 1년 12달은 24반월(보름기간, pakkha)로 이루어져 있다. 반월에는 점점 어두워지는 반월[黑月, 黑分]과 점점 밝아지는 반월[白月, 白分]이 있으며 또한 작은 반월과 큰 반월이 있었다. 작은 반월은 14일로 구성되어 있고 큰 반월은 15일로 구성되어 있다. 이것을 '보름 기간 14일 또는 15일에 한 번'이라고 표현한 것이다. (흑월의 시작은 만월이고 백월의 시작은 삭월이므로) 이것을 달의 모양으로 표현하면 만월(滿月)과 삭월(朔月)이 되며, 음력 한 달로 표현하면 '보름과 그믐'이 된다. 참고로 안거의 마지막 보름날에 실행하는 자자가 도입되면서 안거의 마지막 보름날의 포살일을 하루 앞당겨 14일에 하기도 하였다.

된다. 의무율의 송출은 보름 기간 14일 또는 15일에 한 번만 하여야 한다. 포살일이 아닌 날에 포살하면 안 되지만 승가의 화합을 위하여서는 포살일을 (하루 늦추어) 변경할 수 있다.

2.(포살의 장소) 승가가 원하는 적절한 장소를 포살의 장소로 정하되 백이갈마로 정한다. 여기서 적절한 장소란 현전승가의 모든 비구를 최대한 수용할 수 있는 곳이다. 만약 포살의 장소가 두 군데 정해졌다면 한 곳을 백이갈마로 폐지한다.

3.(결계) 결계는 산의 능선이나 계곡, 큰 바위나 나무, 강이나 호수, 길이나 도로, 표지를 경계로 삼아 선포하고 백이갈마로 정한다. 이때 결계의 가장 먼 두 지점의 거리가 3요자나를 넘지 않아야 하며, 결계 내부에 다리가 없는 큰 강 같은 위험한 지역을 포함하지 않아야 한다. 먼저 정해진 결계를 부분적으로 겹쳐서 새로운 결계를 정하지 않아야 하며, 먼저 정해진 결계의 내부에 새로운 결계를 정하지 않아야 한다. 먼저 정해진 결계와 공간을 두어 서로 겹치지 않게 새로운 결계를 정하여야 한다.

4.(참석의 의무) 어느 날 존자 마하 깝삐나는 홀로 있을 때 '나는 승가의 포살에 참석하지 않아도, 승가의 갈마에 참석하지 않아도 최상으로 청정하다.'라는 생각을 일으켰다. 세존께서 이러한 그의 마음을 아시고 신통으로 그의 앞에 모습을 드러내고 말씀하셨다. 깝삐나여, 만약 그대가 비구로서 포살을 공경하지 않고 존중하지 않고 존경하지 않는다면 누가 그렇게 할 것인가? 비구여, 포살에 반드시 참석하라. 승가의 갈마에 반드시 참석하라. "세존이시여, 알겠습니다." 비구는 누구라도 정각을 성취하였더라도 승가의 포살과 갈마에 반드시 참석하여야 한다. 그리고 참석한 비구는 반드시 의무율의 송출에 귀 기울여 들어야 한다.

5.(설법) 포살일에 상좌차 장로비구가 스스로 설법하거나 상좌차 장로비구에게 요청받은 비구가 설법할 수 있다. 그의 요청 없이 설법해서는 안 된다.

6.(율의 송출) 의무율의 송출은 누가 하여야 하는가? 상좌차 장로비구

가 스스로 의무율을 송출하거나 상좌차 장로비구에게 요청받은 비구가 송출할 수 있다. 그러나 상좌차 장로비구가 어리석고 총명하지 못하여 포살, 포살 갈마, 의무율 그리고 송출을 알지 못하는 경우 그 처소에 총명하고 유능한 비구가 있다면 그가 의무율을 송출할 수 있다. 그러나 만약 그 처소에 총명하고 유능한 비구도 없고 의무율을 송출할 만한 비구가 없다면 그 처소의 비구들 가운데 한 비구를 주변의 승가에 파견하여 의무율의 송출을 배워 오도록 하여야 한다. 이같이 해결하면 좋은 일이나 만약 그렇지 못하면 비구들은 다른 한 비구를 7일 안에 다시 파견해야 한다. 이같이 해결하면 좋은 일이나 만약 그렇지 못하면 그 처소의 비구들은 그곳에 거주하여서는 안 된다. 그들은 포살, 포살 갈마, 의무율 그리고 송출을 아는 처소로 가야 한다. 이렇게 의무율을 송출하되 [열 가지 위험]이 있을 때를 제외하고 의무율의 송출을 간략하게 하여서는 안 된다.

7.(죄의 추궁) 타인의 죄를 추궁하거나 타인의 죄에 대하여 답변하려는 비구는 승가로부터 백이갈마로 선정(選定)을 받아야 한다. 이때 자신을 선정하도록 발의할 수 있으며 타인을 선정하도록 발의할 수도 있다. 선정을 받은 비구는 죄와 관련된 무리를 관찰하고 평가한 뒤 자신에게 위험이 없는 경우에 추궁이나 답변할 수 있다. 또한 어떤 비구의 죄에 대하여 비난하려면 "존자여, 허락하여 주십시오. 내가 그대에게 말하려고 합니다."라고 먼저 허락을 얻어야 한다.

8.(청정권리의 위임) 포살에 참석할 수 없는 병든 청정한 비구는 한 명의 비구 앞에서 기워 만든 대의를 입고 합장하여 "나는 청정권리를 위임합니다. 나의 청정권리를 가져가서 전해 주십시오."라고 말하여 청정권리를 위임할 수 있다. 그런데 만약 환자가 이렇게 말과 행동으로 알리지 못하면 청정권리를 위임할 수 없으므로 그를 침대나 휠체어로 옮겨 포살에 참석하여야 한다. 이때 그를 침대나 휠체어로 옮겨 병이 악화하거나 사망할 것 같으면 그를 옮겨서는 안 되며 승가가 그에게 와서 포살을 진행하여야 한다.

　　만약 청정권리를 위임받은 비구가 승가에 도착하면, 이러저러한 이유로 예를 들어 졸거나 게으르거나 고의로[24] 청정권리의 위임을 승가에 알리지 않더라도, 청정권리는 전해진 것이다. 그런데 만약 그가 승가에 도착한 직후 그곳을 떠나거나 사망하거나 포살에 참석할 수 없는 자가 되고 그 사실을 자인하더라도 청정권리는 전해진 것이 된다. 그러나 만약 그가 승가로 향하여 길을 가는 도중에 다른 곳으로 떠나거나 사망하거나 포살에 참석할 수 없는 자가 되고 그 사실을 자인하면 청정권리는 전해지지 않은 것이 되지만 그가 다른 비구에게 청정권리의 위임을 재위임하고 다른 비구가 승가에 도착하면 청정권리는 전해진 것이다.

　　포살 갈마에 청정권리를 위임하듯 다른 갈마에는 의결권리를 위임한다. 포살 갈마에서 청정권리의 위임은 포살 갈마에 참석할 수 없는 청정한 비구가 자신의 청정을 전달하는 것이며, 포살 갈마와 자자 갈마 이외의 일반 갈마에서 의결권리의 위임은 갈마에 참석할 수 없는 비구가 자신의 의결권을 위임하여 갈마에서 결정된 사항을 자신의 의견과 상관없이 동의하는 것이다.[25] 포살 갈마뿐만 아니라 포살일에 개최하는 다른 갈마에도 중복하여 권리를 위임할 수 있다.

　　9.(구속된 비구) 만약 어떤 비구가 포살일에 가족이나 친인척, 왕, 도적, 악인 또는 적대자들에게 붙잡혔다면 비구들은 그들에게 "그대 존자들이여, 이 비구가 포살에 참석할 수 있도록 잠시만 놓아주십시오."라고 말하여야 한다. 이렇게 해결하면 좋은 일이나 만약 그렇지 못하면 "그대 존자들이여, 포살에 참석할 수 없다면 이 비구가 청정권리를 위임할 수 있도록 잠깐만 대화하게 해 주십시오."라고 말하여야 한다. 이렇게 해결하면 좋은 일이나 만약 그렇지 못하면 "그대 존자들이여, 비구승가가 포살을 진

---

24 위임을 전달하는 자가 졸거나 게으르거나 선정에 들어서 위임을 알리지 않았더라도 위임을 전달하는 자는 죄가 없으나, 고의로 위임을 알리지 않았다면 위임을 전달하는 자는 실수죄를 범한 것이 된다.

25 율장에는 청정권리의 위임과 의결권리의 위임을 각각 pārisuddhi(清淨)와 chanda(欲)로 구분하여 설명한다.

행할 수 있도록 이 비구를 결계 밖으로 데려가십시오."라고 말하여야 한다. 이렇게 해결하면 좋은 일이나 만약 그렇지 못하면 불완전한 모임이므로 포살을 진행하여서는 안 된다.

10.(심신박약자) 심신박약의 상태인 어떤 비구가 청정권리를 위임하지도 못할 뿐만 아니라 갈마에 참석하지도 못한다면 승가는 백이갈마로 그를 심신박약자로 판정한다. 심신박약자로 판정된 자는 포살 갈마에 참석하거나 불참하거나 상관없이 포살 갈마를 진행할 수 있다.

11.(포살의 정족수) 포살 갈마는 4명 이상의 승가에서 모임이 완전한 갈마로 실행할 수 있다. 3명이나 2명의 모임에서는 청정권리의 위임에 입각한 포살 갈마를 실행할 수 있다. 정족수에서 부족한 1명이나 2명의 비구(들)에게 청정권리를 위임받아 "존자(들이)여, 저는 청정권리를 위임받았습니다. 제가 받은 1명이나 2명의 청정권리를 새기십시오."라고 세 번 선언한 뒤 포살 갈마를 실행할 수 있다. 이때 청정권리를 위임한 비구는 자신이 속한 현전승가의 포살 갈마에 참석할 수 있으나 정족수에는 포함되지 않는다. 청정권리의 위임을 정족수로 인정하는 것은 오직 포살 갈마와 자자 갈마에만 적용된다. 그런데 포살일에 1명뿐인 자는 어떻게 해야 하는가? 그는 비구들이 자주 머물거나 지나가는 처소 근처의 누각이나 큰 나무 밑을 청소하고 자리를 마련하고 마실 물과 발 씻을 물을 준비하고 등불을 켜고 '오늘은 나를 위한 포살일이다.'라고 염두에 두고 앉아야 한다. 다른 비구들이 오면 그들과 함께 포살을 진행하되 만약 아무도 오지 않는다면 홀로 암송이나 독송으로 율을 송출한다.

12.(개인 범죄) 포살일에 포살 갈마 직전까지 죄를 범하거나 기억나는 죄가 있을 때 어떻게 하는가? 함께 살 수 없는 죄를 범한 자는 포살에 참석할 수 없으며 지금 승가를 떠나야 하며, 승가의 처벌을 받는 죄를 범한 자는 지금 승가에 죄를 알리고 포살에 참석하되 포살 갈마의 정족수에 포함되지 않으며, 그 외의 낮은 죄를 범한 자는 늦어도 포살 직전까지 죄를 드러내고 참회하여 청정을 회복한 후 포살에 참석한다. 그런데 만약 죄

를 범한 것인지 아닌지 의심이 간다면 "벗이여, 나는 이러저러한 죄를 범한 것인지 아닌지 의심이 갑니다. 의심이 사라지고 유죄로 알 때 그 죄를 참회하겠습니다."라고 말하고 포살에 참석하여야 한다.

포살 갈마가 진행하는 도중에 죄가 기억나거나 의심이 들었다면 "나는 이러저러한 죄를 범하였습니다. 의무율의 송출이 끝나는 대로 그 죄를 참회하겠습니다."라거나 "나는 이러저러한 죄를 범한 것인지 아닌지 의심합니다. 의심이 사라지고 유죄로 알 때 그 죄를 참회하겠습니다."라고 주변의 한 비구에게나 승가에 알리고 포살을 계속 진행하여 의무율의 송출을 들어야 한다.

13.(집단 범죄) 포살일에 어떤 승가 전체가 집단으로 죄를 범하였을 경우 승가는 한 비구를 주변의 승가로 파견하여 그 비구가 그 죄를 참회하여 청정을 회복하여 돌아오면, 4명 이상 집단으로 참회할 수 없으므로, 승가는 1~3명씩 차례대로 그 비구 앞에서 참회하여야 한다. 이같이 해결하면 좋은 일이나 만약 그렇지 못하면 승가는 "여기 승가는 포살일에 집단으로 죄를 범하였습니다. 승가는 청정한 비구를 보면 그때 그의 앞에서 그 죄를 참회하겠습니다."라고 선언하고 포살을 계속 진행하여 율을 송출하여야 한다. 또한 승가 전체가 집단으로 죄를 범한 것인지 아닌지 의심이 갈 때 승가는 "승가는 이러저러한 죄를 범한 것인지 아닌지 의심합니다. 의심이 사라지고 유죄로 알 때 그 죄를 참회하겠습니다."라고 선언하고 포살을 계속 진행하여 율을 송출하여야 한다.

포살일이 아닌 경우 어떤 승가 전체가 집단으로 죄를 범하였을 때 승가는 비구를 주변의 승가로 파견하여 그 비구가 죄를 참회하여 청정을 회복하여 돌아오면, 4명 이상 집단으로 참회할 수 없으므로, 승가는 1~3명씩 차례대로 청정을 회복한 1인 또는 4인 비구 앞에서 참회하여야 한다. 이같이 해결하면 좋은 일이나 만약 그렇지 못하면 승가는 다른 비구를 7일 안에 다시 파견해야 한다. 이같이 해결하면 좋은 일이나 만약 그렇지 못하면 승가는 그 처소에 머물러서는 안 되며 청정한 비구가 있는 처소로

가야 한다.[26]

또한 승가 전체가 집단으로 죄를 범하였음에도 그 누구도 죄의 이름도 종류도 알지 못하거나 죄를 범한 것인지 아닌지 의심이 있어도 그 누구도 의심을 해결하려고 하지 않을 때 어떤 객비구가 그 승가를 방문하였다. 객비구는 세존의 법과 율을 많이 배우고 통달하고 배움을 열망하며 현명하고 총명하고 지혜로우며 양심이 있고 부끄러움을 알고 후회할 줄 아는 자이다. 어떤 양심이 있는 비구가 객비구를 찾아가 물었다. "벗이여, 만약 이러저러한 신구행을 하였다면 어떠한 죄를 범한 것입니까?" "벗이여, 만약 이러저러한 신구행을 하였다면 죄를 범한 것으로 그 죄의 이름과 종류는 이러저러합니다. 만약 그대가 그 죄를 범하였다면 참회하십시오." "벗이여, 그 죄는 나만 범한 것이 아닙니다. 여기 승가 전체가 범한 것입니다. 나는 승가를 따랐을 뿐입니다." "벗이여, 남들이 죄를 범했든 범하지 않았든 그것이 그대에게 무슨 상관입니까? 벗이여, 그대는 그대 자신의 죄에서 벗어나십시오." 그 비구는 객비구가 일러 주는 대로 참회하였다. 그리고 그 비구는 비구들에게 다가가 말하였다. "벗들이여, 우리가 저지른 이러저러한 신구행은 죄를 범한 것으로 그 죄의 이름과 종류는 이러저러합니다. 내가 그 죄에 대하여 이러저러하게 참회하였듯이 그대들도 참회하여야 합니다." 비구들이 이 말을 듣고 그 죄를 참회하면 좋은 일이다. 그러나 만약 그들이 그의 말을 무시하거나 반박하거나 비난하면서 참회하지 않는다면, 그에게 '더 이상 이들을 충고하거나 가르치는 말을 하지 않아야겠다.'라는 생각이 일어난다면 그는 그들에게 더 이상 말할 필요가 없다. 왜냐하면 세존의 고귀한 율에서 그들은 이미 죽은 자들이기 때문이다.

14.(지각한 비구들) 포살일에 어떤 승가에서 4명 이상의 비구들이 모였다. 그들은 모임이 완전하다고 생각하고 포살 갈마를 실행하였다. 그들이 율의 송출을 시작한 이후부터 율의 송출을 마치고 모두 자리에서 일어

---

26 만약 그 승가가 안거 중이라면 승가는 어떻게 하여야 하는가? 만약 집단으로 죄를 범한 승가가 사방승가 전체라면 어떻게 하여야 하는가?

나는 시간 사이에 도착한 비구들이 있었다. 이때 지각한 비구들의 숫자가 포살을 실행하는 비구들 숫자보다 많으면 지각한 비구들과 기존의 비구들은 함께 포살 갈마를 처음부터 다시 시작하여야 한다. 그런데 지각한 비구의 숫자가 기존의 비구 숫자보다 적거나 같으면 기존의 포살 갈마에 지각한 비구들이 합류하여야 한다. 지각한 비구들이 합류할 때 의무율의 송출이 진행 중이었다면 나머지 의무율의 송출을 들어야 하고, 의무율의 송출이 끝났다면 자신의 청정을 기존의 비구들에게 밝혀야 한다. 이때 기존의 비구들에게는 포살 갈마를 실행한 것에 대한 죄가 없다. 그러나 기존의 비구들이 "다른 비구들이 아직 도착하지 않았다."라는 사실을 알았거나, "다른 비구들이 도착하지 않았음에도 포살 갈마를 실행하는 것은 옳을까 아니면 옳지 않을까?"라고 의심하였거나, "다른 비구들이 도착하지 않았지만 포살 갈마를 실행하는 것은 옳다. 옳지 않은 것이 아니다."라고 정당화하였다면 실수죄를 범한 것이다. 기존의 비구들이 "다른 비구들이 도착하지 않았으나 그들은 망해 가고 있고 파멸해 가고 있다. 그들이 도착한들 무슨 소용인가?"라고 불화를 앞세웠다면 미수죄를 범한 것이다.

15.(객비구들) 어떤 현전승가의 결계 안으로 객비구들이 들어온다면 결계 안의 의사 결정은 숫자가 많은 쪽이 차지하며 숫자가 같다면 기존의 비구들이 차지한다. 객비구 숫자가 기존 비구 숫자보다 많으면 기존 비구들은 객비구들의 의사 결정에 따라서 객비구들이 원하는 포살일에 객비구들이 실행하는 포살 갈마에 참석하든지 아니면 결계 밖으로 나가야 한다. 기존 비구 숫자가 객비구의 숫자보다 많거나 같으면 객비구들은 기존 비구들의 의사 결정에 따라서 기존 비구들이 원하는 포살일에 기존 비구들이 실행하는 포살 갈마에 참석하든지 아니면 결계 밖으로 나가야 한다. 만약 객비구들이 기존 비구들이 실행하는 포살 갈마에 늦게 도착하였다면 (상기의 지각한 비구들처럼) 객비구들을 기존 비구들과 똑같이 취급하여 적용하여야 한다. 또한 객비구들이 포살 갈마를 개최한다면 (상기의 지각한 비구들처럼) 소수가 된 기존 비구들을 자신들과 똑같이 취급하여 적용

하여야 한다. 왜냐하면 객비구라고 하더라도 소수 비구라고 하더라도 일단 어떤 현전승가의 결계 안에 함께 있으면 현전승가의 비구로서 모두 동등한 권리를 가지기 때문이다.

16.(처소의 이동) 포살일에 비구는 [열 가지 위험]이 있는 경우를 제외하고 승가와 동행하지 않고 거처를 옮겨서는 안 된다. 승가와 동행하더라도 비구가 없는 거처로 옮기거나 결계 밖의 거처로 옮겨서는 안 되며, 비구가 머물고 있고 결계 내에 있으며 당일에 돌아올 수 있는 거처에는 옮겨도 된다.

17.(진행의 금지) 비구승가의 포살 갈마에 비구니, 식차마나, 사미, 사미니, 이교도, 세존의 율을 거부하는 자, 축생이 앉아 있으면 율을 송출하여서는 안 된다. 또한 비구라고 할지라도 함께 살 수 없는 죄를 범한 자, 승가를 분열시킨 자, 어머니나 아버지를 죽이는 죄를 범한 자, 권리정지된 자가 앉아 있으면 율을 송출하여서는 안 된다. 심신박약자는 참석하거나 참석하지 않거나 상관없다.

의무율 송출의 차단 세존께서 녹자모강당에 머물 무렵 어느 포살일에 청정하지 않은 한 명의 비구가 대중에 숨어 있었다. 그 비구로 인하여 늦도록 포살을 진행하지 못하자 목갈라나가 그 비구를 붙잡아 쫓아낸 후 세존께서 말씀하셨다. 비구들이여, 오늘부터 그대들이 포살을 행하고 의무율을 송출하라. 나는 오늘부터 포살을 행하지 않고 의무율을 송출하지 않겠다. 그것은 여래는 부정한 모임에서 포살할 수 없고 의무율을 설할 수 없기 때문이다. 청정하지 못한 자는 포살에 참석할 수 없으며 만약 청정하지 못한 자가 포살에 참석하면 "존자들이여, 승가는 제 말에 귀를 기울이십시오. 이러저러한 자는 죄를 범하였습니다. 그는 포살에 참석할 수 없으나 출석하였으므로 그가 의무율의 송출을 듣지 못하도록 송출을 차단하여야 합니다."라고 선언하고 의무율의 송출을 차단하여야 한다. 그러나 근거 없이 청정한 비구에게 의무율의 송출을 차단하여서는 안 된다. 원칙에 맞게 송출을 차단하려면 눈으로 보거나[見] 귀로 듣거나[聞] 정황으로 의심[疑] 이 되는 근거가 있어야 한다. 이러한 근거가 있으면서 율을 범하였거나 신구행이 일탈하였거나 견해가 일탈하였거나 생활이 일탈하였다면 그에게 의무율의 송출을 차단하는 것은 원칙에 맞는 차단이다.

4.2 안거[27] 갈마

제정의 계기 세존께서 안거를 시설하기 전 죽림정사에 머물 무렵 출가자들은 우기에도 유행하였다. 점차 승단의 규모가 커지자 많은 숫자의 출가자들이 우기에 유행하자 일부 라자가하 사람들이 불편해하였고 분개하였고 비난하였다. "어떻게 저 사문들은 건기와 우기를 가리지도 않고 마음대로 다니는가? 그들은 우기에 자라나는 어린 식물과 곡식을 해치며 작은 미물들의 생명을 해치고 빼앗는 줄 모르는가? 하늘을 마음대로 날아다니는 저 새들도 우기에는 둥지를 틀고 안거하며 저 이교도들도 가르침은 악하더라도 우기에는 스스로 거처를 마련하여 안거하지 않는가!" 어떤 비구가 이러한 사실을 세존께 말씀드렸고 이에 세존께서는 우기에 안거에 드는 것을 허용하였다. 그때 비구들은 '안거는 언제 들어야 하는가? 안거는 얼마 동안 들어야 하는가?'라고 생각하였다. 이에 세존께서는 말씀하셨다. 비구들이여, 안거는 두 가지 '먼저 들어가는 안거(先安居)'와 '나중에 들어가는 안거(後安居)'가 있으며 두 안거 모두 머무는 기간은 3개월이다. 선안거는 아살하(Āsāḷha, 4월) 보름에 들어가서 3개월을 머물며, 후안거는 사와나(Sāvana, 5월) 보름에 들어가서 3개월을 머문다.[28] 그러나 특별

---

27 안거(vassa, 安居)란 출가자들이 우기(雨期)에 유행하지 않고 한 처소에서 거주하는 것을 의미한다. 안거로 의역된 vassa는 비·소나기 또는 우기를 의미한다.

28 인도 국정력(國定曆)의 열두 달은 차례대로 찟따(Citta, 1월), 웨사카(Vesākha, 2월), 젯타(Jeṭṭha, 3월), 아살하(Āsāḷha, 4월), 사와나(Sāvana, 5월), 뽓타빠다(Poṭṭhapāda, 6월), 앗사유자(Assayuja, 7월), 깟띠까(Kattika, 8월), 마가시라(Māgasira, 9월), 풋사(Phussa, 10월), 마가(Māgha, 11월), 팍구나(Phagguṇa, 12월)이다. 인도 국정력으로 선안거는 4월 15일~7월 15일이며, 후안거는 5월 15일~8월 15일이다. 인도의 우기는 지금의 태양력으로 대략 6월부터 10월까지의 4~5개월이다.

한 경우 선안거를 마치고 한 달 연장하여 4개월 동안 머물 수 있다.AN2.1.10, MN118 안거 시작하는 보름날 4명 이상의 승가에서는 단백갈마로 안거 갈마를 실행하여 안거에 든다.[29]

안거의 사례 1.(안거와 유행) 육군비구가 안거 중 유행하였다. 또한 육군비구는 안거를 원하지 않았고 안거에 드는 처소를 의도적으로 피하였다. 이에 세존께서 비구들에게 말씀하셨다. 비구들이여, 안거 중에 결계를 벗어나 유행해서는 안 된다. 유행한다면 실수죄가 된다. 안거를 들지 않으면 안 되며 의도적으로 안거하는 처소를 피하면 안 된다. 어기면 실수죄가 된다.

　안거 중 일곱 종류 사람(비구, 비구니, 식차마나, 사미, 사미니, 우바새, 우바이(優婆夷, upāsikā)[30])이 승가나 출가자를 위하여 건축물·시설물·물품을 보시하려고 할 때, 우바새와 우바이가 병들었을 때, 재가자의 가정에 큰 행사가 있어 사자를 보내와 "존자들이여, 오십시오. 이러저러한 이유로 존자들을 뵙고자 요청합니다."라고 할 때는 할 일을 마치고 7일 안에 돌아올 수 있으면 결계를 벗어나 유행하여도 되나, 할 일을 마치고 7일 안에 돌아올 수 없는 일이라면 가지 않아야 한다.

　안거 중 다섯 종류 사람(비구, 비구니, 식차마나, 사미, 사미니)이 아프거나 불만족·후회·사견이 생겨났을 때, 승가의 처벌을 받는 죄를 범한 비구에게 승가의 처벌을 위한 갈마를 행하여야 할 때, 비구를 처벌하는 갈마와 처벌을 해제하는 갈마를 행할 때, 비구를 만드는 비구 갈마를 행할 때, 가르침을 요청할 때는 사자를 보내오거나 보내오지 않거나 상관없이, 할 일을 마치고 7일 안에 돌아올 수 있으면 결계를 벗어나 유행하여도 되나, 할 일을 마치고 7일 안에 돌아올 수 없는 일이라면 가지 않아야 한다.

---

29 안거의 정족수는 없다. 안거 갈마는 4명 이상의 정족수가 있으나 1~3명도 독자적으로 안거할 수 있다.

30 청신녀(淸信女)라고 의역하는 여성 재가제자이다.

안거 중 우바새나 우바이가 아니더라도 다섯 종류 사람의 어머니나 아버지가 아플 때는 사자를 보내오거나 보내오지 않거나 상관없이, 할 일을 마치고 7일 안에 돌아올 수 있으면 결계를 벗어나 유행하여도 되나, 할 일을 마치고 7일 안에 돌아올 수 없는 일이라면 가지 않아야 한다. 또한 우바새나 우바이가 아니더라도 다섯 종류 사람의 형제·자매·친척·일꾼이 아파서 사자를 보내올 때는 할 일을 마치고 7일 안에 돌아올 수 있으면 결계를 벗어나 유행하여도 된다. 그러나 사자를 보내오지 않거나 할 일을 마치고 7일 안에 돌아올 수 없는 일이라면 가지 않아야 한다.

2.(안거의 장소) 안거에 드는 처소로서 큰 나무 밑동의 구멍 안이나 큰 나무의 가지 위에서 거주하면 안 된다. 또한 노천이나 장례식장, 목동들의 거처와 같은 천막, 흙으로 만들어 구운 토관(土管)에서 거주하면 안 된다. 그렇지만 목동의 야영지를 따라가거나 대상(隊商)을 따라가면서 안거에 들 수 있으며 움직이는 배를 타고 배 안에서 안거에 들 수도 있다.

3.(안거의 파기) 안거에 든 처소에서 맹수·뱀·도적·악귀에 의하여 괴롭힘을 당하거나 생명의 위험을 느낄 때, 안거에 든 처소나 마을에 화재·홍수가 발생하여 거주하기가 불편하고 위험할 때는 안거를 파기하고 그곳을 떠나야 한다.

안거에 든 처소의 마을 전체가 다른 곳으로 이주하였을 때는 안거를 파기하고 그 마을이 이주한 곳으로 따라갈 수 있다. 마을이 분열되어 다른 곳으로 흩어졌을 때는 안거를 파기하고 더 많은 사람이 옮긴 곳으로 따라갈 수 있다. 마을의 대부분 사람이 믿음이 없을 때는 안거를 파기하고 믿음이 있는 사람이 있는 곳으로 옮겨 갈 수 있다.

안거에 든 처소에서 음식을 충분히 얻지 못할 때, 음식은 충분하지만 알맞은 음식을 얻지 못할 때, 알맞은 음식을 충분히 얻지만 알맞은 의약품을 얻지 못할 때, 알맞은 충분한 음식과 알맞은 의약품을 얻지만 믿음이 있는 사람이 없을 때는 안거를 파기하고 그곳은 위험하다고 생각하고 떠나야 한다.

안거에 든 처소에서 여인·기녀·노처녀·동성애자·친인척·국왕·도적·악인 등이 돈과 재물·전답과 토지·가축·하인 등으로 유혹할 때는 안거를 파기하고 그곳은 청정한 출가자의 삶에 위험하다고 생각하고 떠나야 한다.

안거에 든 처소에서 승가의 일부가 승가 분열을 획책하고 있는 것을 보거나 들었을 때 또는 승가가 분열한 것을 보거나 들었을 때는 안거를 파기하고 '내 앞에서 승가가 분열되어서는 안 된다.'라고 생각하고 또는 "존자들은 승가의 분열을 기뻐하지 말라."라고 충고하고 그곳을 떠나야 한다. 이렇게 안거를 파기하더라도 무죄이다.

4.(기타) "안거 중에는 출가하려는 자를 받지 맙시다."라고 협의해서는 안 되며, 안거를 보내기로 약속한 처소에서 안거를 보내지 않아 약속을 어겨서는 안 된다. 이러한 협의를 하거나 약속을 어기면 실수죄이다. 국왕이 사신을 보내 안거의 연기를 승가에 여쭈면 승가는 국왕의 의사를 존중하여 안거를 연기할 수 있다.

4.3 자자[31] 갈마

제정의 계기 세존께서 기원정사에 머물 무렵 어떤 친한 비구들이 함께 안거에 들었다. 그들은 '우리가 어떤 방법으로 화합하고 싸움 없이 편안하게 안거를 보낼 수 있을 것인가?'라고 생각하였다. 그들은 '우리는 결코 서로 말을 걸거나 대화하지 말자. 묵언하자. 소임을 서로 적절히 나누고 도반의 도움이 필요하면 손짓으로 부르고 이 때문에 결코 묵언을 깨뜨려서는 안 된다.'라고 생각하고 그들이 약속한 대로 안거를 보낸 뒤 세존을 찾아뵈었다. 안부를 묻는 세존께 "세존이시여, 저희는 잘 지냈습니다. 세존이시여, 저희는 평안하였습니다. 저희는 화합하고 싸움 없이 편안하게 안거

---

31 자자(自恣, pavāraṇā)는 안거가 끝나는 마지막 밤에 모여 그동안 부지불식간(不知不識間)에 범하였으나 본인이 인지하지 못한 죄를 타인이 드러내도록 타인들에게 요청하여 본인의 죄를 청정하게 하는 동시에 본인의 죄를 인지하는 타인의 기억을 청정하게 하는 의식이다.

를 지녔고 걸식에 어려움이 없었습니다.”라고 대답한 후 그들의 방법을 사실대로 말씀드렸다. 세존께서 그 비구들을 경책하셨다. 비구들이여, 이 어리석은 자들은 불편하게 살았으면서도 편안하게 살았다고 자인하고 있다. 이 어리석은 자들은 축생의 삶을 살았으면서도 편안하게 살았다고 자인하고 있다. 이 어리석은 자들은 양처럼 살았으면서도 편안하게 살았다고 자인하고 있다. 이 어리석은 자들은 게으르게 살았으면서도 편안하게 살았다고 자인하고 있다. 이 어리석은 자들은 어찌 이교도가 지키는 묵언의 서약을 지킬 수 있단 말인가? 세존께서는 그들을 여러 가지 방편으로 견책하고 설법한 후 자자를 설하셨다. 비구들이여, 이교도가 지키는 묵언의 서약을 지키지 말라. 지키면 실수죄가 된다. 비구들이여, 안거에 든 비구들은 안거가 끝나는 마지막 밤에 모여 자신이 지은 잘못이 있는지 승가에 요청하여 묻는다. 승가는 눈으로 보거나 귀로 듣거나 정황으로 의심이 되는 근거로 그 비구의 잘못을 드러낸다. 그 비구는 자기의 잘못을 인지하고 참회한다. 자자를 통하여 안거를 함께 지낸 비구들은 서로 따르며 잘못을 벗어나고 율을 존중하며 향상으로 나아간다. 안거가 끝나는 마지막 밤에 5명 이상의 승가에서는 단백갈마로 자자 갈마를 실행하고 자자를 이같이 진행한다.

자자 갈마 상좌차 비구는 안거가 끝나는 마지막 밤에 승가에 알린다. “존자들이여, 승가는 제 말에 귀를 기울이십시오. 오늘은 자자일입니다. 만약 승가에 옳은 일이라면, 승가는 자자를 진행하겠습니다. 상좌차부터 차례대로 진행하겠습니다.” 그러면 상좌차 비구는 기워 만든 대의를 입고 웅크리고 앉아 합장한 채 “존자들이여, 이제 저는 정성을 다하여 존자들께 청합니다. 안거 동안 보였거나 들렸거나 정황으로 의심되었던 저의 신구행 가운데 혹시 책망하여야 할 것이 없습니까? 존자들께서 저를 연민이 여겨 말씀해 주십시오.”라고 세 번 요청하여야 한다. 이때 책망할 것이 있으면 누구든지 말하되, 없으면 다음 차례의 비구가 “존자여, 안거 동안 보였거나 들렸거나 정황으로 의심되었던 존자의 신구행 가운데 저희가 책망할 것은 없습니다."라고 말한 뒤 자신의 자자를 진행한다. 이 같은 방법으로 말좌차까지 진행하면 자자는 끝난다.

자자 갈마에서 책망할 것은 책망할 뿐만 아니라 칭송할 것은 칭송한다. 예를 들면 세존께서 녹자모강당에 머무셨을 무렵 어느 보름날 밤 자자하기 위하여 오백 명의 고귀한 비구승가와 함께 노지에 앉아 계셨다. 침묵하고 있던 비구승가를 둘러보신 뒤 비구들을 불러 이렇게 자자를 시작하셨다. "비구들이여, 이제 나는 그대들에게 정성을 다하여 청하노라. 혹시 내가 몸이나 말로 행하였던 것들 가운데 그대들이 책망하여야 할 것은 없는가?" 이때 오백 명 비구 가운데 좌차가 가장 높은 사리뿟따가 자리에서 일어나 위의를 갖춘 뒤 세존을 향하여 오른쪽 무릎을 꿇고 합장하고 "세존이시여, 세존께서 몸이나 말로 행하셨던 것들 가운데 저희가 책망하여야 할 것은 아무것도 없습니다. 세존께서는 아직 일어나지 않은 도를 일으키는 분이고 아직 생기지 않은 도를 생기게 하는 분이고 아직 설해지지 않은 도를 설하는 분이고 도를 아는 분이고 도를 발견한 분이고 도에 능숙한 분이십니다.[32] 그리고 제자들은 지금 그 도를 따라가면서 머물고 나중에 그것을 구족하게 됩니다. 세존이시여, 이제 저도 세존께 정성을 다하여 청합니다. 혹시 제가 안거 동안 몸이나 말로 행하였던 것들 가운데 세존께서 책망하여야 할 것은 없습니까?"라고 여쭙는다. 세존께서는 "사리뿟따여, 그대가 안거 동안 몸이나 말로 행하였던 것들 가운데 내가 책망하여야 할 것은 아무것도 없다. 사리뿟따여, 그대는 현명하다. 사리뿟따여, 그대는 큰 통찰지를 가졌다. 사리뿟따여, 그대는 광활한 통찰지를 가졌다. 사리뿟따여, 그대는 미소 짓는 통찰지를 가졌다. 사리뿟따여, 그대는 전광석화와 같은 통찰지를 가졌다. 사리뿟따여, 그대는 예리한 통찰지를 가졌다. 사리뿟따여, 그대는 꿰뚫는 통찰지를 가졌다. 사리뿟따여, 예를 들면 전륜성왕

---

32 여기서 사리뿟따 존자는 아라한 비구와 세존의 차이점에 관한 세존의 말씀SN22.58을 인용하여 세존을 칭송하고 있다.

의 장자가 아버지가 굴렸던 바퀴를 정의로움으로 굴리는 것과 같이 그대
는 나의 위없는 법의 바퀴를 정의로움으로 굴린다."라고 말씀하셨다. 그
러자 사리뿟따는 자신을 제외한 대중을 대표하여 세존을 향하여 합장하고
"세존이시여, 만일 제가 안거 동안 몸이나 말로 행하였던 것들 가운데 세
존께서 책망하여야 할 것이 없다면, 이들 오백 명 비구가 안거 동안 몸이
나 말로 행하였던 것들 가운데 세존께서 책망하여야 할 것은 없습니까?"
라고 청하였다. 이에 세존께서 "사리뿟따여, 이들 오백 명 비구가 안거 동
안 몸이나 말로 행하였던 것들 가운데 내가 책망하여야 할 것은 아무것도
없다."라고 말씀하신 뒤 비구들에게 이렇게 말씀하셨다. "비구들이여, 그
대들 가운데 60명은 삼명을 갖추었고, 60명은 육신통을 갖추었고, 60명은
양면으로 해탈하였다. 그 외 나머지 비구들은 모두 혜해탈을 성취하였다."
이렇게 자자를 갈무리한다.

　그런데 만약 대중의 숫자가 많지 않다면 사리뿟따는 좌차가 낮은 대
중을 향하여 합장하고 "도반들이시여, 이제 저는 도반들께 정성을 다하여
청합니다. 혹시 제가 안거 동안 몸이나 말로 행하였던 것들 가운데 도반
들께서 책망하여야 할 것은 없습니까?"라고 청한다. 만약 대중 가운데 누
구라도 책망할 것이 있다고 하지 않으면(혹은 책망할 것을 마치면) 나머
지 대중 가운데 좌차가 가장 높은 비구가 사리뿟따를 향하여 합장하고 "존
자시여, 존자께서 안거 동안 몸이나 말로 행하였던 것들 가운데 저희가 책
망하여야 할 것은 아무것도(혹은 더 이상 아무것도) 없습니다."라고 대답
한 후 자기의 잘못을 요청한다. 이때 자신보다 좌차가 높은 분들께 한꺼번
에 요청할 수도 있으며, 자신보다 좌차가 낮은 대중들을 분리하여 한꺼번
에 요청할 수도 있으며, 전체 대중에게 한꺼번에 요청할 수도 있다. 원활
한 자자의 진행을 위하여 진행자를 정하여 진행할 수도 있다. 이것은 대중
의 숫자와 상황에 따라서 단백갈마로 정할 수 있다.**SN8.7, AN8.51, MN118**

자자의 사례 1. 자자는 포살의 경우에 준하여 실행한다. 예를 들어 자자일

은 안거가 끝나는 14일 또는 15일 밤에 할 수 있으며, 자자에 대한 장소, 참석의 의무, 청정권리의 의무, 구속된 비구, 심신박약자, 자자의 정족수, 개인 범죄나 단체 범죄, 지각한 비구나 객비구, 처소의 이동, 진행의 금지는 포살의 경우와 똑같이 적용한다. 이때 자자의 경우 최소 정족수는 5명으로 포살보다 많으나 자자의 최소 정족수에 부족한 인원에 대한 청정권리의 위임과 1명의 자자는 포살의 경우와 같다. 자자와 포살의 다른 점은 자자에는 설법과 율의 송출이 없다.

    2.(간략한 자자) 자자는 자자의 진술을 세 번 반복하여야 하지만 [**열 가지 위험**]이 있는 경우, 비 피할 장소가 협소한데 비가 내리기 시작하거나 곧 비가 올 것 같은 경우, 재가자들이 보시하면서 시간이 많이 지체되어 밤이 상당히 깊어졌거나 비구들 사이에 경사(經師, suttantika), 율사(律師, vinayadhara), 법사(法師, dhammakathika)가 세존의 교법을 논의하느라 밤이 상당히 깊어져 자자를 끝내기 전에 날이 바뀔 것 같은 경우 단백갈마로 세 번 진술을 두 번이나 한 번 진술로 줄이거나, 참석한 모든 비구가 동시에 한 번 진술하는 것으로 자자를 간략하게 실행할 수 있다.

    3.(자자의 차단) 죄를 범한 자는 자자를 행하여서는 안 된다. 그 죄에 대하여 견책하는 것을 죄를 범한 자에게 허락받고 원칙에 따라 죄를 처리한 후 자자에 참석할 수 있다. 그러나 만약 그가 자신이 범한 죄에 대하여 견책하는 것을 불허(不許)하면 자자일에 승가가 모인 곳에서 "존자들이여, 승가는 제 말에 귀를 기울이십시오. 비구 ○○는 이러저러한 죄를 범하였습니다. 나는 그의 자자를 차단합니다. 승가는 그의 앞에서 자자를 행하여서는 안 됩니다."라고 말하여 그를 자자에서 차단할 수 있다. 이러한 자자의 차단이 죄를 범한 자가 실행하는 자자의 마지막 진술을 마치기 전에 하였다면 유효하나 마지막 진술을 끝낸 후에 하였다면 무효이다.

    4.(다투는 비구) 만약 어떤 비구가 청정하여 죄가 없는 비구를 근거 없이 자자에서 차단하였을 때 승가가 그 비구를 '신행이 부정하거나, 언행이 부정하거나, 일상생활이 부정하거나, 어리석고 총명하지 못하여 질의

응답에 능숙하지 못한 자'라고 평상시 알고 있으면 그에게 "비구여, 그만 두시오. 다투지 마시오. 싸우지 말고 다투지 말고 쟁론하지 마시오."라고 제지하고 자자를 지속하여야 한다. 그러나 만약 승가가 그 비구를 '신행이 청정하고, 언행이 청정하고, 일상생활이 청정하고, 현명하고 총명하여 질 의응답에 능숙한 자'라고 평소에 알고 있으면 승가는 양자를 조사하고 심 문하고 규명하여야 한다. 이때 자자를 차단하는 근거가 보였거나 들렸거 나 정황으로 의심되었던 신구행이 무엇인지 상세히 질문하고 심문하여야 한다. 그리고 원칙에 맞게 처리한 뒤 자자를 지속하여야 한다. 만약 양자 가운데 한 명이라도 환자가 있다면 "존자께서는 병들었습니다. 병든 자는 질문을 감당할 수 없으니 병이 나을 때까지 기다립시오. 병이 나은 뒤 존 자께서 원하는 대로 하십시오."라고 말해 주어야 한다.

만약 안거에 든 자들 가운데 어떤 무리가 '싸우고 다투고 쟁론하고 분 쟁하고 쟁사를 일으키는 자들'이라 그들을 피하여 자자를 실행하려면 결 계 밖으로 나가서 자자를 실행한다. 이렇게 해결하면 좋은 일이나 만약 그 렇지 못하면 단백갈마로 자자를 안거 끝난 후 반달이나 한 달 연기할 수 있다.

5.(화합하는 비구) 안거에 든 비구들이 모두 화합하고 서로 기뻐하고 다툼 없이 지내면서 평안한 안거를 지냈다. 그런데 그들은 '만약 우리가 지금 자자를 실행하면 자자를 마치고 모두 유행을 떠날 것이다. 그러면 우 리의 평안한 안거의 삶은 잃어버릴 것이다. 우리는 어떻게 해야 하는가?' 라고 생각하였다. 이때 승가는 백이갈마로 자자를 연기할 수 있으며 자자 를 연기하는 것으로 안거를 연기한다.

4.4 출가에 관한 갈마

제정의 계기 세존께서 죽림정사에 머물 무렵 어떤 브라만이 죽림정사의 비구들에게 다가와서 출가를 청하였으나 비구들은 그의 출가를 원하지 않 았다. 출가할 수 없게 되자 죽림정사에 머물던 그는 얼굴이 수척하고 거칠고 누르스름하고 핏줄이 불거져 나왔다. 브라만에게서 그 연유를 알게 된 세존께서 비구들에게 말씀하셨다. 비구들이여, 누가 이 브라만의 덕행을 기억하는가? "세존이시여, 제가 그 브라만의 덕행을 기억합니다. 제가 라자가하에서 걸식할 때 그가 한 숟가락의 밥을 주었습니다. 저는 이렇게 그의 덕행을 기억합니다."라고 사리뿟따가 대답하였다. 사리뿟따여, 훌륭하다. 비구는 은혜를 알고 비구는 보답을 안다. 사리뿟따여, 그를 출가시켜 그가 괴로움의 종식을 위하여 청정한 삶을 살도록 하라. "세존이시여, 제가 어떻게 그 브라만을 출가시킵니까?"라고 사리뿟따가 여쭈었다. 이에 세존께서는 비구들을 불러 출가에 관한 갈마를 말씀하셨다.

출가 요청 비구들이여, 출가하려는 자가 승원을 방문하여 출가를 요청하였으나 비구들이 그를 알지 못하거나 비구들 가운데 누구도 선뜻 그를 제자로 받아들이려고 하지 않거나 비구들이 그의 출가를 원하지 않는 경우 그는 비구들의 성향을 파악할 때까지 승원에 (며칠 동안) 머물면서 먼저 출가스승[恩師]을 선택해야 한다.[33] 왜냐하면 출가스승을 선택하지 않으면 출가를 할 수 없기 때문이다. 이 기간에 상황에 따라 예를 들어 그가 머리와 수염을 기르는 외도 수행자이거나 나체 수행자이거나 손으로 음식을 받아먹는 고행자일 때 승가는 그의 머리와 수염을 깎게 하거나 삼의를 갖추게 하거나 발우를 갖추게 할 수 있다. 그가 출가스승을 선택하면 스승의 양발에 머리를 조아린 뒤에 웅크리고 앉아 합장하고 "존자여, 저의 출가스승이 되어 주십시오."라고 세 번 요청해야 한다. 만약 출가스승으로 선택된 비구가 언행이나 신행으로 요청의 수락을 알리면 출가스승으로 결정된다. 이렇게 결정된 출가스승은 제자를 세존의 법과 율에서 자식이라는 마음으로 보살피고 제자는 출가스승을 세존의 법과 율에서 어버이라는 마음으로 섬기며 서로 존경하고 외경하고 예의를 갖춘다. 이런 스승과 제자는

---

33 승가가 출가스승을 지정하는 것은 세존의 율에 어긋난다.

세존의 법과 율에서 향상하고 성장하고 성숙하게 될 것이다. 먼저 출가스승은 필요하다면 제자의 머리와 수염을 깎게 하고 옷과 발우를 갖추게 하되 다른 사람의 옷과 발우를 빌리게 해서는 안 된다. 머리와 수염을 깎고 옷과 발우를 갖추면 출가스승은 제자를 나이나 상황에 따라 사미, 출가수습생, 비구 세 가지 가운데 하나로 만든다.

적절한 승원 출가하려는 자가 선택하여 방문하는 승원이 적절한지 적절하지 않은지를 바르게 알아서 선택하여야 한다. 그가 선택하여 의지하는 적절한 승원은 다섯 가지 특징을 갖추고 있다. ①마을에서 너무 멀지도 않고 너무 가깝지도 않아 오고 가기에 편리한 곳이다. ②낮에는 마을 사람들이 왕래하는 곳에서 떨어져 번거롭지 않고 한가로우며 밤에는 마을 사람들이 모여서 즐기는 곳에서 떨어져 시끄럽지 않고 조용한 곳이다. ③바람이 거세지 않고 잦은 곳이며, 뙤약볕을 피할 수 있는 곳이며, 상습적인 홍수 범람 지역을 벗어난 곳이며, 뱀, 전갈, 지네, 거미, 개미, 벌, 모기, 파리, 쥐 등의 독충이나 해충 그리고 맹수들의 접촉이 되도록 적거나 없는 곳이다. ④적절한 생활필수품과 의식주의 공급이 힘들이지 않고 적절하게 이루어지는 곳이다. ⑤좋은 벗이자 동료이며 도반으로서 좋은 비구들이 있는 곳이다.AN10:11

출가자의 자격 사미, 출가수습생, 비구가 되려고 출가하는 자들 가운데 출가시키면 안 되는 자들이 있다. ①(질병) 비구는 상급 의료 혜택을 무상으로 우선하여 받는 것을 인지한 어떤 환자가 출가하여 치료받았다. 그는 완쾌한 후 퇴전하였다. 이에 지와까(Jīvaka)의 요청에 세존께서 말씀하셨다. 비구들이여, 다섯 가지 질병 즉 나병, 종기, 습진, 폐병, 간질이 있는 사람이나 승가 생활에 장애가 되는 전염병이나 불치병이 있는 사람을 출가시켜서는 안 된다. 그러나 출가한 이후 발생한 질병은 그 무엇이든 출가자로 머물면서 치료받을 수 있다. ②(군인) 비구는 국가와 사회의 의무에서 면

제되므로 어떤 왕의 전사(戰士)가 출정(出征) 전에 탈영하여 출가하였다. 그런데 탈영한 왕의 전사를 출가시키면 그의 출가스승은 목을 자르고 그에게 가르침을 설한 출가자는 혀를 뽑고 그와 함께 머무는 출가자 무리는 모두 늑골을 부수는 것이 국법이었다. 이에 빔비사라 왕의 요청에 세존께서 말씀하셨다. 비구들이여, 왕의 전사를 출가시키면 안 된다. 그러나 왕의 전사가 국법에 따라 직책을 그만두었거나 왕의 허락을 받으면 출가할 수 있다. ③(죄수) 비구는 면책특권이 있음을 인지한 어떤 죄수가 탈옥하여 출가하거나 도망 다니는 수배자가 출가하였다. 또는 태형이나 낙인형의 처벌을 받은 자가 출가하였으며 빚을 지고 도망친 자나 도망친 노예가 출가하였다. 이에 사람들의 분개와 비난에 세존께서 말씀하셨다. 비구들이여, 탈옥한 죄수나 수배자 또는 태형이나 낙인형의 처벌을 받은 자[34] 또는 빚을 지고 도망친 자나 도망친 노예를 출가시키면 안 된다. ④(용서받지 못하는 죄를 범한 자) 어머니나 아버지 또는 아라한을 살해한 자, 사악한 마음으로 세존의 몸에 피를 내게 한 자, 승가를 분열시킨 자는 출가시키면 안 된다.**AN5.129** 출가하여 함께 살 수 없는 죄를 범한 자, 출가 이전 비구니를 능욕한 자는 출가시키면 안 된다. ⑤(장애인) 선천적 장애인이나 후천적으로 불구가 된 자 예를 들면 봉사, 벙어리, 귀머거리, 애꾸눈, 곱사등, 절름발이, 앉은뱅이, 반신불수와 같은 자나 손이나 발, 귀나 코, 손가락이나 발가락, 손톱이나 발톱, 아킬레스힘줄이 잘린 자 또는 손이나 발이 기형인 자는 출가시키면 안 된다. 턱 밑이나 목 주변에 큰 혹이 있는 자 역시 출가시키면 안 된다. ⑥(기타) 동성애자[35]나 성기능 장애자, 인간의 모습을 한 비인간, 의식주를 해결하기 위하여 승가의 허락 없이 스스로 머리와 수염을 깎고 승가에 몰래 들어와 사는 자, 권리정지조치를 받은 자가 환속한 뒤 다시 출가 요청하는 경우 인지하지 않았던 죄를 여전히 인지하

---

34 범죄자의 신상을 공개하는 파렴치한 범죄를 저지른 자를 말한다.

35 성전환 수술을 받은 자를 출가시킬 수 있는가? 아니면 없는가?

지 않겠다거나 범하였던 죄에 대한 참회를 여전히 하지 않겠다거나 버리지 않았던 나쁜 견해를 여전히 버리지 않겠다고 주장하는 자는 출가시키면 안 된다. 출가 요청하지 않는 자를 출가시키면 안 된다. ⑦(나이 제한) 사미의 경우 7세 미만이면 출가시키면 안 되며, 7세 이상 20세 미만으로 부모의 허락을 받지 못한 자는 출가시키면 안 된다. 7세 이상 20세 미만으로 부모의 허락을 받은 자는 사미로 출가시킬 수 있다. 비구의 경우 입태(入胎)부터 헤아려 나이가 20세 미만이면 출가시켜서는 안 되며, 20세 이상이면 출가시킬 수 있다.[36] 20세 이상이더라도 자력으로 청정한 삶을 영위할 수 없는 노약자는 출가시키면 안 되며, 20세 이상이고 자력으로 청정한 삶을 영위할 수 있으면 누구든지 비구로 출가시킬 수 있다.[37]

출가스승의 자격 ①(기본 자격) 비구승가를 출가스승으로 삼을 수 없으며, 2~3명의 비구모임을 출가스승으로 선택할 수 없으며, 비구 승랍 10년 미만인 비구를 출가스승으로 삼을 수 없으며, 비구승랍 10년 이상이더라도 총명하지 않거나 어리석은 비구를 출가스승으로 삼을 수 없다. 비구 승랍 10년 이상이고 총명하고 유능한 비구를 출가스승으로 삼을 수 있다.[38] ②(기본 능력) 청정한 믿음이 없고, 부끄러움을 모르고, 창피함을 모르고, 게으르고, 사띠를 확립하지 못한 자를 출가스승으로 삼을 수 없다. 훌륭한 율을 두고 율을 어기고, 훌륭한 신구행을 두고 삿된 신구행에 빠지고, 훌륭한 견해를 두고 삿된 견해에 떨어지고, 세존의 법과 율을 배우지 못하고, 지혜가 없는 자를 출가스승으로 삼을 수 없다. 제자를 기초적인 청정

---

36 비구의 출가 나이는 처음에는 15세 이상이었으나 이후 '15세 미만이더라도 흙덩어리나 돌로 까마귀를 쫓을 수 있는' 자로 완화되었다가 사미 제도가 점차 완비되면서 20세 이상으로 귀결되었다.

37 본 규정에 따르면 출가를 제한하는 나이의 상한선은 없다. 평균수명이 시대에 따라 변하는데 나이의 상한선을 법률로 정하는 것은 어리석을 뿐만 아니라 율에 어긋난다. 그리고 20세 이상 출가자를 사미로 만드는 것은 율에 어긋난다.

38 교단의 초기에는 출가스승의 자격에 비구 승랍에 대한 규제가 없었으나 이후에 비구 승랍 10년 이상의 규제가 제정되었다.

한 삶으로 단련시킬 수 없고, 훌륭한 범행으로 실천시킬 수 없고, 훌륭한 세존의 법으로 이끌 수 없고, 훌륭한 세존의 율로 이끌 수 없고, 사견을 여의도록 이끌 수 없는 자를 출가스승으로 삼을 수 없다. 제자가 저지른 행위행동에 대하여 무엇이 잘못인지 알지 못하고, 무엇이 잘못 아닌지를 알지 못하고, 무엇이 가벼운 잘못인지 알지 못하고, 무엇이 무거운 잘못인지 알지 못하고, 의무율을 상세히 알지 못하고 송출하지 못하는 자를 출가스승으로 삼을 수 없다. 제자가 병들었을 때 돌보거나 돌보게 할 능력이 없고, 제자가 청정한 삶에 불만이 생겼을 때 세존의 가르침으로 불만을 진정시키거나 진정시키게 할 능력이 없고, 제자가 청정한 삶에 회한이 생겼을 때 세존의 가르침으로 회한을 제거하거나 제거하는 능력이 없고, 제자가 저지른 잘못을 알지 못하고, 제자가 저지른 잘못에서 벗어남을 알지 못하는 자를 출가스승으로 삼을 수 없다.

바른 스승 출가하여 스승을 선택하려는 자는 검증 기준에 따라 바른 스승을 찾아서 선택하여야 한다. 만약 선택한 스승이 바른 스승이라면 게으르지 않게 열의를 가지고 스승으로부터 가르침을 배우고 익혀 청정범행을 닦아야 하며, 만약 스승이 바른 스승이 아니라면 그의 가르침을 버리고 그를 떠나야 한다. 그는 눈으로 볼 수 있는 방법과 귀로 들을 수 있는 방법으로 바른 스승의 기준들을 차례대로 검증하여야 한다. ①눈으로 스승의 행동을 보고 귀로 스승이 말하는 것을 듣고서 스승의 마음을 관찰하고 추론하여 스승의 마음이 오염된 상태인지 아닌지를 알아야 한다. 오염된 마음의 상태는 탐진치로 드러난다. 따라서 스승의 신구행에서 탐진치의 일부라도 드러나면 그 마음이 오염된 것으로 판단할 수 있다. 만약 오염된 상태라면 그의 가르침을 버리고 그를 떠나야 한다. 만약 그렇지 않다면 그 마음은 오염된 상태가 아니라고 알아야 한다. ②만약 오염된 상태가 아니라고 판단되면, 오염되지 않은 상태 속에 눈과 귀로 알 수 있는 오염된 상태가 미미하게 섞여 있는지 아닌지를 다시 면밀하게 관찰하고 추론하여

야 한다. 만약 오염되지 않은 상태 속에 오염된 상태가 미미하게 섞여 있
다면 그의 가르침을 버리고 그를 떠나야 한다. 만약 그렇지 않다면 그 마
음은 오염이 미미하게 섞여 있는 상태가 아니라고 알아야 한다. ③만약 오
염이 미미하게 섞여 있는 상태가 아니라고 판단되면, 이러한 상태가 오염
을 여읜 깨끗한 상태인지 아닌지를 다시 면밀하게 관찰하고 추론해야 한
다. 만약 오염을 여읜 깨끗한 상태가 아니라면 그의 가르침을 버리고 그를
떠나야 한다. 만약 그렇지 않다면 그 마음은 오염을 여읜 깨끗한 상태라고
알아야 한다. ④만약 오염을 여읜 깨끗한 상태라고 판단되면, 오염을 여읜
깨끗한 상태가 일시적인지 아니면 오래되었는지를 다시 면밀하게 관찰하
고 추론하여야 한다. 만약 오염을 여읜 깨끗한 상태가 일시적이라면 그의
가르침을 버리고 그를 떠나야 한다. 만약 그렇지 않다면 그 마음은 오염을
여읜 깨끗한 상태가 일시적이 아니라고 알아야 한다. ⑤만약 깨끗한 상태
에 도달한 지 오래되어 스승으로서 명성을 얻고 널리 알려졌다면, 그에게
다소간 위험이 있는지 없는지를 다시 세밀하게 관찰하고 추론하여야 한
다. 다소간 위험이란 명성을 얻고 세상에 널리 알려져 추종자들과 재물이
많이 생기면서 그때까지 인위적으로 억압되었거나 조건이 맞지 않아 드러
나지 않았던 위험이 드러나게 되어, 첫째로 재물을 탐하여 사치스럽고 호
화스러운 생활로 바뀌거나, 둘째로 명예를 탐하여 거만하고 오만한 행동
으로 바뀌거나, 셋째로 애욕을 탐하여 감각적 쾌락을 즐기거나 빠지는 생
활로 바뀌게 되는 것을 의미한다. 만약 일부라도 이러한 위험이 있다면 그
의 가르침을 버리고 그를 떠나야 한다. 만약 그렇지 않다면 그 마음은 다
소간 위험이 없다고 알아야 한다. ⑥만약 스승으로서 명성을 얻고 널리 알
려졌음에도 불구하고 다소간 위험이 없고 그 마음이 변함없이 고요하다
면, 변함없는 고요함이 자신의 정체가 드러날까 하는 일말의 두려움이나
인위적인 억제에 의한 것인지 아닌지를 다시 관찰하고 추론하여야 한다.
만약 두려움이나 인위적인 억제가 일부라도 있다면 그의 가르침을 버리고
그를 떠나야 한다. 만약 그렇지 않다면 변함없는 고요함에 두려움이나 인

위적인 억제가 없다고 알아야 한다. ⑦만약 그의 마음이 두려움이나 인위적인 억제 없이 한결같이 고요하다면, 한결같은 고요함이 재물이나 명예나 애욕을 향한 모든 감각적 욕망을 여읨에 의한 것인지 아닌지를 다시 관찰하고 추론하여야 한다. 만약 감각적 욕망이 일부라도 있다면 그의 가르침을 버리고 그를 떠나야 한다. 만약 그렇지 않다면 그 한결같은 고요함에 감각적 욕망이 없다고 알아야 한다. ⑧만약 그의 마음이 감각적 욕망을 여의어 한결같이 고요하다면, 그가 주변의 추종자나 제자 혹은 다른 사람, 이를테면 수행자, 종교인, 정치인, 연예인, 기업인, 특정 계층의 사람, 범죄인, 살인범 등을 어떠한 이유로든지 경멸하는지 경멸하지 않는지를 다시 관찰하고 추론하여야 한다. 만약 그가 누구든지 한 번이라도 경멸한다면 그의 가르침을 버리고 그를 떠나야 한다. 만약 그렇지 않다면 그가 다른 사람을 경멸하지 않는다고 알아야 한다.

⑨만약 어떠한 이유로든 그 스승이 다른 사람을 경멸하지 않는다면, 그에게 마땅히 다음과 같이 차례대로 물음으로써 바른 스승의 판단 기준들을 직접 구두로 검증해야 한다. "눈과 귀를 통하여 인식할 수 있는 오염된 상태가 스승님께 있습니까? 없습니까?" "눈과 귀를 통하여 인식할 수 있는, 오염되지 않은 상태 속에 오염이 미미하게 섞여 있음이 스승님께 있습니까? 없습니까?" "눈과 귀를 통하여 인식할 수 있는, 오염을 여읜 깨끗한 상태가 스승님께 있습니까? 없습니까?" "눈과 귀를 통하여 인식할 수 있는, 오염을 여의고 도달한 지 오래된 깨끗한 상태가 스승님께 있습니까? 없습니까?" "눈과 귀를 통하여 인식할 수 있는 다소간 위험이 스승님께 있습니까? 없습니까?" "눈과 귀를 통하여 인식할 수 있는, 두려움이나 인위적인 억제가 없는 변함없이 고요한 상태가 스승님께 있습니까? 없습니까?" "눈과 귀를 통하여 인식할 수 있는, 감각적 욕망을 여읜 상태가 스승님께 있습니까? 없습니까?" "눈과 귀를 통하여 인식할 수 있는, 어떠한 이유로든 다른 사람을 경멸하는 상태가 스승님께 있습니까? 없습니까?" 이러한 일련의 질문에 대하여 그 스승은 정직하고 바르게 대답하여 바른 스

승의 기준들을 모두 바르게 통과하여야 한다. 만약 그 스승이 바른 스승의 기준들을 통과하는 옳은 답변을 하나라도 하지 못하거나 거짓으로 대답하거나 여러 가지 이유와 핑계 혹은 역질문으로 대답을 회피하거나 미루거나 묵묵부답이거나 동문서답한다면 그의 가르침을 버리고 그를 떠나야 한다. 만약 그렇지 않다면 그는 구두로 검증하는 바른 스승의 조건을 모두 갖추었다고 알아야 한다.

⑩만약 구두로 검증하는 바른 스승의 조건을 모두 갖추었다면, 그 스승은 위없는 진리의 가르침에 대하여 제자를 바르게 이끄는 교수법을 갖추었는지 갖추지 않았는지를 검증하여야 한다. 만약 그 스승이 전체 가르침 가운데 밝고 어두운 양면을 고르고 평등하게 빠짐없이 가르치며, 낮고 쉬운 단계에서 시작하여 점차 높고 미묘한 단계로 나아가면서 빠짐없이 가르치며, 거친 단계에서 시작하여 세밀하고 정밀한 단계로 나아가면서 빠짐없이 가르치는 교수법을 갖추었으며, 그 스승이 이러한 바른 교수법으로 제자의 근기와 인연에 따라 제자가 전체 가르침 가운데 어떤 특정한 가르침을 이해하고 그 가르침을 승인(承認)할 때 제자가 승인한 그 가르침을 바탕으로 전체 가르침을 인지(認知)할 수 있도록 제자를 바르게 인도한다면, 그 스승은 바른 스승이다. 만약 그렇지 않다면 그의 가르침을 버리고 그를 떠나야 한다.**MN47**

4.4.1 사미 만들기

제정의 계기 세존께서 사리뿟따에게 라훌라를 출가시키라고 말씀하셨다. "세존이시여, 제가 어떻게 라훌라를 출가시킵니까?"라고 사리뿟따가 여쭈었다. 이에 세존께서 비구들을 불러 말씀하셨다. 비구들이여, 이같이 사미의 출가를 허용한다. 사미는 출가승의 양발에 머리를 조아린 뒤에 웅크리고 앉아 합장하고 [**삼법귀의**]를 세 번 천명한다. 이렇게 하여 라훌라는 최초의 사미가 되었다. 7세 이상 20세 미만으로 부모의 허락을 받은 자는 출가하여 이같이 사미가 될 수 있다. 사미를 잘 훈계하고 가르쳐서 청정한 삶으로 이끄는 총명하고 유능한 비구가 혼자서 2명의 사미를 거느리는 것은 허용되나 3명 이상의 사미를 거느리는 것은 허용되지 않는다.

4.4.2 수습 갈마

제정의 계기 이교도였던 자가 출가하여 비구가 되었다. 출가스승이 그에게 세존의 법과 율에 따라 말하자 그는 출가스승을 비난하고 원래 몸담았던 이교도의 무리로 돌아갔다. 그가 다시 출가를 요청하자 비구들은 세존께 그 사실을 알렸다. 이에 세존께서 말씀하셨다. 20세 이상으로 이교도에 몸담았던 자가 비구가 되기를 원한다면 누구든지 4개월간 출가수습생[39]으로 검증받아야 한다.

수습 갈마 먼저 그는 출가스승의 양발에 머리를 조아린 뒤에 웅크리고 앉아 합장하고 [삼법귀의]를 세 번 천명한다. 그리고 그는 장로비구들을 찾아가 인사하고 세 번 청원한다. "존자들이여, 저는 예전에 이러저러한 이름을 지녔던 이교도였습니다. 이제 저는 세존의 법과 율 가운데 출가하여 비구가 되기 위하여 먼저 4개월간의 수습을 요청합니다." 비구들은 승가에 이 사실을 알린다. 총명하고 유능한 비구를 갈마사로 정하고 승가는 수습 갈마를 백이갈마로 이같이 진행한다.

　(안건과 제안)"존자들이여, 승가는 제 말에 귀를 기울이십시오. 여기 이러저러한 자는 예전에 이러저러한 이름을 지녔던 이교도였습니다. 이제 그는 이러저러한 장로비구를 출가스승으로 삼아 4개월간의 수습을 요청합니다. 이것이 안건입니다. 만약 승가에 옳은 일이라면, 승가는 그에게 4개월간의 수습을 허용하겠습니다. 이것이 제안입니다."

　(제청)"존자들이여, 승가는 제 말에 귀를 기울이십시오. 여기 이러저러한 자는 예전에 이러저러한 이름을 지녔던 이교도였습니다. 이제 그는

---

[39] 출가수습생은 승가의 일원이 아니다. 따라서 의무율을 적용하지 않는다. 비구로서 적절한지 그 자질을 심사받는다. 기간은 4개월이나 당사자가 원한다면 4년으로 연장할 수 있다.

이러저러한 장로비구를 출가스승으로 삼아 4개월간의 수습을 요청합니다. 만약 승가에 옳은 일이라면, 승가는 그에게 4개월간의 수습을 허용하겠습니다. 존자들께서 그에게 4개월간의 수습을 허용하는 것에 동의하면 침묵하시고, 동의하지 않으면 지금 말씀하십시오."

(결정)"존자들이여, 승가는 침묵하여 동의하였고 동의하는 것을 인정하였습니다. 따라서 승가는 이러저러한 장로비구를 출가스승으로 삼은 이러저러한 자에게 4개월간의 수습을 허용하겠습니다. 저는 그와 같이 알겠습니다."

출가수습생의 퇴락과 성공 출가수습생은 어떻게 퇴락하는가? 예전에 이교도였을 때 익힌 훈습을 버리지 못한 출가수습생은 너무 이른 시간에 마을로 들어가고 너무 늦은 시간에 마을에서 나와 승원으로 돌아온다. 그는 마을에서 기녀, 과부, 노처녀, 동성애자, 수행녀, 비구니에게 걸식하거나 사귄다. 그리고 그는 승원에서 남을 위하거나 자신을 위해 해야 할 일을 하지 않거나 능숙하지 못하거나 근면하지 않다. 그는 세존의 법과 율을 배우고 익히는 데 강한 의지와 열의를 가지지 않는다. 그는 예전 이교도의 법과 율 그리고 그 무리를 비난하면 즐거워하지 않고 기뻐하지 않고 분노하지만 칭송하면 즐거워하고 기뻐하고 동의하여 칭송한다. 그는 세존의 법과 율 그리고 비구승가를 칭송하면 즐거워하지 않고 기뻐하지 않고 분노하지만 비난하면 즐거워하고 기뻐하고 동의하여 비난한다. 이같이 퇴락한 출가수습생을 비구로 만들어서는 안 된다.

출가수습생은 어떻게 성공하는가? 예전에 이교도였을 때 익힌 훈습을 버린 출가수습생은 너무 이른 시간에 마을로 들어가지 않고 너무 늦은 시간에 마을에서 나오지 않아 적절한 시간에 승원으로 돌아온다. 그는 마을에서 기녀, 과부, 노처녀, 동성애자, 수행녀, 비구니에게 걸식하지 않거나 사귀지 않는다. 그리고 그는 승원에서 남을 위하거나 자신을 위해 해야 할 일을 능숙하게 하고 근면하다. 그는 강한 의지와 열의를 가지고 세존의 법과 율을 배우고 익힌다. 그는 예전 이교도의 법과 율 그리고 그 무리를 칭송하면 즐거워하지 않고 기뻐하지 않고 분노하지만 비난하면 즐거워하고 기뻐하고 동의하여 비난한다. 그는 세존의 법과 율 그리고 비구승가를 비난하면 즐거워하지 않고 기뻐하지 않고 분노하지만 칭송하면 즐거워하고 기뻐하고 동의하여 칭송한다. 이같이 성공한 출가수습생을 비구로 만들어야 한다.

4.4.3 비구 갈마

출가스승을 결정한 뒤에 머리와 수염을 깎고 옷과 발우를 갖춘 그들은 적절한 장소로 안내된다. 그들은 그곳에서 선출된 총명하고 유능한 비구[敎授師]에게 갈마의 진행과 질문에 대하여 "비구승가 앞에서 내가 그대들에게 이러저러한 질문을 할 것입니다. 각각의 질문에 대하여 사실이면 '그렇습니다.'라고 대답하고 사실이 아니면 '아닙니다.'라고 사실대로 거짓 없이 대답하십시오. 질문에 대하여 당황하거나 곤혹하지 마십시오."라고 교육받는다.[40] 교육을 마친 교수사는 그곳을 떠나 비구승가가 모여 있는 곳으로 나아가 "존자들이여, 승가는 제 말에 귀를 기울이십시오. 여기 이러저러한 자들은 이러저러한 장로비구를 출가스승으로 삼아 출가하여 비구가 되기를 요청합니다. 저는 이들에게 비구 갈마를 위한 교육을 마쳤습니다. 만약 승가에 옳은 일이라면, 이러저러한 자들을 인솔하여 오겠습니다."라고 말한다. 그리고 승가는 "인솔하여 오십시오."라고 말한다.

10명 이상의 비구들로 구성된 승가가 모여 있는 곳으로 인솔된 그들은 비구에게 인사하고 머리를 조아린 뒤에 쭈그리고 앉아 합장하고 [**삼법귀의**]를 세 번 천명한다. 그리고 그들은 "존자들이여, 저는 이러저러한 장로비구를 출가스승으로 삼아 출가하여 비구가 되기를 요청합니다. 부디 저를 연민하시어 청정한 삶으로 이끌어 주십시오."라고 세 번 청원한다.

---

40 이 시점에서 필요하면 신체와 건강 등의 장애에 대하여 검사를 할 수 있다.

이에 교수사는 승가를 향하여 "존자들이여, 승가는 제 말에 귀를 기울이십시오. 여기 이러저러한 자들은 이러저러한 장로비구를 출가스승으로 삼아 출가하여 비구가 되기를 요청하였습니다. 만약 승가에 옳은 일이라면, 이러저러한 자들에게 장애에 관한 질문을 하겠습니다."라고 말한다. 그리고 그들을 향하여 "이러이러한 자들이여, 나의 말을 들으시오. 이것은 그대들에게 진리를 위한 시간이자 진실을 위한 시간입니다. 여기 비구승가 앞에서 내가 그대들에게 이러저러한 질문을 할 것입니다. 각각의 질문에 대하여 사실이면 '그렇습니다.'라고 대답하고 사실이 아니면 '아닙니다.'라고 사실대로 거짓 없이 대답하십시오. 질문에 대하여 당황하거나 곤혹하지 마십시오."라고 말한 뒤 이같이 질문한다. ①그대의 이름은 무엇입니까? ②그대의 출가스승의 존함은 무엇입니까? ③그대의 나이는 20세 이상이 되었습니까? ④그대는 옷과 발우를 모두 갖추었습니까? ⑤그대에게 다섯 가지 질병 즉 나병, 종기, 습진, 폐병, 간질이 있거나 승가 생활에 장애가 되는 전염병이나 불치병이 있습니까? ⑥그대는 왕의 전사가 아닙니까? ⑦그대는 죄를 짓고 도망 다니는 자가 아닙니까? ⑧그대는 빚을 지고 도망 다니는 자가 아닙니까? ⑨그대는 인간의 모습을 한 비인간이 아닙니까? ⑩그대는 동성애자나 성기능 장애자가 아닌 정상적인 남자입니까? ⑪그대에게 장애나 불구가 있습니까? 이와 같은 장애에 관한 질의응답을 통과하면 교수사는 승가를 향하여 "존자들이여, 승가는 제 말에 귀를 기울이십시오. 여기 이러저러한 자들에게 장애가 되는 것이 없으며 갖추어야 할 옷과 발우가 갖추어졌습니다."라고 말한다.

그러면 총명하고 유능한 비구를 갈마사로 정하고 승가는 비구 갈마를 백사갈마로 이같이 진행한다. 이때 비구 갈마는 출가스승이 포함된 10명(변방에서는 5명) 이상의 비구로 이루어지되 출가스승 이외의 비구에게는 비구 승랍의 제한이 없다. 또한 비구 갈마는 갈마의 대상이 세 명을 초과하면 개최할 수 없으며 세 명이 초과할 때는 비구 갈마를 (장소 또는 시간을) 분리하여 개최하여야 한다. 갈마의 대상이 2~3명일 때 만약 이들이 한 명의 출가스승을 선택한 제자들이라면 한 번의 비구 갈마에서 그들을 비구로 만들 수 있으나 만약 출가스승이 두 명 이상일 경우에는 비구 갈마를 (출가스승에 따라) 분리하여 개최하여야 한다.[41]

(안건과 제안)"존자들이여, 승가는 제 말에 귀를 기울이십시오. 여기 이러저러한 장로비구를 출가스승으로 삼은 이러저러한 자들이 출가하여 비구가 되기를 요청하였습니다. 이것이 안건입니다. 만약 승가에 옳은 일이라면, 승가는 이러저러한 장로비구인 출가스승이 이러저러한 자들을 비구로 만드는 것에 동의하겠습니다. 이것이 제안입니다."

(제청)"존자들이여, 승가는 제 말에 귀를 기울이십시오. 여기 이러저러한 장로비구를 출가스승으로 삼은 이러저러한 자들이 출가하여 비구가 되기를 요청하였습니다. 만약 승가에 옳은 일이라면, 승가는 이러저러한 장로비구인 출가스승이 이러저러한 자들을 비구로 만드는 것에 동의하겠습니다. 존자들께서 이러저러한 장로비구인 출가스승이 이러저러한 자들을 비구로 만드는 것에 동의하면 침묵하시고, 동의하지 않으면 지금 말씀하십시오." 이와 같은 제청을 두 번 더 반복한다.

(결정)"존자들이여, 승가는 침묵하여 동의하였고 동의하는 것을 인정하였습니다. 따라서 승가는 이러저러한 장로비구인 출가스승이 이러저러한 자들을 비구로 만드는 것에 동의하였습니다. 저는 그와 같이 알겠습니다."

신참비구의 교육 비구 갈마가 끝나자마자 출가스승은 "이제 그대들은 세존의 법과 율에 따라 비구가 되었습니다. 비구들이여, 그대들은 잘 갖추어진 세존의 법과 율에 따라 괴로움의 종식을 위하여 청정한 삶을 영위하십시오."라고 세상에 천명한 뒤 신참비구에게 해시계를 보는 법과 하루를 구

---

[41] 세존의 법과 율에서 비구가 되는 자를 자식으로, 비구를 만드는 자인 출가스승을 어버이로 여긴다. 비구 갈마를 통하여 자식과 어버이 관계가 형성되었음을 승가에 천명하는 것이다. 자식과 어버이의 관계를 분명히 하기 위하여 출가스승에 따라서 비구 갈마를 분리하여 개최한다.

분하는 법 그리고 계절을 분별하는 법을 설명한 뒤 네 가지 청정한 생활필수품에 대하여 가르쳐야 한다. 옷에 관련하여 옷을 만드는 법과 염색하는 법과 세탁하는 법 그리고 옷을 입고 벗는 법과 보관하는 법을 가르치며, 음식에 관련하여 마을에 들어가고 나오는 법과 걸식하는 법과 음식을 먹는 법을 가르치며, 개인 거처에 관련하여 거처를 만들거나 유지 관리하는 법을 가르치며, 의약품에 관련하여 약을 구하고 사용하고 보관하는 법을 가르친다. 그다음 급하게 가르쳐야 하는 것이 네 가지 함께 살 수 없는 죄이다. 살인 행위, 절도 행위, 성행위, 높이는 거짓말을 차례대로 설명하고 가르쳐 신참비구가 함께 살 수 없는 죄를 범하지 않고 승가에 오래 머물 수 있도록 한다.[42]

깟짜나의 요청 깟짜나 존자가 아완띠의 쿠라라가라(Kuraraghara)라는 도시에 머물 때 소나 쿠티깐나(Soṇa Kuṭikaṇṇa)라는 장자가 "존자시여, 존자께서 설한 가르침을 제가 이해하기로는 재가에 살면서 더할 나위 없이 완벽하고 지극히 청정한 소라고둥처럼 빛나는 청정범행을 실천하기란 쉽지 않습니다. 저는 이제 머리와 수염을 깎고 물들인 옷을 입고 집을 떠나 출가하고자 합니다. 존자시여, 제가 집을 떠나 출가하도록 허락하여 주십시오."라고 말하였다. 이에 존자는 "소나여, 목숨이 다할 때까지 홀로 잠자고 한 끼를 지키면서 물들인 옷을 입고 숲속에 사는 청정한 삶을 유지하는 것은 쉽지 않습니다. 그대는 속가의 집에서 머물면서 세존의 가르침대로 홀로 잠자고 한 끼를 지키는 삶을 실천해 보십시오." 그러자 그는 출가하려는 생각이 누그러졌다. 그는 다시 출가하려는 생각이 올라와 두 번째도 첫 번째처럼 깟짜나에게 출가 요청하였으나 깟짜나도 첫 번째와 똑같이 대답하였다. 세 번째에 그는 깟짜나가 이끄는 비구승가에 출가 요청하였으나 비구들 가운데 누구도 선뜻 그를 제자로 받아들이려고 하지 않았

---

42 비구가 된 후 율을 배운다. 율을 수지해야 비구가 되는 것이 아니다.

다. 그는 승원에 며칠 동안 머물면서 깟짜나를 출가스승으로 선택하여 출가 요청하였다. 이에 깟짜나 존자는 3년 만에 힘들게 10명의 비구를 모아서 그에게 비구 갈마를 행할 수 있었다.

　　비구가 된 지 얼마 되지 않아서 소나는 '세존은 이러저러한 분이다라는 말만 들었지 내가 직접 뵙지는 못하였다. 만약 출가스승께서 허락하신다면 내가 세존을 뵈러 가는 것은 어떨까?'라고 생각하여 출가스승께 여쭈었다. "소나여, 훌륭하다. 소나여, 훌륭하다. 그분 아라한이시고 정등각이시고 선서이신 세존을 뵈러 가라." 이렇게 말한 깟짜나는 이어서 "소나여, 그대는 나의 이름으로 세존의 양발에 머리를 조아리고 나의 요청을 세존께 말씀드려라."라고 말하였다. 소나는 출가스승에게 인사를 하고 유행을 떠나 기원정사에 도착하여 세존께 다가가 인사드렸다. 세존께서 말씀하셨다. 비구여, 그대에게 송출할 수 있는 가르침이 있다면 그것을 읊어 보아라. 소나가 깟짜나에게 배운 가르침을 읊어 마치자 세존께서는 기뻐하시며 말씀하셨다. 비구여, 훌륭하다. 훌륭하다, 비구여. 그대는 가르침을 잘 기억하고 파악하고 사유하고 있구나. 그대는 분명하고 의미를 잘 구별하는 언어를 갖추었구나. 비구여, 그대는 승랍이 얼마인가? "세존이시여, 저의 비구 승랍은 1년입니다." 비구여, 그대는 어찌 그렇게 늦게 출가하였는가? "세존이시여, 저는 감각적 욕망의 위험을 본 지는 오래되었습니다. 그러나 재가의 삶이 번잡하였고 해야 할 일이 많았습니다." 이에 세존께서 게송을 읊으셨다.

　　세상의 위험을 보고
　　세상의 집착 여의고
　　세상을 벗어나는 길을 가는
　　청정한 자는 악을 즐기지 않고
　　고귀한 자는 법을 즐기느라.

소나는 적절한 때라고 생각하여 깟짜나의 요청[43]을 세존께 말씀드렸다. 이에 세존께서 말씀하셨다. 비구들이여, 아완띠의 남쪽 지방에는 비구들의 숫자가 적다. 비구들이여, 모든 변방에서는 5명의 비구로 비구 갈마를 행할 수 있다. 여기서 변방이란 다음과 같다. 동쪽으로는 카장갈라(Kajangalā) 부락, 남쪽으로는 세타칸니카(Setakaṇṇika) 부락, 서쪽으로는 투나(Thūṇa) 마을, 북쪽으로는 우시랏다자(Usiraddhaja) 산을 경계로 하여 그 밖은 변방이고 안은 중앙(Majjhimadesa)이다.[44]

제자의 의무 이렇게 신참비구가 된 제자는 출가승의 곁에서 일상생활 가운데 보고 듣고 익히면서 스승에 대하여 이같이 바르게 처신해야 한다. 특히 스승이 세존의 법이나 율을 설하고자 할 때 제자는 설법을 요청하고 질문하며 열의를 가지고 정성을 다해 잘 듣고 배워야 한다. ①(일상생활) 제자는 스승의 곁에서 청정한 삶을 위한 일상생활을 배우고 익힌다. 제자는 밤이 지나 스승이 자리에서 일어나면 자리를 정리 정돈하고 처소를 청소하며, 세면도구와 씻을 물을 준비하며, 걸식하러 마을에 들어갈 때 스승의 대의와 발우를 준비하여 드리고 적절한 거리를 유지하여 시자로 뒤따르며, 음식을 드실 때 물이 필요하다면 갖다 드리고 음식을 다 드시면 발우를 씻으며, 마을에서 돌아오면 대의와 발우를 받아 잘 보관하고 발 씻을 물과 발수건과 앉을 자리를 마련하며, 더울 때는 창문을 낮에 닫고 밤에 열고 추울 때는 낮에 열고 밤에 닫으며, 스승의 처소와 승가의 시설물을 청소하고 마실 물과 씻을 물을 준비하며, 깔개와 덮개 그리고 침상과 의자

---

43 모두 다섯 가지이다. 모든 변방에서는 ①(땅이 거칠어) 여러 겹 안을 댄 신발을 신는 것, ②(덥고 습한 날씨로) 수시로 목욕하는 것, ③(가죽이 직물보다 흔하여) 다양한 가죽으로 만든 깔개를 허용하는 것, ④결계 밖의 비구가 결계 내의 비구 몫으로 옷감이나 옷을 수용하면 결계 밖의 비구가 결계 내의 비구에게 직접 옷감이나 옷을 전달하기 전까지 그 일수를 결계 내의 비구에게 적용하지 않는 것, 그리고 ⑤본문의 요청이다.

44 당시 6대 도시를 아우르는 지역이다. 따라서 인도 중앙을 제외한 모든 지역은, 한국을 포함하여 변방이다.

를 깨끗이 털고 햇빛에 말려서 제자리에 갖다 놓으며, 스승의 옷을 만들거나 염색하거나 세탁하며, 스승이 목욕할 때 목욕물과 목욕 준비하고 욕실에 따라 들어가 시봉하고 욕실에서 나오면 마실 물을 준비하여 드린다. ② (스승을 위호) 제자는 스승의 곁에서 이같이 바르게 위호(衛護)한다. 스승이 말씀할 때 끼어들거나 방해하여서는 안 되며, 스승이 잘못을 범하려고 하면 말씀을 드려서 잘못을 범하지 않도록 하여야 한다. 스승이 청정한 삶에 불만이나 회한이 생겼을 때 진정시키거나 세존의 가르침으로 진정하게 하고 스승이 사견을 일으킬 때 제거하거나 세존의 가르침으로 제거하도록 하여야 한다. 스승이 승가의 처벌을 받는 죄를 범하여 격리처벌, 가중처벌, 참회처벌을 받게 되거나 받으면 어떻게 처벌받는지 어떻게 처벌을 끝내고 출죄복귀하는지 관심을 가지고 노력을 기울여야 한다. 스승이 잘못을 저질러 견책조치, 의지조치, 퇴거조치, 사죄조치, 권리정지조치를 받게 되거나 받으면 어떻게 조치를 끝내고 해제하는지 관심을 가지고 노력을 기울여야 한다. ③(스승의 허락) 스승에게 묻지 않고 발우를 타인에게 주어서도 안 되고 수용해서도 안 되며, 옷을 타인에게 주어서도 안 되고 수용해서도 안 되며, 생활필수품을 타인에게 주어서도 안 되고 수용해서도 안 되며, 타인의 삭발을 해 주어서도 안 되고 받아서도 안 되며, 타인에게 봉사해서도 안 되고 받아서도 안 되며, 타인에게 시중을 들어서도 안 되고 받아서도 안 되며, 타인의 시자가 되어서도 안 되고 타인을 시자로 받아서도 안 되며, 스승에게 묻지 않고 마을로 들어가서도 안 되며, 묘지에 가서도 안 되며, 지역을 떠나서도 안 된다. ④(병간호) 만약 스승이 병들면 회복할 때까지 간호하여야 하거나 목숨이 다할 때까지 보살펴야 한다.

출가스승의 의무 출가스승은 제자에 대하여 이같이 바르게 처신해야 한다. ①(일상생활) 만약 제자가 병들면 제자의 곁에서 스승은 제자가 한 것처럼 똑같이 일상생활에서 제자를 보살핀다. 밤이 지나 제자가 자리에서 일어나면 자리를 정리 정돈하고 처소를 청소하며, 세면도구와 씻을 물을 준비하며, 걸식하러 마을에 들어갈 때 제자의 대의와 발우를 준비하며, 음식을 먹을 때 물이 필요하다면 물을 주고 음식을 다 먹으면 발우를 씻으며, 마을에서 돌아오면 대의와 발우를 받아 잘 보관하고 발 씻을 물과 발수건과 앉을 자리를 마련하며, 더울 때는 창문을 낮에 닫고 밤에 열고 추울 때는 낮에 열고 밤에 닫으며, 제자의 처소와 승가의 시설물을 청소하고 마실 물과 씻을 물을 준비하며, 깔개와 덮개 그리고 침상과 의자를 깨끗이 털고 햇빛에 말려서 제자리에 갖다 놓으며, 제자의 옷을 만들거나 염색하거나 세탁하며, 제자가 목욕할 때 목욕물과 목욕 준비하고 욕실에 따라 들어가 도와주고 욕실에서 나오면 마실 물을 준비하여 준다. ②(제자를 섭수) 스승은 세존의 율과 법으로 제자를 수호하고 섭수(攝受)하여야 한다. 제자가 잘못을 범하려고 하면 잘못을 범하지 않도록 잘 타일러야 한다. 제자가 청정한 삶에 불만이나 회한이 생겼을 때 진정시키거나 세존의 가르침으로 진정하게 하고 제자가 사견을 일으킬 때 제거하거나 세존의 가르침으로 제거하도록 하여야 한다. 제자가 승가의 처벌을 받는 죄를 범하여 격리처벌, 가중처벌, 참회처벌을 받게 되거나 받으면 어떻게 처벌받는지 어떻게 처벌을 끝내고 출죄복귀하는지 관심을 가지고 노력을 기울여야 한다. 제자가 잘못을 저질러 견책조치, 의지조치, 퇴거조치, 사죄조치, 권리정지조치를 받게 되거나 받으면 어떻게 조치를 끝내고 해제하는지 관심을 가지고 노력을 기울여야 한다. ③(생활필수품) 만약 제자에게 충분한 음식이 없다면 스승은 자기의 음식을 주거나 제자에게 충분한 음식이 공급되도록 관심을 가지고 노력을 기울여야 한다. 만약 제자에게 발우나 옷이 없다면 스승은 자신의 발우나 옷을 주거나 제자에게 발우나 옷이 공급되도록 관심을 가지고 노력을 기울여야 한다. 만약 제자에게 생활필수품이나 거처가 없다면 스승은 자신의 생활필수품이나 거처를 주거나 제자에게 생활필수품이나 거처가 마련되도록 관심을 가지고 노력을 기울여야 한다. ④(병간호) 만약 제자가 병들면 회복할 때까지 간호하여야 하거나 목숨이 다할 때까지 보살펴야 한다.

4.4.4 제자의 처벌

이같이 출가스승에 대하여 바르게 처신하는 제자는 스승에게 세존의 법과 율을 배우고 익히면서 다섯 가지 특징을 갖춘 좋은 비구를 사귀어 닮아 가면 오래지 않아 괴로움을 종식하고 청정한 삶을 실현하는 것이 가능하다. 좋은 비구의 다섯 가지 특징은 ①부처님의 정각법과 세존의 불설법에 청정한 믿음이 있으며 ②음식을 고루 소화하고 육체적 정신적 고통과 병이 없으며 과도하여 넘치지도 않고 게을러 부족하지도 않은 중간의 적절한 열의를 가지고 침착하게 범행을 닦으며 ③스승이나 동료 비구나 세상 사람을 현혹하지 않으며 자기의 모습을 있는 그대로 정직하게 드러내며 ④ 유익하지 않고 불건전한 법들을 버리고 유익하고 건전한 법들을 갖추기 위하여 기울여야 하는 노력이나 정진을 내팽개치거나 싫어하거나 피곤해하지 않고 굳건하게 정진하며 ⑤안으로 바깥으로 안팎으로 일어나고 사라지는 신수심법을 선명하게 알아차리며 사띠한다.AN10.11 좋은 비구와 사귀는 것은 청정범행의 절반이 아니라 전부에 해당하며,SN45.2 바른 깨달음에 이르는 많은 외적 요인 가운데 오직 하나만 선택하라고 할 때 선택하는 요인이며,SN46.50 태양이 떠오를 때 여명이 전조가 되듯이 청정범행의 전조가 된다.SN45.49

그러나 제자가 좋은 비구와 사귀지 아니하고 다섯 가지 특징이 있는 저열한 비구를 사귀어 닮아 가면 괴로움을 종식하고 청정한 삶을 실현하는 것은 가능하지 않다. 저열한 비구의 다섯 가지 특징은 ①부처님의 정각법과 세존의 불설법에 청정한 믿음이 없거나 ②세존의 법과 율을 배우지 않아 바르게 이해하지 않거나 ③상세하게 가르치고 훈계하여도 참지 않고 견디지 않아 훈계를 잘 받아들이기 어렵거나 ④자기 자신의 견해와 고집과 감정을 굳게 지키고 굳게 거머쥐어 쉽게 놓아 버리지 못하거나 ⑤이러한 네 가지 특징 가운데 하나의 특징이라도 가진 비구와 가까이하고 어울리고 사귀는 자이다. 이와 같은 다섯 가지 특징 가운데 하나의 특징이라도 있는 저열한 비구는 피하고 멀리하고 사귀지 않아야 한다.

사미의 처벌 만약 어떤 사미가 비구를 공경하지 않고 따르지 않으면서 ① 비구들을 이간시키거나 ②비구를 폄하하거나 ③비구의 처소를 훼손하거나 처소에 머물지 못하도록 도모하거나 ④비구에게 생활필수품이 적절히 공급되지 않도록 도모하거나 ⑤비구에게 예정되거나 예정될 보시가 이루어지지 않도록 도모한다면 비구는 사미에게 일상생활을 규제하는 처벌을 할 수 있다. 예를 들어 사미가 거주하는 승원에 머물지 못하도록 하거나 사미가 머무는 개인 거처를 벗어나지 못하게 하는 것이다. 이때 사미의 출가스승에게 묻지 않고 처벌하여서는 안 되며, 사미가 거처하는 승원을 벗어나서 모든 승원에 대하여 출입을 규제하는 처벌은 허용하지 않으며, 식사를 금지하는 처벌은 허용하지 않는다.

만약 어떤 사미가 네 가지 함께 살 수 없는 죄에 해당하는 범행을 하거나, 세존이나 세존의 가르침이나 승가를 비방하거나, 권리정지조치에 해당하는 세 가지 경우로 죄를 짓고도 인지하지 않거나 지었던 죄를 참회하지 않거나 나쁜 견해를 버리지 않는다면 "그대는 오늘 이후 세존을 그대의 스승이라 부르지 말라. 다른 사미는 비구들과 생활할 수 있더라도 그대는 그럴 수 없다. 멀리 가서 사라져 버리시오."라고 말하고 그 사미를 영구적으로 퇴출할 수 있다.[45]

비구의 처벌 출가스승에 대하여 바르게 처신하지 않는 신참비구가 다른 비구들에게 견책받고 비난받고 꾸지람을 받았으나 그는 여전히 출가스승에 대하여 바르게 처신하지 않았다. 이에 세존께서 말씀하셨다. 만약 신참비구가 출가스승에게 바르게 처신하지 않으면서 출가스승에 대하여 ①지극한 믿음이 없거나 ②지극한 존경이 없거나 ③지극한 섬김이 없거나 ④ 자신의 부족함에 부끄러움을 알지 못하거나 ⑤마땅히 사유해야 할 것을 깊이 사유하지 않는다면 출가스승은 제자에게 "그대여, 나는 그대를 한시

---

45 참회하는 죄의 그릇된 사미【5.72】조항 참고.

적으로 퇴출한다. 한시적인 퇴출이 종료될 때까지 그대는 이곳에 돌아오지 말라. 그대는 그대의 발우와 옷을 가지고 지금 이곳을 떠나라. 나를 섬기지 말라."라고 말하고 그를 일시 퇴출할 수 있다. 그러나 만약 제자가 출가스승에게 바르게 처신하면서 출가스승에 대하여 ①지극한 믿음이 있고 ②지극한 존경이 있고 ③지극한 섬김이 있으며 ④자신의 부족함에 부끄러움을 알고 ⑤마땅히 사유해야 할 것을 깊이 사유한다면 출가스승은 그를 일시 퇴출할 수 없다. 출가스승은 일시 퇴출하여야 하는 제자는 마땅히 일시 퇴출하여야 하고, 일시 퇴출하지 않아야 할 제자는 일시 퇴출하면 안 된다. 일시 퇴출한 제자는 출가스승에게 참회하여야 하며 만약 일시 퇴출한 제자가 잘못을 뉘우치고 참회하면 출가스승은 그의 참회를 수용하여야 한다.

4.4.5 의지의 상실과 아사리

일반적인 신참비구는 10년간 출가스승의 곁에서 바르게 처신하면서 스승을 의지하여야 한다. 이렇게 10년을 보내면 신참비구는 비구 승랍 10년의 장로비구가 되어 스승의 의지 없이 지낼 수 있으며 자기의 제자를 받아 제자에게 의지를 줄 수 있다. 그렇지만 총명하고 유능한 신참비구는 4년간만 스승을 의지하여 살 수 있으며, 총명하지 못한 신참비구는 목숨이 다할 때까지 스승을 의지하여 살아야 한다. 신참비구는 누구든지 스승을 의지하지 않고 지낼 수는 없으나 신참비구가 유행 중에는 의지 없이 지낼 수 있다. 또한 신참비구가 다른 병든 비구를 병간호하거나 유행 중에 병들었을 때 의지 없이 지낼 수 있다. 만약 신참비구가 숲속의 처소에서 평안하게 청정한 삶을 살고 있다면 그는 '만약 나에게 의지를 줄 수 있는 적절한 스승이 이곳에 오면 그에게 의지하여 지내리라.'라고 생각하면서 의지 없이 지낼 수 있다.

그런데 의지하던 출가스승이 ①죽거나 ②퇴전하거나 ③이교도로 귀의하거나 ④홀로 유행하거나 멀리 떠나거나 ⑤명령하여 제자를 일시 퇴출시키면 제자는 의지를 상실하였다고 알아야 한다. 의지를 상실한 제자는 새로운 의지를 구하여야 한다. 출가스승과 똑같은 자격과 의무를 지니며 똑같은 방법으로 선택하여 구하는 의지를 아사리(阿闍梨)라고 한다. 이름이 다른 점 이외에 아사리와 출가스승과의 차이점은 아사리와 출가스승이 같은 결계 내에 함께 거주하면 아사리가 무효가 되는 것이다. 출가스승의 의지를 상실한 신참비구는 아사리를 의지 삼아 머물러야 한다.

4.5 복발[46] 갈마

제정의 계기 릿차위의 왓다(Vaḍḍha)는 재가자로 멧띠야와 붐마자까를 추종하는 비구들의 벗이었다. 그는 그들을 찾아가 "존자들이여, 인사를 드립니다."라고 인사하였으나 그들은 대꾸하지 않았다. 두 번째 세 번째 인사를 하여도 그들이 아무런 대꾸를 하지 않자 그는 말하였다. "존자들이여, 제가 무슨 잘못을 하였습니까? 왜 존자들은 저에게 아무런 대꾸를 하지 않습니까?" "벗이여, 우리는 답바에게 괴롭힘을 당하고 있습니다. 그대는 어찌 우리를 돕지 않습니까?" "존자들이여, 제가 어떻게 하면 됩니까?" "벗이여, 만약 그대가 원한다면, 오늘 세존께 말씀드려 답바를 승가에 함께 살 수 없도록 하시오." "존자들이여, 제가 어떻게 하면 됩니까?" "벗이여, 그대는 세존을 찾아가서 세존께 '세존이시여, 이것은 옳지 않고 적절하지 않습니다. 두려움 없고 안전하고 재난이 없는 곳에 두려움과 불안과 재난이 생겼습니다. 마치 물이 불타는 것과 같습니다. 세존이시여, 존자 답바가 제 아내를 능욕했습니다.'라고 하십시오." "존자들이여, 알겠습니다." 그는 세존께 나아가 그들이 일러 준 대로 말씀드렸다. 그러자 세존께서는 비구승가를 모두 불러 모은 뒤 그에게 진술을 반복하게 하였다. 그런 후 답바에게 물었다. 답바여, 그대는 여기 왓다가 말한 대로 그대가 한 일을 기

---

[46] 발우를 뒤집는 복발(覆鉢, pattanikkujjana)은 승가가 재가자에게 음식을 받지 않겠다는 문자적 의미에서 나아가 어떠한 보시도 받지 않고 승가는 더 이상 재가자의 의지처가 되지 않겠다는 의미이다.

억하는가? "세존이시여, 저는 태어난 이래 꿈속에서조차 성행위를 한 적이 없는데 하물며 생시에 했겠습니까? 저는 성행위를 하지 않았습니다."

왓다가 물러간 뒤 세존께서 말씀하셨다. 비구들이여, 릿차위의 왓다에게 복발조치를 처분하고 비구승가와 왕래를 끊도록 하라. 비구들이여, 승가가 원한다면 여덟 가지 고리를 갖춘 재가자에 대하여 복발조치를 처분하여야 한다. 복발조치를 받아야 하는 재가자는 ①부처님을 비방하는 자 ②세존의 가르침을 비방하는 자 ③승가를 비방하는 자 ④비구의 처소를 훼손하거나 처소에 머물지 못하도록 도모하는 자 ⑤비구에게 생활필수품이 적절히 공급되지 않도록 도모하는 자 ⑥비구에게 예정되거나 예정될 보시가 이루어지지 않도록 도모하는 자 ⑦비구를 매도하거나 모욕하는 자 ⑧비구들을 이간시키는 자 이들 가운데 어느 하나라도 해당하는 자이다.

복발 갈마 총명하고 유능한 비구를 갈마사로 정하고 승가는 복발 갈마를 백이갈마로 이같이 진행한다.

(안건과 제안)"존자들이여, 승가는 제 말에 귀를 기울이십시오. 릿차위의 왓다는 존자 답바를 근거 없이 율을 범하였다고 비방하였습니다. 이것이 안건입니다. 만약 승가에 옳은 일이라면, 승가는 릿차위의 왓다에게 복발조치를 처분하고 승가와 왕래를 끊겠습니다. 이것이 제안입니다."

(제청)"존자들이여, 승가는 제 말에 귀를 기울이십시오. 릿차위의 왓다는 존자 답바를 근거 없이 율을 범하였다고 비방하였습니다. 만약 승가에 옳은 일이라면, 승가는 릿차위의 왓다에게 복발조치를 처분하고 승가와 왕래를 끊겠습니다. 존자들께서 릿차위의 왓다에게 복발조치를 처분하고 승가와 왕래를 끊는 것에 동의하면 침묵하시고, 동의하지 않으면 지금 말씀하십시오."

(결정)"존자들이여, 승가는 침묵하여 동의하였고 동의하는 것을 인정하였습니다. 따라서 승가는 릿차위의 왓다에게 복발조치를 처분하고 승가와 왕래를 끊는 것에 동의하였습니다. 저는 그와 같이 알겠습니다."

다음 날 아침 일찍 아난다는 발우와 기워 만든 대의를 입고 릿차위의 왓다 처소에 찾아가 말하였다. "벗이여, 승가는 그대에 관하여 발우를 뒤집었습니다. 그리고 승가는 그대와 왕래를 끊었습니다." 그러자 그는 그 자리에서 정신을 잃고 쓰러졌다. 아난다가 떠난 후 그의 친지들과 친구들은 "왓다여, 그만 슬퍼하게. 그만 비탄하게. 우리가 세존과 비구승가에게 용서를 구해 보겠네."라고 말하였다. 그러자 그는 죄인처럼 젖은 머리를 하고 젖은 옷을 입고 친지와 친구들과 함께 세존께 다가가 세존의 두 발에 머리를 조아리고 "세존이시여, 어리석고 미혹한 제가 악하고 불건전한 자처럼 잘못을 저질렀습니다. 세존이시여, 저는 존자 답바를 근거 없이 율을 범하였다고 비방했습니다. 세존이시여, 세존께서는 어리석고 미혹한 저를 연민하시어 저의 잘못을 용서하소서. 저는 다시 그러한 잘못을 저지르지 않도록 미래를 단속하겠습니다."라고 말하였다. 이에 세존께서 왓다의 참회를 수용하여 말씀하셨다. 비구들이여, 릿차위의 왓다에게 복발조치를 해제하고 비구승가와 왕래를 도모하도록 하라. 비구들이여, 승가는 여덟 가지 고리를 모두 벗어난 재가자에 대하여 복발조치를 해제하여야 한다. 복발조치를 해제하려는 재가자는 승가의 장로비구들을 찾아가서 양발에 머리를 조아린 뒤에 웅크리고 앉아 합장하여 '존자들이시여, 승가는 저에게 발우를 뒤집었고 왕래를 끊었습니다. 존자들이시여, 저는 저의 잘못을 세존의 법과 율에 따라 바로잡고 참회하였으니 저에게 처분한 복발조치를 해제하기를 간청합니다.'라고 세 번 요청하여야 한다. 그리고 총명하고 유능한 비구를 갈마사로 정하고 승가는 복발조치의 해제를 위한 갈마를 백이갈마로 진행한다.

제3장

소소율

비구의 청정을 목적으로 한 율이 의무율이고 승가의 화합을 목적
으로 한 율이 갈마율이라면 소소율(小小律)은 청정한 비구가 화
합하는 승가에서 청정한 삶을 유지할 수 있도록 의무율과 갈마율
을 보완하고 보충하는 율이다. 세세하고 소소한 부분까지 보완하
고 보충하였으나 율의 경중에서 그 중요도까지 소소하지는 않다.
또한 세존에서 비구니승가로 율을 전수하는 과정과 비구니승가
의 정립 과정이 소소율에서 밝혀진다. 의무율과 갈마율과 비교하
여 소소율은 율을 범하는 빈도가 현저히 낮은 특징이 있다. 따라
서 소소율은 단편적이고 단편적이어서 소소율이다. 올바르고 유
익한 삶으로 향상하려는 비구는 누구라도 한번 배우면 범하지 않
고 지키는 것이 소소율이다.

1 청정한 삶의 의무

1.1 처소에 관한 의무

처소의 소유 세존께서 라자가하에 머물 무렵 승가를 위한 거처의 건립을 허용하셨다. 최초의 승원인 라자가하의 죽림정사가 완공되어 승가에 보시되었다. 이와 마찬가지로 수닷따 아나타삔디까가 기원정사를 완공하여 "세존이시여, 제따 숲의 승원을 완공하였습니다. 제가 제따 숲의 승원을 어떻게 조치하면 됩니까?"라고 말하자 세존께서 말씀하셨다. 장자여, 그렇다면 제따 숲의 승원을 현재와 미래의 비구 사방승가에 보시하라. 그리고 세존께서 게송을 읊으셨다.

추위와 더위를 막고
맹수와 독사뿐만 아니라
독충과 모기도 막으며
뜨거운 햇빛과 서늘한 비 막아내니
이러한 수호 속에서
선정과 해탈을 위하니
승원을 승가에 보시하는 자
성현이 칭송하는
최상의 보시하는 자이요
자신의 이익을 바라는 현자이어라.

기쁘게 보시한 승원에
많이 배운 자들 머물며
괴로움 여의는 가르침 설하니
올곧은 그들에게
많은 사람

청정한 마음으로

보시 공덕 쌓아가나니

보시하는 자와 보시받는 자

모두

진리를 배우고 익혀

번뇌 없는 열반으로 나아가도다.

한편 비구니승가가 형성된 후에 비구 승원에서 멀리 떨어지지 않은 곳에 비구니 승원이 설립되었다. 비구니 승원이 설립된 차례로 보면 적어도 웨살리의 중각강당, 죽림정사, 기원정사, 니그로다승원 네 곳의 비구니 승원이 차례대로 설립되었다. 이렇게 설립된 비구니 승원을 재가자가 '현재와 미래의 비구니 사방승가'에 기증하였다. 따라서 비구니 승원은, 비구 승원과 마찬가지로, 그 소유는 현재와 미래의 비구니 사방승가이다. 그러므로 비구가 비구니 승원을 점유할 수 없고 비구니가 비구 승원을 점유할 수 없다.

세존께서는 비구승가에 보시하는 모든 승원이나 정사를 현재와 미래의 비구 사방승가에 귀속시키고 소유하도록 하였으므로 사방승가의 비구는 누구든지 어떤 승원이나 정사를 공유할 권리를 똑같이 가지고 있다. 그런데 사왓티의 인근에 있던 어떤 승원의 비구들은 더 이상 사방승가의 비구인 객비구와 승원을 공유하고 싶지 않았다. 그들은 자신들만 그 승원을 사용하고자 하였다. 그래서 그들은 모두 모여 원칙에 맞는 갈마를 통하여 자신들만 승원을 사용하기로 합의하고 승가에 귀속되어 있던 승원을 한 비구에게 귀속시켜 소유하게 하였다. 그때 어떤 객비구가 방문하자 그들은 "여기 승원은 저 비구의 개인소유입니다. 그러니 그대는 다른 곳에서 처소를 마련하여야 할 것입니다."라고 말하였다. 그러자 객비구는 "어찌 승가에 귀속된 승원을 처분할 수 있단 말인가?"라고 비난하고 분개하였다. 이에 세존께서 말씀하셨다. 비구들이여, 어떤 개인이나 모임이나 현전승가나 심지어 현재의 사방승가라고 하더라도 처분할 수 없는 다섯 가지가 있다. ①승원의 부동산(땅과 건물) ②정사의 부동산 ③침상, 의자, 침구류 ④물항아리, 목욕이나 세면 공용품 ⑤승원이나 정사의 보수 관리에 필요한 도구와 물품 이러한 다섯 가지는 현재와 미래의 사방승가가 소유한 것으로 처분할 수 없으며 처분하였더라도 무효이다. 처분을 시도하면 미수죄이다.

세존께서 사리뿟따와 목갈라나를 대동하고 오백 명의 비구와 함께 까시국의 키따기리 마을을 향하여 유행하였다. 그때 그 마을에 머물던 앗사지와 뿌납바쑤를 추종하는 비구들은 사리뿟따와 목갈라나를 시기하고 증오하였다. 그들은 현전승가의 비구를 모두 모아 원칙에 맞는 갈마를 통하여 세존과 비구를 위하여 거처를 배정하되 사리뿟따와 목갈라나를 제외하였다. 세존께서 마을에 도착하여 이 사실을 알고 말씀하셨다. 비구들이여, 어떤 개인이나 모임이나 현전승가가 더 많은 구성원으로 이루어진 객비구의 의견에 반하여 배정이나 분배할 수 없는 다섯 가지가 있다. ①승원의 부동산(개인 처소나 방사) ②정사의 부동산(개인 처소나 방사) ③침상, 의자, 침구류 ④물항아리, 목욕이나 세면 공용품 ⑤승원이나 정사의 보수 관리에 필요한 도구와 물품 이러한 다섯 가지는 소수가 다수의 의견에 반하여 배정이나 분배할 수 없으며 배정이나 분배하였더라도 무효이다. 배정이나 분배를 시도하면 미수죄이다.

어떤 비구나 사미가 죽으면 망자가 소유하였던 것의 주인은 소유물에 따라 현전승가나 현재와 미래의 사방승가가 된다. ①개인 거처의 부동산[1] ②침상, 의자, 침구류 ③물항아리, 목욕이나 세면 공용품 ④거처의 보수 관리에 필요한 도구와 물품 이 네 가지의 주인은 현재와 미래의 사방승가이므로 처분하여서는 안 된다. 그러나 망자의 발우와 옷 그리고 가벼운

---

1 개인 비구가 스스로 지은 개인 거처나 재가자가 특정 개인 비구에게 보시한 개인 정사의 소유권은 개인 비구에게 속하므로 그는 개인 거처나 정사를 처분할 수 있다. 그러나 그 비구가 죽으면 소유권은 현재와 미래의 사방승가에 귀속된다.

개인 소유물[2]의 주인은 비구 현전승가가 되므로 현전승가가 처분할 수 있다. 그런데 만약 망자의 간병인이 망자에게 많은 도움을 주었다면 현전승가는 백이갈마를 통하여 망자의 발우와 옷 그리고 가벼운 개인 소유물을 간병인에게 주도록 한다. 이때 간병인에 비구와 사미가 섞여 있더라도 동등하게 취급하여야 한다.

만약 어떤 우바새나 우바이가 죽으면서 '나는 사후에 모든 재산을 비구승가에 귀속한다.'라거나 '나는 사후에 모든 재산을 비구니승가에 귀속한다.'라거나 '나는 사후에 모든 재산을 양 승가에 귀속한다.'라고 유언하였다면, 재산의 소유는 그의 유언에 따라 귀속된다. 그런데 만약 우바새가 '나는 사후에 모든 재산을 승가에 귀속한다.'라고 유언하였다면 여기서 승가는 비구승가이며, 우바이가 '나는 사후에 모든 재산을 승가에 귀속한다.'라고 유언하였다면 여기서 승가는 비구니승가이다.

처소의 운영 관리 같은 결계에서 거주하는 비구에게 방사를 배정하는 자를 백이갈마로 선정한다. 만약 방문승이 거주승보다 다수이면 방문승의 의견에 따라 방사를 배정하여야 하며 그렇지 않다면 그는 방문승에게 방사를 배정한다. 이때 먼저 방사를 배정받은 자는 방사의 사용에 우선권을 가지며 누구라도 한 개인이 두 개의 방사를 차지하면 안 된다. 이러한 방사를 배정하는 소임자는 ①소임에서 처리한 것과 처리하지 않은 것을 잘 기억하고 알아야 하며 ②탐욕과 ③분노와 ④어리석음과 ⑤두려움에 의하여 바른 길을 벗어나지 않아야 한다. 이러한 다섯 가지 소임자의 자격 조건은 다른 소임자에게도 적용한다.AN5.259~61 예를 들면 식사를 배정하는 자, 죽·과일·간식거리를 배분하는 자, 약을 수납·보관·관리·배분하는 자, 옷·비옷·목욕옷·옷감을 수납·보관·관리·배분하는 자, 깔개·양모를 수납·보관·관리·배분하는 자, 발우를 수납·보관·관리·배분하는 자, 생활용품을 수납·

---

2 유행할 때 지니고 다녀야 하는 물품을 포함한다.

보관·관리·배분하는 자, 창고 관리자, 금전을 처리하거나 제거하는 자, 사미·정인을 관리하는 자 등에도 똑같이 적용한다. 이러한 소임자 역시 백이갈마로 선정하여 승원을 관리하고 운영한다. 그런데 만약 승원의 개보수나 수리에 재가자가 필요하다면 이러한 소임을 맡는 재가자 역시 백이갈마로 선정하되 자격 조건은 적용하지 않는다. 처소의 바닥이 흙으로 되어 있으면 바닥 깔개를 원하는 만큼의 크기로 만들어 사용할 수 있다. 승원의 개보수나 수리를 비구에게 맡길 때 10년이나 12년을 넘는 일들을 주면 안 되며 한 명에게 하나의 일만 맡겨야 한다. 수리를 맡은 비구가 도중에 승원을 떠나면 다른 비구에게 그 일을 주어야 한다. 그가 일을 끝내자마자 승원을 떠나면 그가 승원을 떠나는 방식에 따라 그 일에 대한 책임은 그에게(예를 들어 다른 승원으로 떠나면) 있거나 현전승가에(예를 들어 그가 퇴전하면) 있다.

1.2 비구의 예절

비구의 좌차 비구 승랍의 순서를 좌차(座次)라고 한다.[3] 비구는 좌차에 따라 인사, 환영, 합장, 경배, 최상의 자리, 최상의 물, 최상의 음식을 받는다. 정등각·선서·세존은 비구에게 인사받을 수 있으며 상좌차는 하좌차에게 인사를 받을 수 있다. 하좌차는 상좌차에게 인사받을 수 없으며, 승가의 처벌을 받는 죄를 범하고 출죄 갈마를 받지 않은 자는 청정한 비구에게 인사받을 수 없으며, 상좌차일지라도 다른 결계에서 머물면서 세존의 법과 율이 아닌 것을 설하는 자는 하좌차에게 인사받을 수 없으며, 비구가 되지 않은 자는 비구에게 인사받을 수 없다.[4]

방문승의 예절 방문하는 비구는 '나는 지금 승원으로 들어간다.'라고 생각

---

3 같은 날 같은 장소에서 비구가 되더라도 비구가 된 차례대로 좌차의 상하가 결정된다.

4 대승불교의 예법과 사뭇 다르다. 대승불교의 예법은 하심(下心)을 중시하나 세존의 가르침은 엄격한 율을 중시하는 예법이다.

하고 옷매무새를 가다듬고 위의를 갖춘 뒤 주의를 기울여 서두르지 않게 승원에 들어간다. 거주승이 상좌차이면 인사해야 하고 하좌차이면 인사받아야 한다.[5] 처소에 대하여 "어떻게 처소를 얻습니까?"라고 물어야 하며 걸식할 수 있는 곳과 걸식하기 불편한 곳 그리고 신심이 돈독하여 승가가 보호하는 방문자제 가정이 어디 있는지 물어야 한다. 대소변을 위한 변소와 마실 물과 씻을 물 그리고 승가의 모임 장소와 시간을 물어야 한다. 방사를 청소하고 공동 시설물이 지저분하면 청소하여야 하고 마실 물과 씻을 물을 준비하여야 한다. 만약 비어 있는 정사에 들어가려면 문을 두드린 뒤 잠시 기다렸다가 빗장을 뽑고 문을 열고 독사나 독충이 있는지 밖에서 안을 잘 살펴보아야 한다. 방사와 침구 그리고 가구를 청소하고 필요하다면 고쳐서 사용하여야 한다. 정사를 떠날 때 정사의 관리를 비구나 사미 또는 승원지기나 재가자에게 부탁하되 만약 정사의 관리를 부탁할 사람이 없다면 다음 방문승을 위하여 정사가 최대한 잘 보존되도록 처리하고 떠나야 한다.

거주승의 예절 승원에 거주하는 비구는 방문승이 하좌차이면 인사를 받아야 하고 상좌차이면 인사를 하고 자리를 준비하고 발우와 옷을 받고 발 씻을 물과 발 닦을 수건을 갖다 놓고 원한다면 마실 물을 주고 가능하다면 신발을 닦아 드려야 한다. 방문승에게 처소에 대하여 "그대는 이 처소를 얻었습니다."라고 알려 주고 걸식할 수 있는 곳과 걸식하기 불편한 곳 그리고 신심이 돈독하여 승가가 보호하는 방문자제 가정이 어디 있는지 알려 주어야 한다. 대소변을 위한 변소와 마실 물과 씻을 물 그리고 승가의 모임 장소와 시간을 알려 주어야 한다.

비구니와의 예절 비구가 '그녀는 아마도 나에게 매혹될 것이다.' 생각하고

---

5 서로 맞절하지 않는다.

비구니에게 물이나 흙탕물을 뿌리거나, 가슴을 노출하거나, 허벅지를 노출하거나, 성기를 노출하거나, 음담패설을 하거나, 사적인 교제를 하면 처벌로써 그 비구는 비구니로부터 인사받지 못하는 자가 된다. 비구에게 주어진 정식 음식을 비구니한테 주어서는 안 되며, 비구니한테 주어진 정식 음식을 비구가 받아서는 안 된다. 비구들이 가지고 있는 여유분의 침구와 의자를 한시적으로 비구니들에게 주는 것은 허용한다.

기타 예절 상좌차의 자리를 차지하면 안 되며, 비구 승랍 3년 차까지는 같은 의자나 같은 높이의 자리(예를 들면 평상)에 함께 앉을 수 있다. 식사 중인 비구를 일으켜 세워 그 자리를 차지해서는 안 된다. 환자가 앉아 있거나 누워 있는 자리를 차지하면 안 된다. 만약 상좌차와 함께 정사에 거주한다면 상좌차에게 묻지 않고 설법하거나 율을 송출하거나 상담하거나 등불을 켜고 끄거나 창문을 열거나 닫으면 안 된다.

1.3 비구의 의무

신통에 관한 의무 세존께서 죽림정사에 머물 무렵 라자가하의 어느 부호가 귀한 전단목으로 발우를 만들어 망으로 된 자루에 담아 높은 대나무 끝에 매달고는 "신통 자재한 거룩한 분에게 주어진 발우이니 내려서 가지고 가십시오."라고 말하였다. 그러자 육사외도의 여섯 스승 푸라나 카사파(Pūraṇa Kassap), 산자야 벨라티푸타(Sañjaya Belaṭṭhiputta), 아지타 케사캄발리(Ajita Kesakambalī), 파쿠다 카자야나(Pakudha Kaccāyana), 막칼리 고살라(Makkhali Gosāla), 니간타 나타푸타(Nigaṇṭha Nātaputta)가 차례로 장자를 찾아와 "장자여, 내가 신통 자재한 거룩한 님입니다. 나에게 발우를 주십시오."라고 말하였다. "존자시여, 존자께서 신통 자재한 거룩한 님이면 스스로 주어진 발우를 내려서 가져가 보십시오. 단 범부처럼 대나무를 자르거나 휘게 하여서는 안 됩니다."라고 부호는 대답하였다. 그 누구도 발우를 가져가지 못하였다. 목갈라나와 핀돌라 바라드와자(Piṇḍola

Bhāradvāja) 존자가 아침에 걸식하러 라자가하에 들어가 이 소식을 들었다. "존자 목갈라나여, 존자는 신통 자재한 거룩한 님이니 가서 그 발우를 내려다 가져오십시오. 그 발우는 존자의 것입니다." "존자 바라드와자여, 존자는 신통 자재한 거룩한 님이니 가서 그 발우를 내려다 가져오십시오. 그 발우는 존자의 것입니다." 그러자 바라드와자는 공중으로 날아 그 발우를 가지고 라자가하의 하늘을 세 번 돌았다. 그때 부호는 자기의 집에서 처자와 함께 서서 합장하고 공경하며 "존자시여, 존자께서 저의 집에 들러 주십시오."라고 말하였다. 바라드와자가 허공에서 내려와 부호의 집에 내리자 부호는 손수 전단목 발우에 귀한 음식을 가득 채워 보시하였다. 바라드와자는 전단목 발우를 들고 죽림정사로 돌아왔다. 사람들은 "존자 바라드와자께서 전단목 발우를 내려서 가졌다."라고 말하고 떠들면서 존자의 뒤를 바짝 따라갔다. 세존께서 시끄러운 소리를 듣고 아난다에게 그 영문을 묻자 아난다가 자초지종을 말씀드렸다. 그러자 세존께서는 비구승가를 불러 모으게 하고 바라드와자에게 사실을 확인 후 견책하셨다. 바라드와자여, 마치 여인이 한 푼 엽전을 얻으려고 속치마를 드러내는 것처럼 그대는 한갓 목발우를 얻고자 재가자들에게 인간을 뛰어넘는 신통 변화를 보여 주었다. 그리고 비구들에게 말씀하셨다. 비구들이여, 생활필수품을 구하기 위하여 재가자들에게 인간을 뛰어넘는 신통 변화를 보여 주어서는 안 된다.[6]

언어에 관한 의무 브라만 출신의 두 형제 비구는 목소리가 아름답고 서로 대화할 때 노래하듯 말하였다. 어느 때 그들은 세존께 말씀드렸다. "세존이시여, 여기 비구들은 이름을 달리하고 성을 달리하고 태생을 달리하고

---

6 재가자에게 보여 주는 신통 변화를 규제하는 것에서는 생활필수품을 얻으려는 의도 이외에는 없다. 예를 들어 재가자의 생명을 구하거나, 재가자의 누명을 벗기고 진실을 밝히거나, 재가자에게 비구가 소임을 행하거나, 재가자에게 세존의 법과 율을 가르칠 때 비구는 재가자에게 신통 변화를 보여 줄 수 있다. 경장과 율장에 이러한 예들이 있다.

가문을 달리하여 출가하였습니다. 그런데 그들은 깨달은 님들의 말씀을 인간 자신의 언어[7]로 오염시킵니다. 원하건대 세존이시여, 저희가 깨달은 님들의 말씀을 운율적 언어[8]로 바꾸겠습니다. 그리하면 이름과 성과 태생과 가문을 달리하는 여기 비구들은 모두 운율적 언어로 배우고 가르칠 것입니다." 세존께서 그들을 견책하고 비구들에게 말씀하셨다. 비구들이여, 깨달은 님들의 말씀을 운율적 언어로 바꾸지 말라. 깨달은 님들의 말씀을 인간 자신의 언어로 배우는 것을 허용한다.

노래에 관한 의무 세존의 법이나 율을 길게 끄는 가락에 맞추어 노랫소리로 암송하거나 독송하면 다섯 가지 위험을 초래한다. 자신의 노랫소리에 애착하고, 타인도 노랫소리에 애착하고, 재가자들이 "우리가 노래하듯 비구가 노래한다."라고 비난하고, 음조에 빠져 선정을 잃고, 다음 세대의 비구들이 "선대의 비구들이 이같이 노랫소리로 불렀다."라고 하면서 같은 방식으로 노래할 것이다. 이와 같은 다섯 가지 위험을 초래함으로 비구는 가르침을 길게 끄는 가락에 맞추어 노래하여서는 안 된다.[9] 그러나 가르침을 읊조리는 것은 가능하다.

세속학문에 관한 의무 재가자처럼 세속철학이나 세속학문을 배우거나 가르치면 안 된다. 비구들이여, 세속철학이나 세속학문을 진리라고 보는 자가 이 법과 율에서 향상하고 번영할 수 있는가? "세존이시여, 그렇지 않습니다." 비구들이여, 이 법과 율이 진리라고 보는 자가 세속철학이나 세속

---

7 여기서 '인간 자신의 언어'는 베다를 담을 수 있는 범어를 제외한 모든 (인간의) 언어를 말한다. 만약 이것을 마가다어로 보거나 비구들의 출신 지방어로 보면 각각 모순이 발생한다.

8 브라만이 독점적으로 사용하였던 산스크리트어[범어]를 의미한다. 브라만은 범어를 신의 언어로 신성시하였고 고급스럽게 여겼다. 즉 다른 (인간의) 언어는 저급하고 저속하게 취급하였다.

9 이교도처럼 가르침을 길게 끄는 가락에 맞추어 소리하는 것을 금지하는 것이다. 따라서 범패와 예불 의식 때 하는 염불 소리는 세존의 가르침이 아니다. 세존의 가르침을 노래하는 것도 금지하는데 세속의 가사로 노래하는 것은 말하여 무엇하겠는가! 노래하는 것을 보거나 듣는 것도 금지하는데 스스로 노래하는 것은 말하여 무엇하겠는가!

학문을 배우거나 가르칠 수 있는가? "세존이시여, 그렇지 않습니다." 비구들이여, 세속철학이나 세속학문을 배우지 말아야 한다.

벌거벗은 자의 의무 벌거벗은 비구는 먹거나 마시지 못하며 자서도 안 된다. 벌거벗은 비구는 상대가 어떤 비구라도 시중하지도 시중받지도 못하고, 인사하지도 인사받지도 못하고, 생활필수품을 주지도 받지도 못한다. 벌거벗고 지내는 이교도의 행실을 본받아서는 안 되며 만약 본받는다면 미수죄이다.

1.4 음식에 관한 의무

걸식하는 자의 의무 걸식하려는 비구는 시간이 되면 옷을 잘 갖추어 입고 발우를 준비한 후 주의를 기울여 서두르지 않게 마을을 향한다. 이때 상의와 하의만 입고 대의를 착용하지 않은 채 마을로 향하여서는 안 된다. 몸을 잘 추스르고 수호하며 옷차림과 몸가짐에 관한 조항들【7.1~29】을 지킨다. 마을에 도착하여 가정에 들어갈 때 너무 성급하게 들어가거나 너무 성급하게 나오지 말고 음식을 주는 재가자에게 너무 가까이 다가가지 말고 너무 멀리 떨어져 있지도 말고 너무 오래 머물지도 말고 너무 빨리 돌아서 나오지도 말아야 한다. 음식을 주려고 준비하고 있다면 기다려야 한다. 음식을 받을 때는 왼손으로 발우를 꺼내도록 준비하고 오른손으로 발우를 꺼낸 뒤 양손으로 발우를 잡고 음식을 받되 음식을 주는 재가자의 얼굴을 보아서는 안 된다. 음식을 충분히 받았다면 발우를 덮어 가리고 주의를 기울여 서두르지 않게 마을 인근의 적절한 장소나 승원으로 돌아와 음식을 먹는다. 음식을 받을 때와 먹을 때 음식 받기와 먹기에 관한 조항들【7.30~59】을 지켜야 한다. 먼저 걸식하여 돌아온 비구는 자리를 마련하고 발 씻을 물과 마실 물 그리고 발 닦는 수건을 준비해야 한다. 먹고 남은 음식을 뒤에 돌아온 자가 먹고자 하면 먹어도 된다. 그렇게 하고도 남은 음식은 풀이 없는 곳에 버리거나 생물이 없는 물에 버린다. 자리를 치우고 원상 복구하며 식당을 청소한다. 마실 물과 씻을 물이 없다면 물을 채워야 한다. 홀로 할 수 없다면 다른 사람을 손짓으로 불러 함께 하되 이것 때문에 말을 할 필요는 없다. 이때 마을에서 멀리 떨어진 숲속에 거주하는 비구는 발우를 걸망에 넣고 다닐 수 있다.

식당에서의 의무 식사 초청받아 마을로 가거나 승원으로 음식을 가지고 와서 비구를 초청하는 경우 식당에서 지켜야 할 의무는 이와 같다. 시간이 되면 옷을 잘 갖추어 입고 발우를 준비한 후 주의를 기울여 서두르지 않게 식당을 향한다. 좌차순으로 상좌차 장로비구가 앞서고 하좌차 신참비구가 뒤서서 가되 몸을 잘 추스르고 수호하며 옷차림과 몸가짐에 관한 조항들【7.1~29】을 지킨다. 식당에 도착하여 음식을 받을 때 상좌차 장로비구는 "모든 이에게 균등하게 배식하라."라고 말해 주어야 하며 음식 받기와 먹기에 관한 조항들【7.30~59】을 지켜야 한다. 모든 비구가 식사를 마칠 때까지 상좌차 장로비구는 씻을 물을 받아서는 안 된다.[10] 씻을 물을 받아 발우를 씻을 때 물이 튀지 않도록 해야 한다. 식당에서 나와 돌아갈 때는 역순으로 하좌차 신참비구부터 앞서되 상좌차 장로비구는 뒤서야 한다. 이때 상좌차 장로비구는 네다섯 명의 장로비구들과 식당에 남아서 음식을 준비하여 초대한 재가자에게 감사를 표한다.

음식에 관한 의무 음식을 받거나 먹는 바른 때는 여명부터 정오까지이며 그 외 시간은 때아닌 때이다. 때아닌 때는 씹을 수 없으나 물이나 음료는 마실 수 있다. 정식으로 죽과 밀환을 받을 수 있다. 어떤 재가자에게 초대받아 식사하기로 한 날 아침에 다른 재가자가 제공하는 부드러운 죽을 먹어서는 안 된다. 재가자가 제공하는 모든 종류의 채소를 먹을 수 있으며,

---

10 좌차순으로 음식을 받으면 좌좌순으로 음식을 먹기 시작한다. 식사 직전에 공양 게송이나 어떤 감사의 말도 하지 않는다. 상좌차가 음식을 다 먹으면 마지막 하좌차 비구가 식사를 마칠 때까지 기다렸다가 씻는 물을 받는다.

사탕과 견병(堅餠)을 먹을 수 있다. 다섯 가지 방식으로 열매나 과일을 먹는 것을 허용한다. 음식에 넣어 불에 요리된 것, 먹기 좋게 칼로 다듬은 것, 먹을 수 있게 손톱으로 다듬은 것, 아직 종자가 생기지 않은 것, 종자가 분리되는 것을 먹을 수 있다. 먹을 만한 열매나 과일을 노지나 숲에서 볼 때 그곳에 열매나 과일을 따서 바치는 시봉하는 재가자가 없다면 스스로 따서 가져와 시봉하는 재가자를 만나면 바닥에 놓은 뒤 시봉하는 재가자가 바치게 하여 먹을 수 있다. 망고 음료, 사과 음료, 코코넛 음료, 파초 음료, 꿀 음료, 포도 음료, 연근 음료, 삼색화(phārusaka) 음료, 모든 과일즙, 모든 엽초(葉草)즙, 모든 꽃즙은 허용하되 감초꽃과 먹는 채소와 곡류로 만든 음료는 때아닌 때에 허용하지 않는다. 약으로 먹는 마늘을 제외하고 마늘을 생으로 먹어서는 안 된다. 되새김질은 허용되나 때아닌 때에는 되새김질하는 음식을 입 밖으로 꺼낸 후에 다시 먹으면 안 된다. 부주의하여 떨어진 음식은 떨어트린 자가 스스로 먹을 수 있다.

　기근이 들었다고 하더라도 또는 보지 않은 것, 듣지 않은 것, 정황으로 의심스럽지 않은 것의 세 가지 경우를 만족하는 고기라고 하더라도 코끼리고기, 말고기, 개고기, 뱀고기, 사자고기, 호랑이고기, 표범고기, 곰고기, 승냥이고기를 먹어서는 안 된다.[11] 청정한 믿음이 있는 (숩삐야 같은) 재가자가 자기의 살을 보시하더라도 인육을 먹어서는 안 되며 만약 먹는다면 미수죄이다. 따라서 육류는 물어보고 먹어야 하며 만약 묻지 않고 먹는다면 실수죄이다. 다섯 가지 소의 산물인 우유, 응유, 버터우유, 버터, 버터기름은 수용할 수 있다. 유행하면서 필요한 양식을 구할 수 있다.

　두 명 이상의 비구가 한 그릇으로 음식을 공유하면서 같이 식사하거나 한 컵으로 물을 공유하면서 같이 물을 마시면 안 된다. 비구가 개인 거

---

11 사자, 호랑이, 표범, 곰, 승냥이는 냄새를 맡고 (먹은 사람을) 공격하기 때문에 먹어서는 안 되며, 뱀은 (뱀을 수호하는) 용에게 코끼리와 말은 (전쟁 물자인 코끼리와 말을 수호하는) 국왕에게 해를 입을 수 있기 때문에 먹어서는 안 된다. 개는 (개를 보살피는) 사람들의 비난을 받기 때문에 먹어서는 안 된다.

처의 실내에서 누구의 소유이든 음식을 저장하면 안 되며, 누가 요리하든 개인 거처의 실내에서 요리하면 안 되며, 실외에서 직접 요리한 음식을 자신이 먹으면 안 된다. 그러나 이미 받은 음식을 다시 끓이거나 데우는 것은 가능하며 병간호하는 자가 실외에서 요리하여 환자에게 제공하는 것은 가능하다.

1.5 약과 간병에 관한 의무

약에 관한 의무 세존께서 기원정사에 머물 무렵 비구들이 가을을 지나면서 병이 들어 밥을 먹어도 토하고 죽을 먹어도 토하였다. 그들은 수척해지고 거칠어지고 점차 황달이 들어 핏줄이 드러났다. 세존께서 홀로 머물다가 '병든 비구들을 위하여 어떤 약을 허용할 것인가? 그것은 세상에서 약이거나 약으로 간주한 것으로 사람의 자양에 도움이 되고 병의 치료에 도움이 되어야 할 것이다.'라고 생각하자 '다섯 가지 약으로 버터기름, 신선한 버터, 기름, 꿀, 당밀이 있다. 이러한 다섯 가지 약은 세상에서 약이거나 약으로 간주한 것으로 사람의 자양에 도움이 되고 병의 치료에 도움이 되는 것이다. 병든 비구들이 이 다섯 가지 약을 바른 때에 받고 바른 때에 먹도록 허용하면 어떨까?'라는 생각이 일어났다. 그리하여 세존께서 이러한 다섯 가지 약을 바른 때에 받고 바른 때에 복용하는 것을 허용하셨다. 그런데 병든 비구들은 보통 음식도 소화하지 못하는데 기름진 약을 소화하지 못하였고 마침내 식욕을 잃어버렸으며 점차 병이 퍼져 더욱 병세가 악화하였다. 그래서 병든 비구는 다섯 가지 약은 바른 때에 받아서 처방에 따라 때아닌 때에도 복용할 수 있게 되었다. 약은 최대한 7일간 보관할 수 있다.

어떤 병든 비구는 약으로 지방이 필요하였다. 이에 허용하는 지방약으로 곰의 지방, 물고기의 지방, 상어의 지방, 돼지의 지방, 당나귀의 지방을 바른 때에 받고 바른 때에 조리하고 바른 때에 기름과 섞어 복용할 수 있다. 어떤 병든 비구는 약으로 뿌리가 필요하였다. 이에 허용하는 뿌리

약으로 울금의 뿌리, 생강의 뿌리, 창포의 뿌리, 맥동의 뿌리, 향부자의 뿌리, 나도기름새의 뿌리, 신호련의 뿌리, 또는 다른 뿌리를 맷돌을 사용하여 가루로 만들거나 뿌리약을 목숨이 끝나는 날까지 보관하여 필요할 때 복용할 수 있으나 음식으로 사용하거나 병이 없는데 복용하면 안 된다. 뿌리약과 마찬가지로 목숨이 끝나는 날까지 보관하여 필요할 때 복용할 수 있으나 음식으로 사용하거나 병이 없는데 복용하면 안 되는 약으로 수렴제(收斂劑), 잎사귀약, 열매약, 수지(樹脂)약, 소금약이 있다.

　피부 질환으로 가려움, 부스럼, 고름, 악취에는 가루약을 눈병에는 연고를 사용할 수 있다. 연고에 향료를 섞어 사용할 수 있다. 뚜껑이 있는 연고함, 연고막대와 연고막대함, 연고함과 연고막대함을 보관하는 연고함주머니를 사용할 수 있다. 두통에 관비를 할 수 있으며, 풍병에 끓인 기름에 독한 술을 섞어 약으로 사용할 수 있으며, 류머티즘에 발한(發汗), 찜질, 욕탕, 또는 사혈(瀉血)을 할 수 있으며, 종기에 침요법을 할 수 있으며, 필요하면 붕대를 사용할 수 있다. 뱀에 물렸을 때 똥물·오줌·재 또는 진흙을, 독약을 마셨을 때 똥물이나 고랑의 진흙을 달인 물을, 소화가 안 될 때 잿물을, 황달이 걸렸을 때 소의 오줌에 담근 자두의 즙을, 열병이 들었을 때 연뿌리와 연 줄기를 복용할 수 있으며, 필요하면 천연즙이나 가공즙 또는 육즙(肉汁)을 복용할 수 있다. 인간이 아닌 존재[非人]에게 사로잡혀 병이 들었을 때 도살장에서 구할 수 있는 생고기와 생피를 복용할 수 있다. 항문과 같은 은밀한 곳의 치질 수술이나 관장은 어리석고 청정한 믿음이 없는 의사에게 수술을 맡겨서는 안 된다.

　바른 때에 복용하는 약[시약(時藥)], 일정 시간 내에 복용하는 약으로 (때아닌 때에도 먹을 수 있어) 후야(後夜)까지 복용하는 약[시분약(時分藥)], 7일간 (보관할 수 있으므로) 복용하는 약[칠일약(七日藥)], 목숨이 끝나는 날까지 (보관할 수 있으므로) 조건이 되면 복용하는 약[진형수약(盡形壽藥)]을 서로 섞으면 어떻게 되는가? 시약에 다른 약을 섞으면 시약으로 취급하고, 시분약에 다른 약(칠일약과 진형수약)을 섞으면 시분약으로 취급하고, 칠일약에 진형수약을 섞으면 칠일약으로 취급한다.

그런데 병이 없는 자가 의심을 일으켜 밀환에 당밀을 넣는 것을 보고 밀환을 약으로 알고 받지 않았다. 밀환을 단단하게 만들기 위하여 당밀을 넣는다면 그것은 약이 아니라 밀환이라고 할 수 있으므로 기호에 따라 밀환을 먹을 수 있다. 마찬가지로 똥구덩이에서 자란 강낭콩을 보고 그 강낭콩을 약으로 알고 먹지 않았다. 똥구덩이에서 자란 강낭콩이라고 하더라도 그것은 약이 아니라 강낭콩이라고 할 수 있으므로 기호에 따라 강낭콩을 먹을 수 있다. 또한 소금을 약이 아닌 음식으로 먹을 수 없으나 물에 소금을 희석하여 음료로 먹을 수 있으며 음식의 간을 맞추기 위하여 요리하는 자가 소금을 넣은 음식은 먹을 수 있다.

간병의 의무 어떤 비구가 설사병에 걸려 자신의 대소변에 파묻혔다. 세존께서 아난다를 대동하고 처소를 다니다가 이 비구를 보고 말씀하셨다. 비구여, 그대의 병은 무엇인가? "세존이시여, 저는 설사병에 걸렸습니다." 비구여, 그런데 그대는 간병인이 있는가? "세존이시여, 없습니다." 비구들이 왜 그대를 간병하지 않는가? "세존이시여, 저는 비구들을 위하여 한 것이 없습니다. 그래서 비구들이 저를 간병하지 않습니다." 그러자 세존께서는 아난다에게 이르셨다. 아난다여, 가서 물을 가지고 오라. 이 비구를 목욕시키자. 아난다가 목욕물을 가지고 오자 세존께서 골고루 물을 부었고 아난다가 두루 씻었다. 세존께서 머리를 붙잡고 아난다는 발을 잡고 병든 비구를 일으켜서 침상에 눕혔다. 이에 세존께서 비구들을 불러 말씀하셨다.

비구들이여, 그대들에게는 그대들이 아플 때 그대들을 간병해 주는 어머니도 아버지도 없다. 그대들이 서로를 간병하지 않는다면 도대체 누가 그대들을 간병하겠는가? 비구들이여, 그대들이 여래를 시봉하려고 한다면 병든 비구를 간병해 주어라. 비구들이여, 만약 병든 비구에게 ①출가스승이 있다면, 출가스승이 살아 있는 한, 출가스승이 병든 비구를 간병해야 하고 회복하기까지 병든 비구의 곁에서 떠나지 말고 기다려야 한다. ② 아사리가 있다면, 아사리가 살아 있는 한, 아사리가 병든 비구를 간병해야 하고 회복하기까지 병든 비구의 곁에서 떠나지 말고 기다려야 한다. ③동료 비구가 있다면, 동료 비구가 살아 있는 한, 동료 비구가 병든 비구를 간병해야 하고 회복하기까지 병든 비구의 곁에서 떠나지 말고 기다려야 한다. ④제자가 있다면, 제자가 살아 있는 한, 제자가 병든 비구를 간병해야 하고 회복하기까지 병든 비구의 곁에서 떠나지 말고 기다려야 한다. ⑤같은 출가스승을 모시는 자가 있다면, 같은 출가스승을 모시는 자가 살아 있는 한, 같은 출가스승을 모시는 자가 병든 비구를 간병해야 하고 회복하기까지 병든 비구의 곁에서 떠나지 말고 기다려야 한다. ⑥같은 아사리를 모시는 자가 있다면, 같은 아사리를 모시는 자가 살아 있는 한, 같은 아사리를 모시는 자가 병든 비구를 간병해야 하고 회복하기까지 병든 비구의 곁에서 떠나지 말고 기다려야 한다. ⑦출가스승, 아사리, 동료 비구, 제자, 같은 출가스승을 모시는 자, 같은 아사리를 모시는 자가 없다면, 비구승가가 병든 비구를 간병해야 한다. 만약 간호하지 않는다면 실수죄이다.

1.6 생활용품에 관한 의무

발우에 관한 의무 나무로 만든 발우를 지녀서는 안 된다. 전단목으로 만든 발우를 부수어 가루로 만들어 연고에 섞는 향료용으로 비구들에게 나누어 주어야 한다. 금, 은, 청동, 구리, 수정, 돌로 만든 발우를 지녀서는 안 된다. 해골로 만든 발우를 사용해서는 안 된다. 쇠로 만든 발우와 도자기로 만든 발우 이 두 가지 발우를 수용하여야 한다. 발우에 오물, 뼛조각, 쓰레기를 담아 운반하여서는 안 된다. 발우를 손으로 들고 있으면서 문을 열거나 닫으면 안 된다. 발우는 잘 씻어 말린 후 발우를 보관하는 선반에 잘 보관하여야 한다. 발우의 대용으로 바가지나 물단지를 사용하여서는 안 된다.

옷에 관한 의무 1.(분소의) 세존께서 라자가하에서 닥키나기리(Dakkhiṇā-giri)로 유행할 때 네모지고 계단식으로 배열되고 종횡으로 이어져 빈틈없이 만나는 밭들을 보고 아난다에게 말씀하셨다. 아난다여, 그대는 비구들을 위하여 여기 마가다국의 밭들처럼 조각난 옷감들로 분소의를 만들 수 있겠는가? 아난다는 대답을 드리고 닥키나기리에서 라자가하로 돌아와서 분소의를 만들어 세존께 보여 드렸다. 이에 세존께서 말씀하셨다. 비구들이여, 아난다는 조각난 옷감으로 출가자에게 적합하고 도적들이 부러워하지 않을 정도로 현명하고 슬기롭게 분소의를 잘 만들었다.[12] 비구들이여, 이와 같은 헝겊 조각으로 만든 분소의를 허용한다.

　　2.(세 벌 옷) 세존께서 라자가하에서 웨살리로 유행할 때 비구들이 옷 보따리를 머리에 이기도 하고 등에 지기도 하고 허리춤에 차고 유행하는 것을 보고 '이 어리석은 자들이 옷의 사치에 빠졌다. 비구들의 옷에 관련하여 한계를 정하면 어떨까?'라고 생각하셨다. 세존께서 웨살리에 도착하여 고따마까 탑묘에 머무셨다. 그때 세존께서 추운 겨울 눈 내리는 어느 날 오후에 노천에 상의와 하의 한 벌의 옷으로 앉았는데 초야가 지나자 추위를 느껴 두 번째 한 겹으로 된 대의를 껴입었다. 추위가 가셨으나 중야가 지나고 후야가 지나자 추위를 느껴 세 번째 한 겹으로 된 대의를 추가로 껴입었다. 곧 동이 트고 해가 뜨자 추위가 다시 느껴지지 않자 세존께서 '훌륭한 가문의 아들들이 이 법과 율에 출가하였으나 추위에 쉽게 영향받고 두려워하는 자가 있을 것이다. 그러한 자들도 세 벌 옷이면 견딜 수 있으리라.' 생각하고 비구들에게 세 벌의 분소의를 허용하셨다. 한 겹으로 된 상의, 한 겹으로 된 하의, 두 겹으로 된 대의가 그것이다. 그러나 오래 사용하여 해어지고 버려진 옷감으로 옷을 만들 때는 두 겹의 상의, 두 겹의 하의, 네 겹의 대의를 허용한다. 옷이 해어졌을 때 헝겊 조각을 덧대거

---

12 세존께서 아난다가 만든 분소의를 보고 '짧은 솔기와 둥근 솔기 그리고 짧고 둥근 솔기를 만들었고, 헝겊 조각으로 목 부분과 무릎 부분 그리고 팔꿈치 부분을 만들고 기워서'라고 한 표현을 보면 현재 남방불교의 가사나 한국불교의 대가사는 아난다가 이때 기워 만든 분소의가 아니다.

나 실로 꿰매거나 단단히 매듭짓는 것은 가능하다.

　　3.(장자의 옷) 세존께서 죽림정사에 머물 무렵 어느 날 세존께서는 체액의 불균형이 생겼다. 세존께서는 하제(下劑)를 복용하고자 아난다를 지와까에게 보냈다. 지와까의 처방에 따라 세존께서는 스물아홉 번의 설사 후 뜨거운 물에 목욕한 후 한 번 더 설사하여 모두 서른 번의 설사를 하셨다. 지와까는 세존께 여쭈었다. "세존이시여, 몸이 쾌유할 때까지 액즙이 있는 걸식 음식을 드시지 마십시오." 그러자 오래되지 않아 세존께서는 쾌차하셨다. 한편 지와까는 황달에 걸린 아완띠 국왕 찬다 파조타(Caṇḍa Pajjota)를 치유하여 받은 한 쌍의 시베이야카(sīveyyaka) 옷감을 얻었다. 이것은 모든 옷감 가운데 으뜸이자 최상이자 최고이자 최승으로 세존이나 빔비사라 국왕을 제외하고는 누구도 감당할 수 없는 옷감이었다. 지와까는 세존을 찾아뵙고 여쭈었다. "세존이시여, 세존과 비구들은 분소의를 입고 계십니다. 세존이시여, 세존께서는 저를 위하여 파조타 왕이 보내온 한 쌍의 시베이야카 옷감을 받아 주십시오. 그리고 비구들에게 장자의 옷을 허용하도록 해 주십시오." 세존께서는 시베이야카 옷감을 받고 비구들에게 말씀하셨다. 비구들이여, 그대들에게 장자의 옷[13]을 허용한다. 그대들이 원한다면 분소의를 착용하고 그대들이 원한다면 장자의 옷감을 받아라. 비구들이여, 나는 어떤 옷이든 그대들이 만족하는 것을 찬탄한다. 여섯 가지 장자의 옷감인 아마, 면, 비단, 모직, 대마, 모시로 만든 옷을 착용할 수 있다. 분소의를 만드는 옷감을 쇠똥이나 흙탕물 같은 청색, 진흙색, 흑갈색의 괴색으로 염색하였듯이 여섯 가지 장자의 옷감을 괴색으로 염색하여 옷을 만들 수 있다. 또한 장자의 옷이라고 하더라도 세 벌 모두 천 조각으로 기운 곳이 없는 옷을 착용해서는 안 된다.

　　4.(기타) 세존께서 기원정사에 머물 무렵 위사카의 여덟 가지 청을 받아들이면서 비구에게 비옷이 비구니에게 목욕옷이 허용되었다. 가려움,

---

13 장자들이 입는 옷의 옷감을 의미한다.

부스럼, 고름, 개선(疥癬) 같은 피부 질환을 앓는 자에게 환부를 가리는 옷 [복창의(覆瘡衣)]이 허용되었다. 3인 이하의 무리가 머무는 곳에 사람들 이 "비구승가에 받칩니다."라고 옷감이나 옷을 보시하면 무리가 속한 현 전승가나 근처의 비구승가에 가서 주어야 한다. 한 곳에서 안거를 보내고 두 곳에서 옷감을 받으면 안 된다. 만약 어떤 어리석은 자가 '나에게 더 많 은 옷감이 생길 것이다.'라고 생각하고 홀로 두 곳에서 안거를 보내는 경 우, 이곳에서 안거의 반을 지내고 저곳에서 안거의 반을 지냈다면 그에게 이곳에서 옷감의 반을 주고 저곳에서 옷감의 반을 주면 된다. 만약 이곳에 서 안거의 반보다 더 많이 지냈다면 이곳에서만 한 명 몫을 주어야 한다. 재가자의 외투를 입어서는 안 된다. 자기 몫의 옷감을 속가의 부모에게 드 리는 것은 허용된다. 온통 푸른색의 옷, 온통 노란색의 옷, 온통 붉은색의 옷, 온통 검은색의 옷, 온통 진홍색의 옷, 온통 홍람색의 옷, 온통 낙엽색 의 옷, 갑옷을 착용하면 안 된다. 옷깃이 늘어진 옷이나 옷깃에 꽃을 장식 한 옷이나 옷깃에 후드를 단 옷을 착용하면 안 된다. 만약 착용하면 실수 죄이다. 고행하는 이교도의 징표를 본받아서 꾸사풀, 나무껍질, 나무판 조 각, 머리카락, 말 털, 올빼미 날개, 사슴 가죽끈, 제비풀, 마카찌(makaci)로 만든 옷을 입으면 안 되며 만약 입는다면 미수죄이다.

신발에 관한 의무 세존께서 아라한을 성취한 소나 꼴리위사(Soṇa Kolivi- sa)에게 말씀하셨다. 소나여, 그대의 양발은 아주 섬세하다. 그대에게 한 겹의 안창을 댄 신발을 허용한다. "세존이시여, 저는 수레 80대의 금화와 일곱 마리 코끼리 떼의 시종을 버리고 집을 떠나 집 없는 곳으로 출가하였 습니다. 세존이시여, 제가 한 겹의 안창을 댄 신발을 신는다면 저에 대하 여 사람들은 '소나 꼴리위사는 수레 80대의 금화와 일곱 마리 코끼리 떼의 시종을 버리고 집을 떠나 집 없는 곳으로 출가하더니 이제 한 겹의 안창 을 댄 신발 한 짝에 연연하고 있구나.'라고 말할 것입니다. 세존이시여, 만 약 비구승가에 허용하신다면 저도 사용하겠습니다. 그러나 만약 비구승가에 허용하지 않으신다면 저도 사용하지 않겠습니다." 이에 세존께서 비구 승가에 한 겹의 안창을 댄 신발을 허용하셨다. 여러 겹의 안창을 댄 새 신발은 허용하지 않으나 여러 겹의 안창을 댄 헌 신발은 허용한다. 모든 변방에서는 (땅이 거칠어) 여러 겹의 안창을 댄 신발을 허용한다. 나무 신발, 야자수잎으로 만든 신발, 댓잎으로 만든 신발, 갖가지 풀로 만든 신발, 금이나 은 또는 청동이나 구리로 만든 신발, 장식한 신발, 화려한 색깔의 신발, 발목을 덮는 목이 긴 신발은 허용하지 않는다. 출가스승이나 아사리가 신발 없이 경행하고 장로비구도 신발 없이 경행할 때 신참비구나 중참비구가 신발을 신고 경행해서는 안 된다.

장신구와 사치품에 관한 의무 손가락이나 발가락 반지, 귀걸이, 목걸이, 허리 장신구, 팔찌, 팔 장신구, 발찌, 발목 장신구, 장발, 빗으로 머리 빗기, 머리카락에 기름 바르기, 얼굴에 상처가 생긴 자를 제외하고 거울이나 물에 얼굴 비추어 보기, 눈병이나 얼굴에 병이 있는 자를 제외하고 얼굴에 기름이나 분을 바르기, 얼굴이나 사지에 색칠하기[14], 노래와 음악 그리고 갖가지 춤 공연이나 축제 보기, 밖으로 털이 난 모피 옷 입기, 장식된 좌복 위에 앉기를 하여서는 안 된다. 꽃이나 화환을 받으면 한쪽에 놓아둘 수 있되 몸이나 침상을 치장하면 안 되며, 향수를 받으면 문에 바를 수 있되 몸에 바르면 안 된다. 높고 큰 침상을 사용하면 안 된다. 재가자가 만들어서 제공한 끈으로 사용하는 가죽을 제외하고 몸에 가죽을 지녀서는 안 된다. 모든 변방에서는 (가죽이 직물보다 흔한 곳이 있어) 다양한 가죽으로 만든 깔개를 허용한다. 비구가 수용할 수 없는 사치스러운 침구나 의자 또는 깔개를 소유한 재가자가 그것들을 제공하여 설치하면 장소에 상관없이 앉을 수는 있으나 누울 수는 없다. 비구가 수용할 수 없는 사치스러운 가구나 깔개를 보시하면 그것들을 수용할 수 있도록 개조하여 수용하

---

14 문신(文身, tatto)은 세존의 율에 어긋난다.

거나 조각으로 잘라서 처소에 도움이 되는 물건으로 만들어 사용할 수 있다. 장엄을 위하여 제공한 (천으로 만든) 카펫을 밟으면 안 되지만 재가자가 행운을 위하여 요청한 (천으로 만든) 카펫은 밟아도 되며 발 씻은 후에 밟는 깔개는 (천으로 만든) 카펫이라도 밟아도 된다. 용도가 정해진 큰 가구들은 다른 장소로 옮길 수 없다. 그러나 임시로 옮기거나 가구를 수호하기 위한 이유로 옮길 수 있다.

기타 물품에 관한 의무 그는 나의 지인이고, 동료이고, 살아 있는 자이고, "그대가 원한다면 나의 소유물은 무엇이든 가져도 좋다."라는 말을 나에게 하였고, 또한 그는 '내가 가져가면 기뻐할' 자이다. 이러한 자가 맡긴 것은 필요하다면 취할 수 있다. 3인 이하의 무리가 머무는 곳에 사람들이 "비구승가에 바칩니다."라고 보시하는 물품은 무리가 속한 현전승가나 근처의 비구승가에 가서 물품을 전하여야 한다. 또한 "비구승가와 비구니승가의 양 승가에 바칩니다."라고 보시하는 물품은, 한쪽 승가의 인원이 적을지라도 양 승가의 인원에 상관없이, 비구승가와 비구니승가에 반반씩 나누어야 한다. 믿음으로 보시한 물품을 버려서는 안 된다.

1.7 일상생활에 관한 의무

칫솔질에 관한 의무 칫솔질에 해당하는 버들가지 씹기를 하지 않으면 다섯 가지 위험을 초래한다. 눈에 좋지 않고, 입에서 악취가 나고, 혀가 깨끗하지 않고, 깨끗하지 않은 침이 음식을 덮어 가리고, 음식의 풍미를 잃는다. 이와 같은 다섯 가지 위험을 초래함으로 비구는 버들가지 씹기를 하여야 한다. 버들가지의 길이는 최대한 여덟 손가락마디이고 최소 네 손가락마디까지 허용한다. 버들가지로 사미를 때려서는 안 된다.

욕실에서의 의무 식당에서와 마찬가지로 욕실에서도 장로비구를 밀치고 앉거나 신참비구의 자리를 뺏으면 안 된다. 가능하다면 욕실에서 장로비구에게 봉사하여도 좋으며 장로비구의 목욕에 방해되지 않도록 하여야 한다. 몸을 문지를 때 목욕 수건을 사용하거나 일상적인 방법으로 손으로 민다. 욕실이나 욕탕에서 벌거벗은 비구를 시중하거나 벌거벗은 비구로부터 시중받지 못하므로 욕실과 욕탕에서 각각 욕실옷과 욕탕옷을 입어야 한다. 욕실에서 나오는 자는 들어가는 자에게 길을 양보하여야 한다. 목욕은 최소한 보름이 지나서 할 수 있으나 변방에서는 (덥거나 습하여) 수시로 목욕하는 것을 허용한다.

변소에서의 의무 변소의 사용은 좌차순이 아니라 도착순이다. 변소에 다가가는 자는 밖에 서서 기침하여야 하고 안에 앉아 있는 자도 기침으로 응답하여야 한다. 변소에 들어가서 옷을 벗어 옷걸이에 걸거나 옷 바구니에 담은 후 주의를 기울여 서두르지 않게 대변용 디딤대에 올라가 옷자락을 걷어 올린다. 대변을 볼 때 신음을 내거나 버드나무 가지를 씹으면 안 된다. 대변기 밖에 대변을 보거나 소변기 밖에 소변을 보면 안 되며 소변기에 가래나 침을 뱉으면 안 된다. 거친 똥막대기로 닦거나 사용한 똥막대기를 똥구덩이에 던져 넣으면 안 된다. 나올 때 성급하게 나오거나 옷자락을 걷어 올린 채 나와서는 안 된다. 대변을 보고 물이 있다면 뒷물하여야 한다. 뒷물할 때 물소리를 내거나 뒷물대야의 물을 비우지 않으면 안 된다. 사용한 똥막대기 통이 가득 찼다면 똥막대기를 버려야 한다. 변소가 지저분하다면 청소하여야 하고 씻을 물이 비어 있다면 물을 보충하여야 한다.[15]

재채기에 관한 의무 어느 때 세존께서 비구들에 둘러싸여 설법하면서 재채

---

[15] 새끼손가락 굵기의 나뭇가지를 50cm 정도로 자르고 껍질을 벗겨서 표면을 부드럽게 하여 휴지 대용으로 사용한 것이 똥막대기이다. 똥막대기를 담은 통이 두 개 있다. 사용하지 않은 똥막대기를 담은 통과 사용한 똥막대기를 담은 통이다. 세존의 재세 시 똥막대기는 일회용으로 보이며 후대에는 똥막대기에 옻칠하여 재활용하였다. 여기서 뒷물은 현대의 비데(bidet) 세정에 해당한다.

기하였다. 비구들이 "세존이시여, 오래 사십시오."라고 말하자 그 말 때문에 설법이 중단되었다. 이에 세존께서 말씀하셨다. 비구들이여, 누군가 재채기할 때 '오래 사십시오.'라고 말하면 그것으로 인하여 재채기한 사람이 오래 살겠는가 아니면 그렇지 않겠는가? "세존이시여, 그것은 관계가 없습니다." 비구들이여, 누군가 재채기할 때 "오래 사십시오."라고 말하지 말라. 그런데 비구가 재채기할 때 행운을 원하는 어느 재가자가 "존자여, 오래 사십시오."라고 말하면 '그대여, 오래 사십시오.'라고 대꾸하는 것은 허용한다.

기타 일상생활에 관한 의무 두 명 이상의 비구가 한 침상을 공유하면서 함께 눕거나 한 덮개를 공유하면서 같이 덮으면 안 된다. 얼굴 닦는 수건과 걸망은 허용하되 터번을 착용하면 안 된다. 머리에 종기가 있는 자를 제외하고 가위로 삭발하여서는 안 되며 면도칼로 삭발하여야 한다. 흰 머리카락을 뽑으면 안 되며 코털을 길게 하여서는 안 된다. 손톱을 길게 길러서는 안 되며 손발톱을 세련되게 다듬으면 안 된다. 수염을 기르거나 다듬으면 안 되며 구레나룻을 만들어도 안 된다. 가슴이나 배의 털을 가꾸거나 모양을 만들어선 안 되며 음부에 질병이 있는 자를 제외하고 음부의 털을 자르거나 뽑으면 안 된다. 비구가 자기의 성기를 자르면 안 되며 만약 자르면 미수죄이다. 모기 총채를 사용할 수 있다. 병든 자나 그렇지 않은 자나 승원이나 승원 부근에서는 양산을 사용할 수 있다. 병든 자를 제외하고 수레, 가마, 들것을 타면 안 된다. 숲을 불태워서는 안 되지만 승원을 수호하기 위하여 맞불을 놓기 위하여 숲을 태우는 것은 허용한다.

1.8 미제정 율에 관한 의무

비구들이여, 여래가 '이것은 옳지 않다.'라고 금하여 제정하지 않았더라도 만약 그대가 옳지 않은 일을 따르고 옳은 일을 어긴다면, 그것은 그대에게 옳은 일이 아니다. 비구들이여, 여래가 '이것은 옳지 않다.'라고 금하여 제정하지 않았더라도 만약 그대가 옳은 일을 따르고 옳지 않은 일을 어긴다면, 그것은 그대에게 옳은 일이다. 비구들이여, 여래가 '이것은 옳다.'라고 허용하여 제정하지 않았더라도 만약 그대가 옳지 않은 일을 따르고 옳은 일을 어긴다면, 그것은 그대에게 옳은 일이 아니다. 비구들이여, 여래가 '이것은 옳다.'라고 허용하여 제정하지 않았더라도 만약 그대가 옳은 일을 따르고 옳지 않은 일을 어긴다면, 그것은 그대에게 옳은 일이다.**MV6.40**

2 비구니승가와의 관계

2.1 비구니율의 전수

의무율의 전수 비구니승가가 형성된 후 세존의 가르침은 선출된 비구에 의하여 비구니승가에 전수되었으나 세존께서 율을 제정하기 시작한 때부터 세존의 율은 어떻게 비구니승가에 전수되었는가? 비구니승가가 형성되고 세존께서 의무율을 제정하기 시작할 때까지 약 7년 동안 세존의 법을 비구니승가에 전수하는 제도는 정착되었다. 그런데 세존께서 율을 새로이 제정하기 시작하자 비구니승가에서는 자체적으로 율의 전수에 나섰다. 비구니승가는 율의 전수를 위하여 웁빨라완나(Uppalavaṇṇā)의 제자 가운데 어느 비구니를 책임자로 선출하였다. 그 비구니는 몇몇 비구니들과 세존의 곁을 7년 동안 지켰다. 세존께서 머무르면 같이 머무르고 세존께서 유행하면 함께 유행하면서 세존께서 율을 시설할 때마다 그 율을 배워 송출하였다. 그렇게 배워 송출한 율을 비구니승가에 전수하였다. 어느 때 마하빠자빠띠 고따미 장로비구니는 세존께 다가가 여쭈었다. "세존이시여, 비구니들에게 비구들과 공유하는 율이 있습니다. 비구니들은 그 율에 대하여 어떻게 처신해야 합니까? 세존이시여, 비구니들에게 비구들과 공유하지 않는 율이 있습니다. 비구니들은 그 율에 대하여 어떻게 처신해야 합니까?" 고따미여, 비구니들에게 비구들과 공유하는 율이 있는데 그대들은 그 율을 비구들이 배우는 대로 그대로 배워야 한다. 고따미여, 비구니들에게 비구들과 공유하지 않는 율이 있는데 그대들은 그 율이 시설된 그대로 배워야 한다.

세존께서 비구들과 함께 머물면서 비구들 가운데 어떤 비구가 잘못된 신구행을 저질렀을 때 율을 제정하는 수범수제(隨犯隨制)의 방법에 따랐다. 어떤 비구니가 잘못된 신구행을 저질렀을 때는 비구를 통하여 세존께 전달되어 율을 제정하였다. 이러한 방법을 따랐기에 세존의 곁에서 7년간 율의 제정을 기다렸던 비구니에게도 모든 율의 제정을 기다리는 것은 쉬운 일이 아니었다. 특히 율을 제정하는 초창기에는 비구들 가운데 잘못된 신구행을 저지르는 비구는 드물었기 때문이다. 때마침 세존께서 라자가하를 떠나서 사왓티로 유행한다는 소식을 들었다. 그러자 그 비구니는 '나는 7년 동안 세존의 곁에서 율의 시설을 배웠으나 율의 시설은 드문드문 있다. 율의 시설을 모두 배우려면 종신토록 세존 곁에 있어야 할 수도 있다. 그런데 종신토록 여인의 몸으로 세존의 곁을 지키는 것은 어렵다. 나는 어떻게 처신해야 하는가?' 생각하고 비구니승가에 그 사실을 알렸다. 비구니승가는 비구들에게 그 사실을 알렸다. 이에 세존께서 말씀하셨다. 비구들이여, 비구들이 비구니를 위해 율을 송출하는 것을 허용한다. 비구들은 '어떤 비구가 비구니들을 위하여 율을 송출할 것인가?' 하는 생각이 일어나 세존께 여쭈었고 세존께서 말씀하셨다. 비구들이여, 비구는 누구라도 비구니들을 위하여 율을 송출하는 것을 허용한다. 세존께서 라자가하를 떠나서 사왓티에 정착하셨다. 사왓티에 머무는 동안 기원정사와 녹자모강당을 오가면서 지내셨다. 그러자 각각 천 명씩 수용할 수 있는 기원정사와 녹자모강당에 비구들이, 천 명을 수용할 수 있는 비구니 승원 살라라가라에 비구니들이 사왓티를 중심으로 생활하였다. 잘못된 신구행을 저지르는 비구와 비구니도 상대적으로 빈번하게 생겨났다. 따라서 세존께서 율의 시설도 자주 하게 되었다. 세존께서 율의 시설을 언제 종료했는지는 알려지지 않았고 따라서 율의 완성을 선언한 사실도 알려지지 않았다.

그런데 세존께서 사왓티에 머물 무렵 비구니승가의 오백 명 비구니는 비록 출가한 지 15여 년이 훌쩍 지났지만 그들의 예전 남편들도 여전히 비구로 비구승가에 머물고 있었다. 이러한 상황에서 세존께서 율을 시설할 때마다 비구들은 비구니 승원이나 숲속 비구니 처소 인근까지 찾아가거나 큰 길가나 마을에서 비구니를 볼 때마다 그들에게 율을 송출하였다. 이러한 모습을 보고 사람들은 "저 여자들은 저 남자들의 정부이거나 부인임이 분명하다. 저 남자들은 여자와 즐길 일을 논의하는 것이 틀림없다."라고 분개하고 비난하였다. 이러한 비난을 비구에게 전해 들은 세존께서 말씀하셨다. 비구들이여, 비구는 비구니들을 위하여 율을 송출하여서는 안 된다. 만약 송출한다면 실수죄이다. 비구들이여, 비구니들이 비구니들에게 율을 송출하는 것을 허용한다. 그러나 비구니들은 어떻게 율을 송출하는지를 몰랐다. 이에 세존께서 말씀하셨다. 비구들이여, 비구들이 비구니에게 율을 송출하는 방법을 가르쳐 주는 것을 허용한다. 이렇게 하여 비구니들은 더 이상 비구들의 도움 없이 비구니승가 내에서 율을 송출하게 되었다.

그런데 비구니들이 자체적으로 율을 송출하자 율을 범한 비구니들이 자신의 범죄를 알아차리기 시작하였다. 그러나 비구니들은 어떻게 참회하여 청정을 회복하는지 알지 못하여 율을 범하고도 참회하지 않았다. 비구니들은 그 사실을 세존께 알렸고 세존께서 말씀하셨다. 비구들이여, 비구들이 비구니에게 참회하는 방법을 가르쳐 주는 것을 허용한다. 비구니에게 참회하는 방법을 가르쳐 준 비구들은 '누가 비구니의 참회를 받아야 하는가?'라는 생각이 일어나 세존께 여쭈었고 세존께서 말씀하셨다. 비구들이여, 비구들은 누구나 비구니들의 참회를 받는 것을 허용한다. 그러자 율을 범한 비구니들은 큰 길가나 골목길이나 마을이나 숲에서 비구들을 볼 때마다 발우를 땅에 놓고 위의를 갖추어 대의를 입고 오른쪽 무릎을 꿇어앉아 합장하고 참회하였다. 이러한 모습을 보고 사람들은 "저 여자들은 저 남자들의 정부이거나 부인임이 분명하다. 저 여자들은 간밤 일을 소홀히

하였거나 잘못을 저질러 지금 사죄하고 있는 것이 틀림없다."라고 분개하
고 비난하였다. 이러한 비난을 비구에게 전해 들은 세존께서 말씀하셨다.
비구들이여, 비구는 비구니들을 위하여 참회받아서는 안 된다. 만약 받는
다면 실수죄이다. 비구들이여, 비구니들이 비구니들에게 참회받는 것을
허용한다. 이렇게 하여 비구니들은 더 이상 비구들의 도움 없이 비구니승
가 안에서 참회하여 청정을 회복하게 되었다.

갈마율의 전수 어떤 비구니들에게 견책조치, 의지조치, 퇴거조치, 사죄조
치, 권리정지조치를 처분하여야 하는 경우가 발생하였는데 비구니승가는
각 조치에 해당하는 갈마를 어떻게 진행해야 하는지를 알지 못하였다. 또
한 어떤 비구니가 승가의 처벌을 받는 죄를 범하였다. 그런데 비구니승가
는 격리처벌, 참회처벌, 출죄복귀를 어떻게 해야 하는지를 알지 못하였다.
비구니들은 그 사실을 세존께 알렸고 세존께서 말씀하셨다. 비구들이여,
비구들이 비구니들을 위하여 갈마를 행할 것을 허용한다. 비구들은 '누가
비구니를 위하여 갈마를 행하여야 하는가?'라는 생각이 일어나 세존께 여
쭈었고 세존께서 말씀하셨다. 비구들이여, 비구들은 누구나 비구니들을
위하여 갈마를 행할 것을 허용한다. 그러자 견책조치, 의지조치, 퇴거조
치, 사죄조치, 권리정지조치를 받아야 하는 비구니는 큰 길가나 골목길이
나 마을이나 숲에서 비구들을 불러 모아 발우를 땅에 놓고 위의를 갖추어
대의를 입고 오른쪽 무릎을 꿇어앉아 합장하고 갈마를 행하였다. 이러한
모습을 보고 사람들은 "저 여자는 저 남자들의 정부이거나 부인임이 분명
하다. 저 여자는 남편에게 큰 잘못을 저질러 지금 사죄하고 있는 것이 틀
림없다."라고 분개하고 비난하였다. 또한 승가의 처벌을 받는 죄를 저질러
격리처벌, 참회처벌, 출죄복귀를 받아야 하는 비구니들은 비구 승원에서
격리처벌과 참회처벌을 비구들의 감시하에 받았다. 이러한 모습을 보고
사람들은 "저 여자는 저 남자들의 정부이거나 부인임이 분명하다. 저 여자
는 큰 잘못을 저질러 저 남자들의 감시하에 갇혀 있는 것이 틀림없다."라

고 분개하고 비난하였다. 이러한 비난을 비구에게 전해 들은 세존께서 말씀하셨다. 비구들이여, 비구는 비구니들을 위하여 갈마를 행하여서는 안 된다. 만약 행한다면 실수죄이다. 비구들이여, 비구니들이 비구니들을 위하여 갈마를 행하는 것을 허용한다. 그러나 비구니들은 어떻게 견책 갈마, 의지 갈마, 퇴거 갈마, 사죄 갈마, 권리정지 갈마를 행하는지 알지 못하였고 또한 어떻게 격리 갈마, 참회 갈마, 출죄 갈마를 행하는지도 알지 못하였다. 비구니들은 그 사실을 세존께 알렸고 세존께서 말씀하셨다. 비구들이여, 비구들이 비구니에게 갈마를 행하는 방법을 가르쳐 주는 것을 허용한다. 이렇게 하여 비구니들은 더 이상 비구들의 도움 없이 비구니승가 내에서 다양한 갈마를 행할 수 있게 되었다.

나아가 비구니들 사이에 다투고 싸우고 분쟁이 일어나자 비구니들은 세존께 요청하였고 세존께서는 요청을 받아들였다. 비구들이여, 비구들이 비구니들의 쟁사를 가라앉히는 것을 취소하고, 비구니들에게 위임하여 비구니들이 비구니들의 쟁사를 가라앉히는 것을 허용한다. 비구들이 비구니들을 위하여 쟁사의 죄를 처분하는 것을 취소하고, 비구니들에게 위임하여 비구니들이 비구니들을 위하여 쟁사의 죄를 처분하는 것을 허용한다. 이렇게 하여 비구니들은 더 이상 비구들의 도움 없이 비구니승가 내에서 다양한 쟁사를 가라앉힐 수 있게 되었으며 복발 갈마도 행할 수 있게 되었다.

이러한 일련의 과정을 통하여 비구니 의무율이 비구 사방승가에서 비구니 사방승가로 신속하게 전수되도록 세존께서 조치하셨다. 이것은 법의 전수와 사뭇 다른 양상으로 전개되었다. 포살 제도가 처음 도입되어 비구들이 보름마다 재가자에게 법을 설하였는데 비구니승가가 형성되면서 이 제도는 자연스럽게 비구니들에게 법을 전수하는 제도로 활용되었다. 재가자와 달리 비구니들에게 법을 설하는 비구는 교계사로서 비구승가에서 엄격히 선출된 자에 한정하였다. 그리고 비구니들에게 법을 설하는 장소는 비구 승원도 비구니 승원도 아닌 제3의 장소에서 개최되었다. 이와 같은 방법으로 비구승가보다 5년가량 늦게 출발한 비구니승가에 세존의 법을 전수한 지 7년이 지나서 세존께서 율을 제정하기 시작하였고, 비구니승가가 성립된 후 15년이 지나서 세존께서 사왓티에 정착하기 시작하셨다. 이때 세존의 법과 율이 더욱 체계적으로 확립되었다. 어느 포살일 교계사인 존자 쭐라빤타까가 사왓티의 성문 밖 숲속에서 일몰 후 밤늦게까지 비구니들을 교계하였다. 비구니들이 성문 밖에서 머물다가 아침이 되어 성안으로 들어가 비구니 승원으로 돌아갔다. 이것을 계기로 일몰 후에는 비구니를 교계하지 못하였다.(【5.49】 조항) 사왓티에 정착하여 여덟 가지 조목의 의무율이 완성된 (언제인지 알려지지 않았다.) 어느 날 세존께서 포살일에 재가자들을 위해 설법한 후 비구들에게 여덟 가지 조목의 의무율을 송출하였다. 이때 하루의 일과를 마친 재가자들은 집회당을 청소하고 기름 등불을 마련하고 마실 물과 발 씻을 물을 준비하여 세존과 비구들을 맞이하였다. 발을 씻고 준비된 자리에 앉으면 재가자들은 음식을 제외한 생활필수품을 보시하고 설법을 들었다. 너무 늦지 않은 밤에 재가자들이 모두 떠나고 나면 비구들에게 의무율을 송출하셨다. 율의 송출을 의무화한 때부터 의무율을 직접 송출하셨던 세존께서는 어느 포살일 녹자모강당에 청정하지 못한 비구가 대중 속에 숨어 있던 사건을 계기로 그 이후부터 의무율의 송출을 비구에게 위임하였다. 포살 제도가 이같이 정착되는 과정에 율을 어기지 않고 사람들의 비난을 받지 않고 포살일에 비구니 현전승가 구성원 모두가 의무율의 송출을 비구들과 함께 진행하는 것은 가능하지 않다. 그것은 비구니 현전승가 구성원 모두가 아니라 몇몇 대표 비구니라고 하더라도 마찬가지이다. 또한 포살일을 서로 달리하여 몇몇 대표 비구 또는 비구니가 상대 승가의 포살에 동참하는 것도 사정이 나아지는 것은 아니다.[16] 따라서 의무율의 송출을 진행하는 포살 갈마는 다양한 갈마를 전수하는 과정에서 자연스럽게 비구니승가에 전수되어 비구들의 도움

---

[16] 각각의 경우에 범하게 되는 율은 무엇인가? 참고로 이러한 사례는 경장과 율장에 나타나지 않는다.

없이 비구니승가 내에서 포살 갈마를 진행할 수 있게 되었다.

포살 제도와 마찬가지로 안거 제도가 도입된 이래로 비구니들이 비구의 현전승가에 동참하여 안거를 함께 보내거나 비구들이 비구니 현전승가에 동참하여 안거를 함께 보내는 것은 율을 범하게 되고 많은 사람의 비난을 받게 되므로 가능하지 않다. 따라서 비구니들은 비구들의 도움 없이 비구니승가 내에서 안거 갈마를 진행하였으며 안거의 마지막 날 밤에 진행하는 자자 갈마도 마찬가지였다. 다른 갈마와 마찬가지로 출가에 관한 갈마를 진행해야 하는 경우가 발생하였는데 비구니승가는 비구니 갈마를 어떻게 진행해야 하는지를 알지 못하였다. 비구니들은 그 사실을 세존께 알렸고 세존께서 말씀하셨다. 비구들이여, 비구들이 비구니 갈마를 진행하는 것을 허용한다. 그러자 비구들이 비구니가 되려는 출가 여성들에게 비구니 갈마를 진행하면서 비구니에 적합한 여성인지 아닌지를 판별하기 위하여 여성의 성적 장애에 관한 질문을 하였다. 출가 여성들은 곤혹스러워하고 부끄러워하여 대답하지 못하였다. 갈마가 더 이상 진행되지 않자 마찬가지로 곤혹스러운 비구들은 세존께 그 사실을 알렸고 세존께서 말씀하셨다. 비구들이여, 비구니들이 비구니 갈마를 진행하는 것을 허용한다. 그러나 비구니들은 어떻게 비구니 갈마를 진행하는지 몰랐다. 이에 세존께서 말씀하셨다. 비구들이여, 비구들이 비구니에게 비구니 갈마를 진행하는 방법을 가르쳐 주는 것을 허용한다. 이렇게 하여 비구니들은 더 이상 비구들의 도움 없이 비구니승가 내에서 비구니 갈마를 진행하게 되었다.

소소율의 전수 의무율과 갈마율과 마찬가지로 소소율도 비구에 의하여 비구니승가에 전수되었다. 소소율 가운데 일부는 비구와 비구니의 관계에 관한 내용이 있다. 비구와 공유하는 소소율은 비구니승가가 그대로 수용하여 전수하였고 비구와 공유하지 않고 비구니를 위한 소소율은 비구니승가가 율이 설해진 대로 그대로 수용하였다.

2.2 비구니승가와의 관계 정립

비구승가의 적극적인 도움으로 비구니승가는 세존의 법과 율을 온전히 전수받았다. 이제 비구승가의 도움 없이 세존의 법과 율을 자체적으로 지니게 된 비구니승가는 세존의 교단에서 어떠한 위치에 있는가? 세존의 교단은 크게 출가자와 재가자의 이부중(二部衆)로 구성되어 있다. 세분하면 출가자는 남성 출가자와 여성 출가자로 나뉘고 재가자는 남성 재가자와 여성 재가자로 나뉘는데 이를 사부대중(四部大衆) 또는 사부중(四部衆)이라고 한다. 좀 더 세분하면 남성 출가자는 비구와 사미 그리고 여성 출가자는 비구니, 식차마나, 사미니로 나뉘는데 이를 오부중(五部衆)이라고 하며 여기에 남성 재가자와 여성 재가자를 포함하여 칠부중(七部衆)이라고 한다. 사미를 보살피고 교육하는 비구 사방승가와 식차마나와 사미니를 보호하고 훈육하는 비구니 사방승가는 어떤 관계인가? 세존의 법과 율을 세존에서 비구 사방승가로 그리고 비구 사방승가에서 비구니 사방승가로 전수할 때 '상하(上下)의 관계인가 아니면 주종(主從)의 관계인가?'라는 의문이 들 수 있으며, 세존의 법과 율을 비구 사방승가처럼 비구니 사방승가도 자체적으로 지녔을 때 '동등하거나 평등한 관계인가?'라고 의문이 들 수 있다. 아니면 남녀를 떠나 출가자의 관점에서 비구 사방승가와 비구니 사방승가가 하나의 사방승가로 합쳐질 수 있는가? 비구니 사방승가를 이끌면서 비구니 사방승가의 정체성을 고민하던 마하빠자빠띠는 어느 날 아난다를 통하여 세존께 요청하였다. "세존이시여, 세존께 한 가지 소원을 청합니다. 비구는 비구 승랍의 순서대로 좌차가 있으며 비구니는 비구니 승랍의 순서대로 좌차가 있습니다. 이제 세존께서 비구와 비구니를 합쳐 승랍의 순서대로 좌차를 정하여 좌차에 따라 인사하고 맞이하고 합장하고 공경하는 것을 허용하면 감사하겠습니다."CV10.3 이것은 마치 남녀 군인이 계급으로 위계질서를 세워 함께 군영 생활을 하는 것처럼 단일한 좌차로 비구 사방승가와 비구니 사방승가를 합쳐서 하나의 사방승가로 취급하자는 것이다.[17] 세존께서는 이러한 요청을 거절하셨다. 그것은 가능하지도 성공할 수도 없기 때문이었다. 예를 들어 젊은 신참비구니가 상좌차의 모든 비구들을 인사하고 맞이하고 합장하고 공경하거나 신참비구가 상좌차의 모든 비구니들을 인사하고 맞이하고 합장하고 공경하는 것은 가능하지도 성공할 수도 없다. 젊은 신참비구니의 출가스승보다 상좌차의 비구들에 의하여 신참비구니의 교육과 훈육에 차질이 생기거나 신참비구의 출가스승보다 상좌차의 비구니들에 의하여 신참비구의 교육과 훈육에 차질이 생길 수도 있다. 만약 비구 사방승가와 비구니 사방승가를 합쳐서 하나의 사방승가가 되면 비구의 무리가 비구니 승원에 들어가 방을 배정하고 머물거나 비구니의 무리가 비구 승원에 들어가 방을 배정하고 머물 수도 있다. 또한 모든 율은 비구 사방승가와 비구니 사방승가를 분리하여 제정하였는데 만약 비구 사방승가와 비구니 사방승가를 합쳐서 하나의 사방승가로 되면 일부 율을 다시 제정해야 한다. 그렇다면 세존께서는 비구 사방승가와 비구니 사방승가의 관계를 어떻게 정립하였는가?

어느 때 비구니들이 비구들에게 이같이 하였다. 포살을 차단하고, 자자를 차단하고, 명령이나 지시하고, 권위를 세워 억압하고, 허락받게 하고, 비난하고, 심문하고 조사하여 기억을 확인하게 하였다.[18] 비구들은 이 사실을 세존께 알렸고 세존께서 말씀하셨다. 비구니들이여, ①비구니들이 비구들의 포살을 차단하면 안 된다. 차단하였더라도 무효이며 차단하면 실수죄이다. ②비구니들이 비구들의 자자를 차단하면 안 된다. 차단하였더라도 무효이며 차단하면 실수죄이다. ③비구니들이 비구들에게 명령이나 지시하면 안 된다. 명령이나 지시하였더라도 무효이며 하면 실수죄이다. ④비구니들이 비구들에게 권위를 세워 비구를 억압하면 안 된다. 억압하였더라도 무효이며 억압하면 실수죄이다. ⑤비구니들이 비구들에게 비구니의 허락을 받게 하면 안 된다. 허락을 받게 하였더라도 무효이며 받게

---

17 현실적으로 비구와 비구니를 단일한 승가로 취급하는 사례를 어렵지 않게 볼 수 있다.

18 이것이 어떻게 가능한가? 이것은 속세의 습성이 일부 남아 있었던 모계사회에서 출가한 비구니가 세존의 법과 율에 온전히 의지하여 계온을 성취하기 전에 발생한 것으로 추정된다.

하면 실수죄이다. ⑥비구니들이 비구들을 비난하면 안 된다. 비난하였더라도 무효이며 비난하면 실수죄이다. ⑦비구니들이 비구들을 심문하고 조사하여 비구들의 기억을 확인하게 하면 안 된다. 기억을 확인하게 하였더라도 무효이며 확인하면 실수죄이다.

그런데 다른 어느 때 비구들이 비구니들에게 이같이 하였다. 포살을 차단하고, 자자를 차단하고, 명령이나 지시하고, 권위를 세워 억압하고, 허락받게 하고, 비난하고, 심문하고 조사하여 기억을 확인하게 하였다.[19] 비구니들은 이 사실을 세존께 알렸고 세존께서 말씀하셨다. 비구들이여, ①비구들이 비구니들의 포살을 차단하면 안 된다. 차단하였더라도 무효이며 차단하면 실수죄이다. ②비구들이 비구니들의 자자를 차단하면 안 된다. 차단하였더라도 무효이며 차단하면 실수죄이다. ③비구들이 비구니들에게 명령이나 지시하면 안 된다. 명령이나 지시하였더라도 무효이며 하면 실수죄이다. ④비구들이 비구니들에게 권위를 세워 비구니를 억압하면 안 된다. 억압하였더라도 무효이며 억압하면 실수죄이다. ⑤비구들이 비구니들에게 비구의 허락을 받게 하면 안 된다. 허락을 받게 하였더라도 무효이며 받게 하면 실수죄이다. ⑥비구들이 비구니들을 비난하면 안 된다. 비난하였더라도 무효이며 비난하면 실수죄이다. ⑦비구들이 비구니들을 심문하고 조사하여 비구니들의 기억을 확인하게 하면 안 된다. 기억을 확인하게 하였더라도 무효이며 확인하면 실수죄이다.CV10.20 이처럼 비구 사방승가와 비구니 사방승가의 관계는 같은 스승의 법과 율에 의지할 뿐 그 이상도 그 이하도 아니다.

---

19 이것이 어떻게 가능한가? 이것은 속세의 습성이 일부 남아 있었던 부계사회에서 출가한 비구가 세존의 법과 율에 온전히 의지하여 계온을 성취하기 전에 발생한 것으로 추정된다.

깊이 공부하기

[문제1] 세존은 비구인가? 아니면 비구 아닌가? 비구이기도 하고 동시에 비구 아니기도 하는가?

[문제2] 정각을 이루고 육신통을 갖추었으며 할 일을 다 해 마친 아라한 비구가 자신을 또는 타인이 그를 부처라고 부를 수 있는가? 아니면 없는가?

[문제3] 의무율을 계의 일탈, 행위의 일탈, 견해의 일탈, 생활의 일탈을 규제하는 규율로 각각 분류하여 보라.

[문제4] 함께 살 수 없는 네 가지 죄를 제정한 순서대로 나열하여 보라. 이때 네 가지 죄를 제정하는 시기가 각각 다섯 가지 [율을 제정하는 바른 시기] 가운데 어느 시기에 해당하는지 설명하여 보라.

[문제5] 율을 제정하는 바른 시기에서 승가 안에서 나타날 수 있는 번뇌를 일으키는 조건들은 무엇이며, 승가 안에서 일어날 수 있는 번뇌의 뿌리들은 무엇인가? 그리고 번뇌를 일으키는 조건들과 번뇌의 뿌리들을 몰아내기 위하여 세존께서는 어떤 율의 조항을 각각 시설하였는가?

[문제6] 어떤 비구가 함께 살 수 없는 죄를 범하였다. 만약 그가 적절한 퇴전 없이 현전승가의 결계 밖에서 홀로 머문다면 그는 비구인가? 아니면 비구 아닌가?

[문제7] 혹한의 겨울 날씨를 가진 지역에서 삼의 외에 내복이나 방한복을 수용하는 것은 율에 어긋나는가? 아니면 율에 일치하는가?

[문제8] 현실불교에서 어떤 비구가 기존의 저열한 출가스승을 버리고 새로운 바른 출가스승을 모시려고 "나는 기존의 출가스승을 버렸다."라고 하거나, 같은 출가스승 아래의 저열한 사형사제들을 버리고 떠나서 새로운 좋은 동료들과 머물려고 "나는 기존의 사형사제를 버렸다."라고 하거나, 현전승가가 따르는 기존의 가르침이 세존의 법과 율이 아니어서 세존의 법과 율을 따르려고 "나는 기존의 가르침을 버렸다."라고 분명히 말하고 선언한다면 이것은 적절한 퇴전인가? 아니면 적절한 퇴전 아닌가? 그 이유는 무엇인가?

[문제9] 여기 어떤 비구가 적대자들에게 강제로 성행위 당하기 직전 한순간이라도 즐거움을 느끼지 않을 확신이 없자 적절한 퇴전을 선언하였다. 그런데 그는 강제로 당한 성행위에서 한순간도 즐거움을 느끼지 않았다면 그의 퇴전은 유효한가? 아니면 유효하지 않은가?

[문제10] 사찰에서 기부금 영수증을 발급할 때 어떤 비구가 함께 살 수 없는 죄를 범하기 위하여 얼마나 기부금 액수를 부풀리거나 없는 기부금을 만들어야 하는가? 그런데 이것으로 이 비구가 함께 살 수 없는 죄를 짓지는 않았다고 하더라도 세금 포탈의 대가로 금품이나 이익을 취하였다면 이 비구는 어떤 죄를 지은 것인가? 대가로 받은 금품이나 이익의 액수에 따라서 설명하여 보라. 또한 세금으로 이루어진 국가 예산을 횡령하는 경우와 각종 건축이나 매매에서 세금 영수증의 액수를 부풀리거나 조작하여 만들었을 경우 금액에 따라 죄를 논하여 보라.

[문제11] 비구가 자신을 위하여 ①스스로 지은 개인 정사, ②후원자의 지지로 지은 큰 개인 정사, ③자신의 구걸과 후원자의 지지를 혼합하여 지은 개인 정사, 예를 들면 비구가 스스로 정사를 짓는 중간쯤 후원자를 만나 후원자가 나머지 작업을 완료하였거나 후원자의 지지로 정사를 중간쯤

짓다가 후원자가 포기하여 나머지 작업을 비구가 스스로 구걸하여 완료한 정사가 있다. 세 번째 경우 정사의 규격은 어떻게 적용하여야 하는가? 각 정사는 누구의 소유인가? 그런데 비구가 적절한 퇴전을 하거나 사망하거나 임종 시 자기의 제자들 가운데 한 명을 특정하여 "정사를 ○○ 비구에게 물려준다."라고 유언하면 정사의 소유권은 각각 어떻게 되는가?

[문제12] 비구가 승가의 인정을 받지 않고, 정사 규격을 지키지 않고, 위해가 있는 곳이고, 접근 불가능한 곳에 후원자 없이 스스로 자신을 위한 개인 정사를 지었다. 만약 그가 정사와 관련된 모든 죄에 대한 처벌을 받고 청정을 회복하려면 그 정사를 어떻게 처리하여야 하는가? 마찬가지로 비구가 승가의 인정을 받지 않고, 위해가 있는 곳이고, 접근 불가능한 곳에 후원자의 지지로 자신을 위한 큰 정사를 지었다. 만약 그가 큰 정사와 관련된 모든 죄에 대한 처벌을 받고 청정을 회복하려면 그 큰 정사를 어떻게 처리하여야 하는가?

[문제13] 어떤 후원자가 개인 비구를 위한 정사가 아니라 비구승가를 위한 승원을 짓고자 한다면 그는 어떤 절차를 밟아 승원을 완성하여야 결점이 없겠는가? 죽림정사, 기원정사, 녹자모강당, 중각강당의 예를 들어 설명해 보라.

[문제14] 승가의 분열을 지지하는 비구들이 세 명 이하일 때는 같은 갈마에서 갈마의 대상이 될 수 있으나 세 명을 초과하면 초과 인원은 다른 갈마에서 진행하여야 한다. 이것은 다섯 가지 갈마와 세 가지 승가의 처벌을 받는 죄에 관한 갈마 그리고 비구 갈마에도 적용된다. 이러한 갈마에서 갈마의 대상이 세 명 이하가 되어야 하는 이유가 무엇인가?

[문제15] 승가나 비구가 자연 상태에서 장기간 저장할 수 있는 음식을 만

들어서, 예를 들면 된장, 간장, 고추장과 같은 장류, 말린 고사리나 곶감처럼 말린 나물류나 과일류, 장에 담근 매실처럼 장에 담근 나물이나 과실을 저장하여 먹으면 죄를 범하는 것인가? 승가나 비구가 냉동고나 냉장고 또는 석빙고에 음식을 저장하여 먹으면 어떻게 되는가?

[문제16] 숲속 주인 없는 과실나무의 과실을 따서 먹거나 떨어진 과실을 주워서 먹으면 주지 않은 음식의 섭취 죄를 범하는 것인가? 승가에 귀속된 승원 내 과실나무의 경우는 어떠한가? 과실나무처럼 약초나 버섯이나 나물 또는 채소류는 어떠한가? 내가 따서 다른 비구한테 주는 것은 어떠한가? 두 비구가 각자 따서 서로 교환하면 어떠한가?

[문제17] 의무율에서 가장 먼저 제정된 조항이 무엇인가? 마찬가지로 갈마율과 소소율에서도 가장 먼저 제정된 내용이 각각 무엇인가? 이것으로 율장에서 가장 먼저 제정된 내용이 무엇인가?

[문제18] 범행이 나타날 때 율을 제정하는 수범수제(隨犯隨制)의 원칙이 의무율의 모든 조목에 적용되는가? 마찬가지로 갈마율과 소소율에도 적용되는가?

[문제19] 만약 어떤 자가 율장에 전수된 것처럼 CV10.17 '비구니가 되려는 여성 출가자는 비구니승가에서 출가에 관한 갈마를 통과한 후 비구승가에서도 출가에 관한 갈마를 통과하여야 한다.'라고 주장하면, 출가에 관한 갈마뿐만 아니라 포살 갈마와 자자 갈마에서도 똑같이 주장하면, 이러한 주장에 어떤 모순이 있는가? 이 모순으로 '이러한 주장이 세존께서 제정한 것은 아니다.'라고 단정할 수 있는가?

[문제20] 팔경법이 의무율, 갈마율, 소소율 가운데 어디에 속할 수 있겠는

가? 팔경법의 여덟 가지를 하나씩 분석하여 율장과 비교하여 모순을 드러 내 보여라.

[문제21] 의무율에서 비구와 비구니가 공유하는 조항과 비구에게만 적용 하는 조항과 비구니에게만 적용하는 조항으로 구별하여 보라. 마찬가지로 갈마율과 소소율에서도 같은 방법으로 구별하여 보라. 이것으로 율장에서 양성평등에 관하여 논하여 보라.

[문제22] 만약 어떤 비구가 방사나 처소를 차지하고 승가에 머물되 세존 의 법과 율을 배워 따르지 않거나 포살과 자자 그리고 갈마에도 참석하지 않으면서 홀로 영위하는 일상생활에서 세존의 율을 반복적으로 범하고 원 칙에 맞는 승가의 충고도 무시하는 경우 승가는 세존의 법과 율에 따라 이 비구를 어떻게 대처해야 하는가? 승가는 세존의 율을 범하지 않고 이 비구 를 퇴거시키거나 시키게 할 수 있는가? 아니면 없는가?

[문제23] 4명 이상의 어떤 비구들이 의식주를 공유하되 세존의 율에 따른 포살과 자자 그리고 갈마를 공유하지 않는다면 또는 세존의 율과 어긋나 는 포살과 자자 그리고 갈마를 공유한다면 이들을 비구승가라고 할 수 있 는가? 만약 이들이 세존의 율에 따른 포살과 자자와 갈마를 공유하는 어떤 현전승가의 일원이 되고자 한다면 이 현전승가는 이들을 어떻게 수용하여 야 하는가? 그런데 만약 이들의 숫자가 현전승가의 비구 숫자보다 많을 때 는 어떻게 하여야 하는가?

[문제24] 어떤 비구가 함께 살 수 없는 죄를 범한 후 서로 왕래하기 어려운 먼 변방으로 가서 그곳에서 무리를 형성하였다. 그곳에서 그는 나름대로 생활 규범을 제정하되 일부는 세존의 율을 위배하여 제정하였으며, 세존 의 율은 바르게 전수하지 않고 형식적으로만 전수하였다. 또한 그는 나름

대로 법을 펼치되 세존의 법과 다른 가르침을 펼쳤으며 세존의 법을 바르게 전수하지 않고 폄하하여 형식적으로만 전수하였다. 그런데 수백 년 또는 수천 년의 세월이 지나면서 세존의 법과 율을 바르게 전수하였던 모든 현전승가는 소멸하였고 그가 형성한 변방의 무리만 융성하고 번창하였다. 그런데 그 변방의 무리는 자신들을 비구라고 불렀는데 그들은 세존의 법과 율에 의하면 비구인가? 아니면 비구 아닌가? 만약 그 변방의 무리 가운데 어떤 자가 세존의 법과 율을 바르게 복원하고자 한다면 어떻게 하여야 하는가?

[문제25] 어떤 비구가 서로 왕래하기 어려운 먼 변방으로 가서 그곳에서 승가의 인정을 받지 않고, 정사 규격을 지키지 않고, 위해가 있는 곳이고, 접근 불가능한 곳에 후원자 없이 스스로 자신을 위한 개인 정사를 지었거나 승가의 인정을 받지 않고, 위해가 있는 곳이고, 접근 불가능한 곳에 후원자의 지지로 자신을 위한 큰 정사를 지었다. 그는 어떤 연유로든 정사와 관련된 모든 죄에 대한 처벌을 받지 않은 채 그곳에서 무리를 형성하였다. 그리고 그는 죽었다. 그런데 수백 년 또는 수천 년의 세월이 지나면서 세존의 율에 따라 지어진 많은 정사는 세존의 법과 율을 바르게 전수하였던 현전승가들과 더불어 모두 소멸하였고 그가 지었던 정사들과 변방의 무리만 융성하고 번창하였다. 그런데 그 변방의 무리는 자신들을 비구라고 불렀고 그 정사들을 암자, 사찰, 도량, 선원 등으로 불렀다. 그들은 그 정사들을 유지하고 관리하고 보수하고 증축하고 개축하면서 지금까지 머물고 있는데 그들 가운데 어떤 자가 그 정사들이 세존의 율에 따라 짓지 않은 사실을 알게 되었다. 만약 그 변방의 무리 가운데 어떤 자가 세존의 율에 따라 지은 정사에 머물고자 한다면 그는 어떻게 하여야 하는가?

[문제26] 어느 선원에서 함께 안거하던 5명의 비구 가운데 율에 익숙한 한 명의 비구가 빠알리 율장을 먼저 공부하였다. 그는 자신이 빠알리 율장에

서 승가의 처벌을 받는 죄를 범한 것을 알았고 율에 따라 참회하기를 원하였으나 참회하고 출죄하려면 20명 이상의 비구가 필요한데 이러한 승가를 주변에서 찾을 수 없었다. 더군다나 이러한 참회의 사례가 과거 대승불교권에서 실행되었다는 문헌이나 증언도 찾아볼 수 없었다. 때마침 그는 함께 머무는 4명의 비구들을 설득하고 어느 율원에서 참회를 수용하겠다는 허락을 받았다. '격리처벌은 참회를 수용하지 못한 승가의 잘못이므로 참회처벌만 받으면 된다.'라는 유권해석으로 율원의 별채에서 6박 7일 동안 율에 따라 참회처벌을 받았고, 참회처벌을 종료한 당일 오후 26명의 비구로 구성된 출죄 갈마를 통하여 5명의 비구는 각자가 범한 승가의 처벌을 받는 죄를 참회하고 출죄하였다. 여기에서 세존의 율에 어긋나는 점들을 최소한 세 가지 이상 지적하여 보라. 그리고 이 경우 흠결 없이 세존의 율에 따라 승가의 처벌을 받는 죄를 참회하려면 어떻게 하여야 하는지 구체적으로 설명하여 보라.

[문제27] 현실불교에서 출가하는 남성은 비구나 사미가 되기 전에 행자(行者)라는 신분으로 일정 기간을 보낸다. 그런데 행자라는 신분은 세존의 율에 없으며 세존의 재세 시 승가에서는 필요하지도 않았다. 이러한 행자 신분을 도입한 자들은 어떠한 부류의 사람들인가? 행자의 특성으로 유추하여 보라.

[문제28] 필요할 때 삼사칠증(三師七證)으로 이루어진 열 명의 장로비구들이 계단(戒壇)을 형성하여 개최한 수계식(授戒式)에서 출가하려는 자를 검증하여 구족계를 준다. 출가하려는 자는 검증에 통과하고 구족계를 받으면 갈마비구가 된다. 계단을 형성하는 장소는 기존의 결계 내에 작은 공간을 따로 지정하여 작은 결계[小界]로 정한 곳이다. 소계에서 삼사칠증이 머물면서 수계식을 진행하는 동안 소계의 출입이 금지되며 수계식이 종료되면 소계를 해제하여 소계의 출입이 자유롭게 된다. 후대에는 개략적으

로 이같이 갈마비구를 만들었다. 여기에서 세존의 율과 상반되고 대치되는 점들을 모두 지적하여 보라. 그리고 세존의 율에 따라 갈마비구를 만들려면 어떻게 해야 하는지 구체적으로 설명하여 보라.

[문제29] 현실불교에서[1] 안거하는 승원을 선원(禪院)이라고 하고 선원에서 안거하는 승려를 수좌(首座)라고 한다. 선원이 성원하려면 7명 이상의 수좌가 모여야 한다. 다른 곳에 있던 수좌가 어떤 선원에서 안거하려면 방부(房付) 신청을 먼저 하고 선원에서는 일부 소임자들 또는 방부 갈마로 입방(入房) 심사하여 가부를 결정한다. 이렇게 입방을 허락받아 합류한 수좌들이 합의한 일과표와 소임에 따라 안거를 마치면 안거를 인증하는 안거증과 균등한 해제비를 받는다. 수좌들은 수좌회라는 상설 모임을 만들고 수좌회 청규를 제정한다. 그리고 수좌회는 소임자의 자격에 안거수(安居數)를 제한하여 서열이 높은 소임자일수록 많은 안거수를 요구하는 규정을 제정한다. 여기서 세존의 율과 어긋나는 점들을 지적하여 보라.

[문제30] 어떤 이유로 비구승가는 유지하였으나 비구니승가는 단절되고 소멸한 지 오래되어 전 세계에 한 명의 비구니도 없을 때 세존의 율에 따라 최초의 비구니를 누가 어떻게 복원할 수 있는가? 마찬가지로 비구니승가는 유지하였으나 비구승가는 단절되고 소멸한 지 오래되어 전 세계에 한 명의 비구도 없을 때 세존의 율에 따라 최초의 비구를 누가 어떻게 복원할 수 있는가? 비구승가와 비구니승가 모두 단절되고 소멸한 지 오래되어 전 세계에 한 명의 비구도 한 명의 비구니도 없을 때 세존의 율에 따라 최초의 비구와 최초의 비구니를 누가 어떻게 복원할 수 있는가?

---

1 2022년 현재 대한불교조계종 선원 수는 일백 곳 정도이고 수좌는 일~이천 명 정도이다. 비구와 비구니의 비율은 선원 수에서는 약 7:3이고 수좌 수에서는 약 2:1이다. 참고로 2007년 현재 대한불교조계종 사찰 수는 2,444곳(공찰 911곳)이고 승려 수는 13,576명으로 남성(비구+사미)과 여성(비구니+사미니)의 비율은 53:47 정도이다.

맺음말

율장에 깊은 관심이 없었을 뿐만 아니라 율장의 중요성에 무지하였던 필자가 본서를 집필하게 된 계기는 우연한 기회에 선원에서 빠알리 율장을 접하고 받은 충격 때문이었다. 수년간 빠알리 경장을 천착하여 세존의 금구설법(金口說法)을 알고자 하였고 알면 실천하고자 갈구하였다. 그런데 누구라도 읽는 즉시 알 수 있으며 원한다면 아는 즉시 실천할 수 있고 자신이 실천하는지 하지 않는지 다른 사람의 도움 없이 스스로 확인할 수 있는 세존의 가르침이 빠알리 율장이었다. 세존의 가르침을 배워 실천하려는 필자가 정작 일상생활에서는 세존의 가르침을 다반사로 어기고 있었으며 심지어 어기는지도 알지 못한 채 출가 생활하였다는 것은 큰 모순이었고 큰 부끄러움이었다. 이것은 필자를 화들짝 놀라게 하였고 충격으로 오랜 여운을 남겼다. 이 일로 율장에 관심을 가진 필자는 율장에 익숙한 수좌와 질문하고 대화하면서 율장의 진입 문턱을 낮추었고 마침내 본서를 갈무리하였다. 이러한 과정에서 현실불교가 세존의 율에서 얼마나 멀리 벗어나 있는지 목도한 필자는 세존의 가르침에 따라 무엇이 세존의 율이고 무엇이 세존의 율이 아닌지 분별하여 긴급하게 시정하여야 하는 몇 가지를 먼저 밝히고자 한다. 이것은 세존의 율을 지키려는 후대의 비구들에게 분명 유익한 기록이 될 것이다.

첫째 출가와 퇴전의 문제이다. 7세[1] 미만인 자는 부모의 허락을 받았더라도 출가시키면 안 된다. 7세 미만인 자를 동자승이라고 하여 일시 출가시키는 것은 율에 어긋난다. 7세 이상 20세 미만인 자는 부모의 허락을 받으면 사미로 출가시킬 수 있다. '입태부터 스무 안거 이상을 경과한 자'는 비

---

1 한국 나이이다. 이하 모두 같다.

구로 출가시킬 수 있으며 '자력으로 일상생활을 영위할 수 있는 자'는 나이에 상관없이 비구로 출가시킬 수 있다. 따라서 사미가 20세가 되면 비구로 만들어야 하며 20세 이상인 자를 사미로 출가시키는 것은 율에 어긋난다. 또한 출가 나이 상한선을 50세 또는 60세로 규제하는 것도 율에 어긋난다. 경장에 80세에 출가하여 아라한이 된 비구의 기록이 있다. 출가하는 자를 행자(行者)라는 신분으로 일정 기간(최소 6개월) 머물게 하는 것은 율에 없는 제도로 율에 어긋난다. 참고로 출가수습생으로 4개월(당사자가 원하는 경우 최대 4년) 머무는 것은 외도 출가수행승(현대의 예를 들면 수사나 수녀)에 한정된 것이지 외도의 재가제자와 일반 재가자에게 적용하는 것이 아니다. 율에 출가시킬 수 없는 자로 규정된 내용 이외의 조건을 추가하여 출가를 금지하는 것은, 예를 들어 몸의 문신이 있거나 고졸 미만의 학력인 자 또는 혼인한 자의 출가를 금지하는 것은 율에 어긋난다.

　출가한 자가 율답게 퇴전하면 마을로 돌아가 재가자로 살 수 있다. 그는 마을에 머물면서 율을 일탈하는 삶의 위험을 실감하고 재발심(再發心)하여 다시 출가할 수 있다. 이렇게 일곱 번까지 출가를 반복할 수 있다. 이것이 율이다. 경장에 일곱 번째 출가하여 아라한이 된 비구의 기록이 있다. 출가와 퇴전이 율에 따라 열려 있을 때 승가에는 세존의 법과 율에 적절한 열의를 가진 자는 남게 되고 세존의 법과 율에 저열한 자는 떠나게 되어 시간이 지날수록 승가는 유능하고 수승한 자들이 더 많고 저열한 자들은 줄어든다. 따라서 인적 구성원의 자질이 향상되므로 승가는 발전하고 향상하고 승가의 소멸이나 단절은 일어나지 않는다. 그러나 율에 어긋나게 추가적인 조건으로 출가를 과하도록 규제하면서 다른 한편으로 돌아갈 집과 가족과 재산을 잃어버리게 만든 후 퇴전을 죄악시하면 빈손으로 사회에서 생존할 수 있으며 용기 있고 유능한 자들은 퇴전하여 승가를 떠나는 한편 빈손으로 사회에서 생존하기 어렵고 세존의 법과 율에 저열한 자들은 어쩔 수 없이 승가에 남게 된다. 승가에 남아 생계를 의탁하는 이들은 표리부동(表裏不同)하여 자신과 세상을 속이고 좋은 비구를 핍박하고 저열한 비구들과 친분을 쌓으면서 무리나 조직이나 세력을 이루어 자신들의 생계와 이익을 지키는 데 전력을 다한다. 이러한 자들이 승가에서 일정 비율 이상이 되면 좋은 비구는 그들과 타협하거나 승가를 떠나야 하는 선택의 갈림길에 서게 된다. 그러한 승가에서는 시간이 지날수록 세존의 법과 율이 쇠락하여 마침내 소멸하게 된다. 따라서 율에 보장된 7번의 퇴전을 죄악시하지 않고 당연시하며, 율의 규제 이상으로 출가를 규제하지 않아야 하며, 출가자의 이혼과 친권 포기 그리고 재산의 처분은 출가자의 결정에 맡기되 출가의 전제 조건으로 강요하여서는 안 된다. 이렇게 율에 맞게 출가와 퇴전을 할 때 자체 정화 기능이 작동하여 승가는 고여서 썩는 물이 되지 않는다.

둘째 출가자의 스승이다. 출가하여 비구가 되려는 자를 제자로 받아들여 비구로 만들 수 있는 스승은 비구 승랍 10년 이상인 장로비구이다. 세존의 법과 율에 능숙한 장로비구는 율에 따라 제자를 비구로 만들고, 이렇게 비구가 된 신참비구에게 세존의 법과 율을 잘 가르쳐야 한다. 그리하여 세존의 법과 율이 끊어지지 않고 사라지지 않게 하여야 한다. 세존께서 허락한 제자를 비구로 만드는 권한은 그 누구도 제한할 수도 없고 제한하여서도 안 된다. 만약, 현실불교의 몇몇 종단에서 특별한 계단에만 그러한 권한을 인정한 것처럼 제한하였다면 그것은 무효이다. 진정한 비구의 기준은 무엇인가? 제3차 결집 시 비구의 모습으로 승가에 머물던 외도의 무리를 적출하는 기준과 세존께서 기원정사에 머물 무렵 도적들에게 약탈당한 비구들이 나체로 기원정사에 들어오자 그들이 나체 유행승이 아니라 비구라는 사실을 확인하는 기준은 모두 세존의 법과 율이었다. 비구가 되어 세존의 율대로 생활하고, 세존의 법을 배워 청정범행을 닦아 열반으로 나아가는 자가 진정한 비구이다. 세존의 율대로 생활하지 않고 세존의 법대로 청정범행을 닦지 않으면서 그릇된 생계로 생활하고 신분증과 단체 사진을 내미는 자들이 진정한 비구일 수 없다. 비구의 모습이지만 비구가 아니고 사원에서 살지만 진정 비구의 삶이 아닌 그들은 청정한 믿음이 없는 자를 불신으로 이끌고 청정한 믿음이 있는 자 가운데 어떤 자들을 타락시키며 세존의 법과 율을 사라지게 하는 자가 되어 그 과보를 결코 벗어나지 못한다.

셋째 승가의 교육이다. 출가하여 신참비구가 되면 누구든지 출가스승을 의지하지 않고 살 수는 없다. 신참비구는 10년간 출가 스승의 곁에서 바르게 처신하면서 출가스승을 의지하여 세존의 법과 율을 차례대로 배우고 청정한 삶을 영위하도록 훈습하고 익히면서 청정범행을 닦아 사향사과의 과위를 하나씩 성취해 간다. 이렇게 10년을 보내면 신참비구는 비구 승랍 10년의 장로비구가 되어 출가스승을 의지하지 않고 지낼 수 있으며 제자를 받아 제자에게 의지를 줄 수 있다. 그렇지만 총명하지 못한 신참비구는 목숨이 다할 때까지 스승을 의지하여 살아야 하며 총명하고 유능한 신참비구는 4년간만 스승을 의지하여 살 수도 있다. 한편 출가스승을 의지할 수 없는 상황에는 아사리를 의지하여야 한다. 이렇게 하여 세존의 법과 율이 선대의 비구에서 후대의 비구로 전수되는 것이 율에 따르는 승가의 교육이다. 그런데 그릇된 생계를 유지하는 자는 신참비구에게 목탁을 치고 염불하는 것을 가르쳐 각종 제사나 축원이나 기도나 염불을 실행하도록 하거나 사원의 운영이나 관리의 일부를 맡긴다. 또한 승려 교육기관의 교육 내용은 대부분 세존의 가르침과 무관한 외도의 가르침으로 편성되어 있다. 더군다나 전통적인 승려 교육기관인 승가대학이나 강원(講院)에서는 강의를 듣고 배우는 시간보다 습의(習儀)라는 명분으로 조석예불과 사시마지 등에 허비하는 시간이 더 많다. 이렇게 승가의 교육을 받은 신참비구들은 무엇이 세존의 법과 율이고 무엇이 세존의 법과 율이 아닌지 분별하지 못한다. 그러한 그들이 장로비구가 되어 신참비구를 교육하면 세존의 법과 율이 어찌 끊어져 사라지지 않겠는가?

넷째 걸식하는 일중식(日中食)이다. 여명부터 정오까지가 음식을 먹을 수 있는 바른 때이다. 정오가 지나면 입안의 음식도 삼킬 수 없다. 음식은 마을에서 걸식하거나 재가자가 승원의 숲 입구 근처에 있는 식당으로 가지고 온 음식을 먹을 수 있다. 아침 일찍 묽은 죽을 걸식하여 먹을 수 있다. 그렇지 않다면 일반적으로 대략 9시쯤 승원을 출발한다. 승원에서 20~30분 걸어서 가장 가까운 마을에 도착하여 최대 일곱 집까지 방문할 수 있다. 만약 음식이 충분하지 않으면 인근 마을로 간다. 음식을 충분히 얻으면 마을의 외곽이나 마을 근처의 숲에서 대략 10시쯤 음식을 먹기 시작하여 11시쯤 발우를 씻는다. 11시 30분쯤 승원으로 돌아와 원한다면 다른 비구가 남긴 음식이나 간식을 먹을 수 있되 정오가 되면 모든 남은 음식은 풀이 자라지 않는 곳이나 생물이 없는 물에 버려야 한다. 정오부터 다음 날 여명까지는 때아닌 때로 물이나 음료를 제외한 음식은 먹을 수 없다. 이렇게 율에 따라 하루에 한 번 바른 때에 걸식하는 일중식을 지켜야 한다.

즐겁고 유익한 법을 구하고 괴롭고 해로운 법을 여의려는 비구들은 이같이 걸식하는 일중식을 지켜 병이 없고 고통이 없고 가볍고 생기 있고 편안하게 머무는 것이 첫째 이익이다. 마을에서 가장 가난하고 비루한 삶을 사는 사람도 부러워하지 않는 걸식하는 일중식을 지킨다면 단지 생계를 의탁하기 위하여 출가하지 않을 것이고 이미 이렇게 출가한 자는 점차 승가를 떠날 것이다. 맛있는 음식을 좇아 몸을 움직이고 배꼽시계가 울릴 때마다 음식을 찾는 자와 술과 음식을 펼쳐 놓고 밤늦도록 즐기는 자들은 더 이상 승가에서 머물지 않도록 하는 것이 걸식하는 일중식의 둘째 이익이다. 셋째 이익은 승원에서 식자재를 갖추고 관리 유지하고 음식 요리하는 일이 없다. 비록 임금을 주고 고용하거나 자원봉사자인 재가자가 승원 내에서 이런 일을 맡아서 하더라도 이것은 율에 어긋난다. 재가자가 요리한 음식을 승원 근처의 식당에 가지고 오면 먹을 수 있되 남은 음식은 정오가 지나면 모두 버려야 한다. 승원 내에서 약을 제외하고 식자재나 음식을 보관할 수 없을 뿐 아니라 재가자가 요리할 수 없다. 우바이가 사원에서 숙식하며 비구의 음식을 요리하는 일은 반드시 시정되어야 한다. 또한 사원에서 출가자가 음식을 하거나 월동 준비로 김장하는 모습 역시 반드시 시정되어야 한다. 사원에서 재가자처럼 농사짓거나 식자재를 쌓아 두거나 요리하는 일은 사라져야 하고 사라진 걸식문화를 복원하여야 한다. 걸식하는 일중식은 출가자가 세존의 법과 율을 좇아 승가에 머무는지 생계를 좇아 승가에 머무는지 판단하는 가늠자가 된다. 생계를 좇아 승가에 머무는 자에게 걸식하는 일중식을 지키라고 한다면 그들은 짜증 내고 화내고 율을 폄하하고 걸식하는 일중식을 지키는 자를 비난하기 때문이다.

다섯째 승가의 일과이다. 새벽예불, 사시마지, 저녁예불은 세존의 재세 시 없었던 제도이다. 세존의 반열반 직후에 만들어진 제도도 아니다. 하루에 세 번 예불하고 식사하면 공부는 도대체 언제 할 수 있단 말인가? 걸식하는 일중식을 따르는 자에게 사시마지를 실행하는 것은 가능하지 않다. 이것은 세존의 가르침에 어긋나는 제도로 사라져야 한다. 특히 사시마지나 조석예불에 행하는 각종 제사나 축원이나 기도나 염불은 세존의 가르침이 아닐 뿐만 아니라 세존의 가르침에 정면으로 위배된다. 현실불교에서 사시마지에 이어서 실행하는 각종 불교 행사나 설법을 마치고 정오를 지나서 식사하는 것은 때아닌 때에 하는 식사로 율에 어긋난다. 또한 식사 전에 한마디의 게송이라도 하여 그 게송을 들은 재가자가 제공하는 음식을 먹지 않아야 하는 율에도 어긋난다. 바른 때에 하는 공양 직전에 읊는 공양 게송도 율에 어긋나는데 공양 전에 하는 설법이 어찌 율을 아니 어긋나는 것이라 할 것인가.

사시마지나 조석예불에서 행하는 각종 제사나 축원이나 기도나 염불로 유지하는 생계는 그릇된 생계로 세존께서 평생 타파하였던 외도의 생계 수단이다. 그릇된 생계 수단으로 음식이나 재물 그리고 돈을 받는다. 더 큰 돈을 받기 위하여 더 큰 불상과 더 큰 불단과 더 큰 전각을 만들고, 더 자주 돈을 받기 위하여 특화된 다양한 출가자를 고용하여 특화된 다양한 전각에서 각종 제사나 축원이나 기도나 염불을 끊임없이 실행하고 전담하게 한다. 이렇게 받은 돈으로 세상과 거래를 한다. 이것은 마치 세속의 기업처럼 사원 간의 빈부 격차를 유발하여 심화시키고 출가자 간의 빈부 격차를 유발하여 심화시킨다. 이것이 세존께서 평생 타파하였던 외도의 모습이었다. 그러한 외도의 모습이 불교라는 이름과 불교라는 얼굴로 천 년을 넘게 존속하였으니 이 어찌 한탄하지 않을 것인가. 지금이라도 외도의 저열한 모습을 드러내어 타파하고 세존의 법과 율에 의한 불교 또는 세존의 재세 시 불교로 환원하고 복귀하여야 한다.

여섯째 승가의 운영이다. 율을 따라 출세간을 운영하면 열반으로 향상하고 비율을 따라 출세간을 운영하면 지옥으로 퇴락한다. 율에 따라 출세간을 운영하지 아니하고 세법(世法)에 따라 출세간을 운영하면서 스스로를 출세간이라 부르니 이 어찌 지자(知者)의 질책을 면하겠는가. 그것은 손바닥이 아니라 손가락으로 하늘을 가리는 것이다. 사방승가의 모든 비구는 좌차로 질서를 지키면서 누구나 똑같은 권리로 승원을 사용하고 머물 수 있다. 이것이 율에 맞다. 승원의 빈 거처나 방사는 방문승이 도착하는 순서대로 배정하되 방문승의 숫자가 거주승의 숫자보다 많으면 방문승이 배정하고 그렇지 않으면 거주승이 배정한다. 승원을 중심으로 형성된 현전승가는 결계로 일상생활의 공간적 범위를 정한다. 다른 현전승가의 결계는 기존의 결계와 중복되거나 겹쳐서 정할 수 없다. 승원의 규모나 현전승가의 비구 숫자와 상관없이 결계는 비구가 바른 때에 걸식하고 당일에 승원으로 돌아올 수 있는 거리를 벗어나면 안 된다. 기원정사나 죽림정사와 같은 천 명이 넘는 비구가 머무는 큰 승원이 가능한 것은 결계 내에 큰 후원자들이 있었고 인구밀도가 높았기 때문이었다.

　대한불교조계종의 예를 들면 비구의 권리와 현전승가의 개념이 사라지고 외도의 교구(敎區) 개념을 도입하였다. 전국을 이십여 곳의 교구로 나누고 각 교구에 본사(本寺)를 두어 교구를 관리한다. 본사라는 큰 사원이 말사(末寺)라는 작은 사원을 관장하는 것이다. 본사의 주지(住持)는 말사의 주지 임면권(任免權)을 가지며 본사든 말사든 주지는 좌차나 방문승의 숫자에 상관없이 방문승의 입방 여부를 결정하는 권한을 가진다. 본사의 주지 인사권은 중앙의 총무원장 일인(一人)이 가지고 있다. 총무원 원장은 전체 비구의 약 5~6% 정도 비구가 간접선거로 선출한다. 총무원은 직접 관리하는 사원과 본사에 배정된 분담금을 거두어 업무 비용으로 삼고, 본사는 말사에 배정된 분담금을 거두어 업무 비용으로 충당한다. 분담금과 자신이 관리하는 사원의 업무 비용을 충당하기 위하여 오늘도 내일도 말사는 작은 전각에서 적은 비용으로 작은 규모의 제사나 축원이나 기도나 염불을 열심히 실행하고, 본사는 큰 전각에서 큰 비용으로 큰 규모의 제사나 축원이나 기도나 염불을 부지런히 실행한다. 그들은 도량에서 목탁 소리가 들리면 마음의 위안을 얻고 목탁 소리가 끊어지면 마음의 근심을 얻는다. 총무원장부터 말사의 주지까지 그들의 무리에서 벗어나 있는 자들은 그들에게 무위도식(無爲徒食)하는 자로 취급받거나 그들 무리의 허물을 드러내는 자로 취급하여 환영받지 못한다. 그런데 그들은 그들 나름 깊은 고민이 있다. 총무원장은 4년마다 치르는 선거에 대비하여야 하고, 본사 주지 역시 4년마다 치르는 교구 내 선거를 준비해야 하고, 말사 주지는 임기가 끝나면 재임용을 준비해야 한다. 이들이 치열한 주지 선거에서 승리하면 교구 내의 모든 경쟁자와 방관자 비구들을 자기편으로 물갈이한다. 심지어 투표권이 없는 정인까지 교체한다. 그들은 다음 선거를 위하여 임기 동안 돈이 필요하면 돈을 모아야 하고 표가 필요하면 표를 모아야 한다. 돈과 표를 좇아 공동의 이익을 추구하는 자들은, 마치 세속의 정당이나 정당의 계파처럼, 공공연히 조직이나 단체를 만들어 세를 과시하며 자기편이 아닌 자를 경계하고 멀리한다. 이런 주지가 관장하는 사원에는, 마치 주민 숫자보다 집 숫자가 더 많은 시골 마을처럼, 사원 내의 비구 숫자보다 전각 숫자가 더 많으며 사원 내 빈방들이 시골 마을의 빈집처럼 방치되고 있다. 이것은 사원이 특정 문도나 계파에 의하여 장악되어 사유화된 결과이다. 눈앞의 이익과 생계를 위하여 고군분투(孤軍奮鬪)하지만 정작 목숨이 다하여 몸이 무너질 때 그들은 자신들이 어디로 떨어지는지 진정 알지 못하는 것인가?

일곱째 비구니승가에 대한 문제이다. 비구니승가와 비구승가의 관계는 율에 명시되어 있듯이 서로 동등하고 독립적이다. 그런데 비구니승가를 하위 조직 내지는 보조 조직처럼 예속(隸屬)하였고 핍박하였다. 세존께서는 '승가를 분열시키는 자는 지옥에 떨어져 수명의 겁 동안 지옥에서 익히게 된다.'라고 말씀하셨다.AN10.39 승가를 분열시키는 자의 과보가 이러할진대 승가를 소멸시키는 자의 과보는 어떠하겠는가? 주지하다시피 남방불교에서 비구니승가가 어떤 역사적인 시점에 소멸하였다. 소멸한 비구니승가를 소멸한 상태로 유지하는 것은 현재 비구니승가의 소멸이 진행 중이라는 것이다. 소멸한 비구니승가를 소멸한 상태를 유지하는 데 기여하거나 관여하거나 침묵으로 동의하거나 묵인한 비구는 각각 어떠한 과보를 받겠는가? 비구니승가가 소멸한 지역에 머무는 비구들은 비구니승가를 조속히 복원하여 선배 비구들의 혹독한 과보를 물려받지 않고 후배 비구들에게 혹독한 과보를 물려주지 않아야 한다. 어찌 세존의 출가제자인 비구가 세존께서 허락하신 비구니승가를 소멸시키는 공범이 될 수 있단 말인가. 이러한 지역의 재가자들은 그가 누구일지라도 비구니승가를 복원하는 데 저항하거나 반대하지 않아야 한다. 설사 비구들이 지시하였다고 하더라도 그렇게 하지 않아야 한다. 그렇지 않다면 그들은 비구니승가를 소멸시키는 공범이 되는 것이다.

불행 중 다행으로 북방불교에서는 비구니승가가 소멸하지 않고 존속하였다. 그러나 비구니승가를 비구승가에 예속시켰다. 대한불교조계종의 경우에 일부 비구니들은 이러한 예속을 거부하여 별개의 교단으로 분열하였다. 또한 모든 본사 주지는 비구이므로 비구니가 머무는 말사(공찰인 경우)의 주지 인사권은 비구에게 귀속되어 있다. 이처럼 각기 다른 비구승가에 예속된 비구니들은 실질적인 비구니승가를 형성하지 못하고 비구의 편리에 따라 분리된 것이다. 따라서 비구니승가를 예속하는 것은 비구니승가를 분열시키는 것이다. 예속된 비구니승가를 예속한 상태로 유지하는 것은 현재 비구니승가의 분열이 진행 중이라는 것이다. 예속한 비구니승가를 예속한 상태로 유지하는 데 기여하거나 관여하거나 침묵으로 동의하거나 묵인한 비구는 각각 어떠한 과보를 받겠는가? 비구니승가를 예속한 비구들은 비구니승가를 조속히 예속에서 벗어나게 하여 선배 비구들의 혹독한 과보를 물려받지 않고 후배 비구들에게 혹독한 과보를 물려주지 않아야 한다. 비구니승가의 예속은 세존의 율에 따르면 무효이다. 세존의 가르침에 양 승가가 있는 것은 마치 한 마리의 새가 두 날개를 가진 것과 같은데 북방불교에서는 한쪽 날개가 다른 쪽 날개의 깃털을 뽑아 버린 것과 같고 남방불교에서는 한쪽 날개가 다른 쪽 날개를 잘라 버린 것과 같다. 이러한 모습의 새는 죽음에 이르는 고통을 겪다가 이윽고 죽음에 이르고 말 것이다.

여덟째 예경의 위의(威儀)이다. 필자는 본서를 갈무리하면서 세존의 재세 시 비구의 위의와 북방불교에서 비구의 위의에 차이점이 있다는 것을 인지하였다. 세존의 재세 시 비구는 세존께 가까이 다가가 인사를 할 때 '쪼그려 앉아서' 인사를 한다. 이 인사법은 몸을 낮추어 엉덩이는 바닥에 닿고 무릎은 바닥에 닿지 않고 머리를 숙이는 것이다. 합장하고 머리를 숙이는 정도는 최상의 존경과 예경을 드러내 이마가 바닥에 닿기도 하며 이때 이마가 스승의 발에 닿기도 한다. 이러한 인사 예절은 비구가 상좌차 비구에게 하는 예절과도 같다. 그런데 비구가 1인 비구 또는 승가 앞에서 인사할 때도 이같이 한다. 마찬가지로 참회할 때도 이같이 한다. 단지 어떤 특정 개인 비구에게 피해를 주어서 그 특정 비구에게 특별하게 참회하고 용서를 구할 때는 오른쪽 무릎은 바닥에 닿고[우슬착지(右膝着地)] 합장하여 머리를 숙이기도 한다. 이처럼 존경과 예경을 표현하는 예법에는 무릎을 꿇지 않으며 특별한 참회의 경우에도 두 무릎은 꿇지 않는다. 그러나 신을 모시는 모든 종교에서는 신에게 완전한 복종을 표현하여 두 무릎을 꿇는다. 북방불교에서는 두 무릎을 꿇는 예절을 실행한다. 불상(佛像)에 절을 할 때 두 무릎이 바닥에 닿고 합장하여 머리를 숙인다. 이때 이마가 바닥에 닿는다. 오체투지(五體投地)나 백팔배(百八拜)도 같은 맥락이다. 이러한 예법은 비구가 상좌차 비구에게 하는 것과도 같으며 모든 종류의 참회에서도 같다. 심지어 불상이나 상좌차 비구 앞에 앉아 있을 때도 두 무릎을 바닥에 닿도록 꿇어앉는다. 이러한 북방불교의 예법은 최상의 복종이 곧 최상의 예경이라는 종교적 메시지가 담겨 있다. 이것은 북방불교의 뿌리가 완전한 복종을 지향하는 외도라는 명백한 하나의 증거이다.

누구든지 본서를 통하여 이러한 여덟 가지 문제점뿐만 아니라 어떤 문제이든지 무엇이 세존의 율이고 무엇이 세존의 율이 아닌지 분명히 분별하기를 바란다. 그래서 누구든지 원한다면 세존의 율을 바르게 지켜나가길 바란다. 이러할 때 세존의 율이 아닌 것을 전통이라 여기며 지켜 왔던 그 모든 것을 버릴 수 있으리라 생각한다. 그리고 세존의 율에 따라 비불교 국가들 특히 유럽과 북아메리카 또는 아프리카의 젊은이들이 출가하려고 동양의 불교 국가에서 승가의 일원이 되기 위하여 많은 시간과 노력을 허비하거나 종교적 유민이 되어 이 나라 저 나라를 떠다니지 않고도 사방승가의 일원이 될 수 있다. 세존의 율에 괴리된 현실불교의 잘못을 모두 버리고 세존의 율을 복원하고 지켜 세존의 율에 일치된 불교를 정립할 때, 일차대합송의 오백 아라한 장로비구들이 원하였던 대로, 세존의 법이 오랫동안 지켜지고 유지될 것이다. 그리하여 마침내 세존의 법과 율을 올곧게 따르는 불교이자 세존께서 죽림정사와 기원정사에 계셨던 때의 불교로 돌아갈 것이다.

2024년 봄

비구 범일 삼가 씀

참고문헌

빠알리 율장(Vinayapiṭaka)

전재성 역주,《비나야삐따까》, 한국빠알리성전협회, 2020, 서울.

사부(四部) 니까야

Maurice Walshe, *The Long Discourses of the Buddha:* a translation of the Digha Nikaya, Wisdom Publications, 1995, Boston.

Bhikkhu Nanamoli and Bhikkhu Bodhi, *The Middle Length Discourses of the Buddha:* a translation of the Majjhima Nikaya, Wisdom Publications, 2009, Boston.

Bhikkhu Bodhi, *The Connected Discourses of the Buddha:* a translation of the Samyutta Nikaya, Wisdom Publications, 2000, Boston.

F. L. Woodward and E. M. Hare, *The Book of the Gradual Sayings(Anguttara Nikaya)* Vol.I-V, Motilal Banarsidass Publishers, 2006, Delhi.

각묵 스님, 디가 니까야 제1-3권, 초기불전연구원, 2006.

_____, 상윳따 니까야 제1-6권, 초기불전연구원, 2009.

대림 스님, 맛지마 니까야 제1-4권, 초기불전연구원, 2012.

_____, 앙굿따라 니까야 제1-6권, 초기불전연구원, 2006.

전재성, 디가 니까야, 한국빠알리성전협회, 2011.

_____, 맛지마 니까야, 한국빠알리성전협회, 2002.

_____, 쌍윳따 니까야, 한국빠알리성전협회, 2006.

_____, 앙굿따라 니까야, 한국빠알리성전협회, 2007.

찾아보기

ㄱ

가중처벌 218 268 270 275

간병 338 339

갈마 55 56 246 266

갈마비구 40 53

갈마사 246

갈마율 246

거짓말 30 171

격리처벌 239 268 270

격리 갈마 268

견책조치 253

견책 갈마 253

결계 55 247 279 282

경미죄 244

경죄 244

관비 67

괴색(괴색 처리) 34 190 191

교계사 35 193 235

구분교九分敎 48 49

구참비구 57

권리정지조치 253 265 276

권리정지 갈마 265

귀의비구 53 219

까하빠나kahāpaṇa 159 165

깔개 151 189 221

ㄴ

논쟁사 251

높이는 거짓말 85 91

니살기바일제尼薩耆波逸提 136

니싸끼야nissaggiya 136

ㄷ

다멱비나야多覓毘奈耶 233

대의大衣 137 146 220

단두죄 60

단백갈마 229 249 250 291 294

단사인斷事人 229

단타죄單墮罪 160

돌길라突吉羅 244

동반비구 264

뒷물 345

ㅁ

마싸까 70 72

멱죄상비나야覓罪相毘奈耶 234

멸쟁죄 227

목욕옷 137 327 341

무고하기 21 39 127 131 213

물물교환 145 150 198

미수죄 65 72 83 91 244 342

미죄 244

ㅂ

바라이 波羅夷 60

바라제제사니 波羅提提舍尼 221

바일제 波逸提 160

발우 136 156 225 267 333 339

방사죄 244

백갈마 249

백사갈마 53 250

백사갈마비구 53

백이갈마 139 229 250

버들가지 33 187 344

범부 7 51 86

변방 34 54 66 193 314

복견의 137

복발 320

복발 갈마 320 351

복창의 342

부정죄 133

분소의 54 190 340

불용서죄 244

불치비나야 不痴毘奈耶 231

비구 갈마 309 311

비난사 251

비옷 23 41 137 139

비율 非律 127 211

비인간 68 81 82 301

빠다 pāda 70 72 76 164

빠띠데사니야 pāṭidesaniya 221

빠라지까 pārājika 60

빠찟띠야 pācittiya 160

빤다까 paṇḍaka 81 82

ㅅ

사미 38 83 276 302

사방승가 56 246

사부대중 354

사부중 354

사죄조치 253 263

사죄 갈마 261

사타죄 136

살인 64 176

삼법귀의비구 53

상가디세사 saṅghādisesa 93

상가띠 saṅghāṭī 137

상의 137

선래비구 52

선안거 290

성자 9 18 86 89

성행위 76 79 99

세키야sekhiya 224

소소율 323

수습 갈마 307

승가 55

승가리僧伽黎 137

승가물 189

승잔죄僧殘罪 93

시분약 337

시약 337

식차마나 145 249 354

신참비구 57 343

실수죄 65 244

실언죄 245

심신미약자 58 277

심신박약자 58 74 249

ㅇ

아니야따aniyata 133

아디까라나 사마타adhikaraṇa
  samatha 227

아사리 320 339

악설죄 245

악작죄 245

안거 55 138 277 290

안거 갈마 290

안건 234 246 249

안타라와사카antaravāsaka 137

안타회安陀會 137

암원숭이 79 84

억념비나야憶念毘奈耶 230

여명 139 180 269

오부중 354

오사 五事 116

오편죄 244

용왕 106

우바새 242

우바이 291

운율적 언어 332

울다라승鬱多羅僧 137

웁바히까 Ubbāhikāya 229

웃따라상가uttarāsaṅga 137

육군비구 71

율 5 6 7 56

율장 6 49

의무율 17 47

의지조치 253 257 258

의지 갈마 257

이부중 354

인육 335

ㅈ

자살 61 65 67
자인비나야自認毘奈耶 232
자자 293
자자 갈마 293
쟁사 45 227
정사 20 31 73 105
정인 56 83 158
제안 249
제청 249
조목 47
조항 47
좌차 270 274 328
죄쟁사 251
중매 102 103
중앙 314
중죄 244
중참비구 57
중학죄 224
진인 86
진형수약 337

ㅊ

참회 80 136
참회처벌 268 270 273

청부 살인 64
초복지비나야草覆地毘奈耶 236
최상인 88
추악죄 244
추죄 244
추중죄 244
출가수습생 83 300 366
출죄 237 243
출죄복귀 268 275 315
출죄 갈마 248 275
칠멸쟁 252
칠부중 354
칠일약 337

ㅋ

큰 도둑 87 88 89

ㅌ

타살 65
퇴거조치 124 253 261
퇴거 갈마 258
퇴전 56 58 276
투란죄偸蘭罪 244
투란차偸蘭遮 244

ㅍ

포살 277

포살의 정족수 285

포살일 278 281

포살 갈마 277

ㅎ

하의 132

하제下劑 341

행쟁사 251

현전 227 228

현전비나야 nissaggiya pācittiya 227

현전승가 55 246

화쟁사 和諍師 229

회과죄 悔過罪 221

후안거 290

부처님이 설하신 율장 비구편

1판 1쇄 2024년 3월 5일

글쓴이 비구 범일
펴낸이 강호식
편집 이혜숙
디자인 김선미 서옥
관리 하복순

펴낸곳 여시아독 출판사
등록 제2023-000173호(2023년 5월 29일)
주소 (06286) 서울시 강남구 영동대로 216 405호
전화 02.568.6400
카페 http://cafe.naver.com/nikayaacademy

ISBN 979-11-986534-0-6 03220
값 22,000원